普通高等教育“十一五”国家级规划教材
高职高专电子商务专业任务驱动型教材

电子商务应用与实训

（第二版）

主编　杜文才

中国劳动社会保障出版社

图书在版编目(CIP)数据

电子商务应用与实训/杜文才主编. —2 版. —北京：中国劳动社会保障出版社，2009
高职高专电子商务专业任务驱动型教材
ISBN 978 - 7 - 5045 - 7917 - 1

Ⅰ. 电… Ⅱ. 杜… Ⅲ. 电子商务 - 教材 Ⅳ. F713. 36

中国版本图书馆 CIP 数据核字(2009)第 126074 号

中国劳动社会保障出版社出版发行
（北京市惠新东街1号 邮政编码：100029）
出版人：张梦欣
*
北京市艺辉印刷有限公司印刷装订 新华书店经销
787毫米×1092毫米 16开本 16.5印张 370千字
2009年7月第2版 2021年9月第9次印刷
定价：28.00元

读者服务部电话：(010) 64929211/84209101/64921644
营销中心电话：(010) 64962347
出版社网址：http://www.class.com.cn
http://jg.class.com.cn

版权专有 侵权必究
如有印装差错，请与本社联系调换：(010) 81211666
我社将与版权执法机关配合，大力打击盗印、销售和使用盗版图书活动，敬请广大读者协助举报，经查实将给予举报者奖励。
举报电话：(010) 64954652

前　言

为了满足高等职业技术院校电子商务专业教学改革的需要，我们组织了一批教学经验丰富、实践能力强的教师与行业、企业的专家，在充分调研和集思广益完善课程教学方案的基础上，编写了国内首套高等职业技术院校电子商务专业任务驱动型教材，包括《电子商务概论》《电子商务技术与应用》《商务站点建设与管理》《Web 数据库应用》《网络信息发布与营运》《商情分析》《客户关系管理》《电子商务物流》《国际贸易实务》《电子商务应用与实训》（第二版）等。

在本套教材的编写过程中，我们力求贯彻以下三项原则：

一、围绕培养目标选取教材内容

本专业的培养目标是使学生能够利用计算机、网络、信息等现代化技术手段完成企业的商务工作。本套教材内容的选取紧紧围绕这一培养目标来展开，即根据电子商务工作流程的需要，着重介绍营销、交易、管理等工作内容以及这些工作中常用的计算机技术、网络技术、信息技术、电子物流技术和典型电子商务平台运用技术等，既有基础知识和专业知识，又有电子商务工作技能的训练，提高了教材的针对性和适用性。

二、按照任务驱动教学模式安排教材内容

教材中的各教学单元分别以企业的信息搜集、市场调查、招标采购、销售推广、客户服务、物流管理等工作中的典型业务为项目，按照典型业务的需要，安排相关的商务内容和技术支持内容，并做到“理论学习有载体，技能训练有实体”，以利于激发学生的学习兴趣，提高教学效果。

三、充分体现国家职业标准的要求

为了推动高等职业技术院校贯彻落实“双证书制度”，本专业教材涵盖了国家职业标准《电子商务师》中电子商务员、助理电子商务师等应知和应会的内容。这样，学生在取得学历证书的同时，也很容易考取电子商务专业的中、高级国家职业资格证书。

在本专业教材的编写过程中，有关省市教育部门、人力资源和社会保障部门以及一批高等职业技术院校给予我们有力的支持，教材的主编、参编、主审等有关人员做了大量的工作，在此，我们表示衷心的感谢！同时，恳切希望用书单位和广大读者对教材提出宝贵的意见和建议，以便修订时加以完善。

人力资源和社会保障部教材办公室

2009 年 7 月

内 容 简 介

本书为国家级职业教育规划教材，由人力资源和社会保障部职业能力建设司推荐。

本书根据高职高专电子商务专业的教学实际，由劳动和社会保障部教材办公室组织编写。本书采用任务驱动的编写思路，以学生进行电子商务工作为主线，介绍电子商务工具、平台的使用方法，使学生能够利用这些工具和平台完成基本商务工作，主要内容包括：认识电子商务、使用常用电子商务常用工具B2C电子商务的应用与管理、企业间电子商务与电子交易市场、C2C电子商务、移动电子商务、EDI标注与国际电子商务应用、网上支付、网络商务信息收集与整理、电子商务安全管理等，便于高职高专院校教学实际的开展。

本书由杜文才主编，常颖副主编，季玉凤参编，由王从辉主审。

目　录

模块一

认识电子商务、使用电子商务常用工具

任务1 使用IE浏览器浏览电子商务网站

任务引入

如图1—1所示为联想公司的电子商务网站，为了保持与客户的联系、开展业务，企业一般都会建立自己的电子商务网站，用户通过浏览、访问该网站可以了解其产品与服务的信息，本任务要求学生利用浏览器浏览电子商务网站（联想公司），并能够保存该网站的地址，并能将存有商务网站地址的收藏夹导出。

任务分析

浏览电子商务网站实际上是浏览网站中的具体网页，而用户浏览的网页是通过浏览器软件展示出来的，最常使用的浏览器软件是IE浏览器，用户只要在浏览软件里输入具体某个网站的地址，就可以浏览到电子商务网站的网页，通过对浏览器软件的操作，还可以完成保存网站网址以及收藏夹的导入、导出操作。

相关知识

一、浏览器

如图1—1所示，浏览网站的工具为IE（Internet Explorer）浏览器，是经常使用的网页浏览工具软件，通过该软件可以显示网页服务器或者文件系统的文件内容，并让用户与这

图 1—1 联想公司的商务网站

些文件交互，例如浏览该网站的产品和服务的信息、订购产品和服务。大部分的浏览器本身支持除 HTML 之外还支持如 JPEG、PNG、GIF 等图像格式，并且能够支持众多扩展的插件（Plug—ins）、动画、视频、声音、流媒体等文件格式。

目前常用的浏览器软件包括 Internet Explorer（IE）、Netscape Browser、Google Chrome、Firefox（火狐浏览器）、Maxthon（遨游浏览器）、MagicMaster（M2，魔法大师）、TencentTraveler（腾讯 TT）、TheWorld（世界之窗）等。

二、Cookie

Cookie 是当用户浏览某个网站时，网站存储在用户计算机上的文本文件，该文件记录了用户的用户 ID、密码、浏览过的网页、停留的时间等信息，当用户再次浏览该网站时，网站通过读取 Cookie，得到用户的相关信息，就可以做出相应的动作，例如，在页面显示欢迎用户的标语或者使用户不必输入 ID、密码就直接登录等。用户可以在 IE 的“工具/Internet 选项”的“常规”选项卡中，选择“设置/查看文件”，查看所有保存到用户计算机里的 Cookie 文件。这些文件通常是以 user@domain 格式命名的，user 是用户的本地用户名，domain 是所该问网站的域名。

为了保证上网安全需要对 Cookie 进行适当的设置。打开“工具/Internet 选项”中的“隐私”选项卡（注意该设置只在 IE6.0 中存在，其他版本 IE 可以在“工具/Internet 选项”的“安全”标签中单击“自定义级别”按钮，进行简单调整），调整 Cookie 的安全级别。通常情况，可以将滑块调整到“中高”或者“高”的位置。多数的论坛站点需要使用 Cookie 信息，如果用户从来不去这些地方，可以将安全级调到“阻止所有 Cookies”。如果只是为了禁止个别网站的 Cookie，可以单击“编辑”按钮，将要屏蔽的网站地址添加到列表中。在“高级”按钮选项中，用户可以对第一方 Cookie 和第三方的 Cookie 进行设置，第一方 Cookie 是用户正在浏览的网站的 Cookie，第三方 Cookie 是非正在浏览的网站发给用户的 Cookie，通常要对第三方 Cookie 选择“拒绝”。用户如果需要保存 Cookie，可以使用 IE 的“导入导出”功能，打开“文件/导入导出”，按提示操作即可。

三、认识电子商务

通过浏览联想公司的电子商务网站，通过该网站可以订购计算机和数码产品，这种基于网络的销售、购买过程就是日常所说的电子商务。消费者借助计算机网络、商务网站等电子媒介平台实现信息、产品或服务的传递、购买和支付；企业借助计算机网络、商务网站等电子媒介平台实现企业交易过程和工作流程自动化；电子商务为企业与消费者提供了通过 Internet 购买和销售产品、信息的能力，并提供了其他在线服务的可能。同时，电子商务也为企业与消费者提供了一个交易和合作的网络空间及场所，企业通过电子商务降低服务费用，提高服务质量和服务速度。

任务实施

一、浏览电子商务网站

［第一步］进入 Windows 操作系统，在桌面图标上双击“IE 浏览器”，打开浏览器软件。如图 1—2 所示。用户也可以通过 Windows 操作系统的“开始”—“所有程序”—“Internet Explorer”的方式打开 IE 浏览器。

［第二步］在“地址”栏里输入要访问的电子商务网站首页地址（www.lenovo.com.cn)，单击“转到”或者直接按键盘上的回车键，则要访问的网页就在浏览器里显示出来了，如图 1—3 所示。

二、存储网页地址

［第一步］打开 IE 浏览器软件，单击工具栏中的“收藏夹”按钮，如图 1—4 所示。

［第二步］单击收藏夹里的“添加…”后出现“添加到收藏夹”的对话框，在“创建到”里选择将要收藏网页的收藏夹名称，如图 1—5 所示。

［第三步］第二步操作完后可以看到网页已经出现在收藏夹中，如图 1—6 所示。

［第四步］依据同样的步骤可以将多个网页添加到收藏夹，例如添加京东商城、China—Pub 网上书店等典型商务网站到收藏夹，如图 1—7 所示。

三、整理收藏的网页

［第一步］打开 IE 浏览器收藏夹，单击“整理…”后出现“整理收藏夹”对话框，单击“创建文件夹”命令来创建收藏夹名称，如图 1—8 所示。

［第二步］出现的默认收藏夹名称是“新建文件夹”，本任务将其名称改为“电子商务企业”，如图 1—9 所示。

图 1—2 启动 IE 浏览器操作界面

图 1—3 在浏览器地址栏里输入网站首页地址操作界面

图 1—4　打开 IE 浏览器收藏夹操作界面

图 1—5　添加收藏网页对话框

图 1—6　添加完收藏网页后的收藏夹显示状态

图 1—7　添加多个收藏网页的收藏夹状态

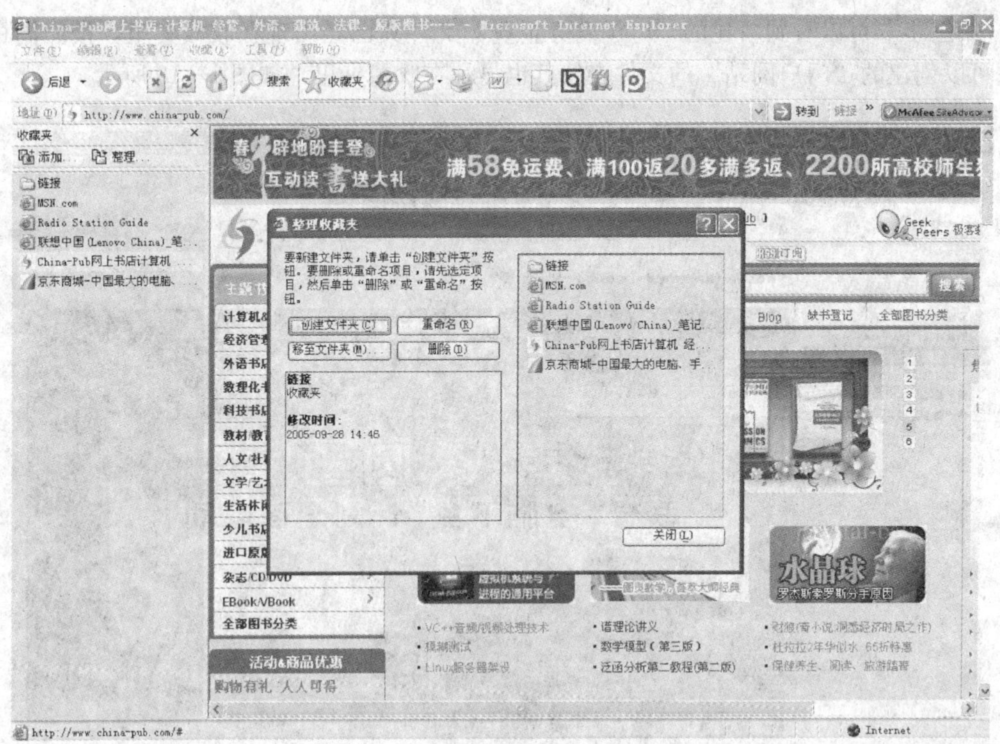

图 1—8　创建收藏夹操作界面

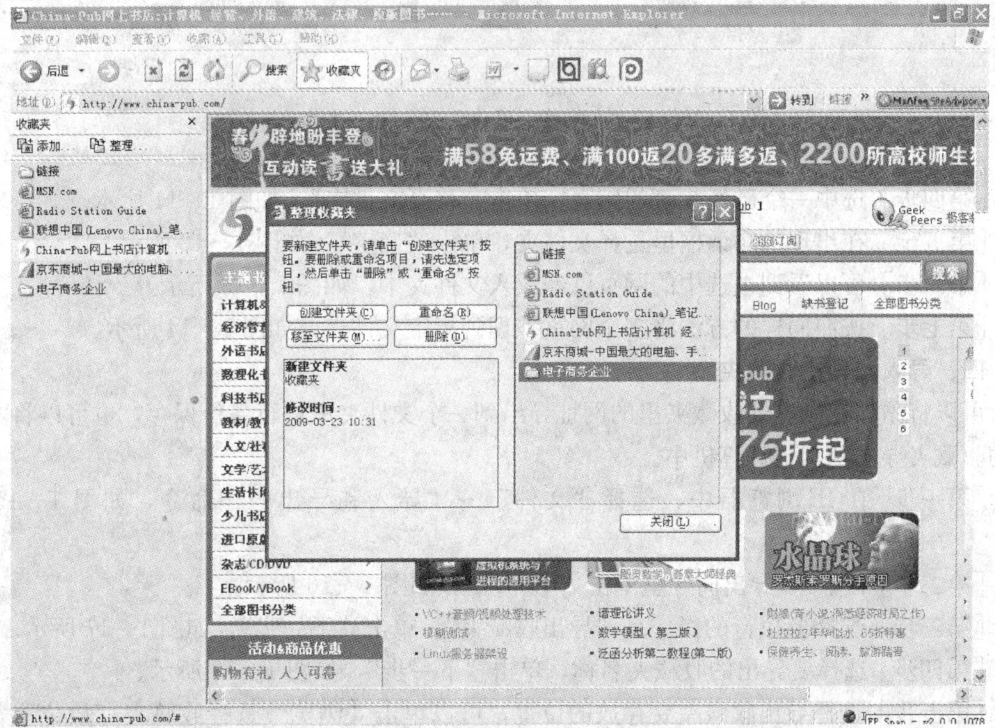

图 1—9　创建“电子商务企业”收藏夹操作界面

[第三步] 可以看到新建的“电子商务企业”文件夹已经出现在收藏夹里，按照同样的方法可以创建的“门户网站”的文件夹使其也显示在收藏夹里，如图 1—10 所示。

图 1—10　建立在收藏夹里建立多个文件夹展示界面

[第四步] 选中一个已经收藏的网页，单击“移至文件夹”，如图 1—11 所示。

[第五步] 在出现的对话框里选择文件夹，单击“确定”，如图 1—12 所示。

[第六步] 可以看到被选中的网页已经放入文件夹中，如图 1—13 所示。

[第七步] 按照同样的方法将多个网页整理到指定文件夹，如图 1—14 所示。

四、导入和导出收藏夹

可以将添加在浏览器收藏夹里的网址导出到一个文件夹里进行备份保存，也可以将本机中的收藏夹导入到其他计算机中。

[第一步] 在 IE 浏览器中，选择“文件”→“导入和导出…”命令，如图 1—15 所示。

[第二步] 在导入/导出向导里单击“下一步”，如图 1—16 所示。

[第三步] 选择要执行的操作是“导出收藏夹”，单击“下一步”，如图 1—17 所示。

[第四步] 选择要导出的收藏夹名称，单击“下一步”，如图 1—18 所示。

[第五步] 选择导出收藏夹要存放的位置，可以单击“浏览”选择收藏夹存放位置，单击“下一步”继续，如图 1—19 所示。

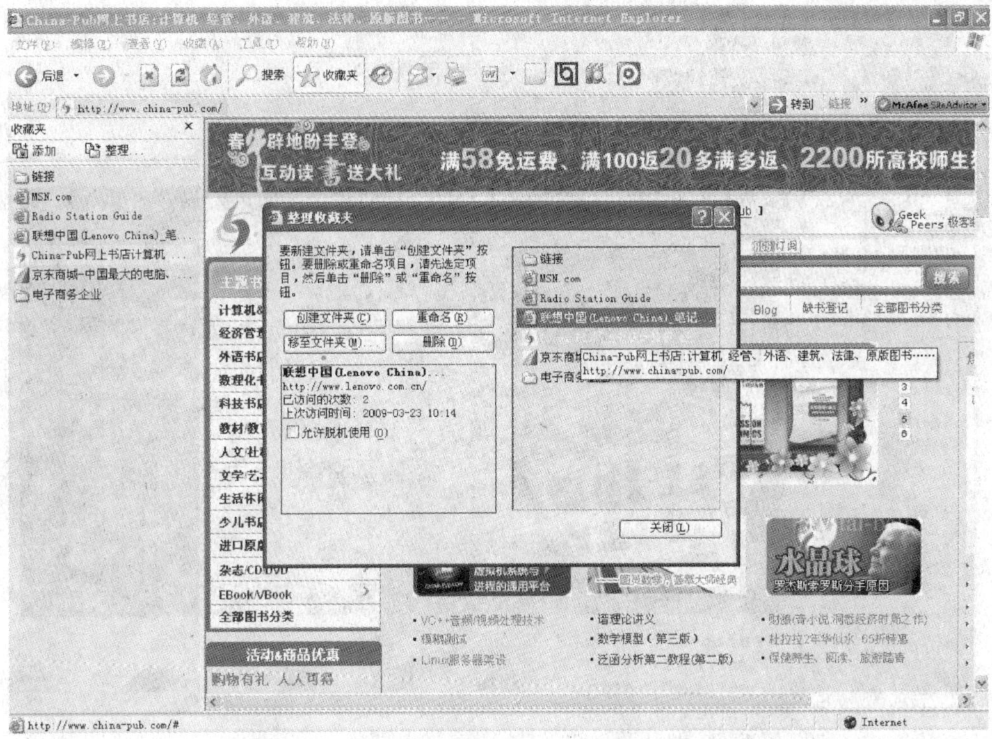

图 1—11　将收藏网页移动到指定文件夹的操作界面

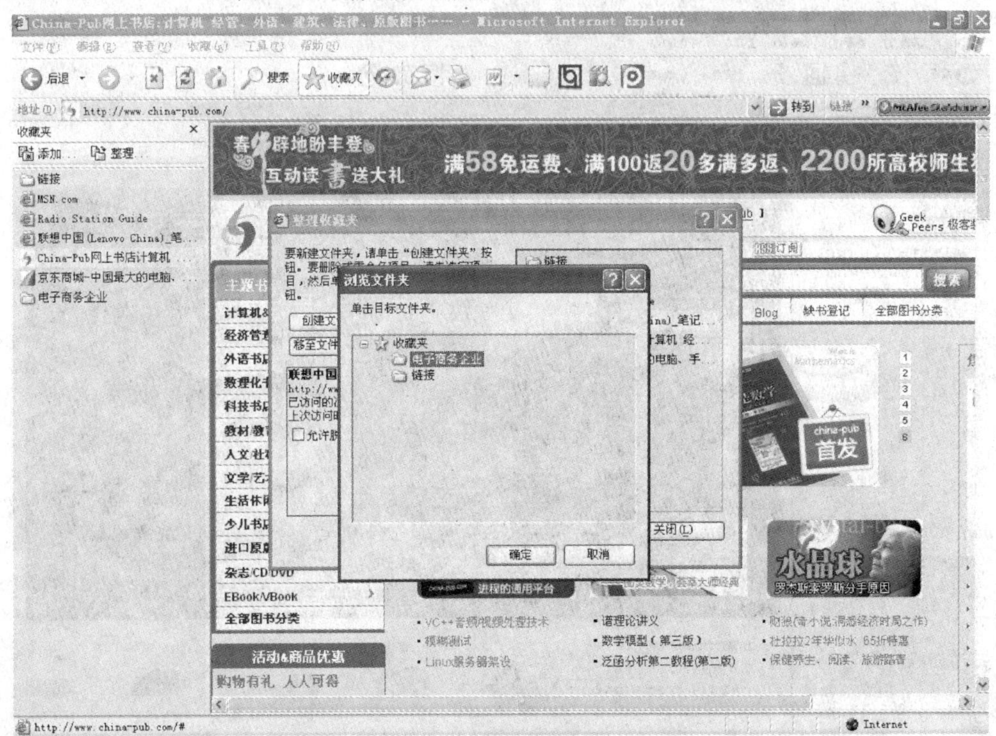

图 1—12　将收藏网页整理到指定文件夹操作界面

图 1—13　将一个网页放入收藏夹里的指定文件夹的展示界面

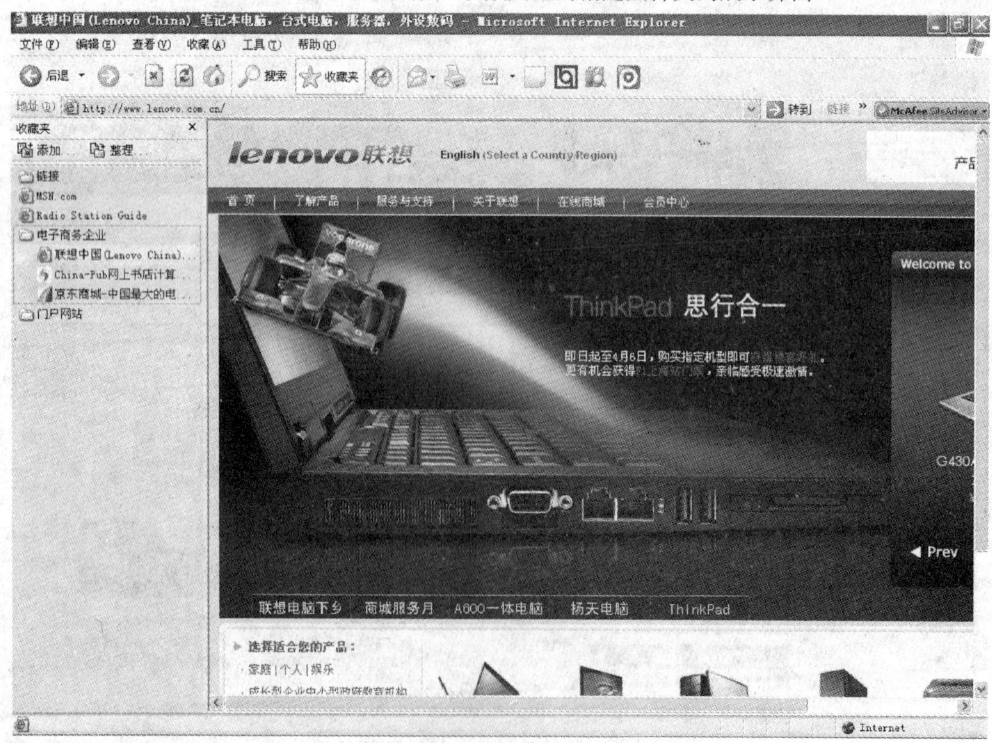

图 1—14　整理好的收藏夹

图 1—15　IE 浏览器的导入和导出命令

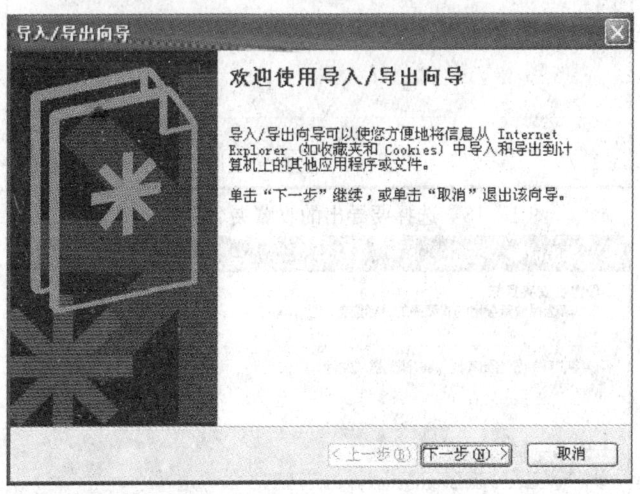

图 1—16　导入/导出向导

［第六步］导出收藏夹操作完成，如图 1—20 所示。

［第七步］可以看到被导出的以 Bookmark 命名的收藏夹已经存放在指定位置，如图 1—21所示。

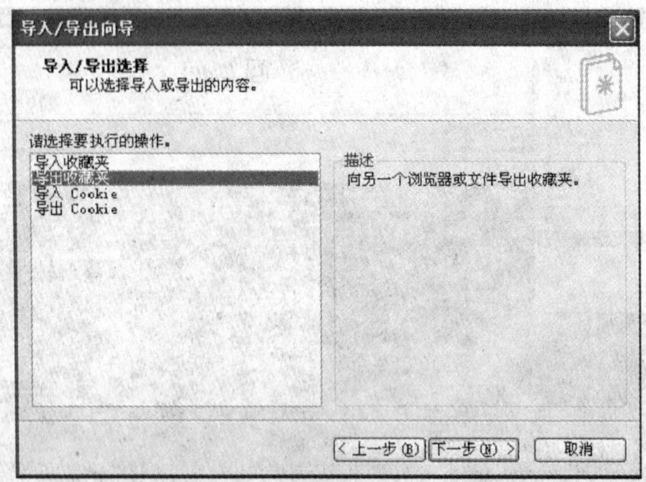

图 1—17　选择要执行的操作界面

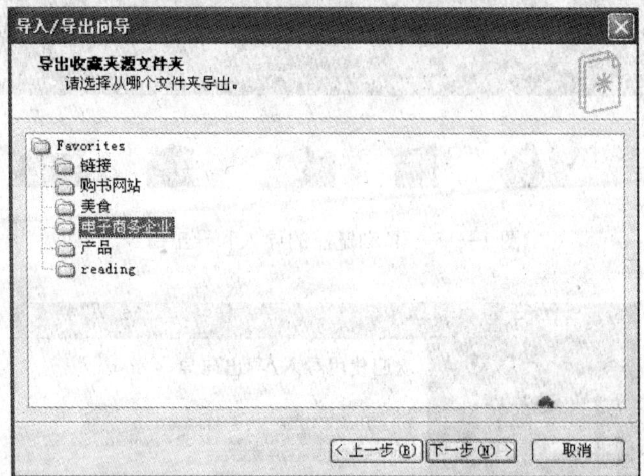

图 1—18　选择要导出的收藏夹名称操作界面

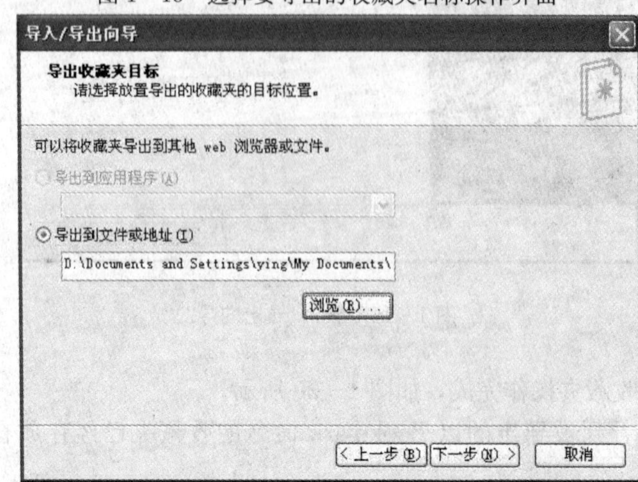

图 1—19　选择导出收藏夹存放位置操作界面

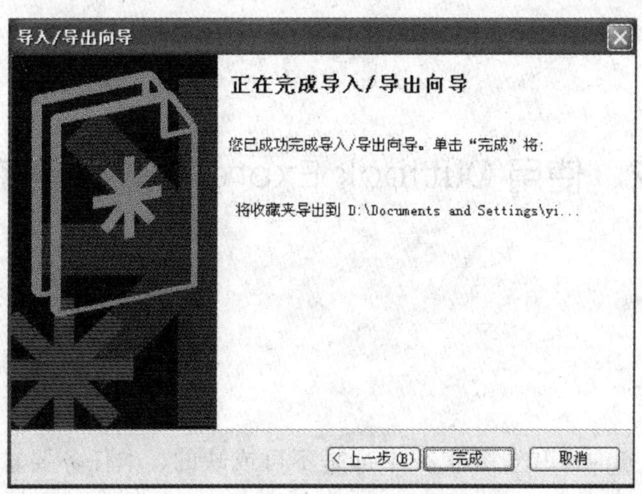

图 1—20　收藏夹导出完成操作界面

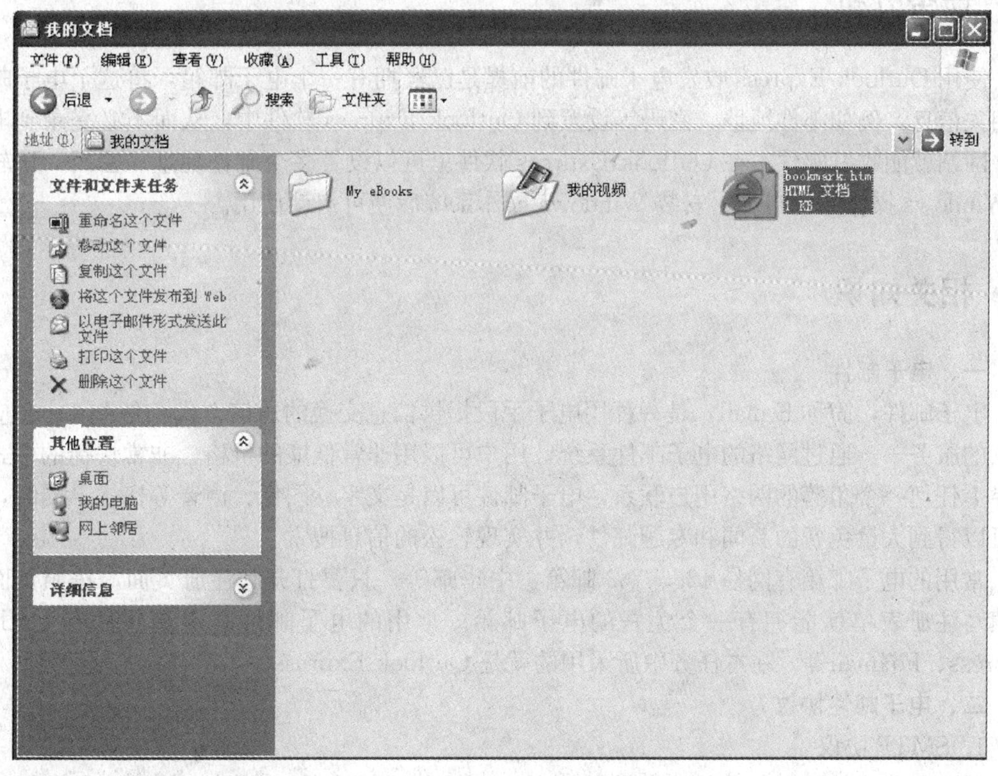

图 1—21　被导出的收藏夹文件

［第八步］也可以通过“导入和导出”命令将收藏夹导入，操作方法与第一～第七步相同。

任务 2　使用 Outlook Express 收发电子邮件

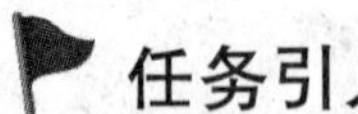

任务引入

电子邮件在商务沟通和业务交往中都是不可或缺的，本任务要求学生利用 Outlook Express收发电子邮件。

任务分析

使用 Outlook Express 收发电子邮件的前提是已经拥有一个电子邮箱，将这个电子邮箱的相关信息，例如邮件地址、密码等设置到 Outlook Express 软件中，从而不必登录到电子邮件网站就能收发邮件。在 Outlook Express 软件里可以设置多个邮件地址、密码，该软件为 Windows 操作系统自带，安装 Windows 操作系统后便可启动使用。

相关知识

一、电子邮件

电子邮件，简称 E-mail，是一种用电子手段提供信息交换的通信方式，是 Internet 应用最广的服务——通过网络的电子邮件系统，用户可以用非常低廉的价格、非常快捷的方式与世界上任何一个角落的网络用户联系，电子邮件可以是文字、图像、声音等格式。同时，用户可以得到大量免费的新闻和专题邮件，并实现轻松的信息搜索。

常用的电子邮箱有网易 126、163 邮箱，中华邮等，只要打开其注册页面，按照页面提示填写注册表单就能拥有一个免费的电子邮箱。常用的电子邮件客户端软件有 Outlook Express、Foxmail等，在本任务中所采用的就是 Outlook Express。

二、电子邮件协议

1. SMTP 协议

SMTP 是指简易邮件传输通信协议，其主要功能是用在传送电子邮件时，负责邮件服务器与邮件服务器之间的通信协定。当用户通过电子邮件程序，寄 E-mail 给另一个人时，必须通过 SMTP 通信协议，将邮件送到对方的邮件服务器上，等到对方上网的时候，就可以收到发送方所寄的信。在使用电子邮件客户端软件的时候，需要设置此协议下的服务器地址。

2. POP 协议

POP 是邮局传输协议的简称，是负责邮件程序和邮件服务器接收邮件的通信协定。POP 协议主要功能是用在传送电子邮件，它规定了如何将个人计算机连接到 Internet 的邮件服务器和下载电子邮件的电子协议。当用户发电子邮件给另一个人时，对方当时多半不会在线上，所以邮件服务器必须为电子邮件接收者保存这封邮件，直到接收者来检查这封邮件。当接收人接收邮件的时候，必须通过 POP 通信协定，才能取得邮件。在使用电子邮件客户端软件的时候，需要设置此协议下的服务器地址。

三、邮件附件

附件是电子邮件中包含的文件，它不能在邮件正文里显示出具体的内容，收件者需要将随信接到的邮件附件下载到本地计算机才能查看邮件附件的信息。通常，邮件附件可以是图片、电子表格、数据库文件、电子文档、声音文件等。

任务实施

［第一步］进入 Windows 操作系统，在“开始”→“程序”里选择 Outlook Express，如图 1—22 所示。

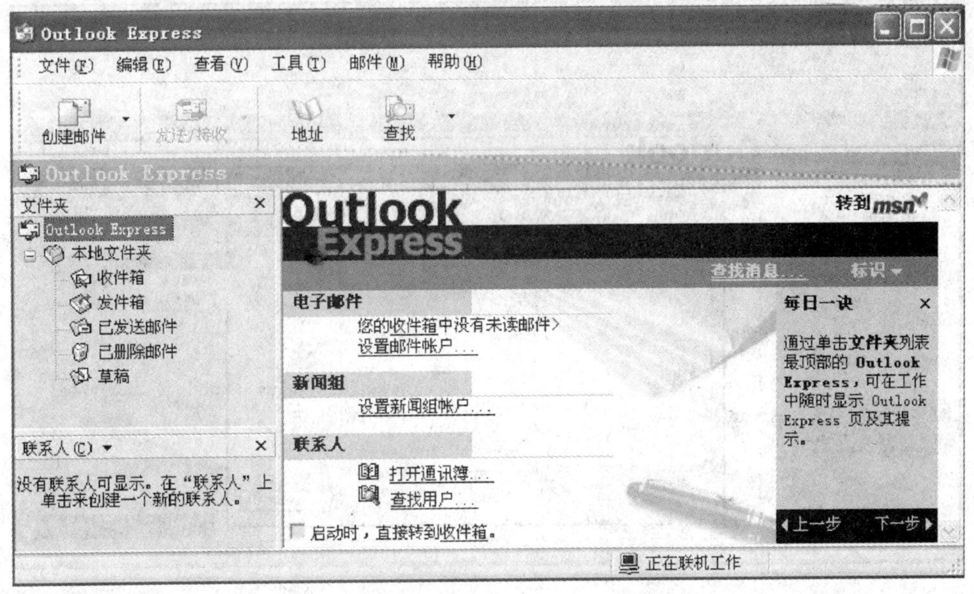

图 1—22　启动 Outlook Express 程序界面

［第二步］启动 Outlook Express，进入该软件操作窗口。单击菜单栏“工具”→“账户”命令，设置用户的邮箱信息，如图 1—23 所示。

［第三步］使用［第二步］中的命令后，出现“Internet 账户”窗口，在该窗口里，选择“邮件”标签，单击“添加”，选择“邮件…”，如图 1—24 所示。

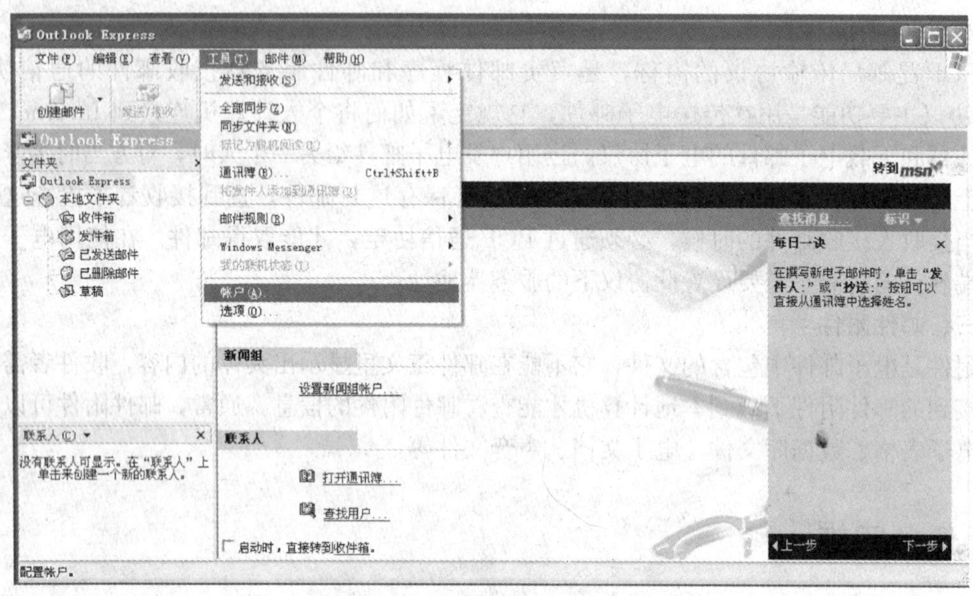

图 1—23　添加账户命令操作界面

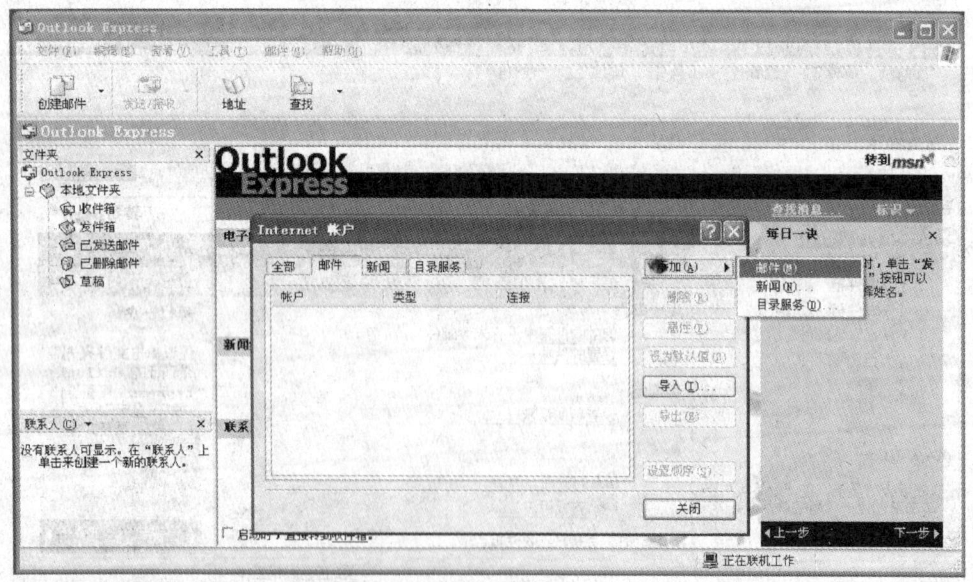

图 1—24　添加邮件操作界面

［第四步］使用［第三步］中的命令后，出现“Internet 连接向导”对话框，在“显示名”里填写用户在邮件中显示的名称，单击“下一步”，如图 1—25 所示。

［第五步］设置用户从电子邮件供应商那里获取的电子邮箱，单击“下一步”，如图 1—26所示。

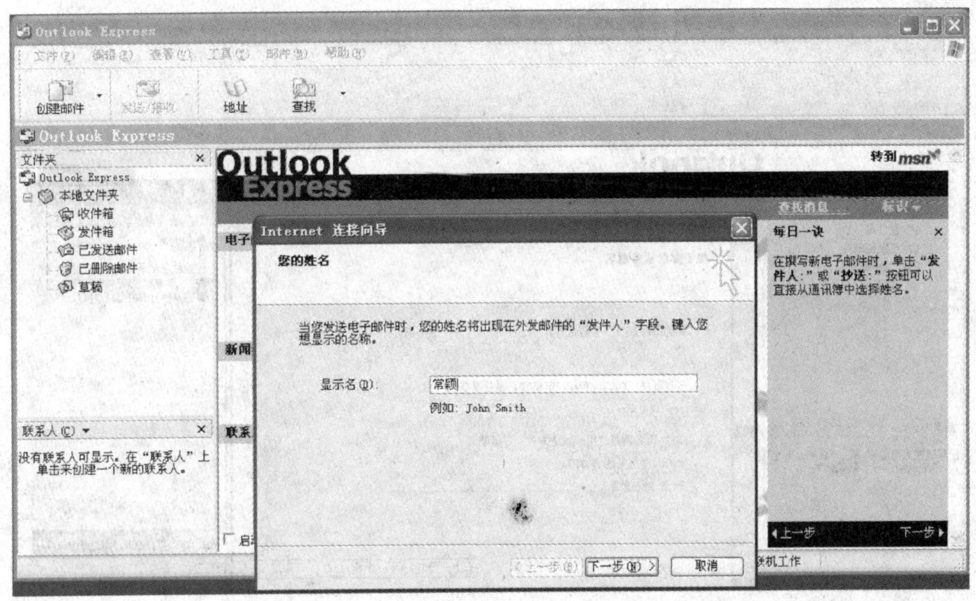

图 1—25　设置邮件的显示名操作界面

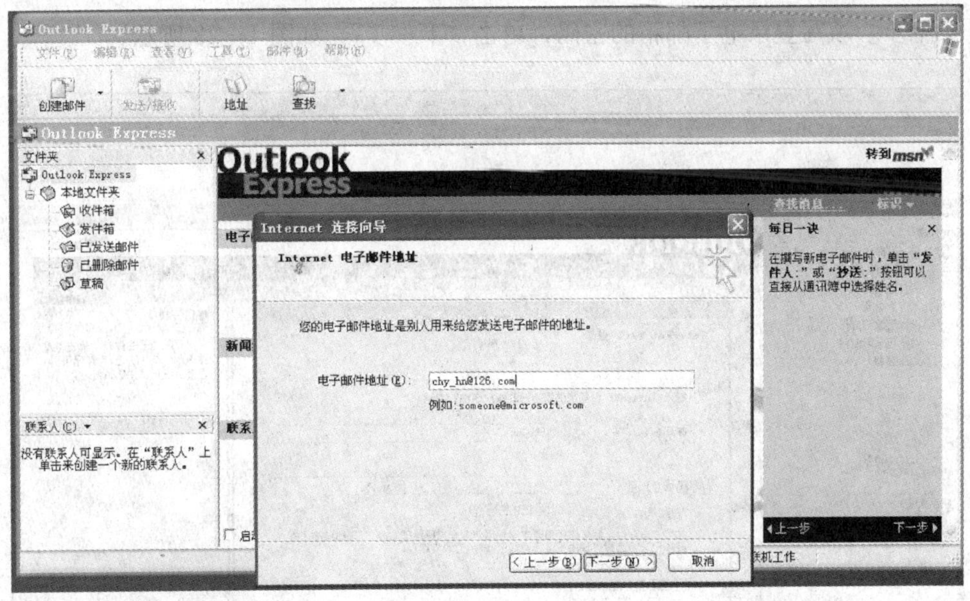

图 1—26　设置电子邮箱操作界面

［第六步］设置接收邮件服务器地址和发送邮件服务器地址，每种服务器所使用的协议要与供应商提供的保持一致。本任务使用 126 邮箱，其接收邮件服务器是 pop. 126. com 而非 pop3. 126. com；其发送邮件服务器是 smtp. 126. com。在相应的文本框里填写完后单击“下一步”，如图 1—27 所示。

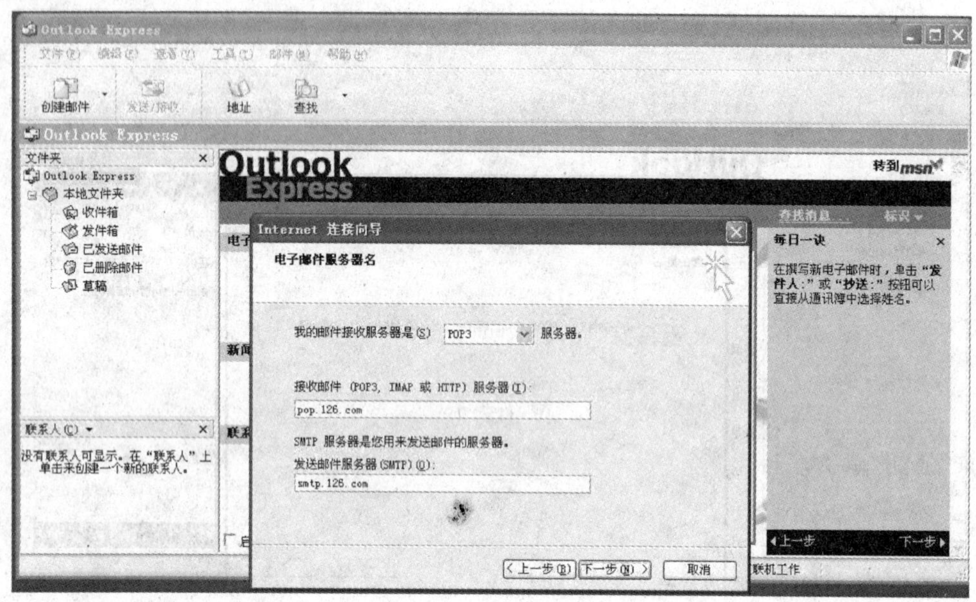

图 1—27　设置电子邮件服务器名操作界面

［第七步］填写登录电子邮箱的密码，单击“下一步”，如图 1—28 所示。

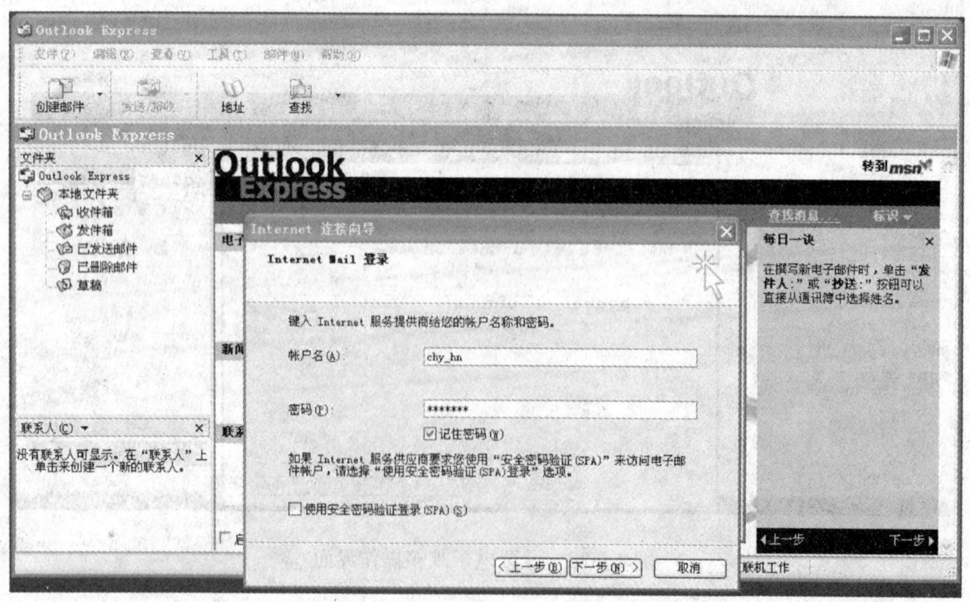

图 1—28　填写电子邮箱登录密码操作界面

［第八步］有关收发电子邮箱的信息已经设置完成，单击“完成”，如图 1—29 所示。

［第九步］可以看到邮件账户已经添加到“账户”列表中。使用前面同样的步骤可以添

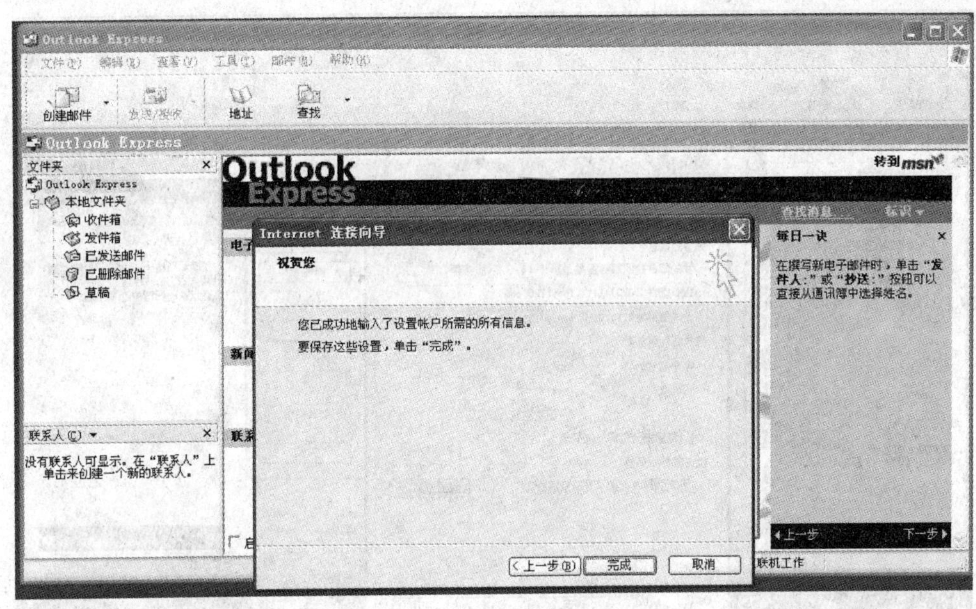

图 1—29　电子邮箱设置成功

加多个邮件账户。为了顺利接收邮件，选中账户名称后，单击“属性”做进一步设置，如图 1—30 所示。

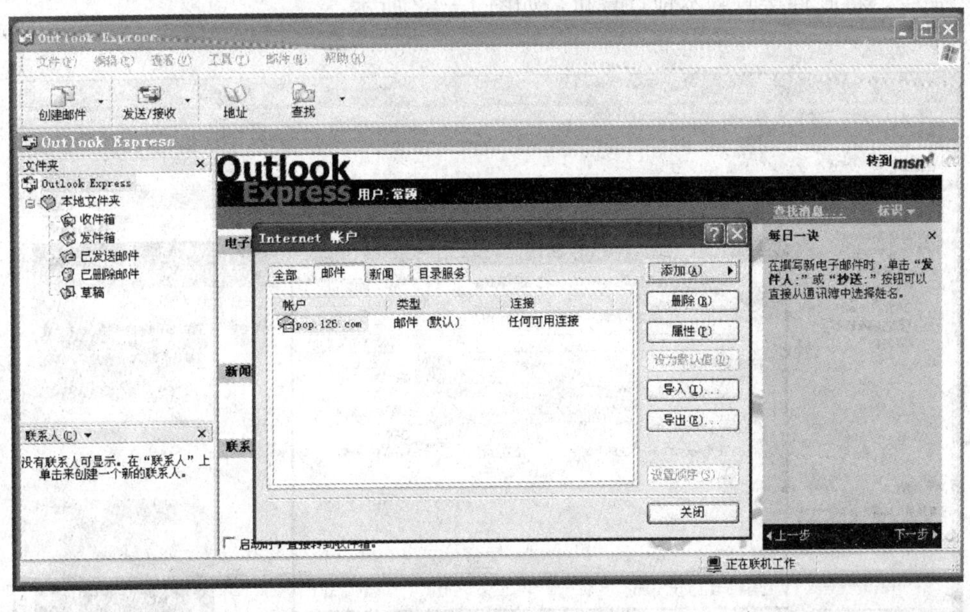

图 1—30　邮件账户属性设置操作界面

［第十步］在服务器标签中的“发送邮件服务器”栏，勾选“我的服务器要求身份验证”，单击“确定”，如图 1—31 所示。

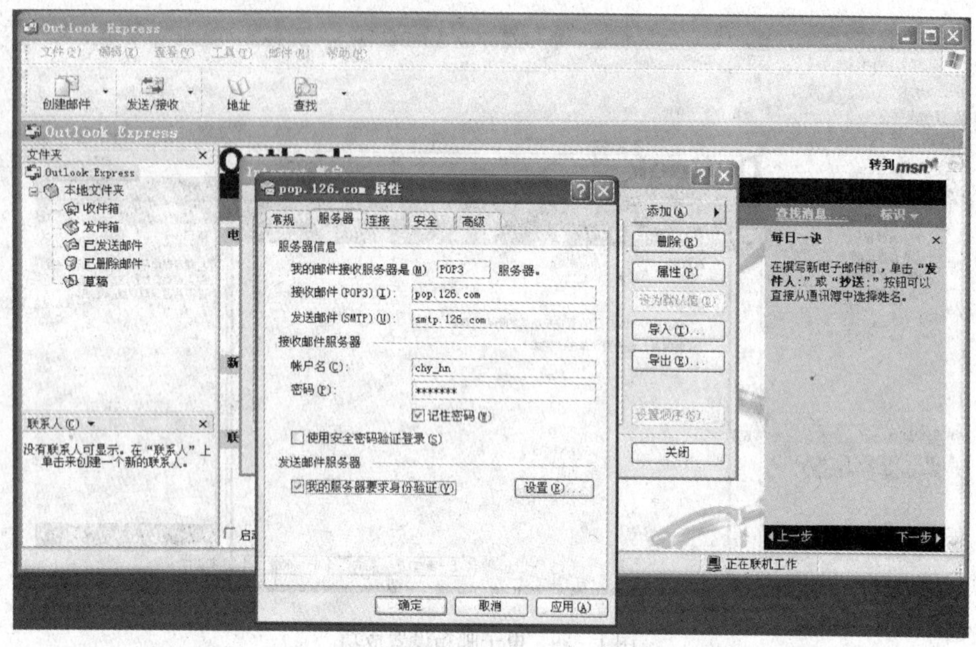

图 1—31　勾选“我的服务器要求身份验证”操作界面

［第十一步］邮箱设置好后，返回到 Outlook Express 操作窗口，单击工具栏的“发送/接收”命令，将邮件接收到本地计算机，如图 1—32 所示。

图 1—32　Outlook Express 正在接收邮件

[第十二步] 在 Outlook Express 里阅读邮件，选择邮件主题后，邮件正文便显示出来，如图 1—33 所示。

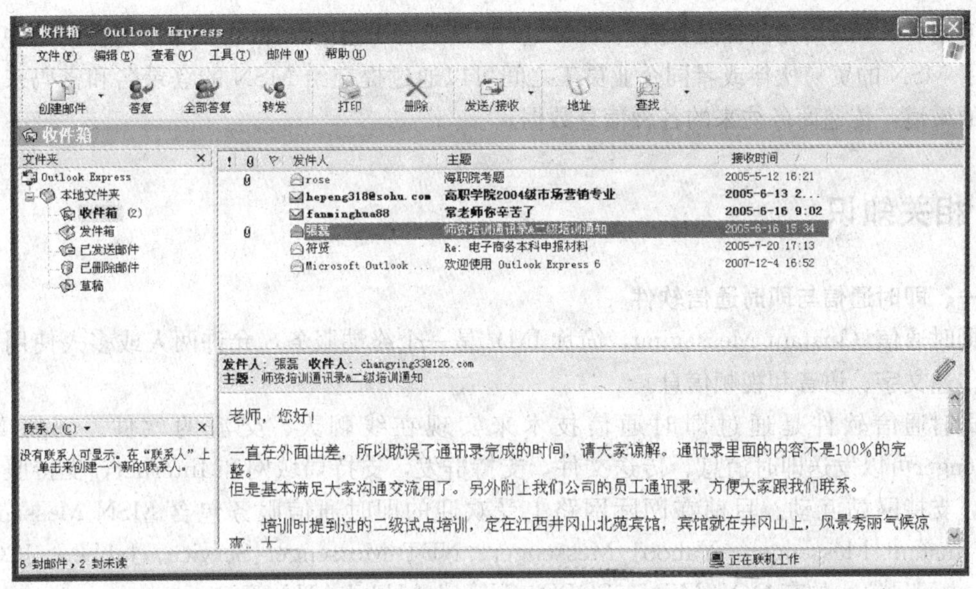

图 1—33　阅读邮件操作界面

[第十三步] 在 Outlook Express 窗口中，可以单击“回复”按钮来回复发件人的邮件，可以通过单击“创建邮件”按钮，建立一个发信窗口发信，完成对邮件的回复。

任务 3　使用 MSN 进行商务沟通

任务引入

开展电子商务工作，贸易伙伴间的沟通或者企业员工之间的联系都需要进行在线的文字、语音或视频交流。此外，业务伙伴间需要传递如价目表、业务电子表格或者产品图片等数据的工作也都要求在网络上进行，而 MSN 是被广泛使用的网络即时通信软件，本任务要求学生掌握使用 MSN 进行交流和传递商务文件的方法。

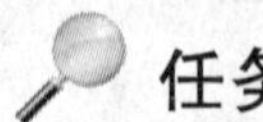

任务分析

使用 MSN 通信的前提是拥有一个 MSN 账户或者 Hotmail 的电子邮箱。在网络中，都安装了 MSN 的贸易伙伴或者同企业员工之间可以通过提交给 MSN 的登录名和密码来建立沟通的渠道，传递商务往来的各种信息数据。

相关知识

一、即时通信与即时通信软件

即时通信（Instant Messaging，简称 IM）是一个终端服务，允许两人或多人使用网络即时传递文字、语音和视频信息。

即时通信软件是通过即时通信技术来实现在线聊天、交流的软件。例如 MSN Messenger可以发送即时消息、传送文件，支持群发，支持局域网和 Internet，支持服务器互联，支持网站互动。目前在网际网路上受欢迎的即时通信服务包含 MSN Messenger、AOL Instant Messenger、Yahoo! Messenger、NET Messenger Service、Jabber、ICQ 与 QQ。中国最流行的有 QQ、MSN、POPO、UC、LAVA-LAVA 等。

二、文件格式

文件格式是指文件编码类型、文件的结构，即对文件编码方式，文件结构的一种约定，例如 ASCII 文件、二进制文件、JPG 图片文件、HTML 文件、EXE 文件等格式。如同一把钥匙开一把锁，不同的文件要用不同的方法去读，去显示，去写，去打开或运行。常见的图片格式有：GIF、JPG、JPEG；常见的音频格式有：MPEG、RM、WMA 、MP3 、WAV，常见的视频格式有 AVI、MOV、RM。

任务实施

［第一步］登录 MSN 的官方网站（http：//im. live. cn/Download），单击“立即下载”命令下载最新版本的 MSN 软件。在弹出的窗口中，单击“保存”，如图 1—34 所示。

［第二步］选择软件在本地计算机的存储位置，单击“保存”，如图 1—35 所示。

［第三步］等待软件下载，如图 1—36 所示。

［第四步］按操作提示安装下载的 MSN 软件后，启动 MSN，单击“注册 Windows Live ID”去申请一个登录账号，如图 1—37 所示。

［第五步］链接到注册网站 http：//get. live. com/getlive/overview，单击“注册”，如图 1—38 所示。

［第六步］填写表单，输入没有被使用过的账号以及密码等信息，单击“我接受”，如图 1—39 所示。

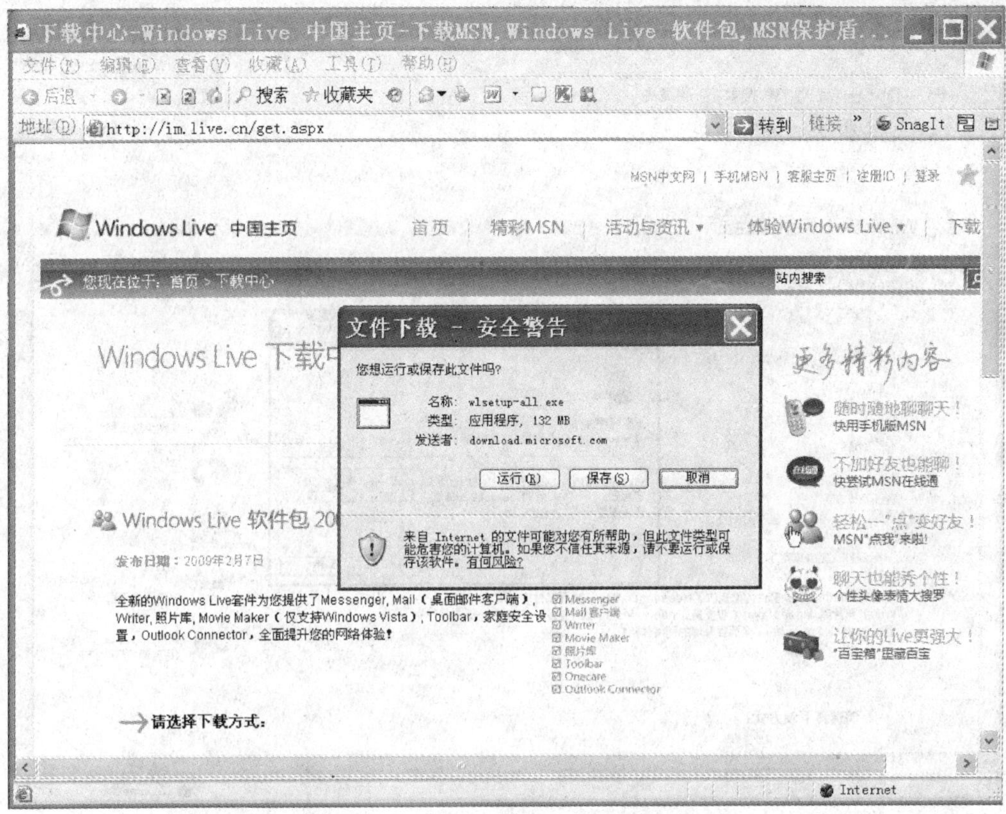

图 1 34　MSN 下载网页

图 1—35　保存 MSN 软件

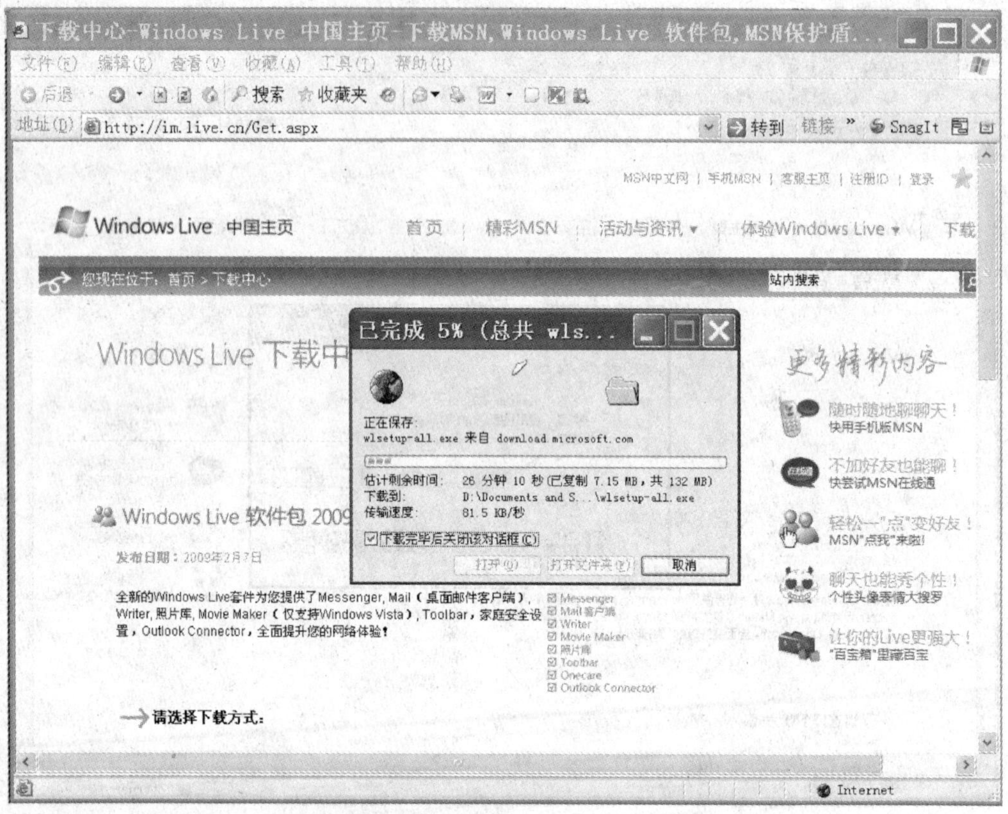

图 1—36　MSN 下载中

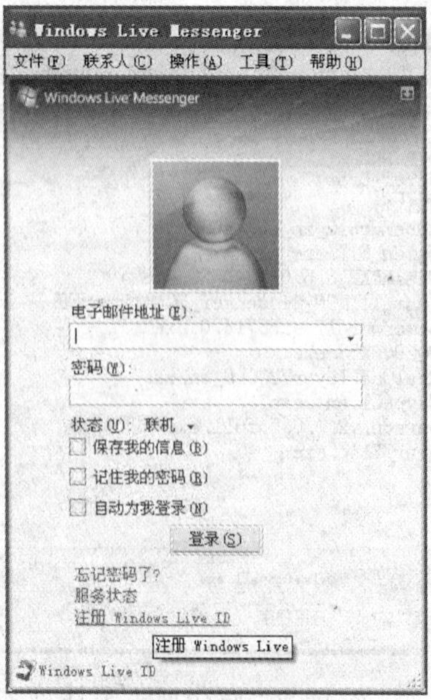

图 1—37　启动 MSN

图 1—38　MSN 注册页面

注册 — Windows Live - Microsoft Internet Ex...

文件(F) 编辑(E) 查看(V) 收藏(A) 工具(T) 帮助(H)

地址(D) https://signup.live.com/signup.aspx?mkt　转到　链接　SnagIt

使用您的电子邮件地址：示例：someone@example.com

或获取 Windows Live 电子邮件地址

创建密码：

至少 6 个字符，区分大小写

重新键入密码：

姓氏：

名字：

国家/地区：中国

省/直辖市/自治区：请选择

邮政编码：

性别：○男 ○女

出生年份：示例：1990

UEQ9X9QR

字符：

完毕　Internet

图 1—39　MSN 账号注册页面

［第七步］使用注册成功的账户和密码登录 MSN 软件。输入注册成功的账号和密码，单击“登录”，如图 1—40 所示。

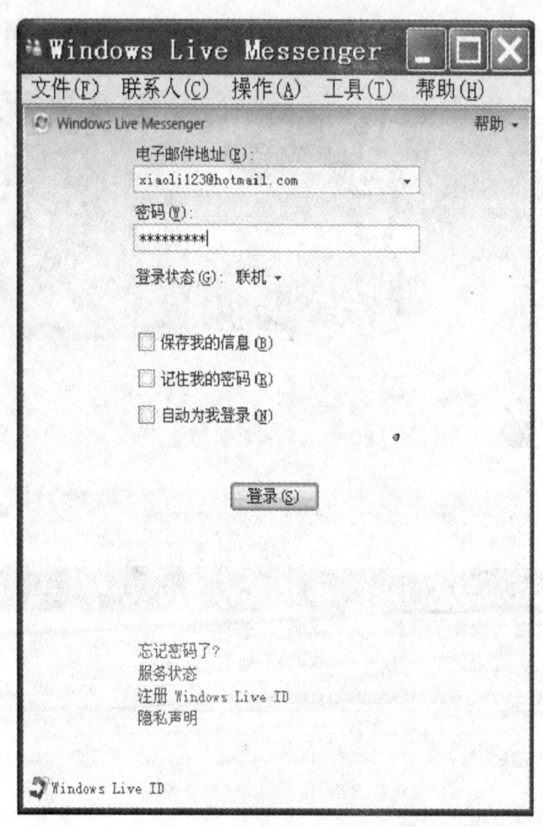

图 1—40　MSN 登录界面

［第八步］单击菜单栏里的“联系人”→“添加联系人”，将贸易伙伴或业务同事的账号添加到联系人列表，如图 1—41 所示。

［第九步］与联系人进行交流。在联系人列表里，右键单击（或双击）联系人图标，出现命令菜单，选择“发送即时消息”，如图 1—42 所示。

［第十步］在出现的通信会话窗口，可以输入文字信息，也可以通过单击“语音”工具栏进行语音会话，本步骤采用文字会话方式，如图 1—43 所示。

［第十一步］工具栏中从左到右的四个工具按钮的功能分别是：邀请某人到此对话框（即对多人交流）、共享文件、开始/停止视频通话、呼叫联系人，用户可以根据需要，采用不同的交流方式，如图 1—44 所示。

［第十二步］也可以给对方发送文件。在联系人的图标上单击鼠标右键，选择“发送其他内容”——“发送一个文件”，则可以将本机的文件传送给对方，如图 1—45 所示。

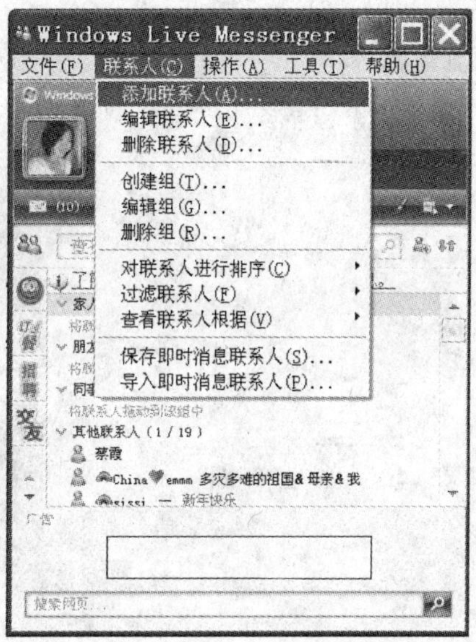

图 1—41　添加联系人操作界面

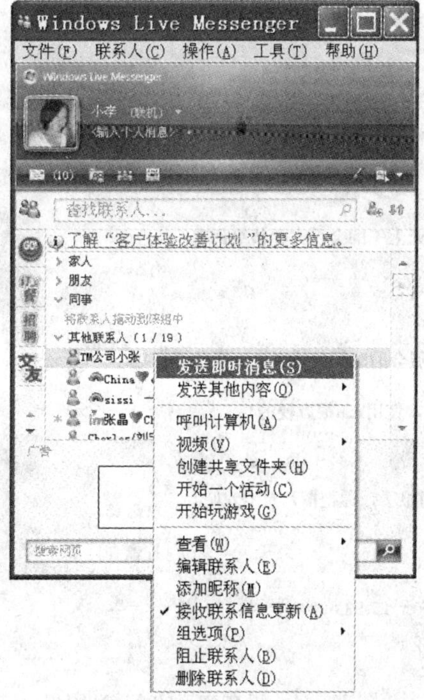

图 1—42　发送即时消息操作界面

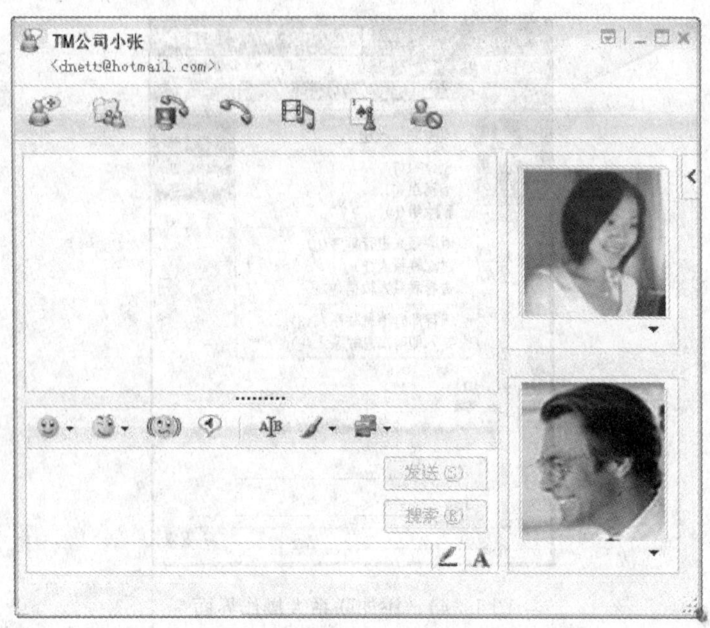

图 1—43　MSN 会话窗口

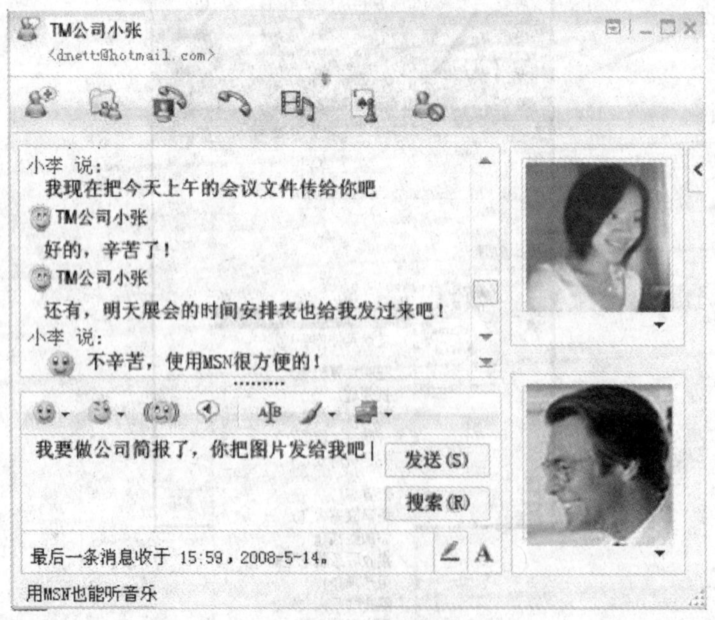

图 1—44　正在交流的 MSN 窗口

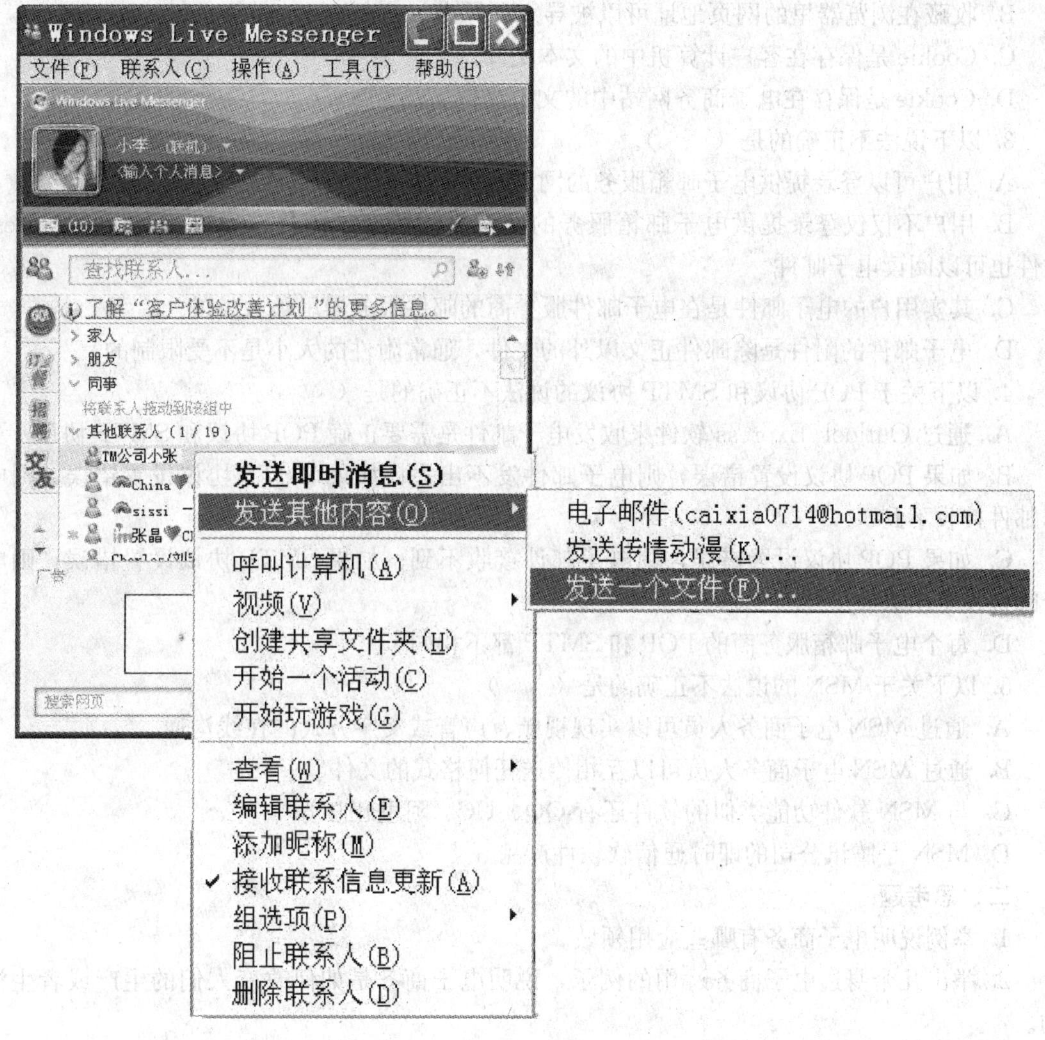

图 1—45　发送文件操作界面

思考与练习

一、单项选择题

1. 关于浏览器的说法不正确的是（　　）。

A. 浏览器是在互联网上最经常使用的服务端程序

B. HTML 文件可以被浏览器打开

C. Internet Explorer 简称 IE，是微软公司的浏览器产品

D. 浏览器中看到的 URL 都是以 http：//开头

2. 以下说法不正确的是（　　）。

A. 网页地址可以被浏览器保存下来

B. 收藏在浏览器里的网页地址可以被导入和导出

C. Cookie 是保存在客户计算机中的文本文件

D. Cookie 是保存在电子商务网站中的文本文件

3. 以下说法不正确的是（　　）。

A. 用户可以登录提供电子邮箱服务的网站来阅读电子邮件

B. 用户不仅仅登录提供电子邮箱服务的网站来阅读电子邮件，通过 Outlook Express 软件也可以阅读电子邮件

C. 其实用户的电子邮件是在电子邮件服务商的邮件服务器里被收发的

D. 电子邮件的附件是除邮件正文以外的文件，通常附件的大小是不受限制的

4. 以下关于 POP 协议和 SMTP 协议的说法不正确的是（　　）。

A. 通过 Outlook Express 软件来收发电子邮件是需要正确 POP 协议和 SMTP 协议

B. 如果 POP 协议设置错误，则电子邮件发不出去；如果 SMTP 协议设置错误，则电子邮件接收不到

C. 如果 POP 协议设置错误，则电子邮件接收不到；如果 SMTP 协议设置错误，则电子邮件发不出去

D. 每个电子邮箱服务商的 POP 和 SMTP 都不相同

5. 以下关于 MSN 的说法不正确的是（　　）。

A. 通过 MSN 电子商务人员可以实现视频、声音或文字方式的在线沟通

B. 通过 MSN 电子商务人员可以互相传送任何格式的文件

C. 与 MSN 软件功能类似的软件还有 QQ、UC、阿里旺旺等

D. MSN 是腾讯公司的即时通信软软件产品

二、思考题

1. 举例说明电子商务有哪些应用领域。

2. 举出几个身边电子商务运用的例子，说明电子商务是如何改变人们的生产或者生活的。

三、操作题

1. 结合本模块内容，登录电子商务相关网站，查询国内外电子商务的发展过程及现状，写出调查报告。

2. 登录亚马逊网上书店，了解网上书店与传统书店的异同点，分析电子商务与传统商务的区别。

模块二

B2C 电子商务的应用与管理

任务1 B2C 前台应用

任务引入

随着互联网在国内的进一步发展和应用，越来越多的用户开始热衷于网上购物，本任务要求学生利用网络购买图书产品，初步体验网上购物的便捷，并能够对订单进行查询。

任务分析

要进行网上购物，应首先了解电子商务网站的组成和经营方式，然后在所购物的网站注册用户（添加真实信息如姓名、联系电话、送货地址、邮编等），登录该网站挑选所要购买的图书产品，并利用具有网上支付功能的银行卡支付所购产品。

相关知识

一、认识 B2C 电子商务组成

B2C（Business to Customer）电子商务模式即企业通过互联网为消费者提供一个新型的购物环境——网上商店平台，消费者通过网络在网上购物、在网上支付。B2C 电子商务最重要的特点是能够绕过中介（如销售商、批发商或经销商）建立与消费者的直接关系，能有效地向消费者提供价格优惠的优质商品和服务。

1. 购物网站

购物网站也称网上商场或虚拟商场，是商家直接面向消费者的场所。购物网站中展示着琳琅满目的商品图片、价格、简介等信息，如图 2—1 所示为 800 图书购物网站。

图 2—1　售书网站 800 图书网 http：//zhengzhou. book800. com

2. 物流配送

物流配送是购物网站将网站商品目录中登录的商品的实物送到消费者手中的过程。商家根据配送范围的大小可选择不同的配送方式，近距离（本市）可用直接送货，远距离可用 EMS 或第三方物流，例如，在上面 800 图书网购买图书后，可以采用平邮、快递等配送服务方式。

3. 支付结算

在传统的商业活动中，消费者使用现金、支票或信用卡购物，例如，在快餐店通常用现金付款，在商店购买电器，则往往使用信用卡支付，在网络世界中情况就不同了，电子商务的出现带来了许多新的金融需求，而很多情况下，传统的支付系统无法满足这些需求。在国际上，大部分网上购物是通过信用卡进行支付的。在国内，大部分网上购物则分别使用货到付款、汇款和电子支付方式。

（1）货到付款

货到付款是最简单，最原始的付款方式，适用于不经常上网购物的消费者。货到付款方式有时可能会造成货到不付款等纠纷，而且不利于大规模的开展业务。

（2）汇款

这种支付方式是指消费者在完成订单时，通过邮政系统或银行系统汇款，当商家接到汇款后，再将商品发给消费者。但这种支付方式存在缺点：消费者在购物完成后还需要去邮局，网上购物的便利荡然无存，而且汇款还得支付手续费。

（3）电子支付

消费者通过银行卡或者信用卡通过网上银行支付货款，方便、及时、安全，是现在主流的网上支付方式，应该大力推广。只有大力推广在线支付，才能更好地推广网上销售业务，现在的公众对于在线支付的安全性仍然有很大的疑虑，应该放心大胆的使用在线支付进行网上购物，关于支付安全问题将在后续模块中作详细的讨论。

4. 安全认证

安全认证包括消费者确认及支付确认。在 B2C 电子商务模式中消费者身份确认大多数采用电话和电子邮件确认。通过 CA 认证中心的身份确认由于操作技术的复杂性目前在国内还不十分普及。

二、了解 B2C 电子商务的经营模式

1. 实物商品的 B2C 电子商务模式

实物商品指的是传统的有形商品，例如，图书、服装、电脑、手机等实物商品。

网上实物商品销售与传统的店铺市场销售相比扩大在线销售的市场，网上销售的市场要大得多。例如，美国的一种创新产品“无盖凉鞋”，其网上销售的订单有 2 万美元是来自南非、马来西亚和日本。一位日本消费者向坐落在美国纽约的食品公司购买食品，付出的运费相当于产品的价值。然而，消费者却非常满意，因为从日本当地购买相同的产品，其代价更昂贵。

(1) 虚拟商家

虚拟商家属于单一营销渠道的网上企业，其营业收入几乎全部来自网上销售。虚拟商家企业一般无须负担建立和维护实体店面的成本，但负担建立和维护网站和开展营销所需的开支。此外，虚拟商家获取客户的成本也非常高。与其他零售企业一样，虚拟商家的利润很低。因此，虚拟商家必须达到足够高的运营效率才能保证获得利润，同时必须尽快打响品牌以吸引到足够数量的客户，才能弥补其经营成本。当当网上商城（www. dangdang. com）、800 图书网（www. book800. com）都是虚拟商家典型的代表。

(2) 鼠标加水泥型电子零售商

鼠标加水泥的企业是将先进的互联网技术与传统优势资源相结合，利用先进的信息技术提高传统业务的效率和竞争力，实现真正的商业利润的一种运作模式。这类企业如上海华联超市（www. hualian－supermarket. com）、苏宁电器（www. cnsuning. com），不但有实体店面作为主要零售渠道，也会在网上作为商品出售的在线零售商。

(3) 直销（Direct Marketing）

直销通常是指制造商绕过了传统批发商或传统零售商，而直接面对消费者的销售模式。其中制造直销商的典型代表是戴尔公司，其成功地在因特网上将计算机销售给数百万名销售者并赚取利润，从而使自己成为世界上最成功的电子零售商之一。

2. 数字化产品的 B2C 电子商务模式

(1) 网上订阅模式

网上订阅模式是指企业通过网页安排向消费者提供网上直接订阅，消费者直接浏览信息的电子商务模式。网上订阅模式主要被商业在线机构用来销售报刊杂志、有线电视节目等。

(2) 付费浏览模式

付费浏览模式是指企业通过网页安排向消费者提供计次收费性网上信息浏览和信息下载

的电子商务模式。付费浏览模式让消费者根据自己的需要，在网址上有选择地购买一篇文章、一章书的内容或者参考书的一页。在数据库里查询的内容也可付费获取。万方数据等一些浏览文献或者论文的网站都采用这种形式。

（3）广告支持模式

广告支持模式是指在线服务商免费向消费者或用户提供信息在线服务，而营业活动全部用广告收入支持。由于广告支持模式需要上网企业的广告收入来维持，因此该企业网页能否吸引大量的广告就成为该模式能否成功的关键。而能否吸引网上广告又主要靠网站的知名度，知名度又要看该网站被访问的次数。广告网站必须对广告效果提供客观的评价和测度方法，以便公平地确定广告费用的计费方法和计费额。搜狐和网易等大型网站都属于这种形式。

（4）网上赠与模式

网上赠与模式是一种非传统的商业运作模式，是企业借助于互联网用户遍及全球的优势，向互联网用户赠送软件产品，以扩大企业的知名度和市场份额。通过让消费者使用该产品，让消费者下载一个新版本的软件或购买另外一个相关的软件。由于所赠送的是无形的计算机软件产品，而用户是通过互联网自行下载，因而企业所投入的分拨成本很低。因此，如果软件确有其实用特点，那么是很容易让消费者接受的。例如，太平洋下载网就是以这种网上赠与的方式吸引消费者的。

（5）门户网站

门户网站是指在一个网站上向用户提供了强大的 Web 搜索工具以及集成为一体的内容和服务，如新闻、电子邮件、即时消息、日历、购物、音乐下载、视频流及其他。Yahoo. com、MSN. com 都是典型的门户网站例子。门户网站的收入主要来自于向广告客户收取网上的广告占位费，收取将消费者引导向其他网站的推荐费，以及提供优质服务的费用。

（6）内容提供商

内容提供商通过网络发布信息内容，如数字化的新闻、音乐、照片、影片以及艺术品。付费检索是 B2C 电子商务的第二大收入来源。越来越多的 Internet 用户上网是为了获得信息，而不是购买产品，因此，内容提供商通过向订阅者收取订阅费来盈利变为可能。当然，并不是所有的网络内容提供商都收费，许多报纸和杂志的在线版都不收费，用户不需要付一分钱就可以在这些网站上浏览新闻和信息。

（7）交易经纪模式

交易经纪模式指通过电话或邮件为消费者处理个人交易的电子商务模式。采用这种模式的最大行业是金融服务、旅游服务以及职业介绍服务。在线股票经纪人模式，如 E—Trade. com以及 Ameritrade. com 已经从股票零售交易市场上获得了 20% 的份额。在线交易经纪的价值体现主要在于节省时间和金钱。此外，大多数交易经纪模式还提供及时的信息和建议。例如，像 Monster. com 这类网站为寻找工作的人提供了一个可以发挥自己才能的、全国性的市场，同时向雇主提供了全国的人才市场信息，无论是雇主还是找工作的人都被网站提供信息的方便和及时吸引。在线股票经纪人所收取的佣金一般要比传统经纪人收取的佣金低得多，很多在线股票经纪人还提供实在的交易好处，如现金折返和一定数量的免费交易，来吸引新客户。

(8) 市场创建者

市场创建者建立了一个数字化的环境，使得买卖双方能够在此“会面”，展示产品，检索产品，并为产品定价。一个最基本的例子就是 Priceline. com，消费者可以在这一市场空间为自己愿意支付的各种旅游膳宿和其他产品定价。另外一个例子是 eBay. com，它是一个同时为企业和消费者提供服务的在线拍卖网站，为买卖双方建立一个协商价格，进行交易数字化的电子环境。

(9) 服务提供商

服务提供商则提供在线服务。有些在线服务是收费的，而有些则通过其他途径，如通过广告或通过收集对直销有用的个人信息获利。服务提供商的基本价值体现在于他们向消费者提供了比传统服务更有价值、更便利、更省时、成本更低的服务。许多服务提供商提供的服务都与计算机有关，例如，利用网络提供信息存储，也有许多服务提供商提供咨询服务。

3. 综合模式

实际上，多数企业网上销售并不是仅仅采用一种电子商务模式，而往往采用综合模式，即将各种模式结合起来实施电子商务。我国工商银行网站就是这一模式的代表。在工商银行的网站上，有工行商城的实体商品，也有定制天气预报、股票行情等金融信息的无形商品，更有在线投保、电子客票等服务的提供。

任务实施

一、申请具有网上支付功能的银行卡

登录工商银行个人网上银行首页 https//www. mybank. icbc. com. cn（见图 2—2），单击“网上银行自动注册”输入注册卡号或登录 ID 等信息，开通银行卡的网上支付功能。当然，

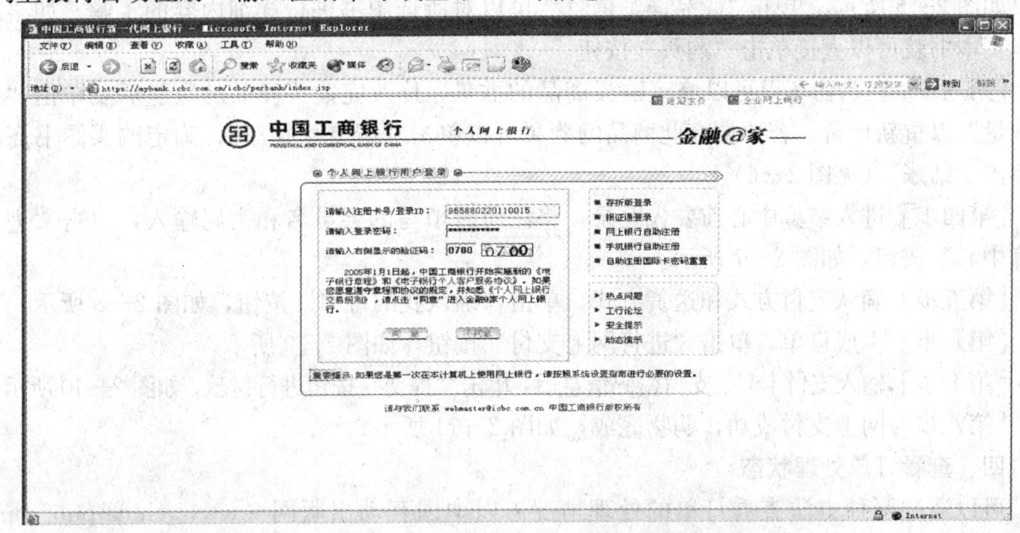

图 2—2　工商银行个人网上银行首页

卡里要预存购物消费金。

二、在购物的网站注册

在购物的网站里单击“注册”，填写自己的真实姓名、送货详细地址、联系电话等信息，如图 2—3 所示。

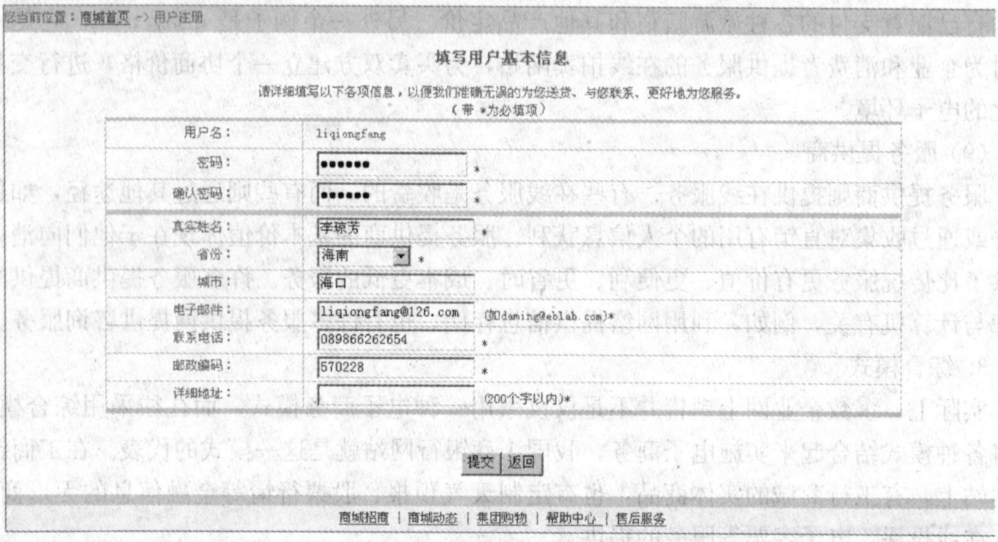

图 2—3　填写注册表单

三、在网上商店购物

[第一步] 登录 B2C 网上商城的网上书店，在关键字文本框内输入“数码相机使用指南”搜索图书（见图 2—4）。

[第二步] 单击页面上的“Go”搜索按钮后，显示书名为数码相机使用指南的图书检索结果如图 2—5 所示，单击“商品详细信息”可以对所选图书进行详细内容的了解。如果决定购买本书就可以直接单击“购买”按钮。

[第三步] 在购物车里可以修改购买商品的数量，修改完购买商品的数量后要单击“修改数量”以重新计价；若要放弃此商品的购买可以单击“清空购物车”，确定购买图书商品后单击“结账”（见图 2—6）。

[第四步] 进入结算中心前要先登录，将注册时填写的会员名和密码输入，单击“进入结算中心”按钮，如图 2—7 所示。

[第五步] 确认支付方式和送货方式，单击“确认我的订单”按钮，如图 2—8 所示。

[第六步] 生成订单，单击“进行网上支付”按钮，如图 2—9 所示。

[第七步] 输入支付卡号、支付密码信息后，单击“提交”按钮进行付款，如图 2—10 所示。

[第八步] 网上支付成功，购物完成，如图 2—11 所示。

四、查看订单处理状态

可以通过两种方法查看订单的处理情况。以中国互动出版网（www.china-pub.com）为例查询订单处理状况。

图 2—4　登录网上书店首页，输入图书搜索关键字页面

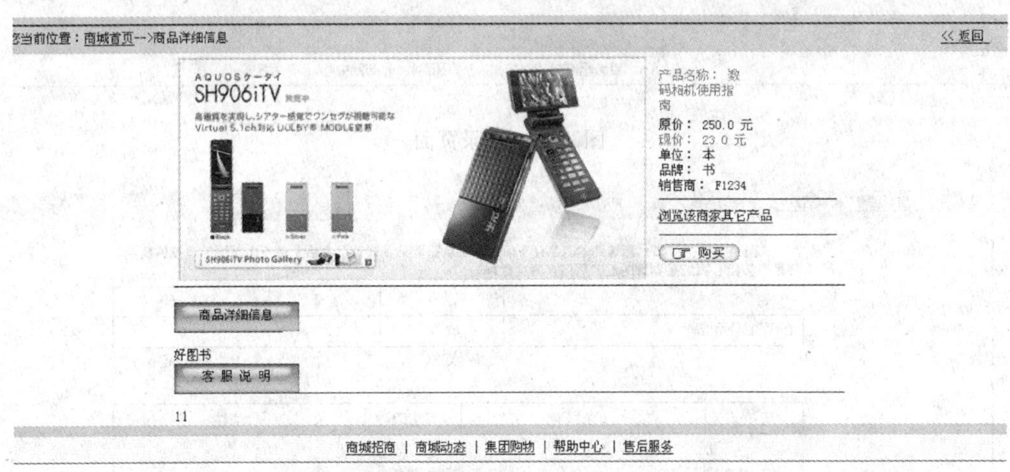

图 2—5　网上书店图书网搜索结果列表页面

[方法一] 通过电子邮件查看。登录在 china-pub 注册时填写的电子邮箱查看，可以看到不同时间里 china - pub 发出的订单处理情况邮件。这里可以看到订单确认通知、支付完成通知、配货通知的邮件，如图 2—12 所示。

[方法二] 直接登录 china - pub 网站，单击“我的订单”，通过 B2C 网站提供的管理区查看订单处理情况。本任务中看到的两个订单分别为“配货”和“未处理”的情况（见图 2—13）。

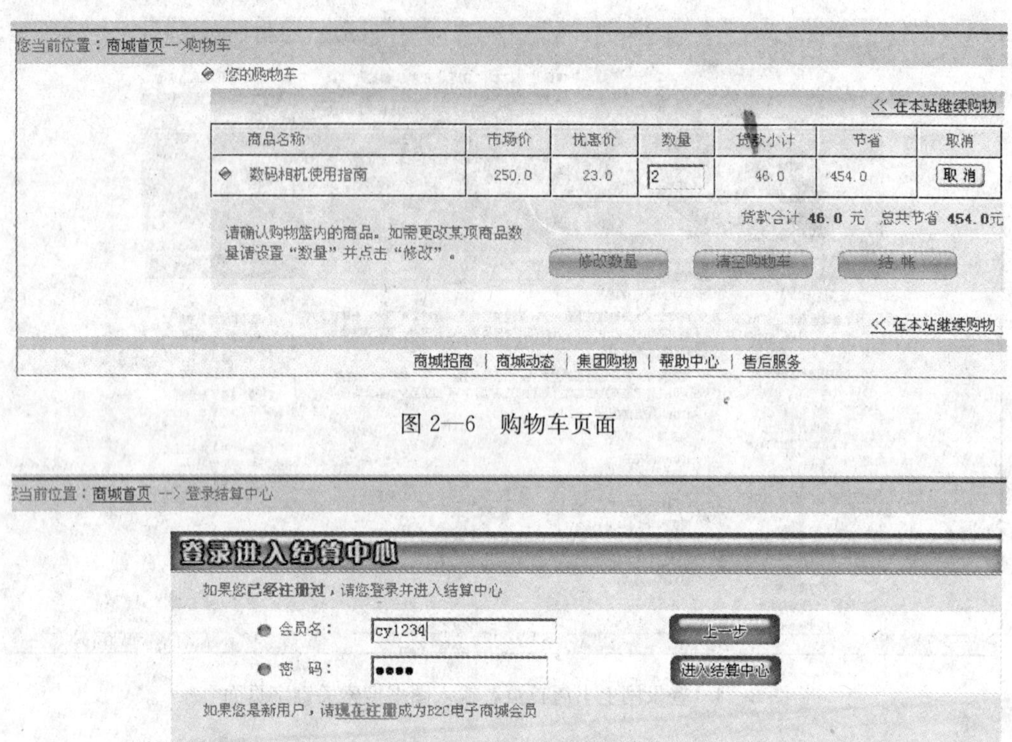

图 2—6　购物车页面

图 2—7　登录页面

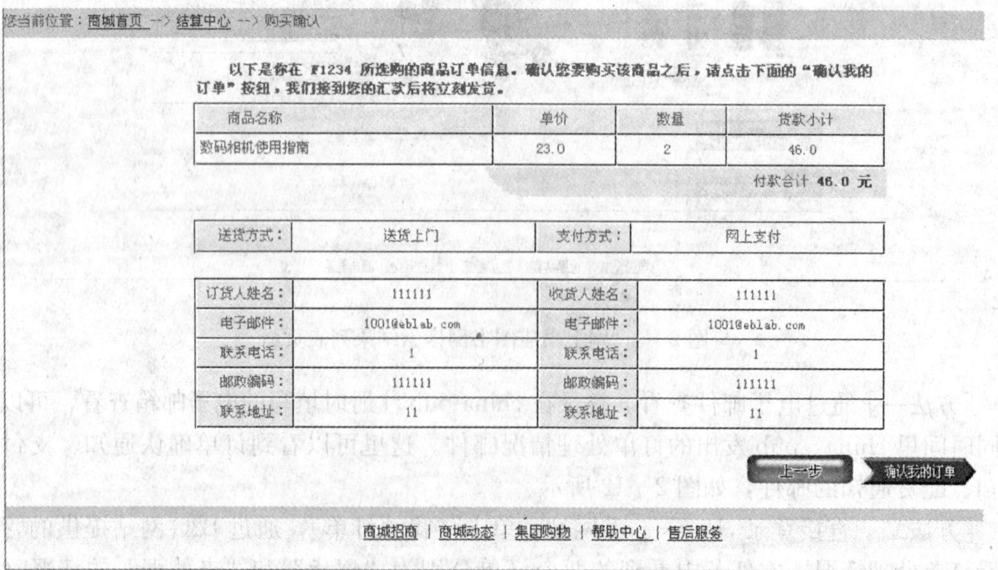

图 2—8　确认订单信息

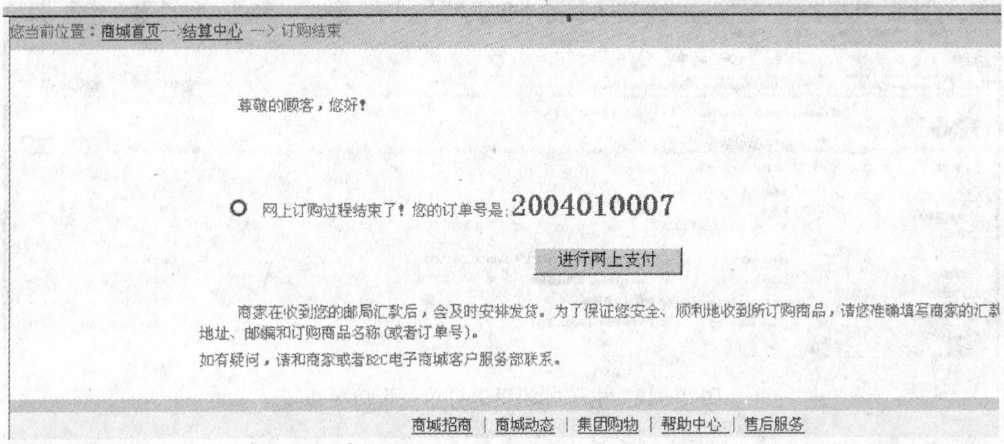

您当前位置：商城首页-->结算中心 --> 订购结束

尊敬的顾客，您好！

网上订购过程结束了！您的订单号是:2004010007

进行网上支付

商家在收到您的邮局汇款后，会及时安排发货。为了保证您安全、顺利地收到所订购商品，请您准确填写商家的汇款地址、邮编和订购商品名称(或者订单号)。

如有疑问，请和商家或者B2C电子商城客户服务部联系。

商城招商 | 商城动态 | 集团购物 | 帮助中心 | 售后服务

图 2—9　生成订单页面

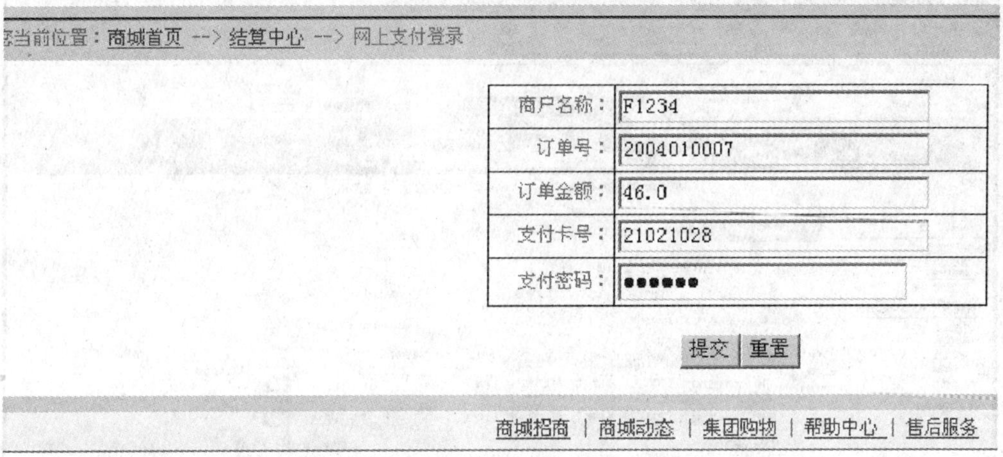

您当前位置：商城首页 --> 结算中心 --> 网上支付登录

商户名称：	F1234
订单号：	2004010007
订单金额：	46.0
支付卡号：	21021028
支付密码：	••••••

提交　重置

商城招商 | 商城动态 | 集团购物 | 帮助中心 | 售后服务

图 2—10　付款页面

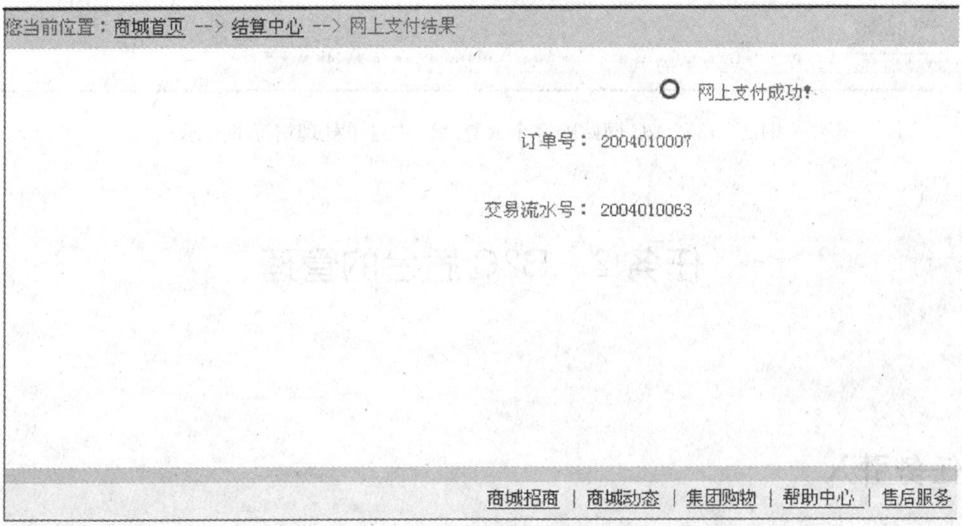

您当前位置：商城首页 --> 结算中心 --> 网上支付结果

网上支付成功！

订单号：2004010007

交易流水号：2004010063

商城招商 | 商城动态 | 集团购物 | 帮助中心 | 售后服务

图 2—11　付款成功页面

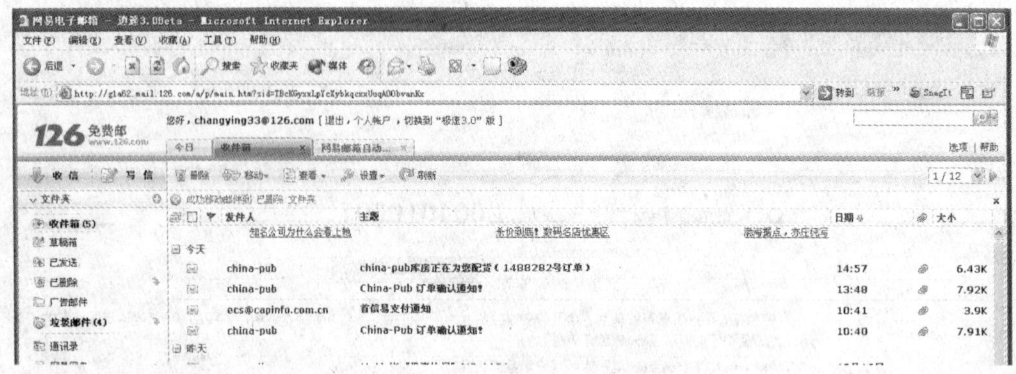

图 2—12　电子邮箱里的订单处理情况通知

图 2—13　B2C 网站顾客个人管理区中订单处理情况的显示

任务 2　B2C 后台的管理

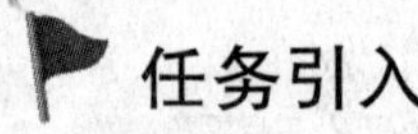

任务引入

当消费者在前台下了订单之后，订单将被如何快速的处理？B2C 电子商务平台的后台管理的日常业务主要有哪些？通过本任务要求学生掌握 B2C 电子平台后台管理业务中的订单处理、采购业务、库存管理操作和商品信息的维护与更新。

 任务分析

网上订单处理是 B2C 后台管理工作的起点，与实际库存、结算系统等都有着密切的关系；而且 B2C 上的商品信息是动态的，需要随时添加新商品，删除过时的商品信息，并应及时调整有价格波动的产品。这些业务都是 B2C 后台的日常维护和管理的工作，需要学生进行掌握。

任务实施

B2C 电子商务后台是指为网上商店正常运行的管理系统，主要为网上商店的工作人员处理相关业务而运行的信息管理系统，它不对外开放给网上顾客，而是网上商店工作人员的工作平台。B2C 后台管理是提供给商户管理商店的"进销存"功能模块，其中包括的功能有：商品管理、期初商品、采购管理、销售管理、库存管理、商店管理、客户管理、应收款明细、应付款明细等。

一、网上订单的后台处理

网上订单处理的工作是由接收 B2C 网上订单开始的，然后根据库存情况生成相应的采购单或销售单，其处理流程如图 2—14 所示。

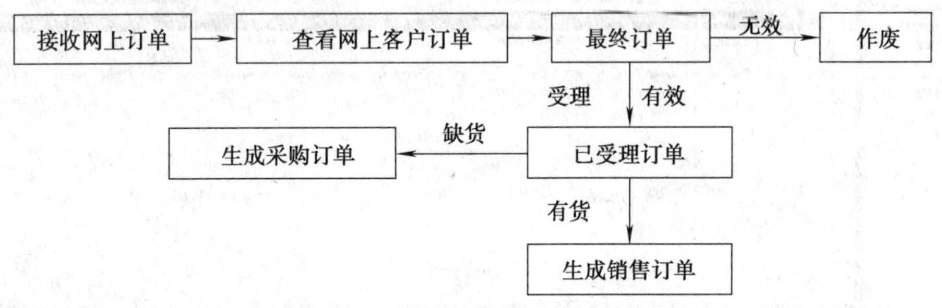

图 2—14　网上单证处理流程图

［第一步］网上单证处理员凭用户名和密码登录业务处理页面，在页面中可以看到一段时间内来自网上等待处理的订单列表（见图 2—15），这里可以看到了订单号为 2004010004 的图书订单。

［第二步］选中某个订单，单击"明细"按钮，可以查看订单详细信息。网上单证处理员要仔细审核单据表头的各项数据是否齐全，包括系统单号、日期、结算方式、联系人、电话或 E-mail、送货方式等。对于购物信息不齐全的单据，单击"作废"按钮，可将此单据彻底作废（见图 2—16），在本任务中，处理图书订单，单击"受理"按钮，将网上订单转换成销售单。

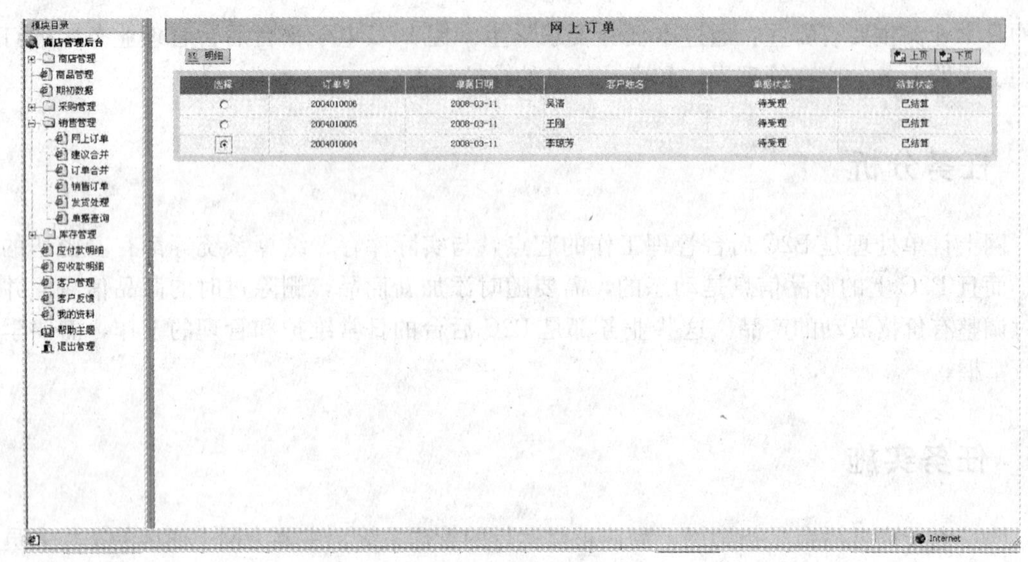

图 2—15 网上客户订单列表

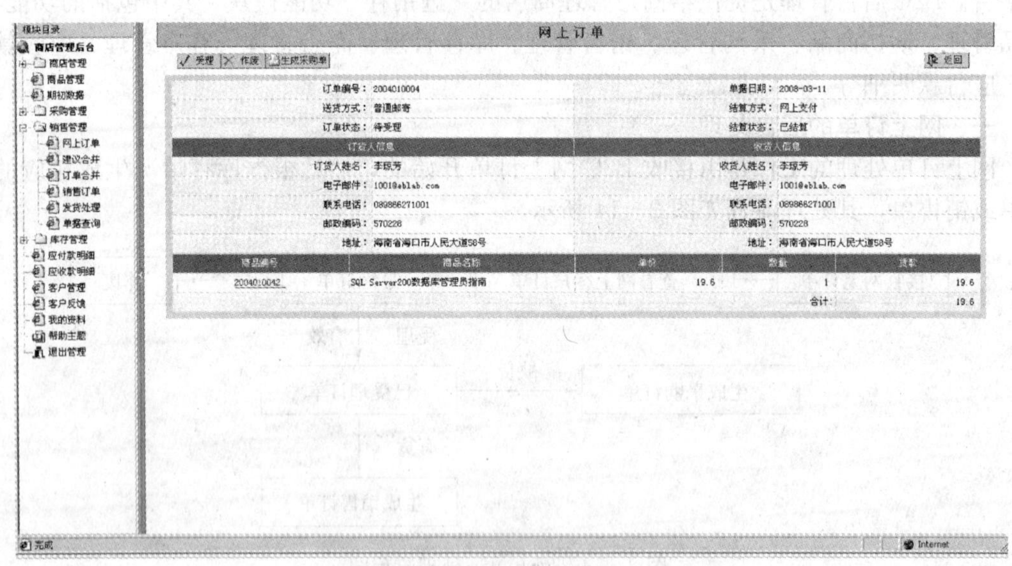

图 2—16 网上客户订单详细信息

［第三步］负责销售单处理的工作人员，会在系统里看到销售单列表。单击“明细”按钮查看销售单详细信息，如图 2—17 所示。

［第四步］如果销售单是未结算的状态，则单击“结算”，如果结算状态显示的是已结算，则单击“确认”，本步骤单击“确认”，如图 2—18 所示。

［第五步］销售订单处理完成，如图 2—19 所示。

［第六步］发货处理的工作人员单击“确定发货”按钮，图书商品将出库发往网上顾客，如图 2—20 所示。

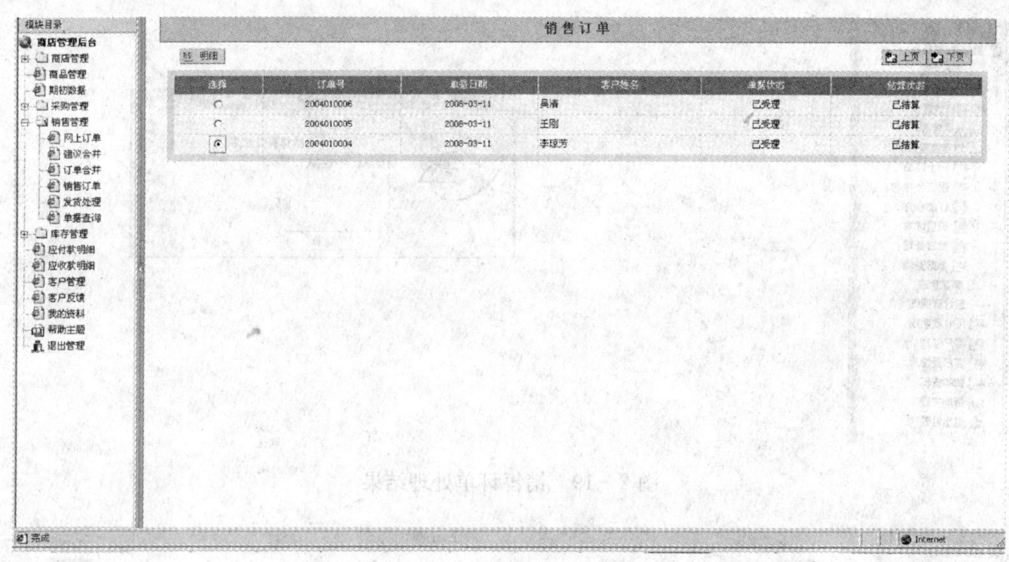

图 2—17　销售订单列表

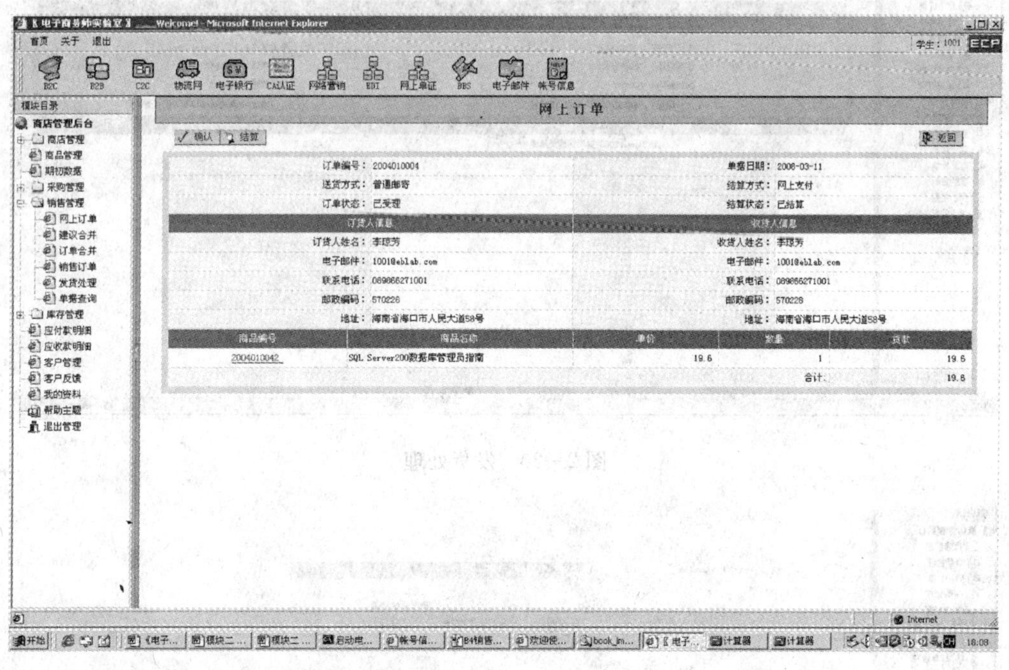

图 2—18　订单明细

［第七步］发货处理完成（见图 2—21）。

二、采购入库

采购管理的工作包括采购订单的填写、采购订单的确认、采购入库等管理，其业务流程如图 2—22 所示。

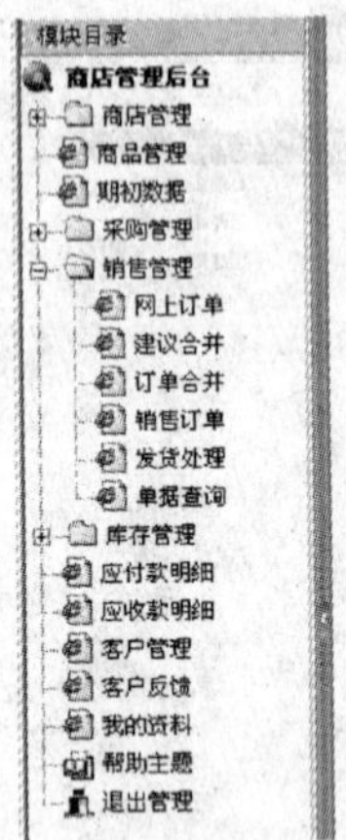

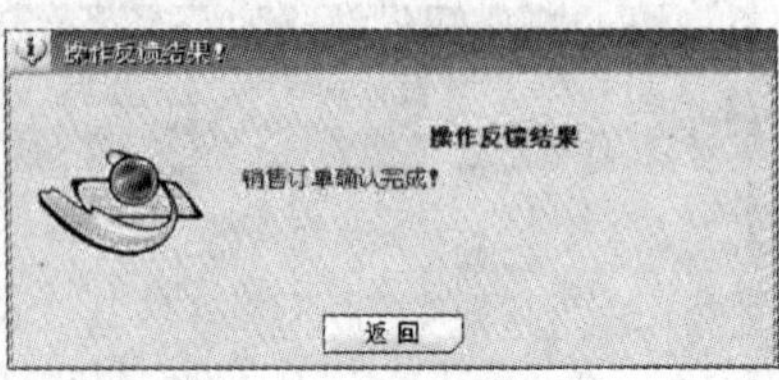

图 2—19　销售订单处理结果

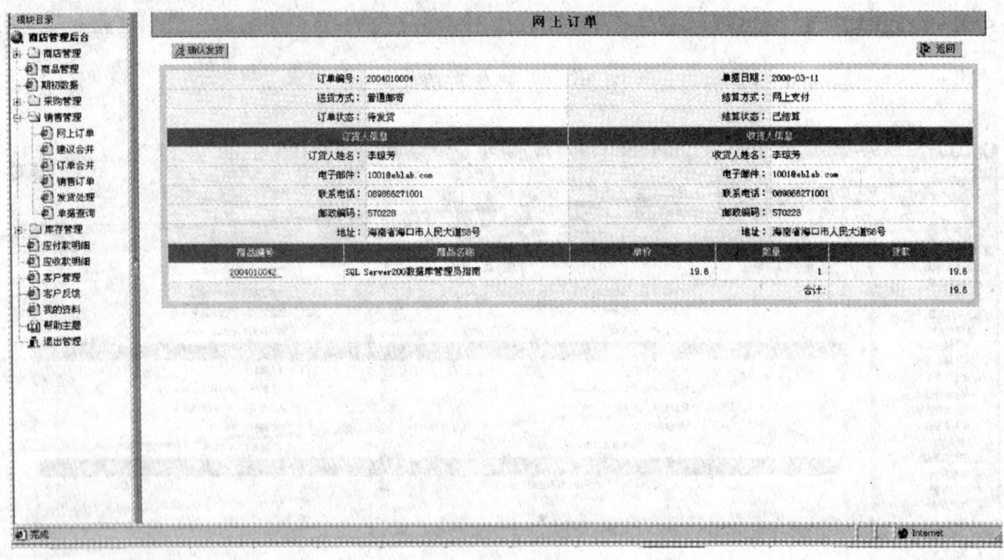

图 2—20　发货处理

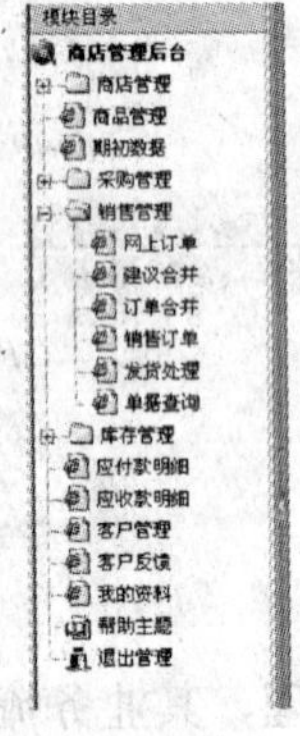

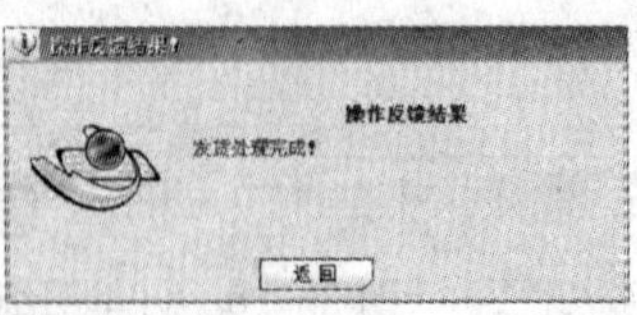

图 2—21　发货处理完成

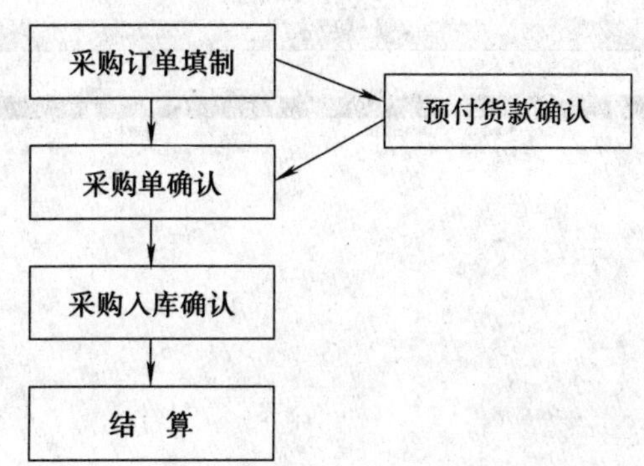

图 2—22 采购管理业务流程图

[第一步] 采购管理员凭用户名和密码登录业务处理页面，在页面的采购管理区单击“采购订单”后单击“新建采购订单”，按照订单格式依次填写新采购单，单击“保存新单”，如图 2—23 所示。

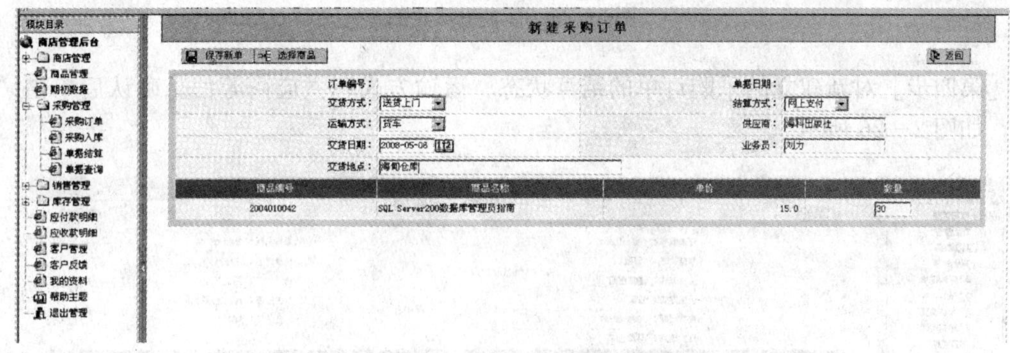

图 2—23 采购单填写表单

[第二步] 系统提示新采购订单保存成功，如图 2—24 所示。

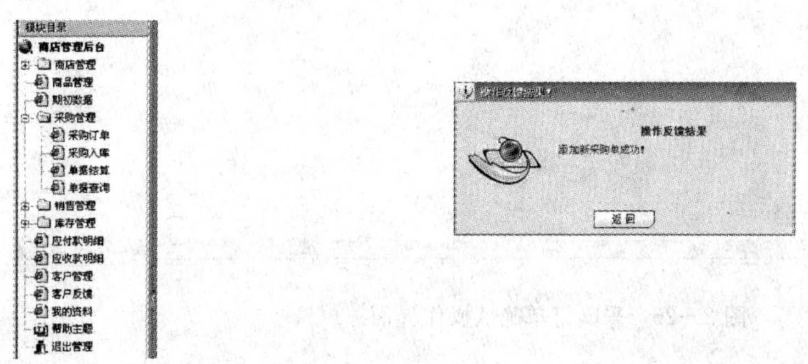

图 2—24 系统提示新采购单保存成功

[第三步] 新建好的采购单出现在采购单列表中，选中采购订单，单击“明细”以便进一步确认采购单，如图 2—25 所示。

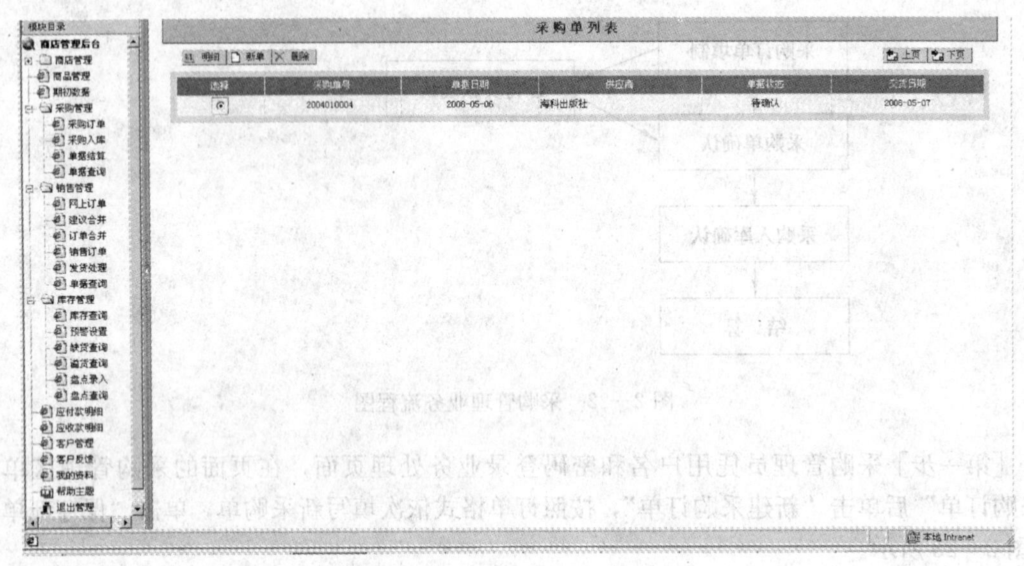

图 2—25 订金确认页面

［第四步］对新建立的采购订单的结算状态、运输方式和供应商等信息确认后单击“确认”，如图 2—26 所示。

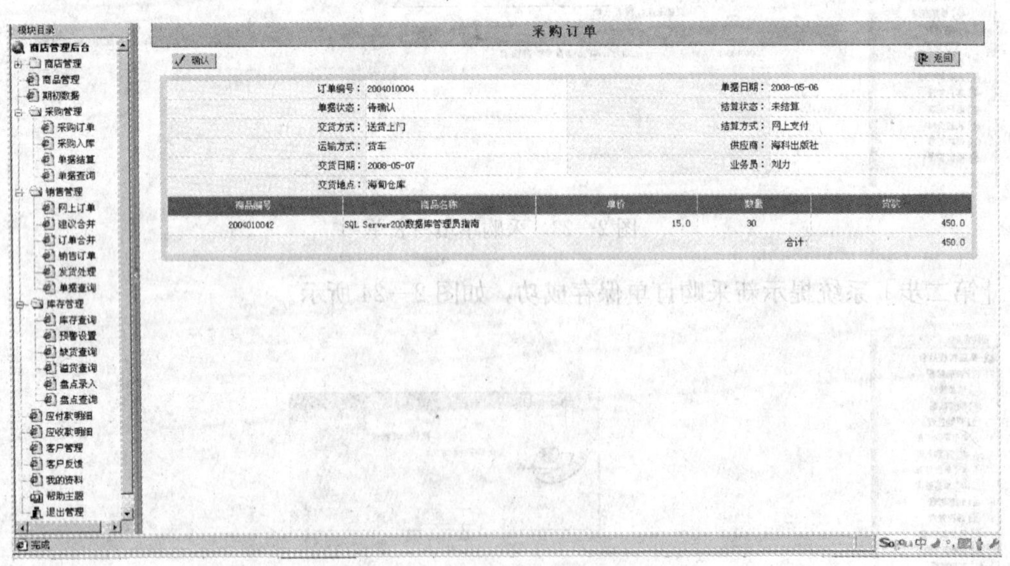

图 2—26 采购订单确认操作界面

［第五步］系统提示采购单确认完成，如图 2—27 所示。

［第六步］采购的货物，经过一段实际运输过程后到达商店。本采购订单采用货到付款的方式，所以采购商等货物运送到，并入库后才结算。在商店管理后台的采购入库管理区，可以看到运送到的货物列表，单击“明细”，如图 2—28 所示。

图 2—27　系统提示采购单确认完成

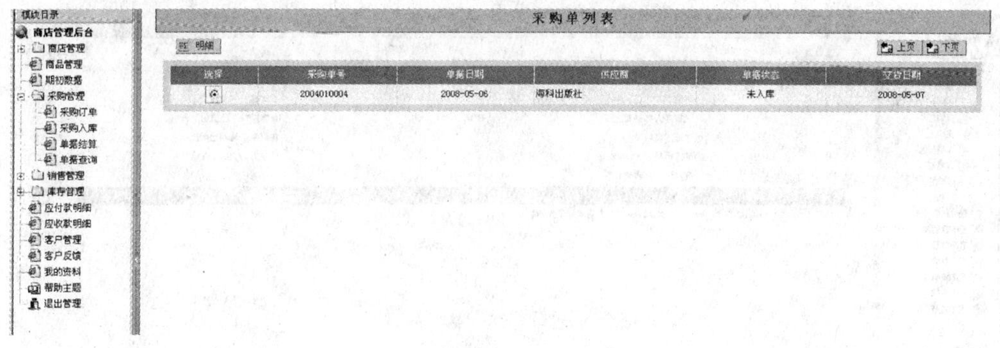

图 2—28　采购入库单列表

［第七步］在采购单详细信息页面中单击“采购入库”，将采购的货物放入仓库系统，如图 2—29 所示。

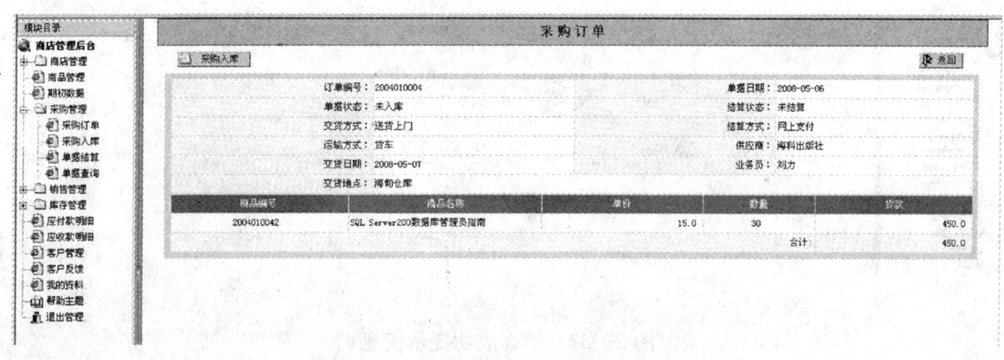

图 2—29　采购入库操作界面

［第八步］商店对已入库的货物付款，单击商店后台管理区的单据结算，可以看到等待付款的采购单，单击“明细”，如图 2—30 所示。

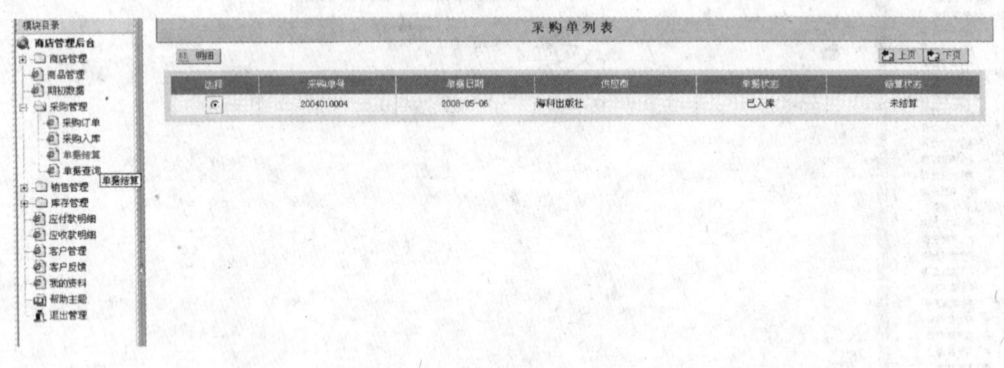

图 2—30　等待结算的采购单列表

［第九步］在等待结算的采购单详细信息界面中，单击“结算”，则将本次采购的货物进行结算，如图 2—31 所示。

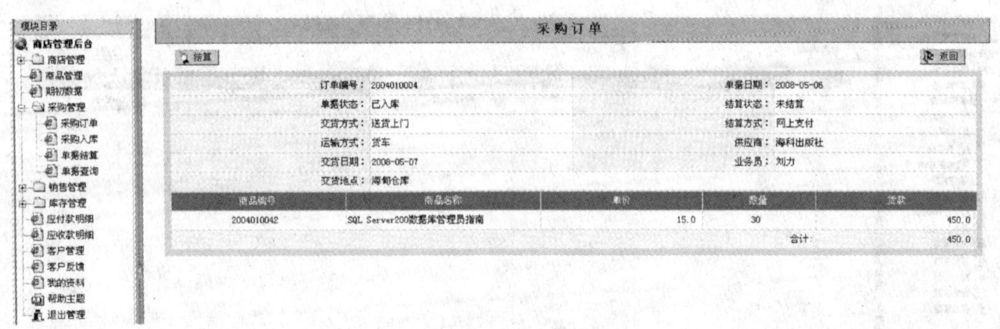

图 2—31　采购订单结算操作界面

［第十步］系统提示采购单结算成功，如图 2—32 所示。

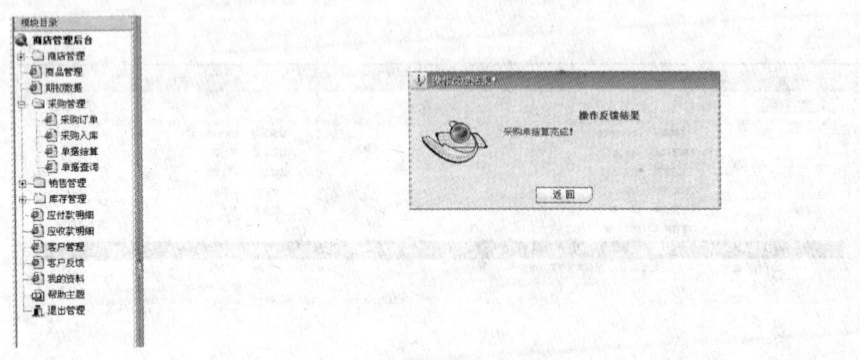

图 2—32　结算成功提示信息

三、商品信息维护

B2C 网上商店的商品信息会不断的增加、删除、修改和更新。

1. 添加商品

[第一步] 登录商店管理后台，在商品管理区单击“登记新商品”，如图 2—33 所示。

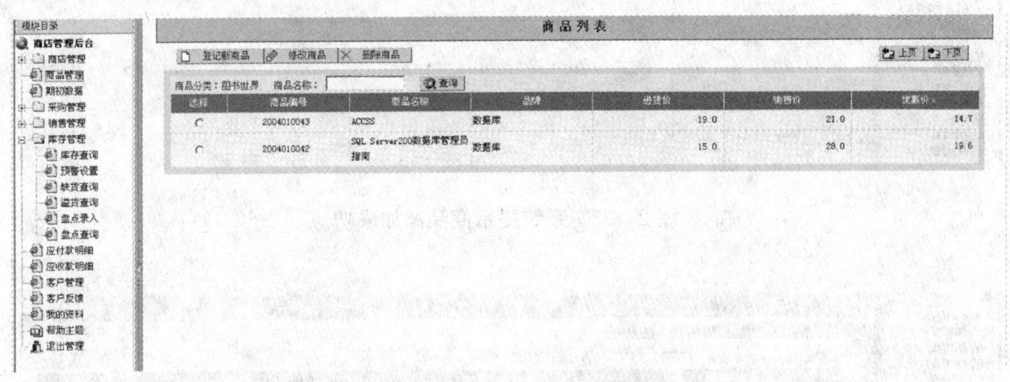

图 2—33　商品目录定义页面

[第二步] 在商品添加表单中，输入商品名称、价格等信息后，单击“确定”，如图 2—34所示。

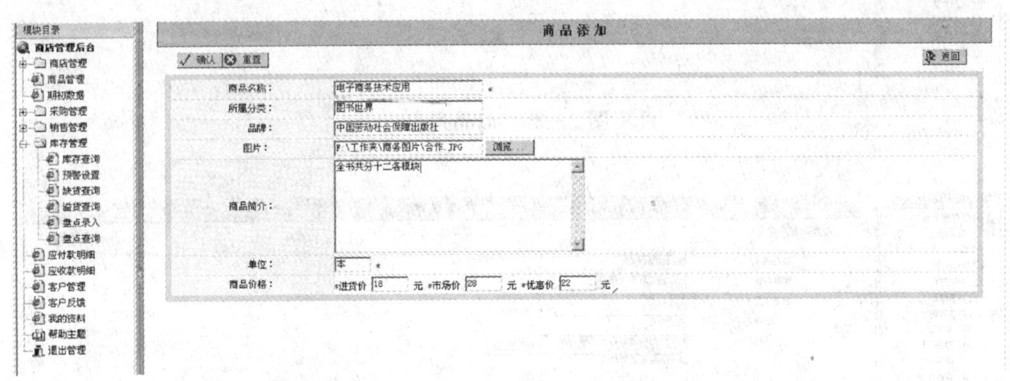

图 2—34　商品目录填写页面

[第三步] 系统提示商品添加成功，单击“返回”，如图 2—35 所示。

[第四步] 可以看到商品列表中出现了新添加的商品，如图 2—36 所示。

2. 修改商品信息

[第一步] 在图 2—37 中，选中将要修改的商品，单击“修改商品”，可以对商品信息的价格、简介等信息进行重新修改，如图 2—37 所示。单击“确认”保存修改的商品信息。

[第二步] 系统提示修改商品成功，如图 2—38 所示。

四、库存管理操作

库存管理是本系统的中心枢纽，所有的采购入库单、销售单、销售退货单等单据汇集在

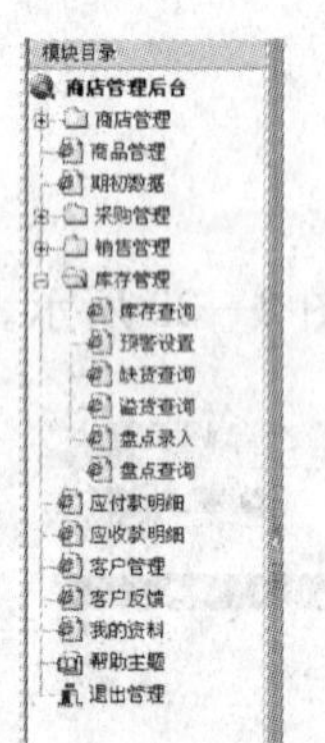

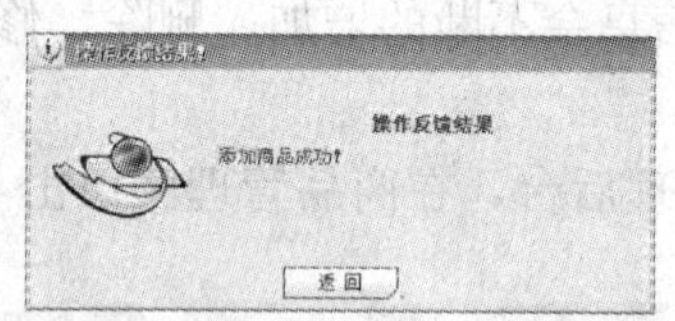

图 2—35　系统提示商品添加成功

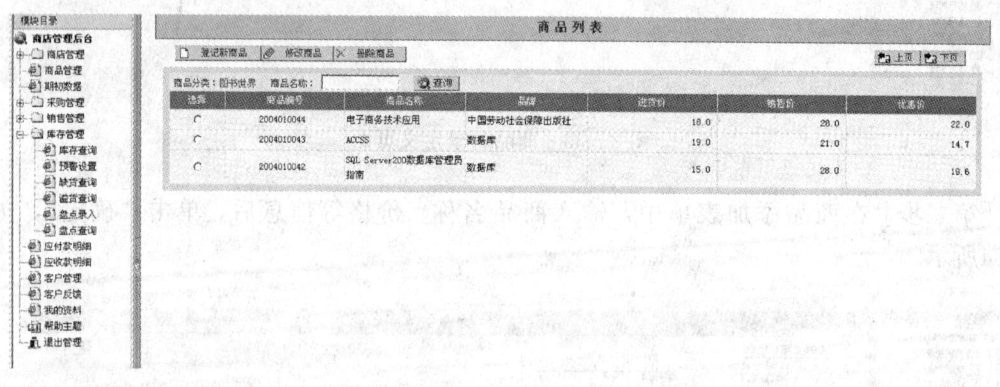

选择	商品编号	商品名称	品牌	进货价	销售价	优惠价
○	2004010044	电子商务技术应用	中国劳动社会保障出版社	18.0	28.0	22.0
○	2004010043	ACCSS	数据库	19.0	21.0	14.7
○	2004010042	SQL Server200数据库管理员指南	数据库	15.0	28.0	19.6

图 2—36　商品列表

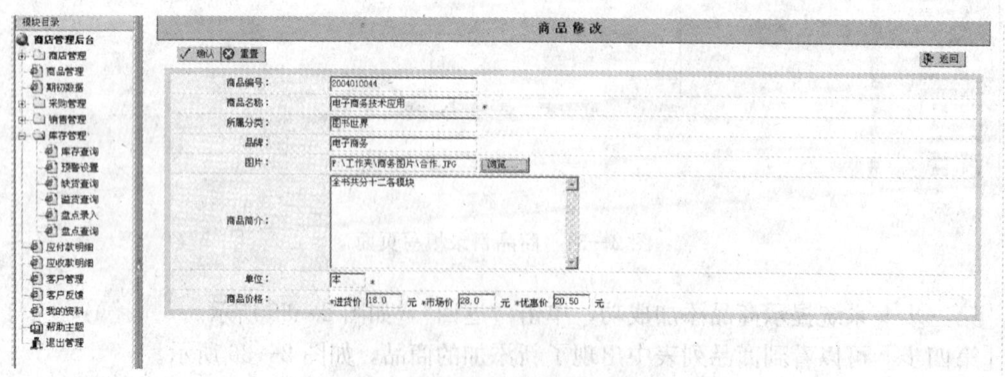

图 2—37　修改商品操作界面

这里，生成各个仓库的库存。

［第一步］对仓库进行盘点，需操作员进入存货盘点页面。在存货盘点页面中选择盘点的年、月、日及仓库，单击“生成盘点表”按钮，生成该月的存货盘点表，如图 2—39 所示。

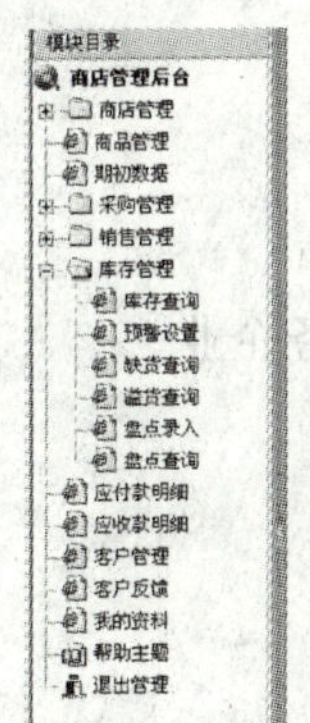

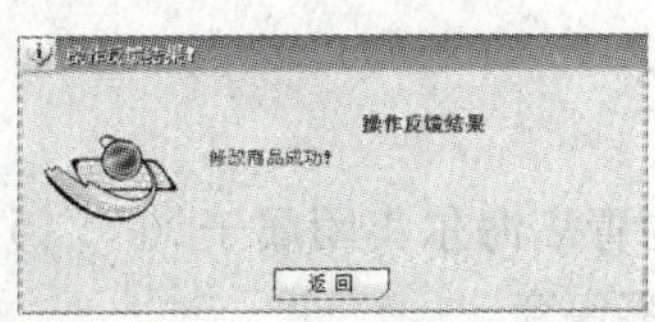

图 2—38 系统提示修改商品成功

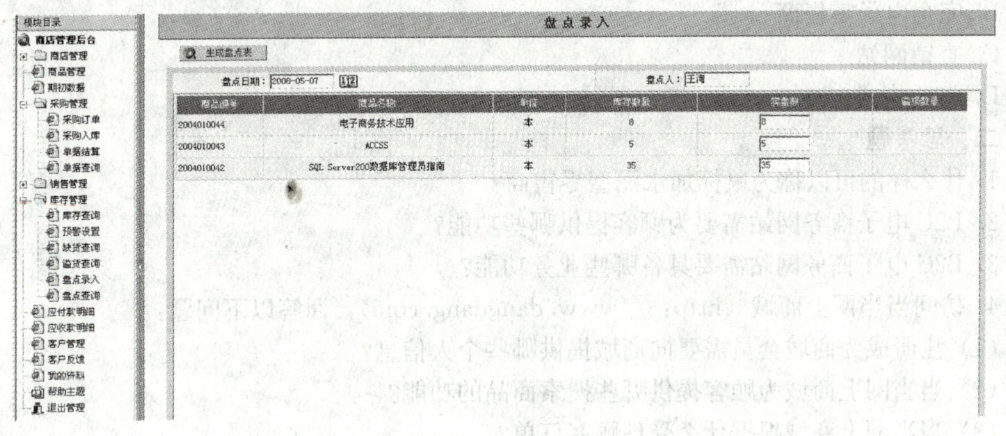

图 2—39 存货盘点操作界面

［第二步］盘点表已经生成，通过对商品的仓库进行调整，单击“调整库存”来调整各个商品所在仓库的数量，如图 2—40 所示。

盘点录入

调整库存

盘点日期：2008-05-07　　盘点人：王湾

商品编号	商品名称	单位	库存数量	实盘数	盈损数量
2004010044	电子商务技术应用	本	8	8	0
2004010043	ACCSS	本	5	5	0
2004010042	SQL Server200数据库管理员指南	本	35	35	0

图 2—40 仓库调拨操作界面

思考与练习

一、单项选择题

1. DELL公司和中国的青岛海尔集团属于（　　）类型的B2C电子商务企业。

A. 经营着离线商店的零售商

B. 没有离线商店的虚拟零售企业

C. 商品制造商

D. 网络交易服务公司

2. 戴尔、耐克和索尼等直接向消费者出售商品的制造商的网站叫做（　　）。

A. “鼠标加水泥”型零售商

B. 完全电子零售商

C. 直销网站

D. 订购模式

二、思考题

1. 什么样的可以称为鼠标加水泥型零售商？

2. B2C电子商务网站需要为顾客提供哪些功能？

3. B2C电子商务网站需要具备哪些业务功能？

4. 访问当当网上商城（http：//www. dangdang. com），回答以下问题：

（1）注册成为商城会员需要向商城提供哪些个人信息？

（2）当当网上商城为顾客提供哪些搜索商品的功能？

（3）当当网上商城根据什么受理顾客订单？

（4）当当网上商城为顾客提供哪些付款方式？

（5）当当网上商城为顾客提供哪些配送方式？

模块三

企业间电子商务与电子交易市场

任务 企业利用 B2B 平台展开贸易工作

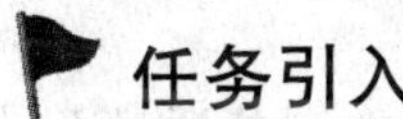

任务引入

畅洁公司是一家生产涂料的企业，其公司负责人看到，在 B2B 交易中心里活跃着与本行业相关的企业供求信息，为了扩大销售范围并节省成本，开始策划在 B2B 交易中心（见图 3—1）发布企业产品的供应信息，并利用 B2B 交易中心完成询价、报价、签订合同等贸易工作。

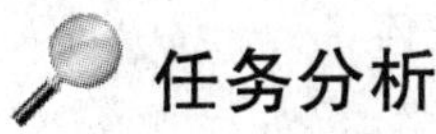

任务分析

畅洁公司要想在 B2B 交易中心完成上述商务操作内容，首先要获取企业数字证书，以证明自身的合法身份，然后要进入 B2B 交易中心进行注册，获取“供应商”权限资格，然后通过登录 B2B 交易中心来发布供应信息，进行相关商务贸易的操作。

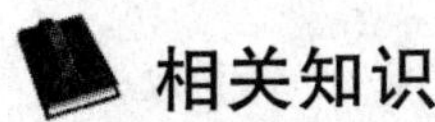

相关知识

一、认识 B2B 电子商务

在前一个模块中，重点介绍了 B2C 模式下的电子商务，这种模式适用于企业对消费者之间的销售等商务工作，而企业之间进行商务往来则是通过 B2B 电子商务平台来进行的。

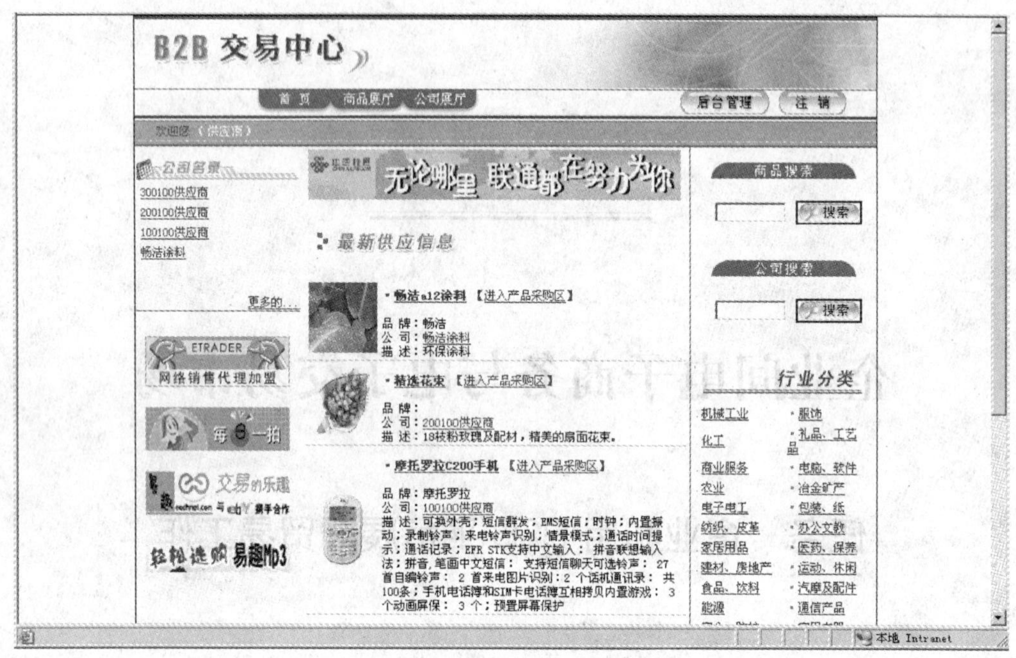

图 3—1 B2B 交易中心首页

B2B（Business to Business）电子商务模式是企业对企业电子商务模式，是指通过 Internet、外联网、内联网或者私有网络，以电子化方式在企业间进行销售、购买，交换产品、服务和信息的过程。这种交易可能是在企业及其供应链成员间进行的，也可能是在企业和任何其他企业间进行的。B2B 电子商务涉及企业与其供应商、客户之间大宗货物的交易与买卖活动，其规模大，交易金额大，交易对象广泛，涉及石油、化工、水电、运输、仓储、航空、国防、建筑等各个行业。B2B 模式的电子商务是电子商务中业务量最大的一种类型，约占电子商务总交易量 90%，构成电子商务业务的主体。

二、B2B 电子商务模式

1. 面向制造业或面向商业的垂直 B2B 模式

垂直 B2B 可以分为两个方向，即上游和下游。生产商或商业零售商可以与上游的供应商之间形成供货关系，例如 Dell 计算机公司与上游的芯片和主板制造商就是通过这种方式进行合作的；生产商与下游的经销商可以形成销货关系，例如 Cisco（思科）与其分销商之间进行的交易，如图 3—2 所示。

2. 面向中间交易市场的水平 B2B 模式

水平 B2B 模式是将各个行业中相近的交易过程集中到一个场所，为企业的采购方和供应方提供了一个交易的机会，例如阿里巴巴（见图 3—3）、中国制造网、环球资源网等。

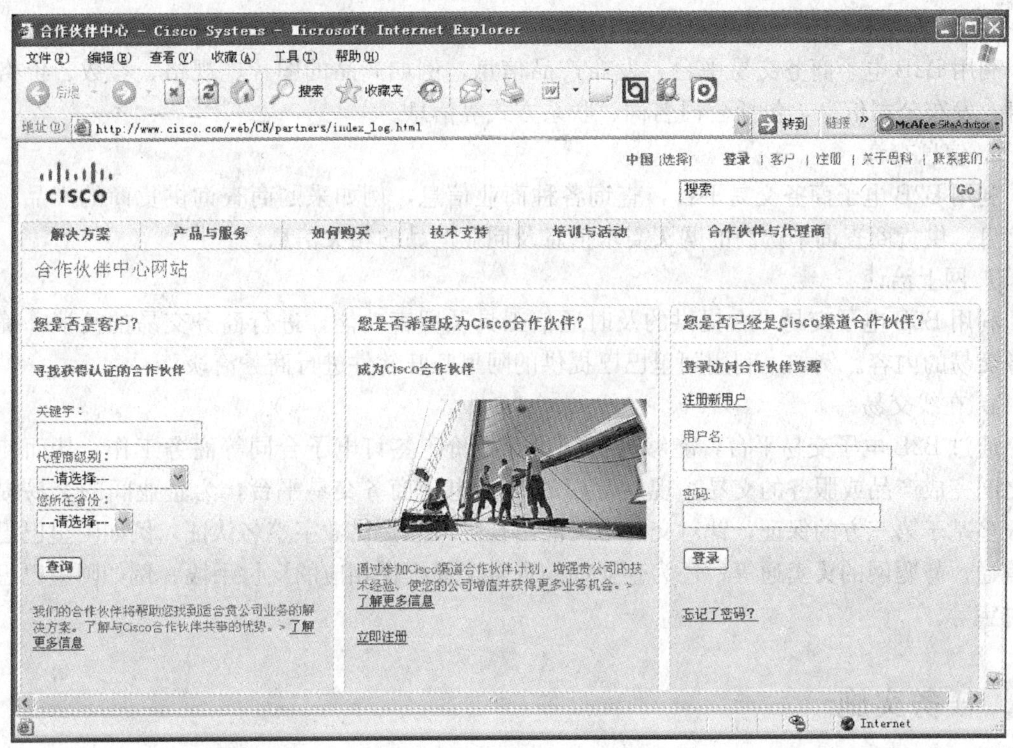

图 3—2　思科合作伙伴中心网站

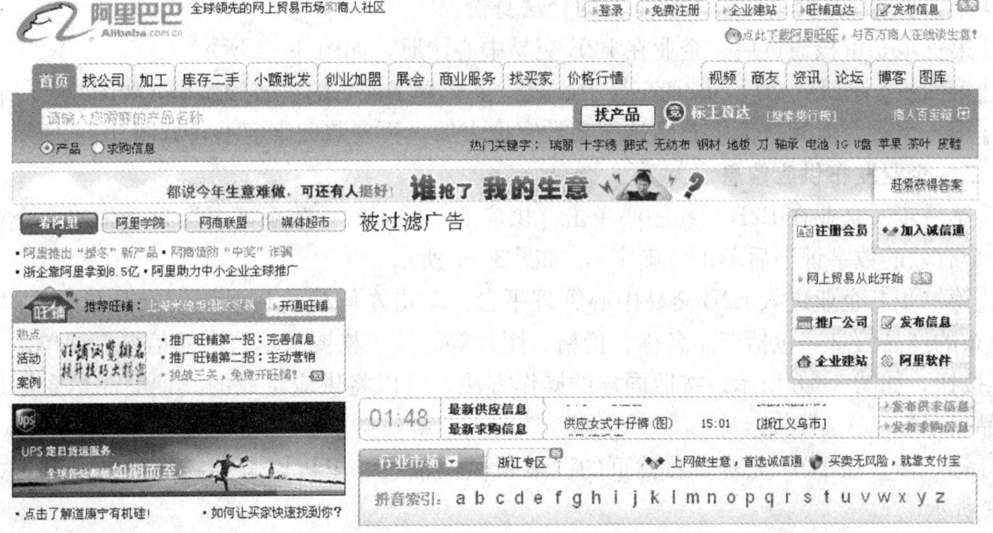

图 3—3　阿里巴巴电子商务平台

三、B2B 电子商务交易平台的主要功能

1. 发布信息

利用 B2B 电子商务交易平台，发布产品信息，例如产品的图片、规格、参数、价格等信息，发布公司信息，包括公司名称、联系方式等信息。

2. 信息查询

利用 B2B 电子商务交易平台，查询各种商业信息，例如采购商查询供货商的产品、价格信息，供货商查询采购商的购买需求信息及同业产品的相关信息。

3. 网上洽谈

利用 B2B 电子交易平台提供的及时通信工具及留言功能，进行商务交易的洽谈，确定商务交易的内容。例如，利用阿里巴巴提供的阿里旺旺软件进行商务洽谈。

4. 在线交易

通过 B2B 电子交易平台，能够进行询价、报价、签订电子合同等商务工作，从而使企业之间完成产品或服务的交易。现在常用的 B2B 电子商务交易平台，为企业间的交易提供了很多基于第三方的保证，针对交易中可能出现的风险提供数字签名认证，例如阿里巴巴的诚信通、慧聪网的买卖通等；还为企业间的现金交易提供相应的支付手段，例如阿里巴巴的支付宝等。

任务实施

一、企业获取数字证书

[第一步] 企业提交营业执照等有效证件给 B2B 交易中心。

[第二步] B2B 交易中心审核企业的合法身份。

[第三步] 审核通过后，企业在 B2B 交易中心注册，如图 3—4 所示。

[第四步] 注册成功后，B2B 交易中心提供下载数字证书的编号和密码，如图 3—5 所示。

[第五步] 企业到认证中心网站下载数字证书后，再安装数字证书，如图 3—6 所示。

二、企业发布供应信息

[第一步] 企业在 B2B 交易中心单击 [供应商] 登录时，数字证书会自动弹出，企业选择一个有效的数字证书后单击“确定”，如图 3—7 所示。

[第二步] 企业进入 B2B 交易中心管理平台。单击左侧模块目录的“产品目录”，填写要发布的产品信息，包括产品名称、价格、图片等。按表格要求填写产品信息后，单击“保存”按钮，如图 3—8 所示。按照同样的操作方法，可以将供应企业的其他商品信息添加进“产品目录”。

[第三步] 在 B2B 交易中心首页的“最新供应信息”里可以看到新增加的商品，如图 3—9 所示。

三、询价和报价

1. 采购商询价

[第一步] 采购商取得数字证书后在交易中心网站首页单击“采购商”登录，如图3—10

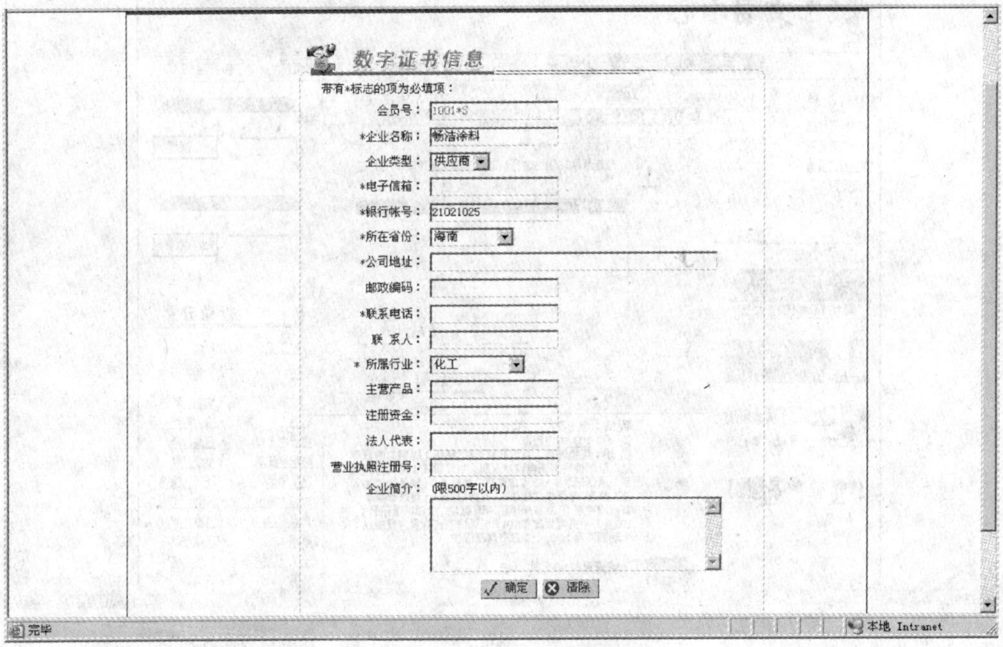

数字证书信息

带有*标志的项为必填项：

会员号：1001*S

*企业名称：畅洁涂料

企业类型：供应商

*电子信箱：

*银行帐号：21021025

*所在省份：海南

*公司地址：

邮政编码：

*联系电话：

联 系人：

* 所属行业：化工

主营产品：

注册资金：

法人代表：

营业执照注册号：

企业简介：（限500字以内）

确定　清除

完毕　本地 Intranet

图 3—4　数字证书在线申请表单

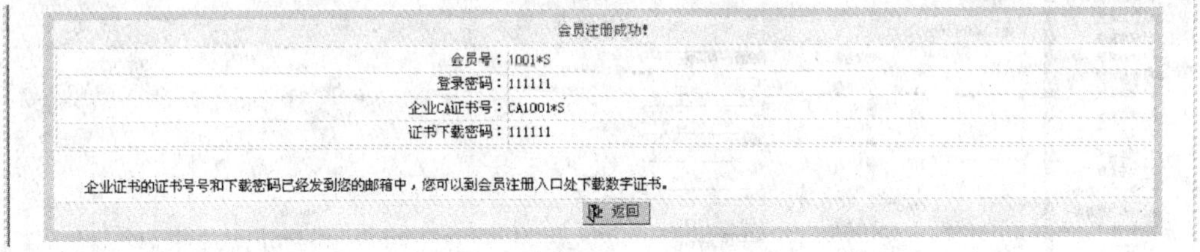

会员注册成功!

会员号：1001*S

登录密码：111111

企业CA证书号：CA1001*S

证书下载密码：111111

企业证书的证书号号和下载密码已经发到您的邮箱中，您可以到会员注册入口处下载数字证书。

返回

图 3—5　系统产生的数字证书下载信息

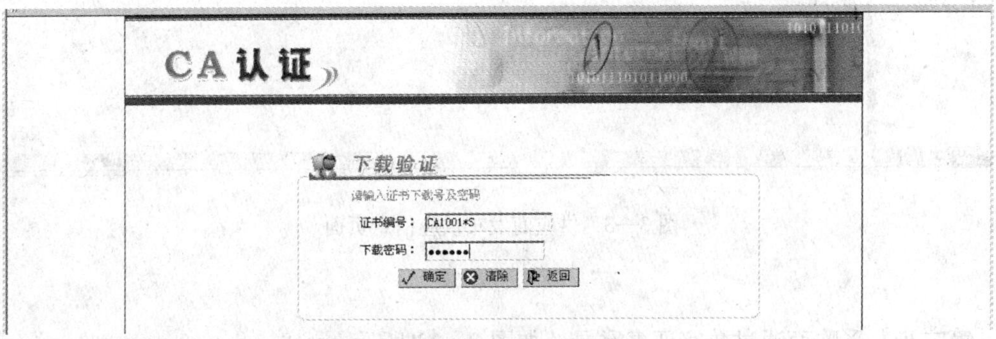

CA认证

下载验证

请输入证书下载号及密码

证书编号：CA1001*S

下载密码：••••••

确定　清除　返回

图 3—6　企业数字证书下载页面

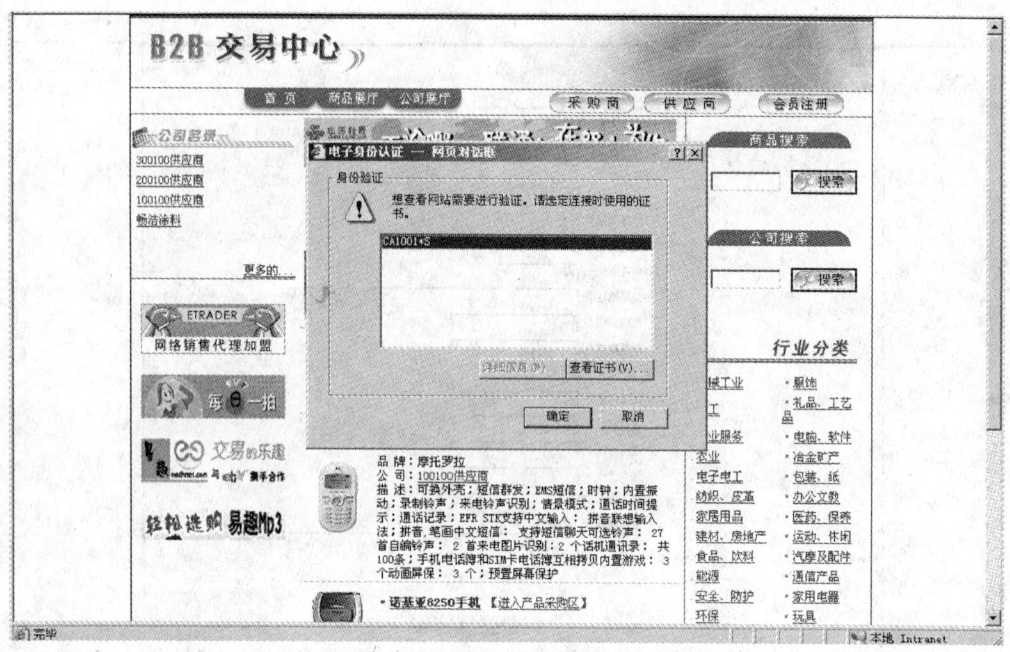

图 3—7　企业持数字证书登录

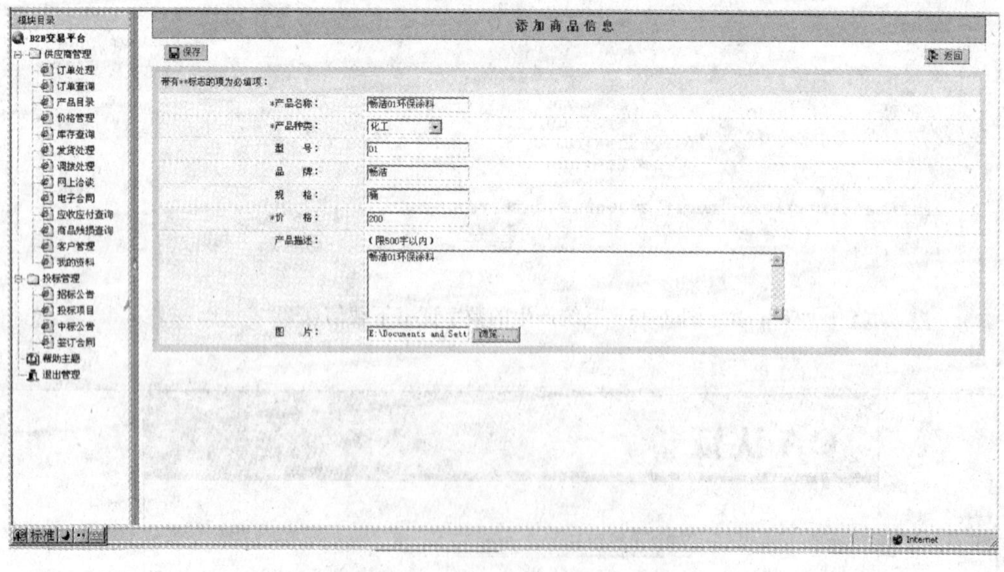

图 3—8　供应商发布供应信息页面

所示。

［第二步］采购商通过数字证书登录，如图 3—11 所示。

［第三步］采购商持数字证书顺利登录 B2B 交易中心，浏览货源信息，确定某个供应信

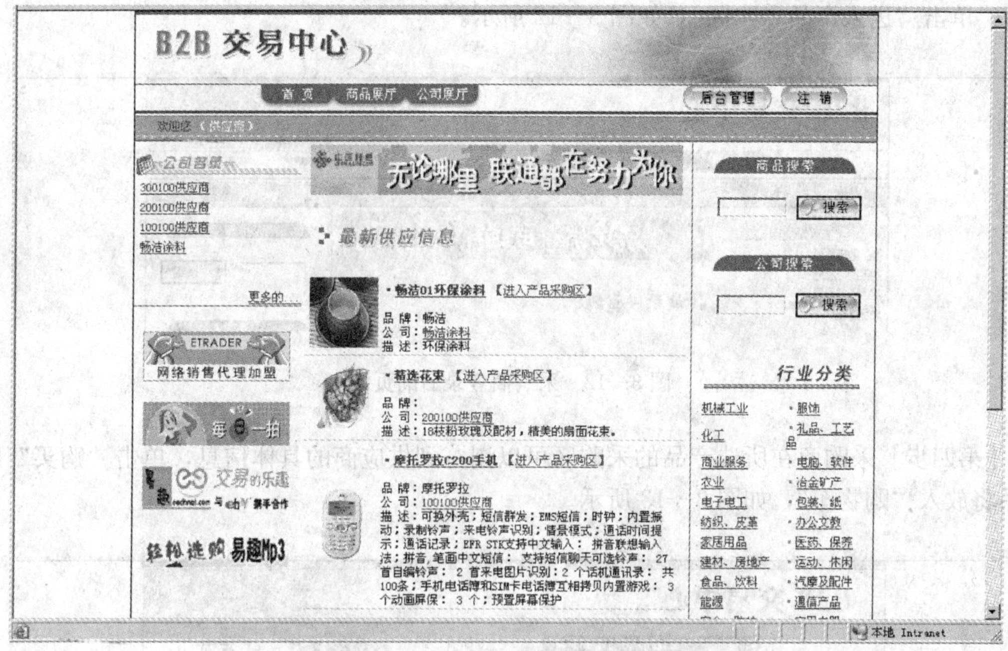

图 3—9　供应商发布的信息在 B2B 交易平台展示

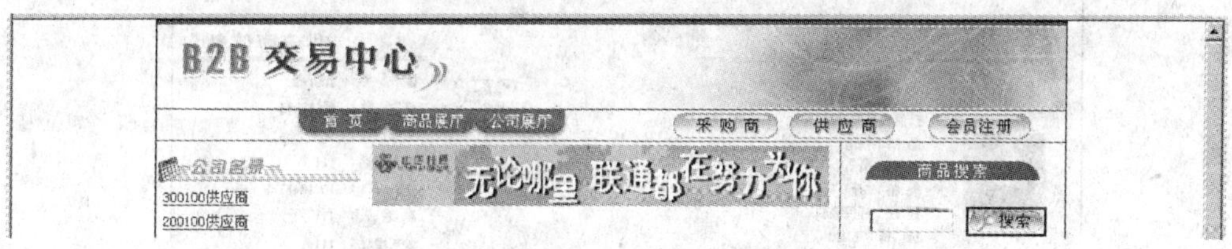

图 3—10　采购商访问 B2B 交易中心首页

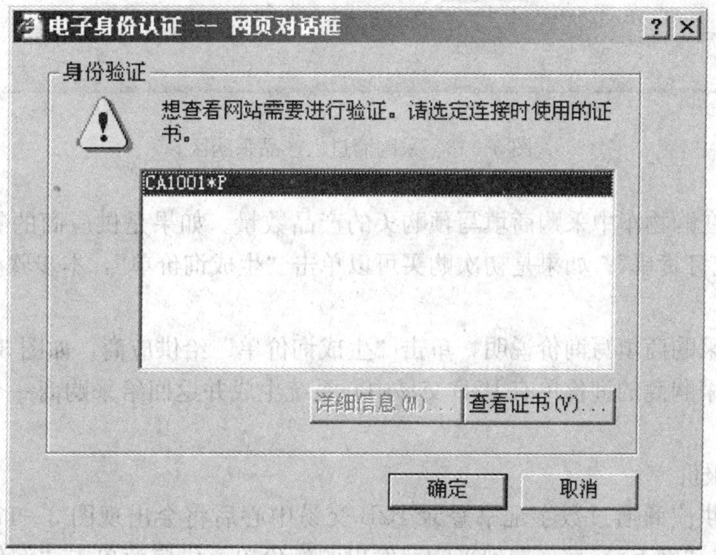

图 3—11　采购商持数字证书登录操作页面

息后，单击“进入产品采购区”，如图 3—12 所示。

图 3—12　采购商登录后的页面

［第四步］采购商在所选产品的采购区可以浏览到供应商的具体信息，单击“购买”后，产品将放入“购物车”，如图 3—13 所示。

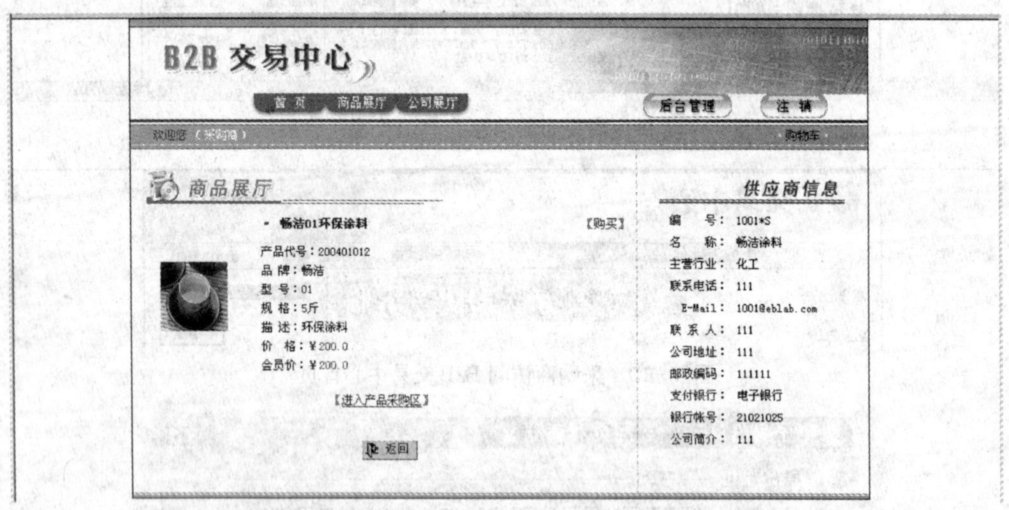

图 3—13　采购商进入产品采购区

［第五步］在购物车中采购商填写预购买的产品数量。如果是供应商的签约客户则可以直接单击“生成订货单”；如果是初次购买可以单击“生成询价单”，本步骤生成询价单，如图 3—14 所示。

［第六步］采购商填写询价说明，单击“生成询价单”给供应商，如图 3—15 所示。

［第七步］采购商的询价单有 B2B 交易中心系统生成并返回给采购商一个询价单号，如图 3—16 所示。

2. 供应商报价

［第一步］供应商通过数字证书登录 B2B 交易中心后将会出现图 3—17 所示的管理界面。供应商单击“网上洽谈”，看到采购商发出的询价单，供应商单击“询价单明细”详细

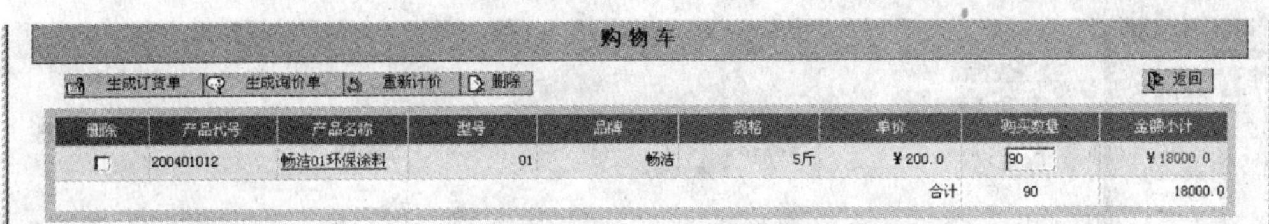

购物车

生成订货单　生成询价单　重新计价　删除　返回

删除	产品代号	产品名称	型号	品牌	规格	单价	购买数量	金额小计
☐	200401012	畅洁01环保涂料	01	畅洁	5斤	¥200.0	90	¥18000.0
						合计	90	18000.0

图 3—14　采购商购物车操作页面

询　价　单

生成询价单　返回

产品代号	产品名称	型号	品牌	规格	价格	数量	金额
200401012	畅洁01环保涂料	01	畅洁	5斤	¥200.0	90	¥18000.0
					合计：	90	¥18000.0

询价说明：

订购90桶，价格可否优惠?有意长期合作

报价说明：

有效期：此询价单自发布之日起在 30 日内有效

图 3—15　采购商询价单填写页面

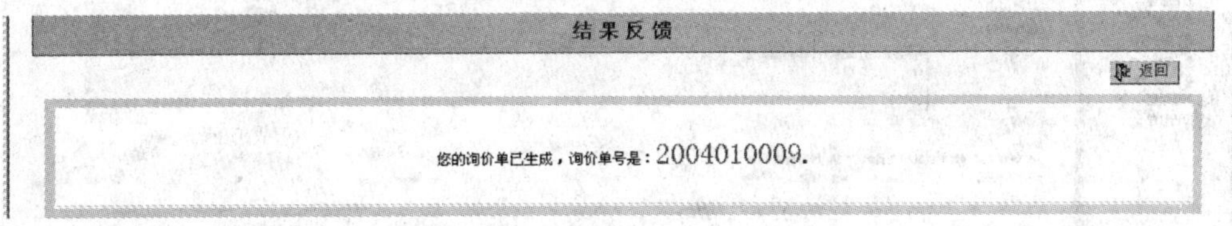

结果反馈

返回

您的询价单已生成，询价单号是：2004010009.

图 3—16　系统产生的询价单号

查看询价单。

［第二步］供应商填写报价说明和价格，如图 3—18 所示。单击“提交报价”后，报价单将发送到采购商在 B2B 交易平台的业务管理区。

［第三步］B2B 交易平台系统提示供应商报价成功，如图 3—19 所示。

四、交易双方签订电子合同

［第一步］采购商同意供应商的报价后，可以单击“生成洽谈单”，为电子合同的签订提供准备，如图 3—20 所示。

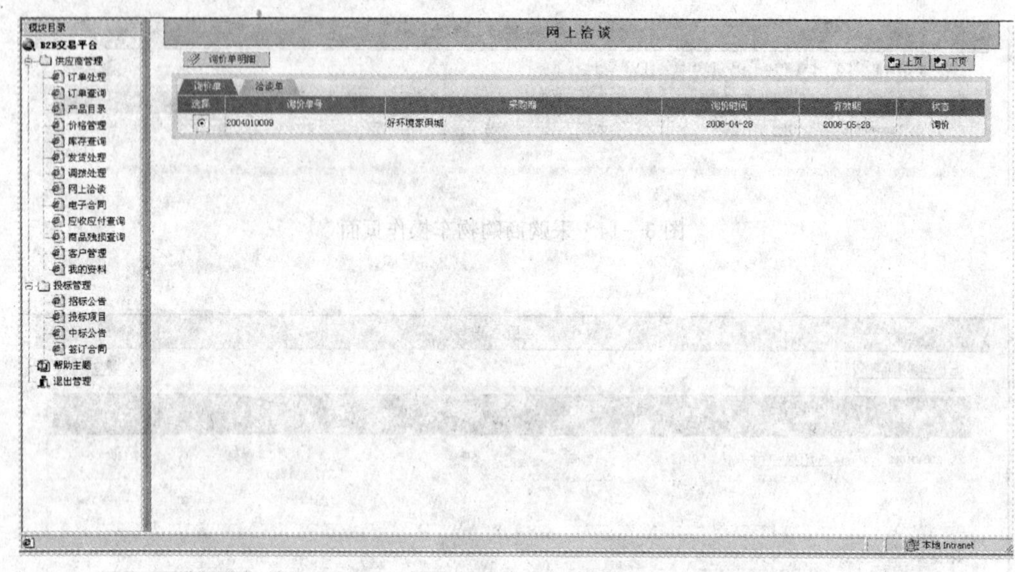

图 3—17 供应商在 B2B 交易中心的业务管理操作页面

图 3—18 供应商填写报价单操作页面

［第二步］在采购商的管理区产生了洽谈单，单击“洽谈单明细”洽谈并填写电子合同相关条款，如图 3—21 所示。

［第三步］采购方的洽谈页面，各项条款洽谈一致后，单击“同意”生成电子合同，如图 3—22 所示。

［第四步］供应商的洽谈页面，供应商对各项条款同意或修改完毕后，单击“同意”生

图 3—19　供应商报价成功提示信息

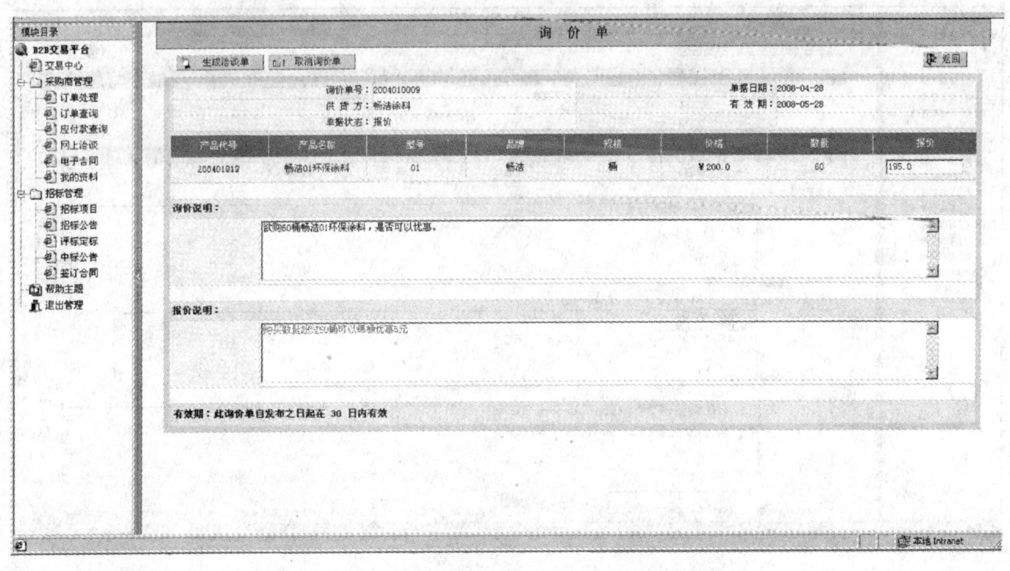

图 3—20　采购商生成洽谈单操作页面

成电子合同，如图 3—23 所示。

［第五步］采购商单击操作管理区左侧的“电子合同”，可以看到系统生成的电子合同列表，如图 3—24 所示。

［第六步］供应商同样在自己的业务管理区看到系统生成的电子合同列表，如图 3—25 所示。

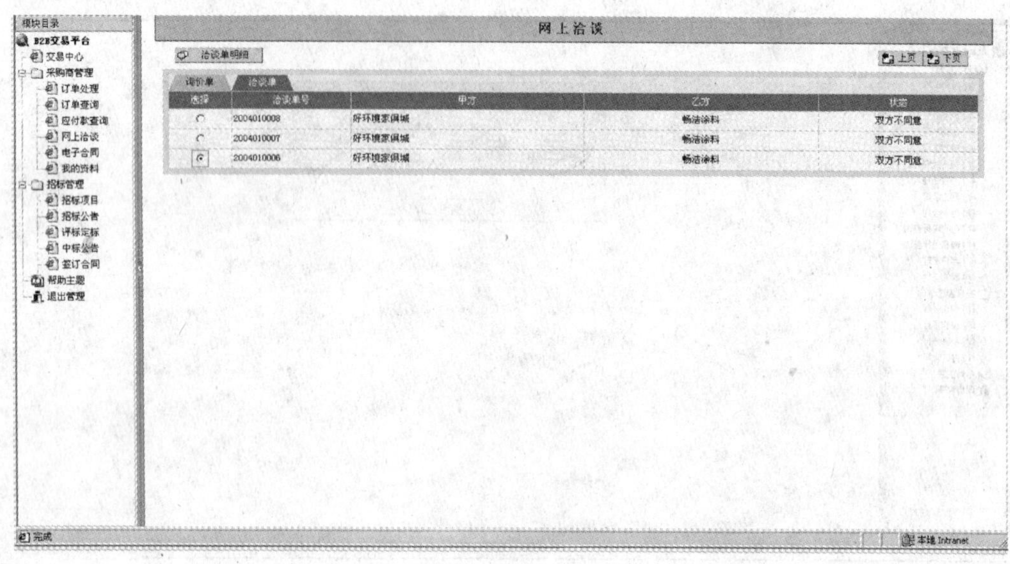

图 3—21　采购商洽谈单列表

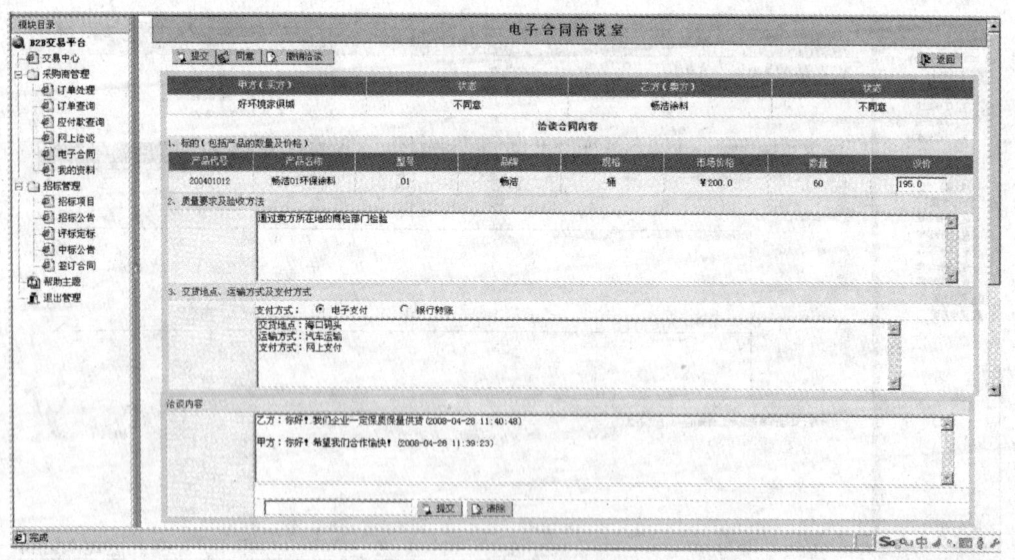

图 3—22　采购方洽谈页面

［第七步］采购商单击“合同明细”后展开电子合同，采购商单击“签订合同”，则电子合同签订完成并生效，如图 3—26 所示。

［第八步］系统提示采购商电子合同签订完成，如图 3—27 所示。

［第九步］供应商在自己的业务操作管理区也单击“签订合同”，则电子合同在交易双发都开始生效，如图 3—28 所示。

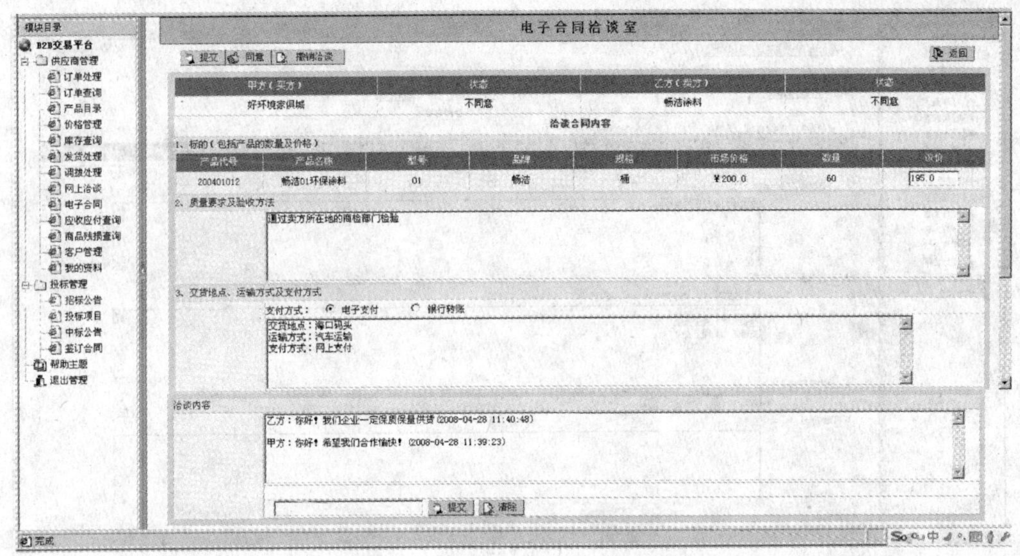

图 3—23　供应商的洽谈页面

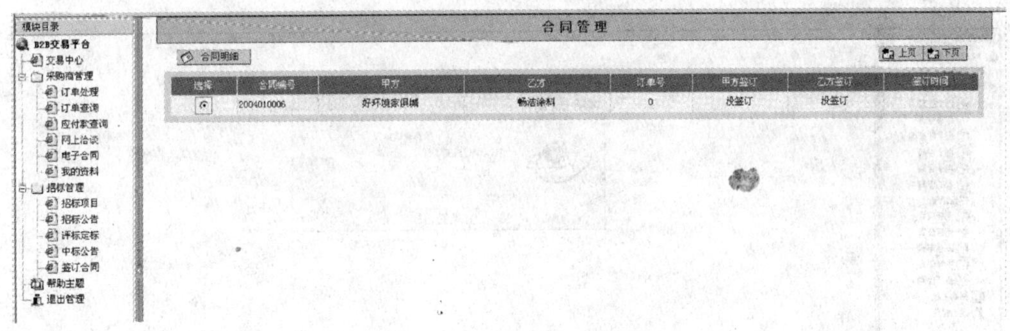

图 3—24　采购商电子合同列表

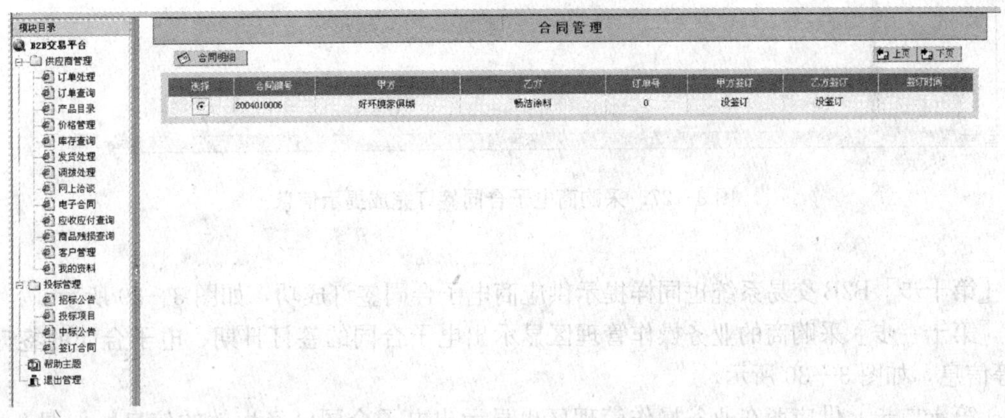

图 3—25　供应商电子合同列表

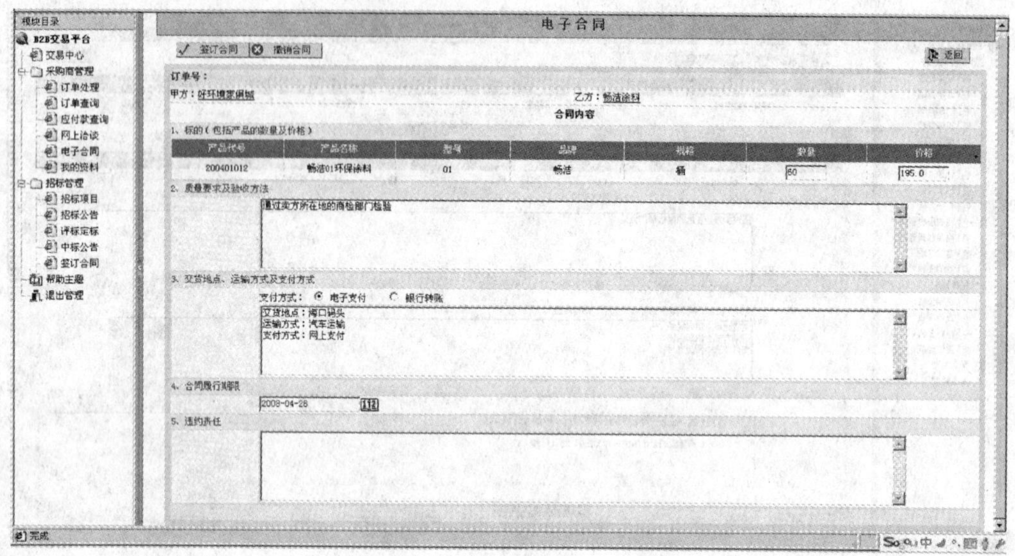

图 3—26　采购商签订电子合同

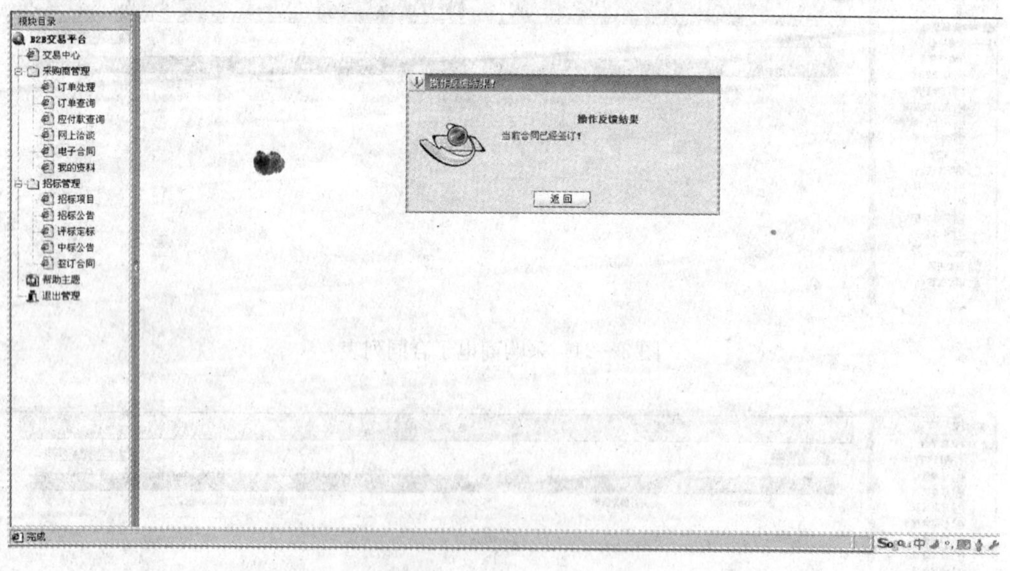

图 3—27　采购商电子合同签订完成提示信息

［第十步］B2B 交易系统也同样提示供应商电子合同签订成功，如图 3—29 所示。

［第十一步］采购商的业务操作管理区显示出电子合同的签订日期、电子合同的签订状态等信息，如图 3—30 所示。

［第十二步］供应商在业务操作管理区也显示出电子合同已经生效的信息，如图 3—31 所示。

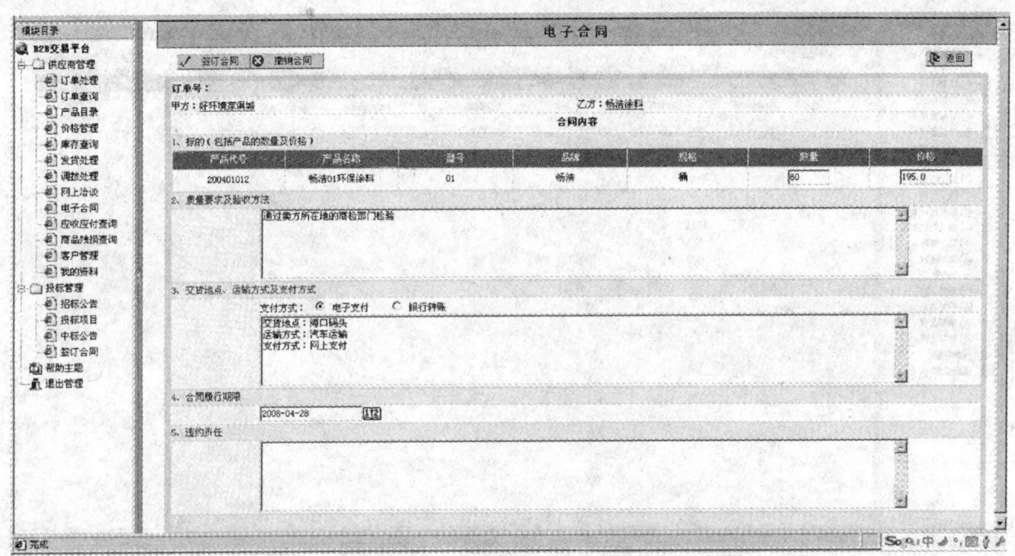

图 3—28　供应商签订电子合同

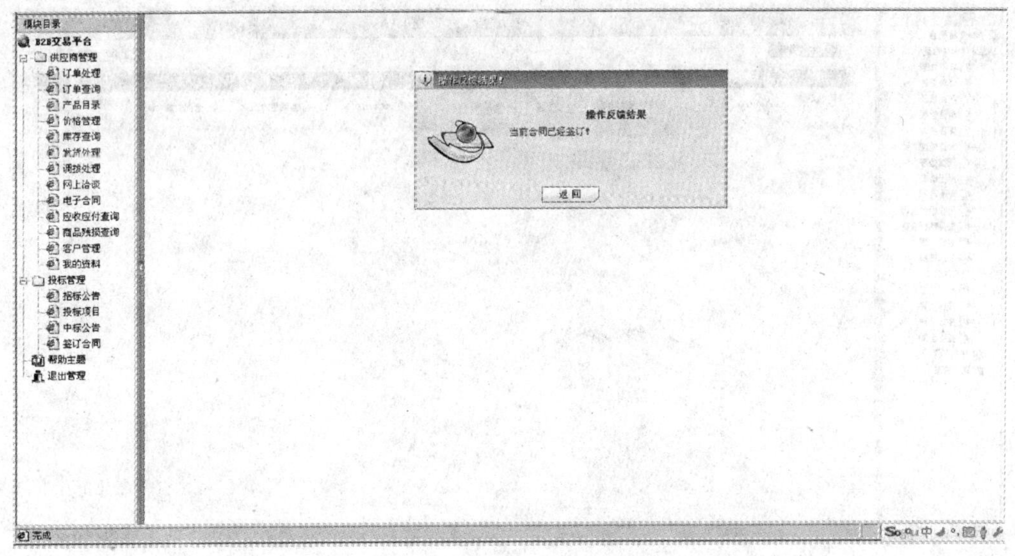

图 3—29　供应商电子合同签订完成提示信息

五、招标

［第一步］采购商登录 B2B 交易平台，进入管理区。单击左侧模块目录的“招标项目”，在右侧的显示窗口单击“新建招标项目”，如图 3—32 所示。

［第二步］采购商，即招标企业填写招标书，招标书填写内容包括项目名称、招标内容、发标日期、截标日期、开标日期。填写完整后，单击“下一步”，如图 3—33 所示。

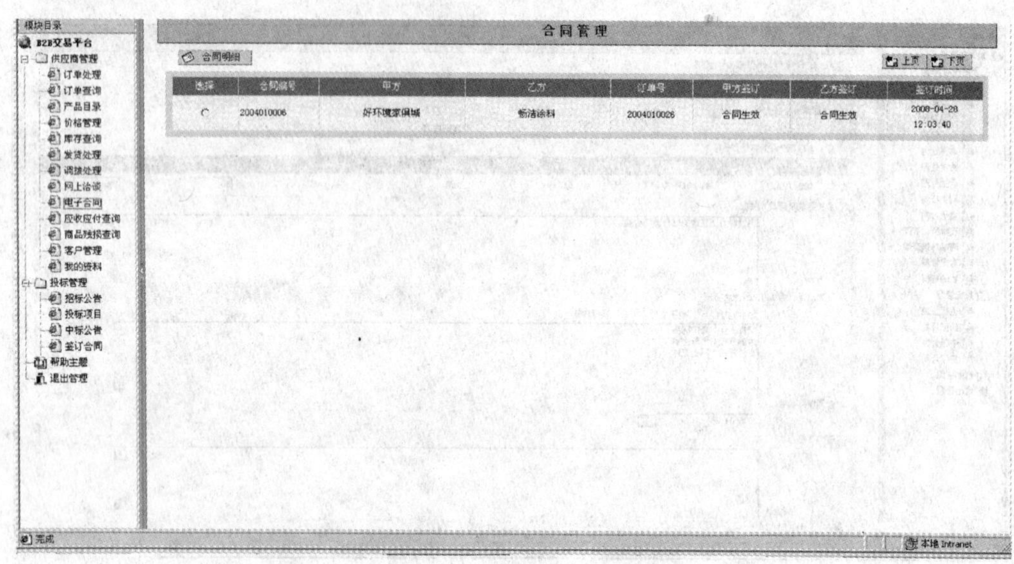

图 3—30　采购商的电子合同列表

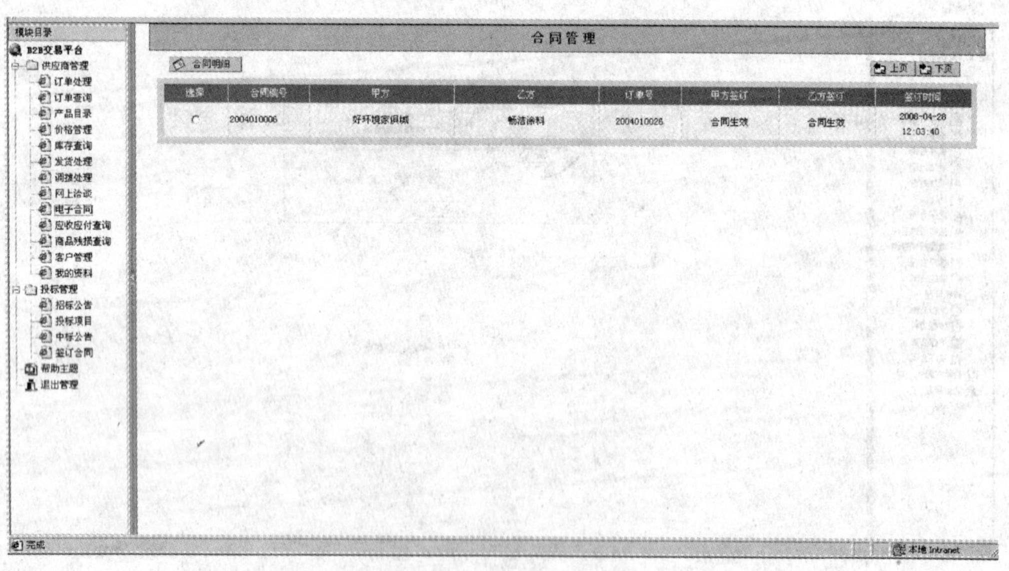

图 3—31　供应商的电子合同列表

［第三步］根据 B2B 交易平台招标管理系统的引导，填写“招标须知”后单击“下一步”，如图 3—34 所示。

［第四步］根据 B2B 交易平台招标管理系统的引导，填写“添加货物信息”后单击“保存”，如图 3—35 所示。

［第五步］系统提示保存货物信息成功，如图 3—36 所示。

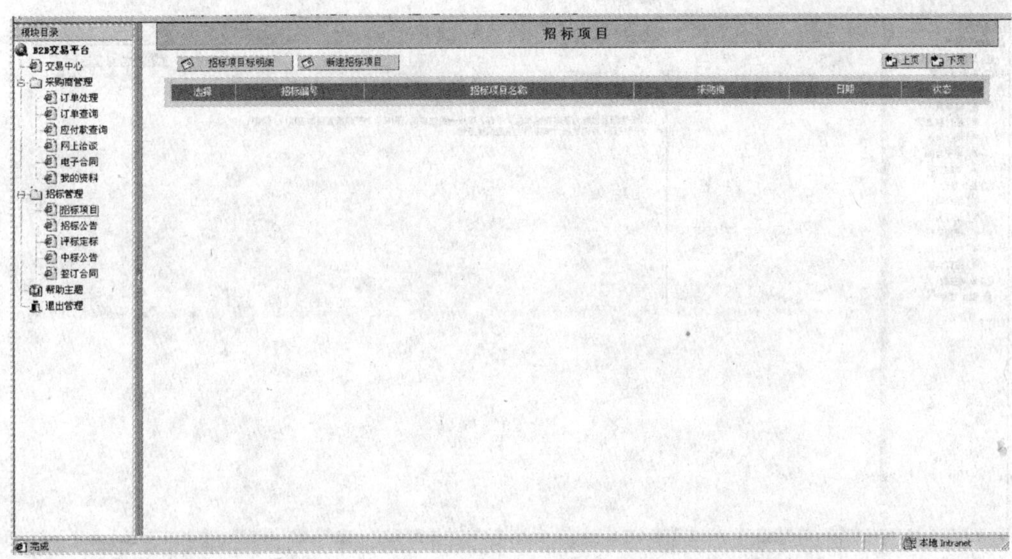

图 3—32　采购商新建招标项目操作页面

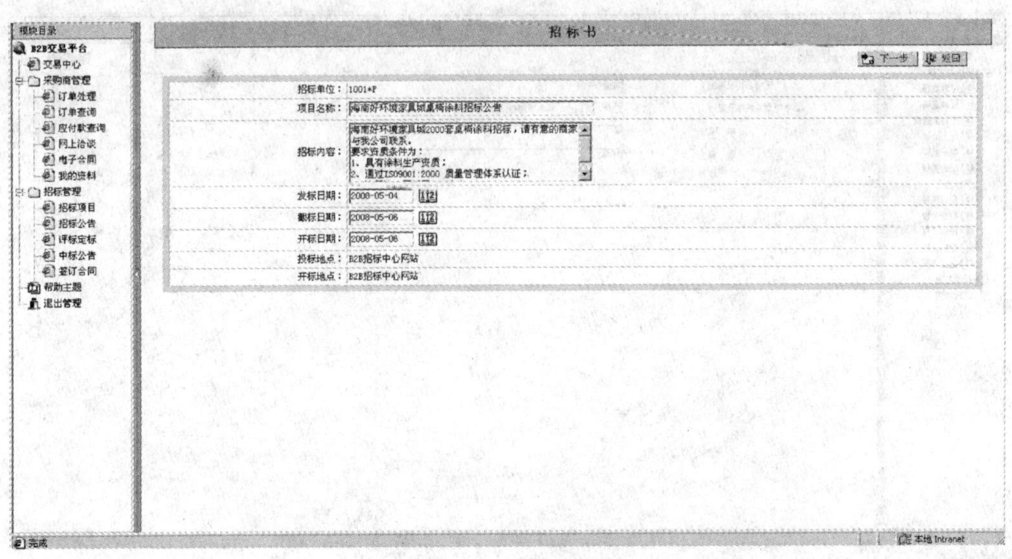

图 3—33　招标书填写表单

［第六步］采购商可以在招标采购货物列表中看到新建立的标书，选中标书，单击“下一步”，如图 3—37 所示。如果还有其他招标项目，可以按照第一至五的步骤填写。

［第七步］采购商拟订电子合同，按照合同款项填写完成后，单击“下一步”，如图 3—38所示。

［第八步］填写招标公告后，单击“发布公告”，如图 3—39 所示。

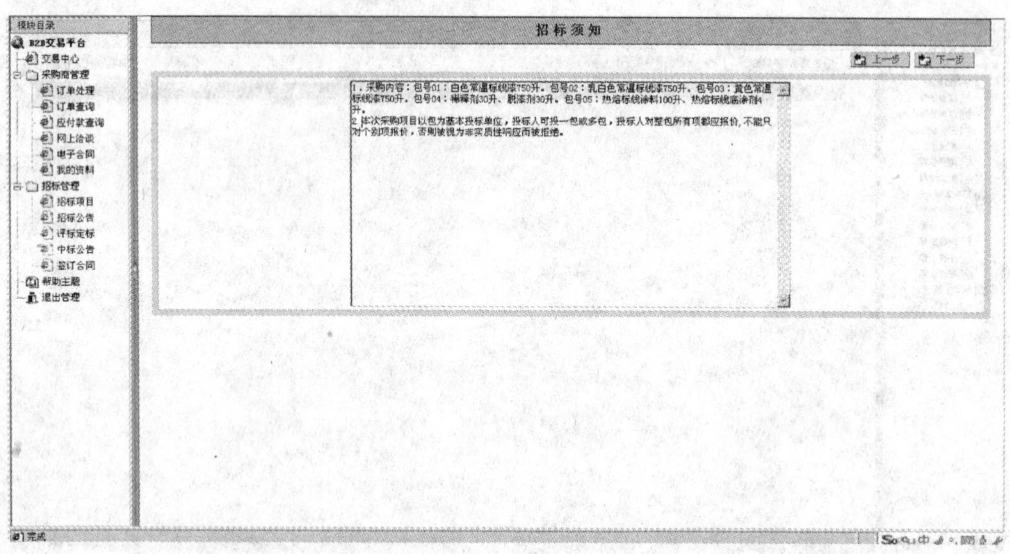

图 3—34　招标须知填写表单

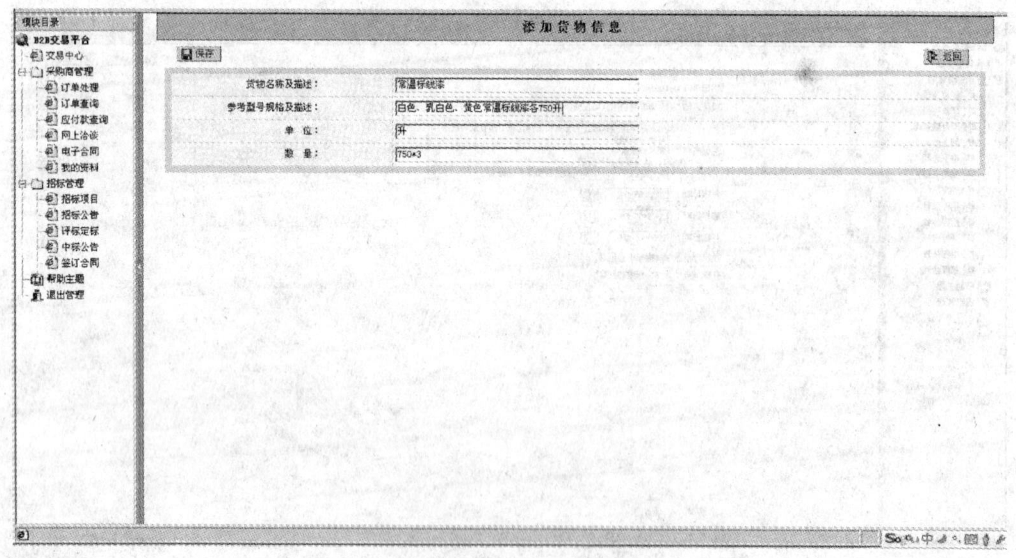

图 3—35　添加货物信息填写表单

［第九步］系统提示发布成功，单击“返回”，如图 3—40 所示。

六、投标

［第一步］供应商凭数字证书登录 B2B 交易中心，如图 3—41 所示。

［第二步］供应商招标管理区内看到招标公告，如图 3—42 所示。在招标公告里，选中一个项目名称，单击“公告明细”查看招标公告详细内容。

图 3—36 操作成功的系统提示

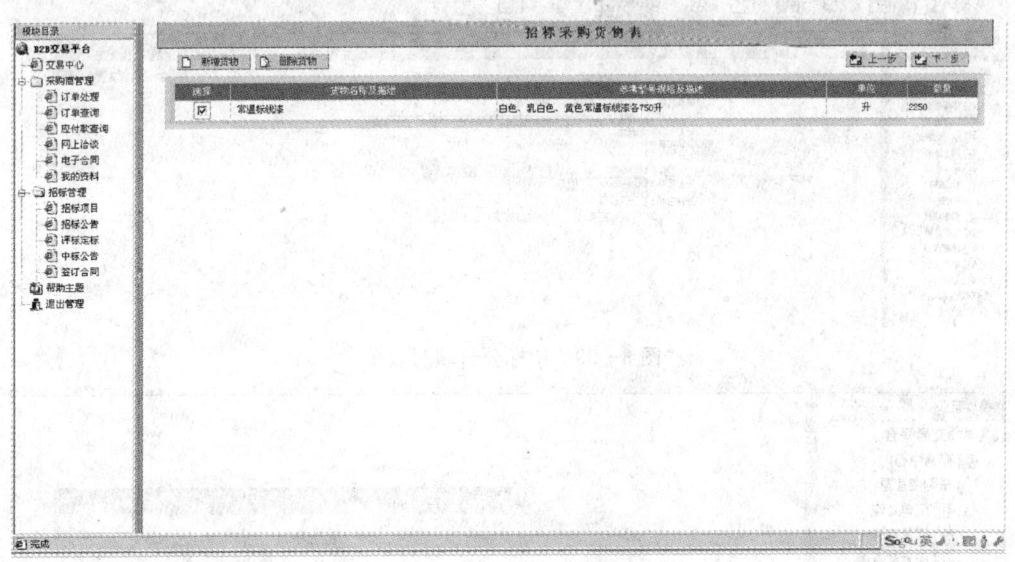

图 3—37 系统显示的标书列表

[第三步] 供应商在标书明细里，可以看到招标公告内容、截标日期等简要信息，如果有意投标，则单击“下载标书”，如图 3—43 所示。

[第四步] 系统提示下载标书成功，供应商单击投标管理区的“投标项目”，查看标书的详细内容，如图 3—44 所示。

[第五步] 供应商在投标项目列表中可以看到所投标的名称、投标日期等信息，单击

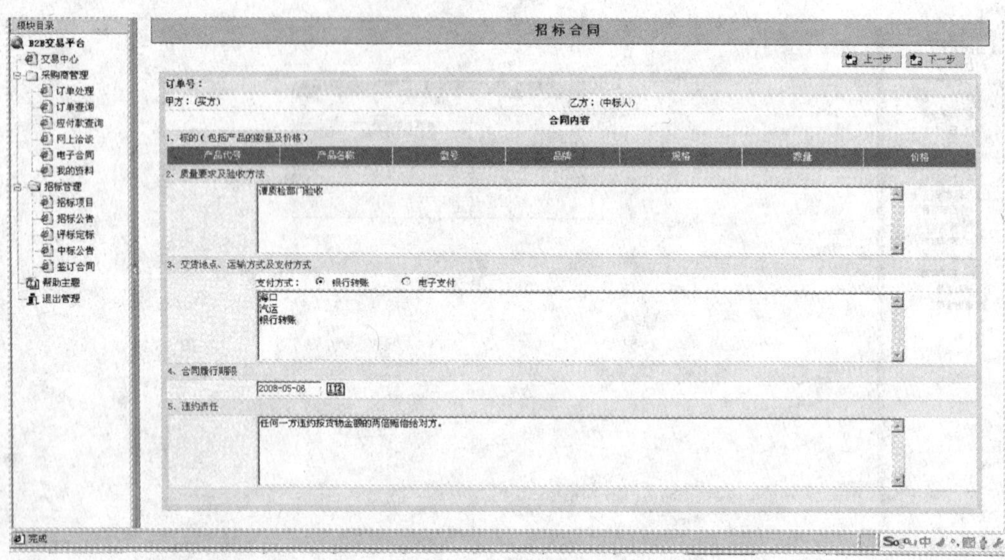

图 3—38　标书的电子合同

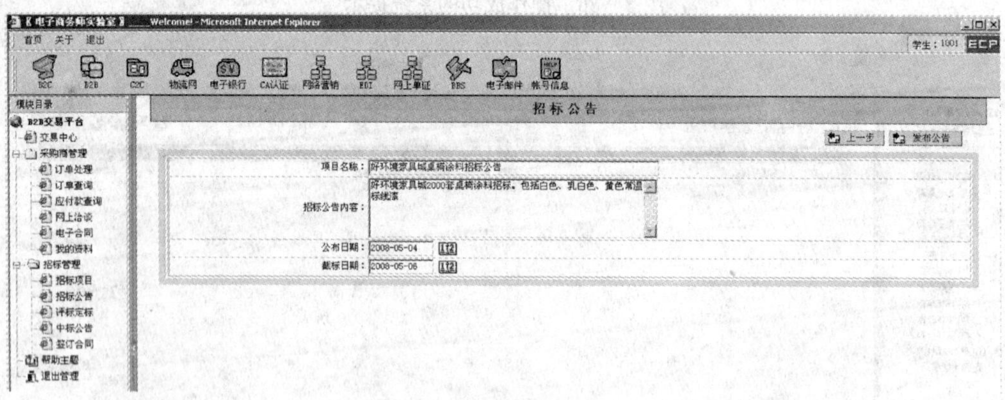

图 3—39　招标公告填写表单

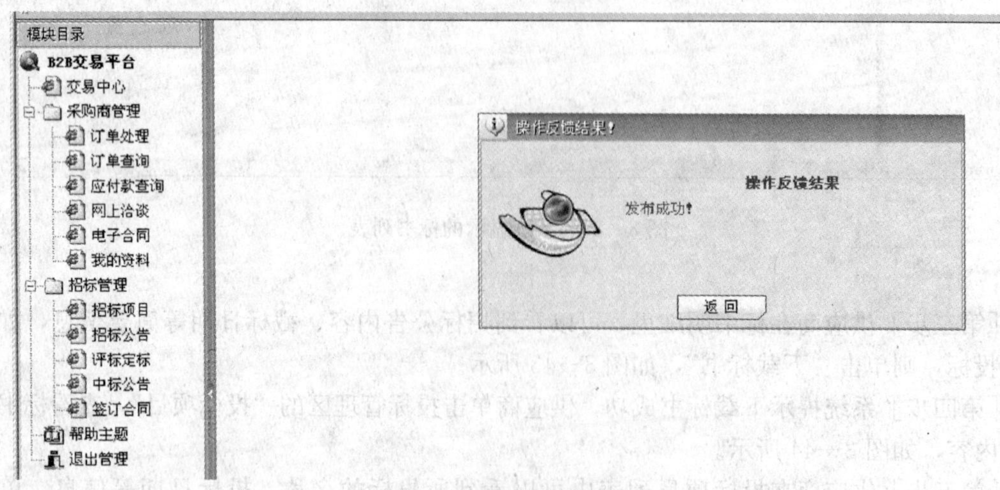

图 3—40　操作结果反馈

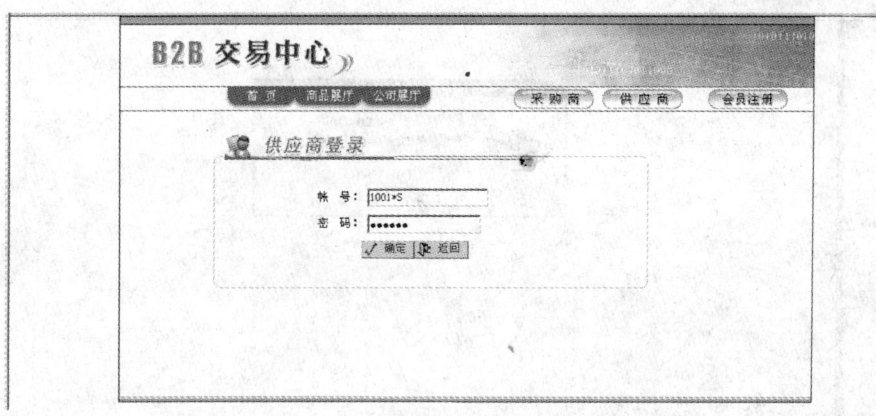

图 3—41　供应商登录 B2B 交易中心界面

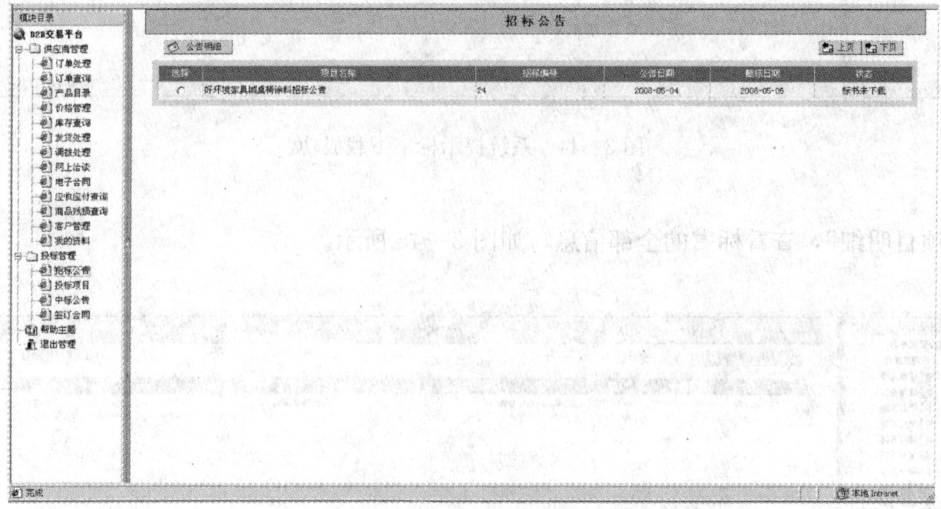

图 3—42　供应商查看招标公告

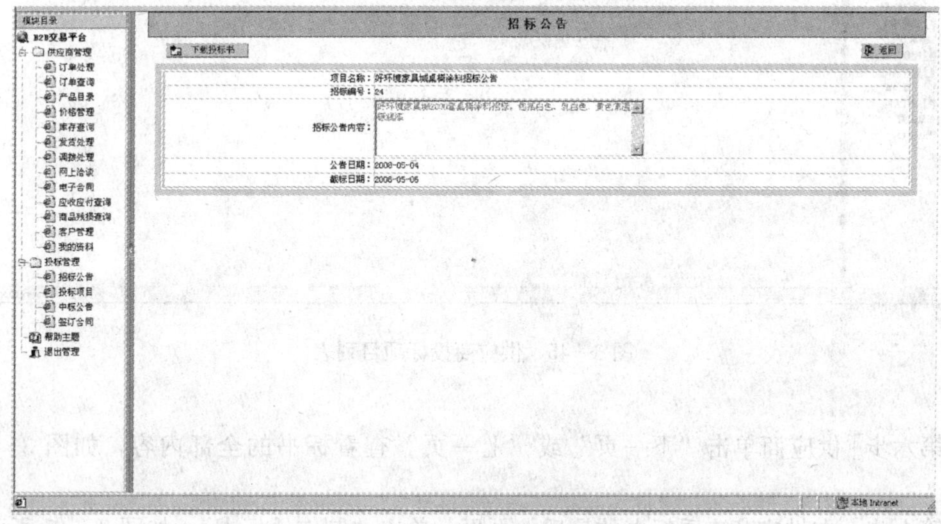

图 3—43　下载标书操作界面

图 3—44 系统提示标书下载成功

“投标项目明细”，查看标书的全部信息，如图 3—45 所示。

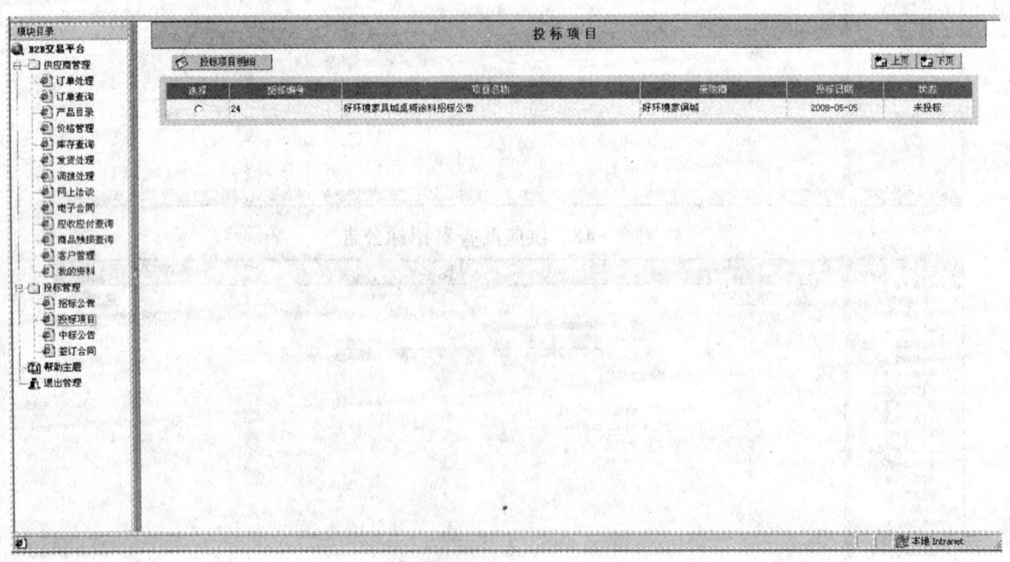

图 3—45 供应商投标项目列表

［第六步］供应商单击“下一页”或“上一页”查看标书的全部内容，如图 3—46 所示。

［第七步］在供应商查看标书的最后一页里，单击“制作投标书”，如图 3—47 所示。

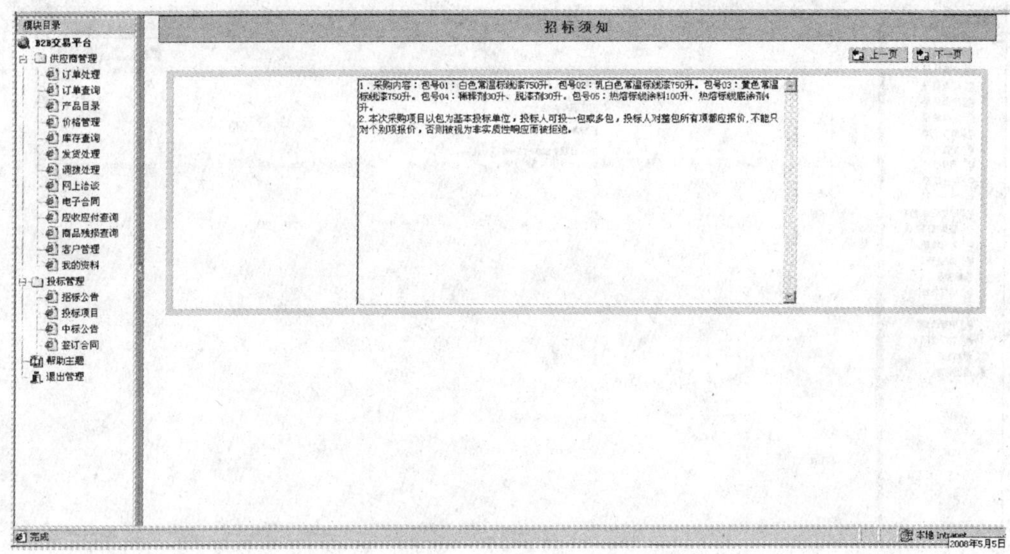

图 3—46　供应商翻看标书操作界面

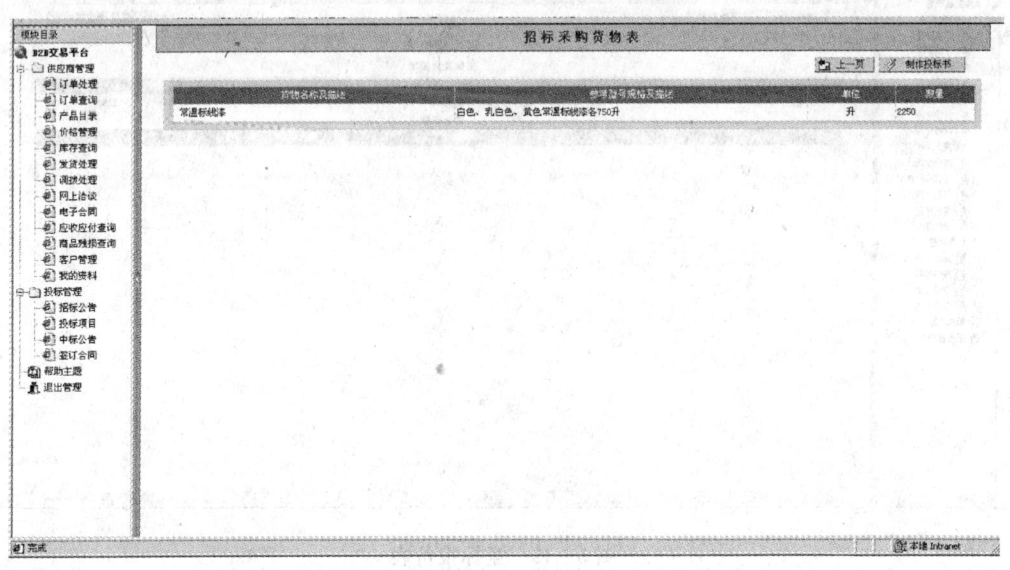

图 3—47　制作投标书操作界面

［第八步］在投标书的第一页，系统自动产生招标和投标单位的名称、投标时间等信息，单击“下一页”，在系统的引导下进一步制作投标书，如图 3—48 所示。

［第九步］供应商单击“新增货物”开始竞价，如图 3—49 所示。

［第十步］供应商在已有的货物表里选择其中一个或多个符合投标的产品，并填写竞价

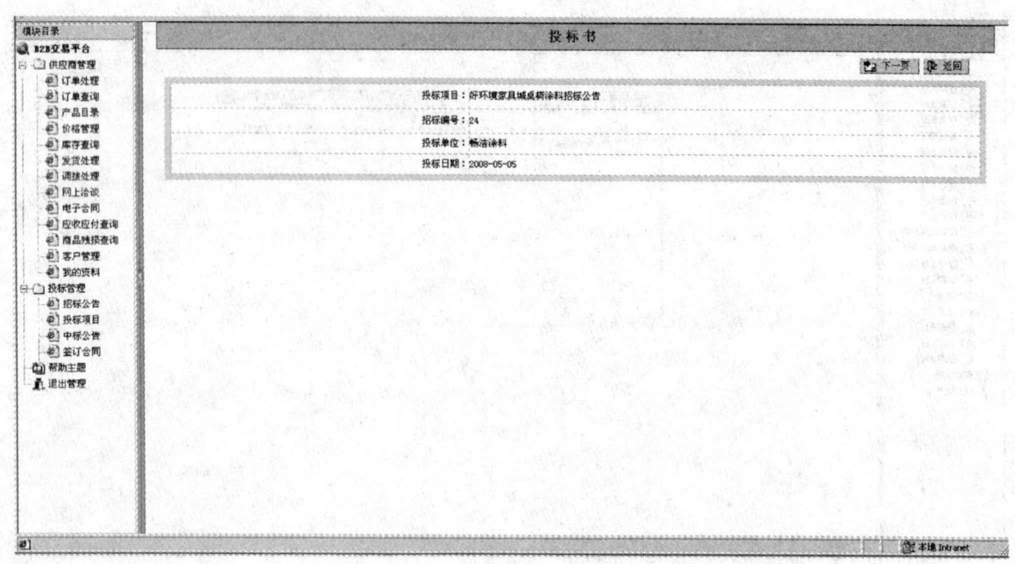

图 3—48　制作投标书操作界面

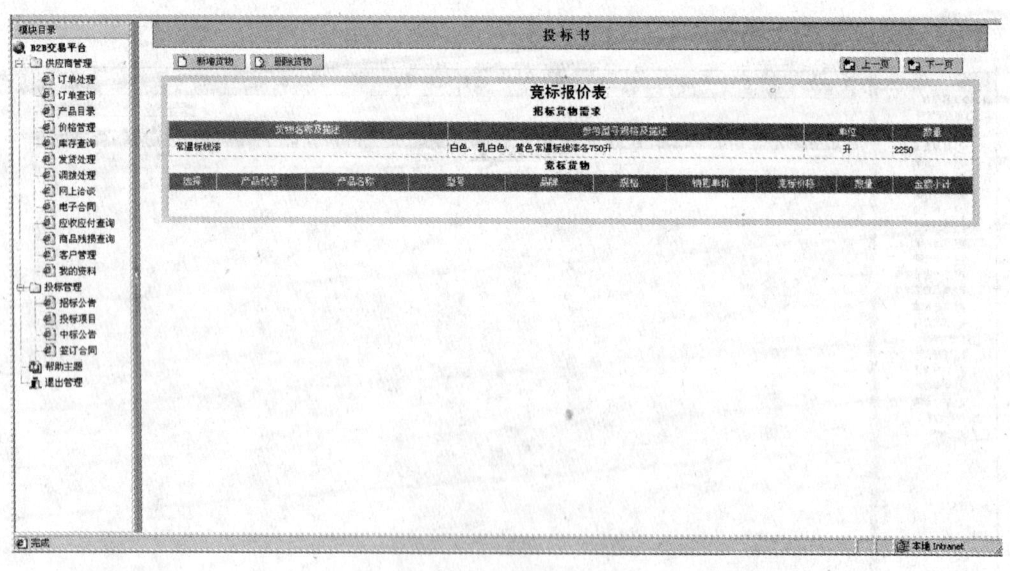

图 3—49　竞标报价表

和数量，单击“确认选择”，如图 3—50 所示。

［第十一步］系统提示选择货物成功，供应商的投标结束，如图 3—51 所示。

七、评标

［第一步］采购商在 B2B 交易平台的招标管理区中，单击“评标定标”，可以看到投标书列表。采购商选中某个投标书后，单击“评标定标”，如图 3—52 所示。

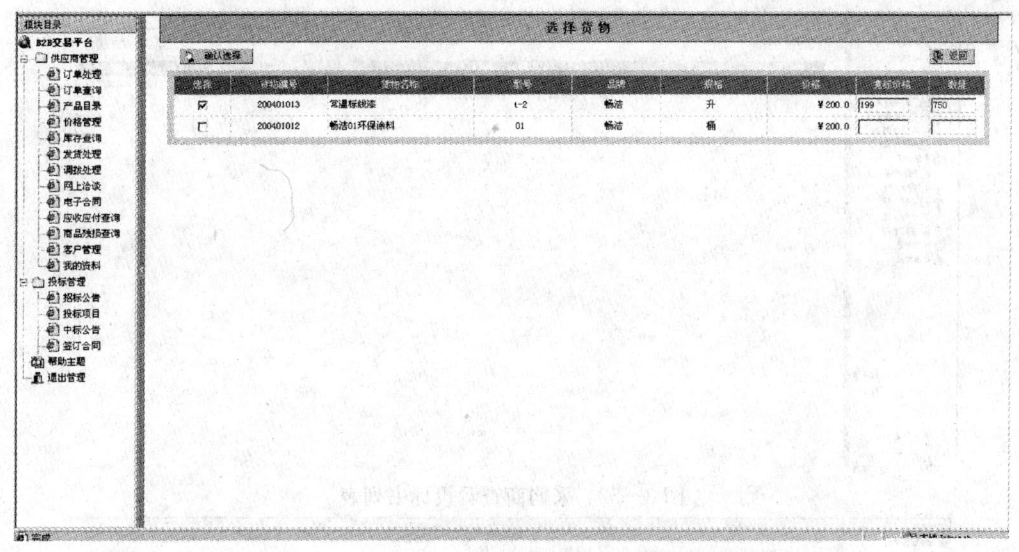

图 3—50　供应商填写竞标价格和数量操作界面

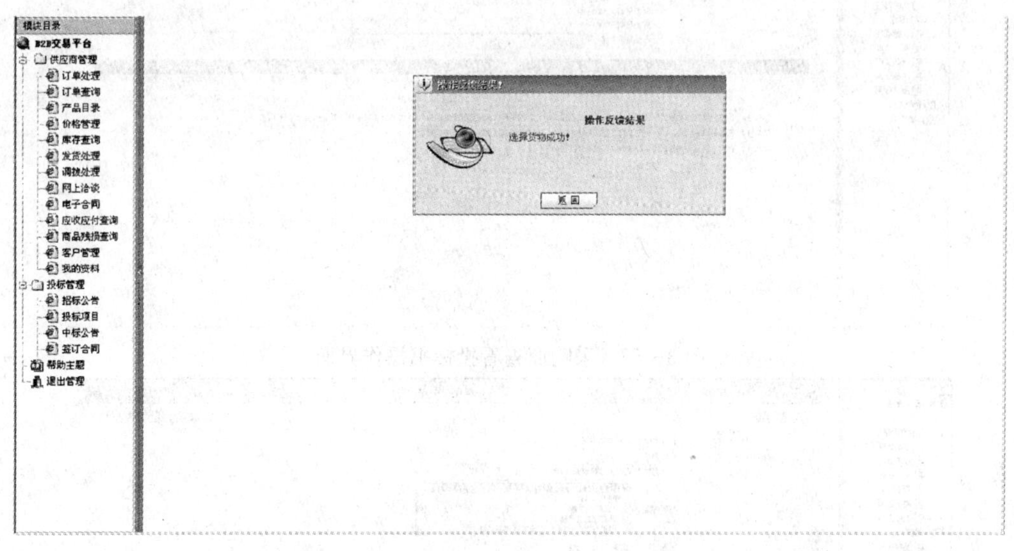

图 3—51　供应商投标成功提示信息

[第二步] 采购商在标书填写评标专家姓名，单击“投标书明细”，如图 3—53 所示。

[第三步] 采购商查看投标书详细情况后，单击“截止投标”，如图 3—54 所示。

[第四步] 系统提示招标项目投标截止信息，如图 3—55 所示。

[第五步] 采购商返回“评标定标”操作界面，可以看到将要进行评标定标的项目名称列表，如图 3—56 所示。

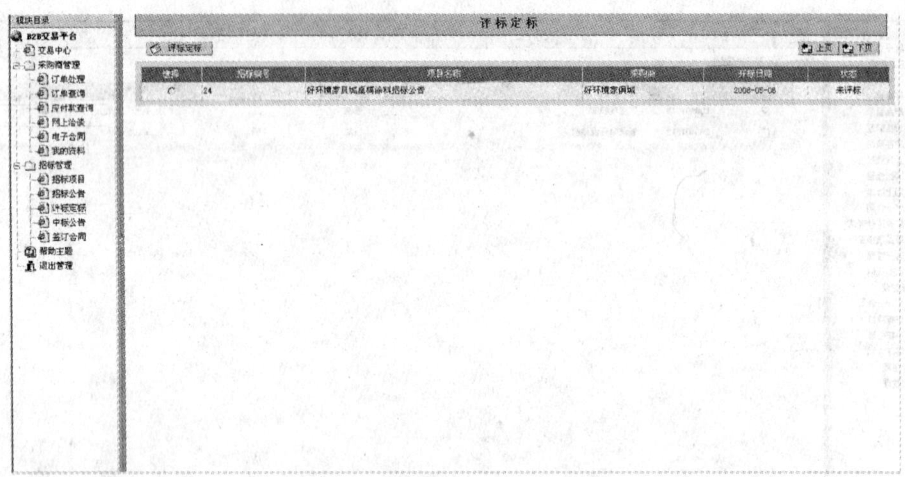

图 3—52 采购商查看投标书列表

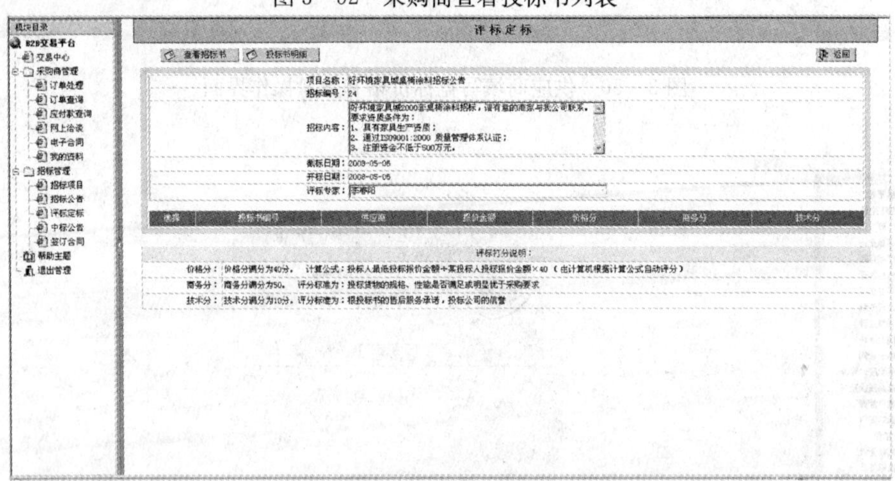

图 3—53 采购商查看投标书操作界面

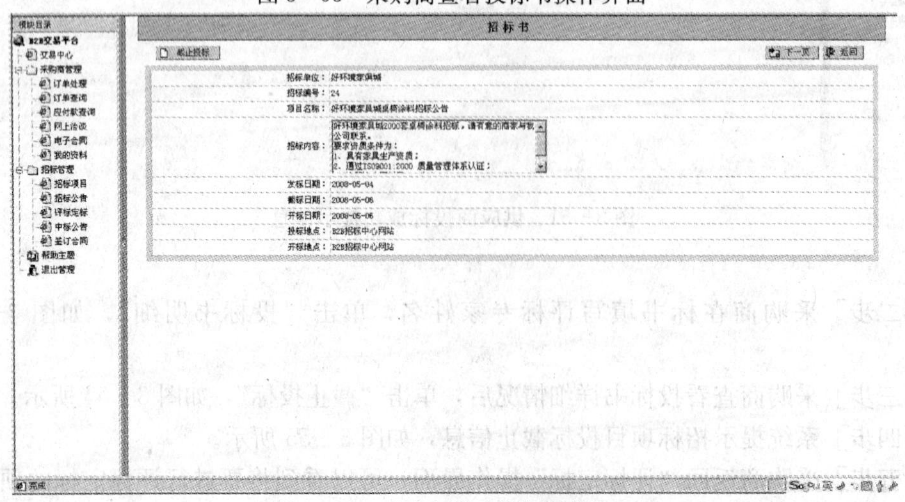

图 3—54 采购商截止投标操作界面

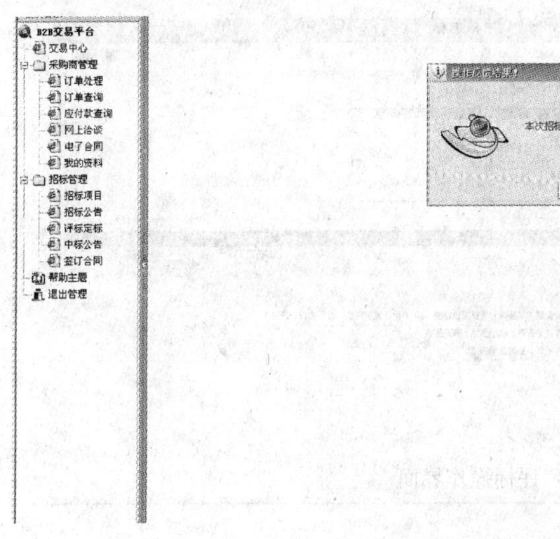

图 3—55　截止投标操作成功提示

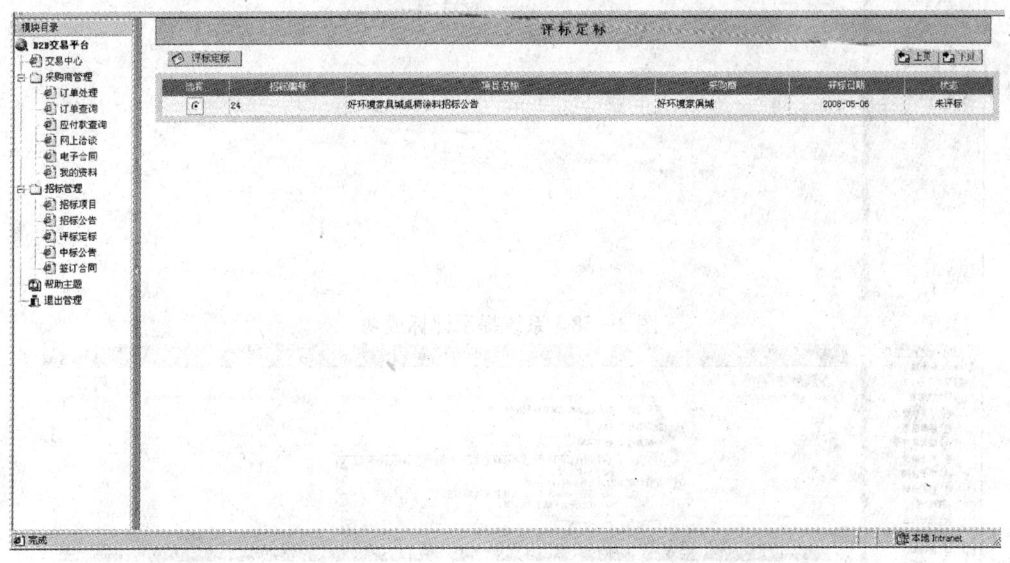

图 3—56　评标定标操作界面

［第六步］采购商开始评标，填写评标专家名称，打商务分和技术分，如图 3—57 所示。

［第七步］系统提示采购商评标完成。单击“返回”，如图 3—58 所示。

［第八步］单击“发布中标公告”，采购商发布中标公告，如图 3—59 所示。

［第九步］系统提示中标公告发布成功，如图 3—60 所示。

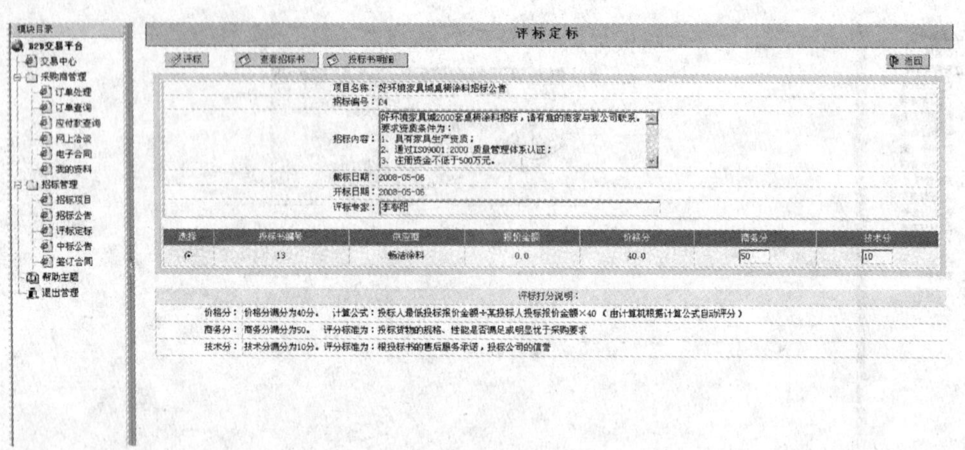

图 3—57 评标操作界面

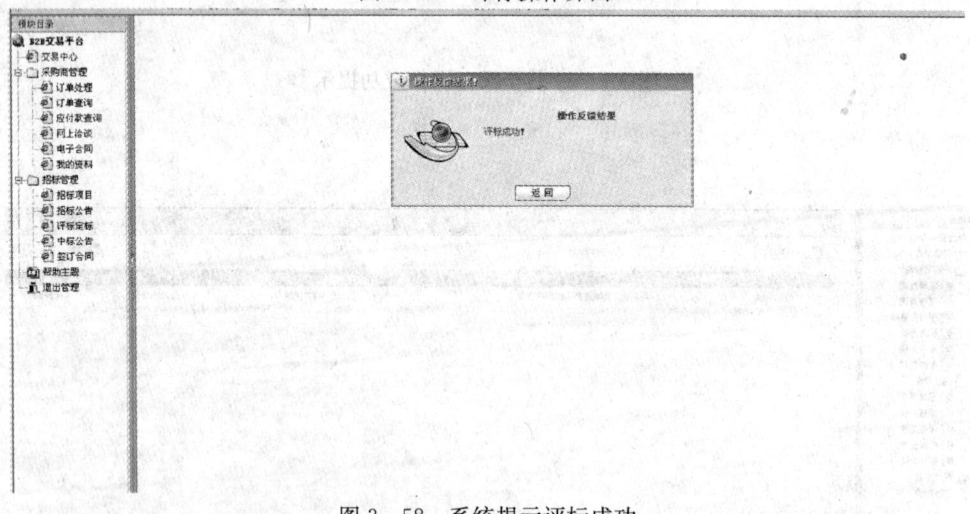

图 3—58 系统提示评标成功

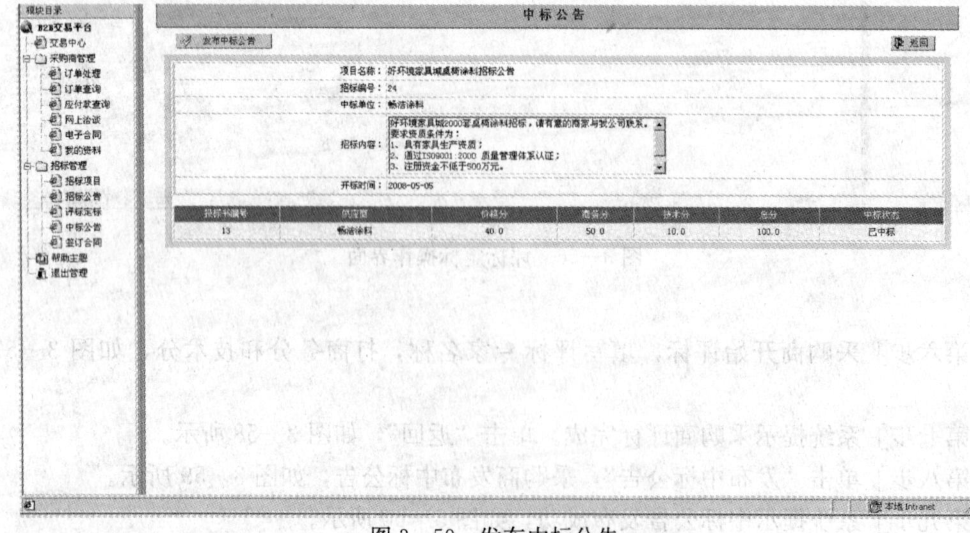

图 3—59 发布中标公告

图 3—60　中标公告发布成功提示信息

［第十步］供应商在 B2B 交易中心的管理区内会看到中标公告，如图 3—61 所示。

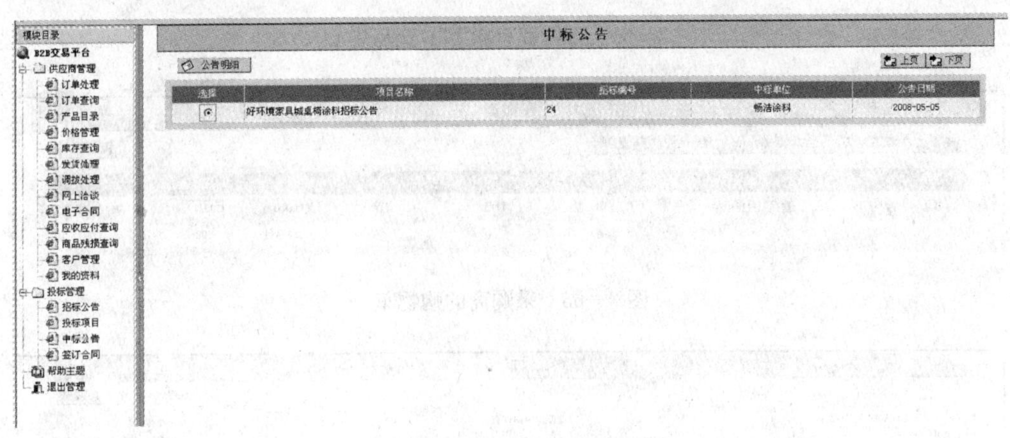

图 3—61　中标公告

［第十一步］招标和投标双方签订电子合同。电子合同的签订在此不再赘述。

八、采购商与供应商交易协作

［第一步］采购商登录 B2B 交易中心，选中供应商发布的产品后单击“进入产品采购区”，如图 3—62 所示。

［第二步］采购商在购物车里填写购买数量，系统计算价格，采购商单击“生成订货单”，如图 3—63 所示。

［第三步］采购商进一步填写订货单，选择订单支付方式、最迟交货日期，填写后，单击“确定”，如图 3—64 所示。

［第四步］采购商得到订货单编号，如图 3—65 所示。

［第五步］供应商登录 B2B 交易中心，如图 3—66 所示。

［第六步］供应商在订单处理管理区看到新订货单，单击“订单明细”查看订货单详细信息，如图 3—67 所示。

［第七步］供应商查看订货单明细后，单击“订单受理”受理订货单，如图 3—68 所示。

图 3—62　采购商登录 B2B 交易中心

购 物 车

生成订货单　生成询价单　重新计价　删除　　返回

删除	产品代号	产品名称	型号	品牌	规格	单价	购买数量	金额小计
☐	200401012	畅洁01环保涂料	01	畅洁	5斤	¥200.0	500	¥100000.0
						合计	500	100000.0

图 3—63　采购商的购物车

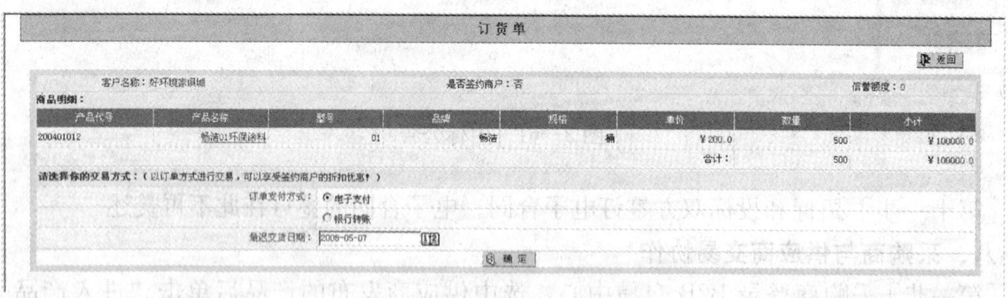

图 3—64　采购商订货单详细信息

图 3—65　系统生成的订货单编号

［第八步］采购商在自身的订单处理管理区看到供应商受理的订单，如图 3—69 所示。采购商单击“订单明细”确认订单。

［第九步］采购商单击“订单确认”对订单进行二次确认，如图 3—70 所示。

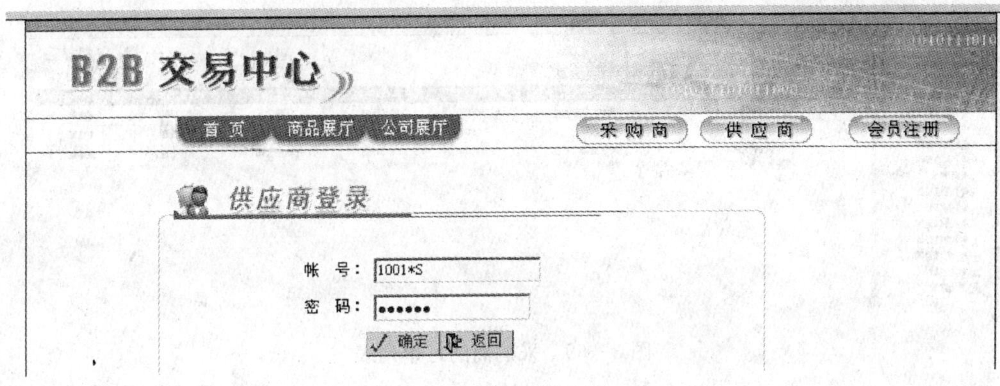

图 3—66　供应商登录 B2B 交易中心

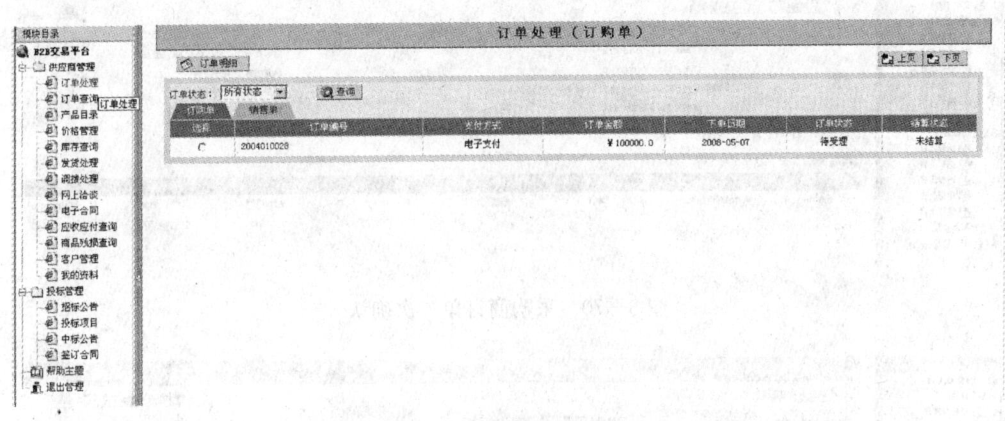

图 3—67　供应商查看订货单操作界面

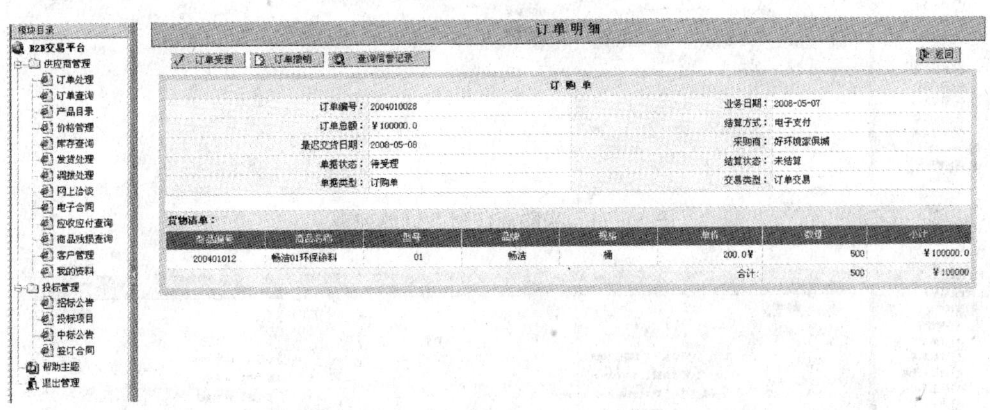

图 3—68　供应商受理订货单操作界面

[第十步] 采购商在应付款查询管理区选择应付款的订单号，单击“订单明细”进行网上支付，如图 3—71 所示。

[第十一步] 采购商单击“订单结算”，给供应商付款，如图 3—72 所示。

[第十二步] 采购商输入支付密码，单击“确认”，如图 3—73 所示。

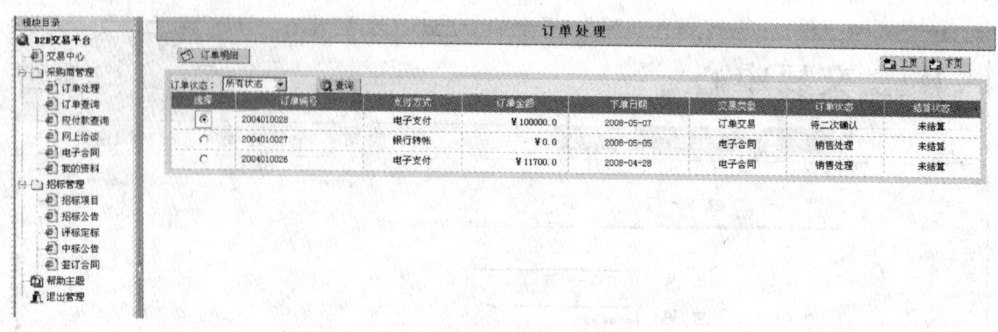

图 3—69　采购商的订单列表

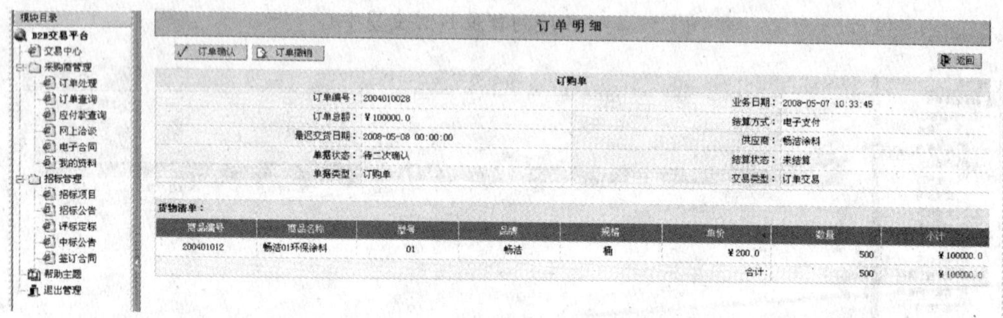

图 3—70　采购商订单二次确认

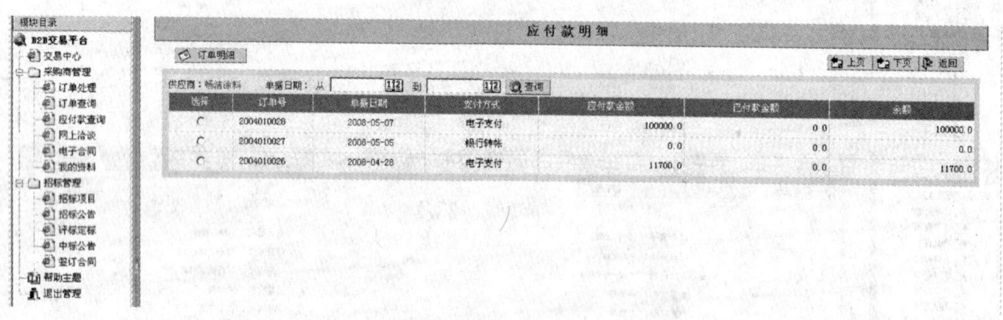

图 3—71　采购商应付款订单列表

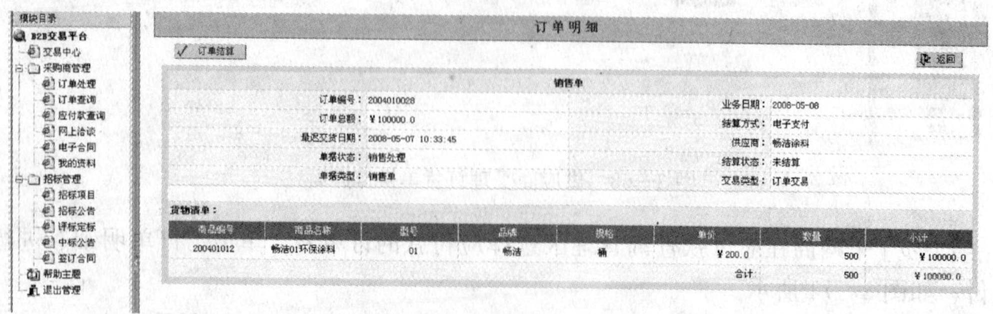

图 3—72　采购商结算操作界面

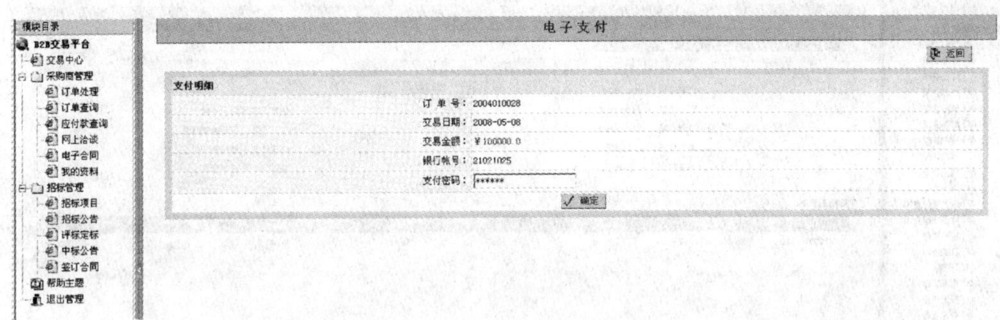

图 3—73　采购商支付操作界面

[第十三步] 采购商支付成功，如图 3—74 所示。

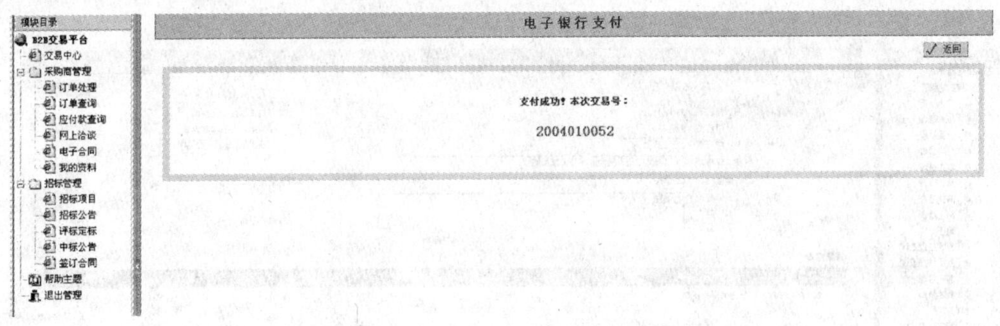

图 3—74　系统提示采购商支付成功

[第十四步] 供应商查看已结算订货单，在销售单管理区里选择已结算的订单，单击“订单明细”，如图 3—75 所示。

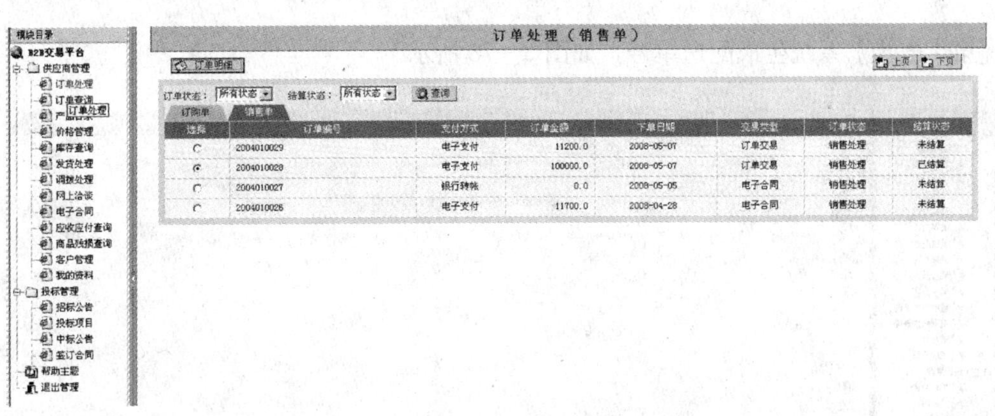

图 3—75　供应商订单列表及结算状态

[第十五步] 供应商在展开的销售单明细里，单击“生成配送单”通知配送点发货，如图 3—76 所示。

[第十六步] 供应商填写配送单，如图 3—77 所示。

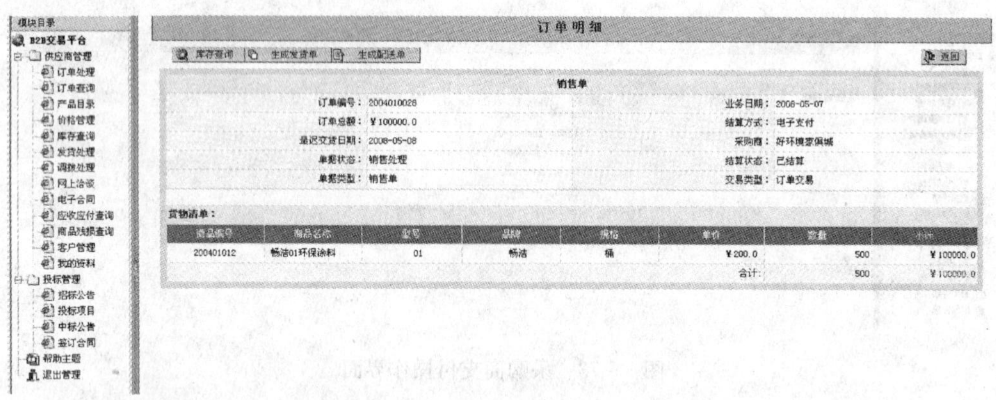

图 3—76 供应商生成配送单操作界面

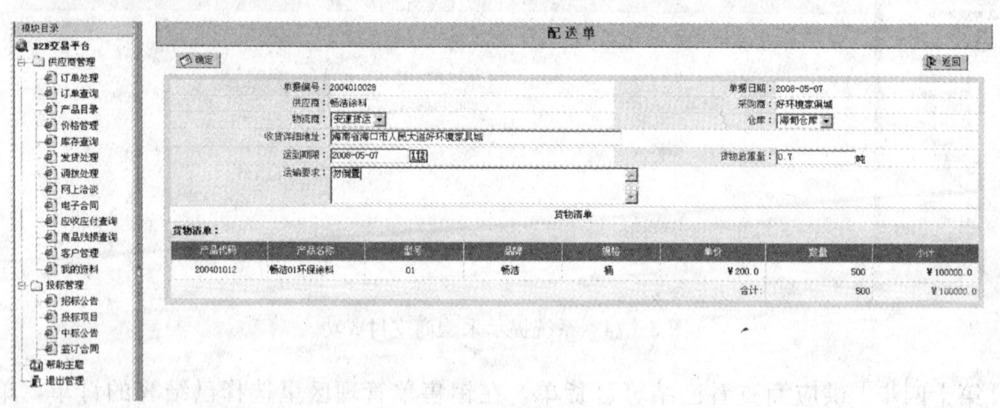

图 3—77 供应商填写配送单操作界面

［第十七步］系统生成配送单号，如图 3—78 所示。

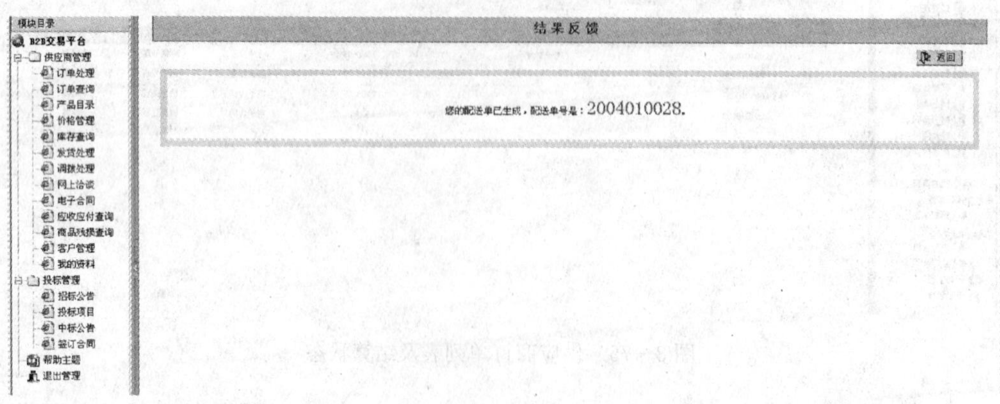

图 3—78 系统生成配送单号

［第十八步］配送点登录，在配送处理管理中，查看配送单，单击“配送单明细”，如图

3—79 所示。

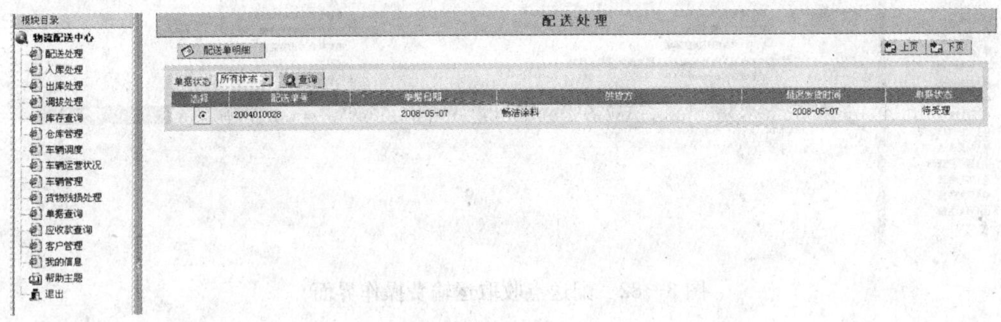

图 3—79　配送点的配送单列表

［第十九步］配送点在配送单明细里查看配送单详细信息后，单击“生成出库单”，如图 3—80 所示。

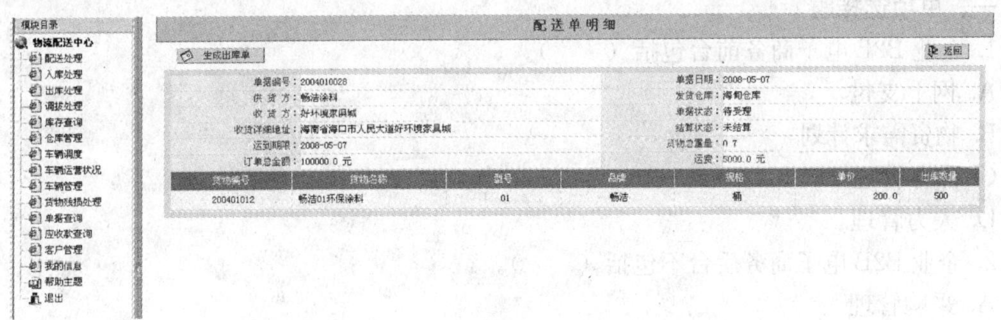

图 3—80　配送点生成出库单操作界面

［第二十步］配送点在出库处理管理区查看出库单，单击“确认出库”，如图 3—81 所示。

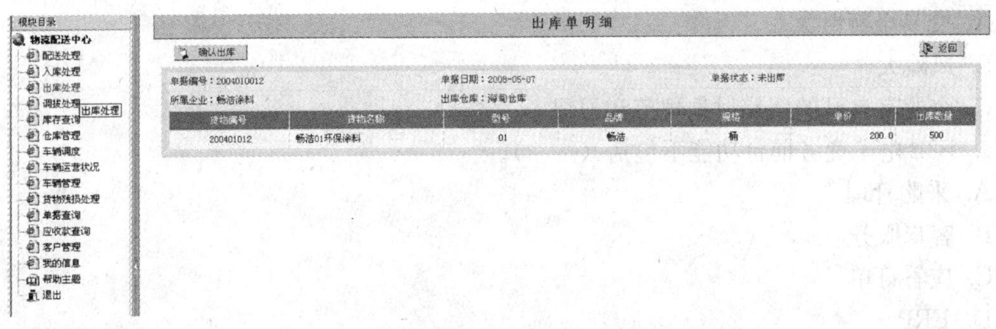

图 3—81　配送点确认出库操作界面

［第二十一步］配送点在应收款查询管理区查看应收的运输费，单击“结算确认”，则一次完整的贸易过程结束，如图 3—82 所示。

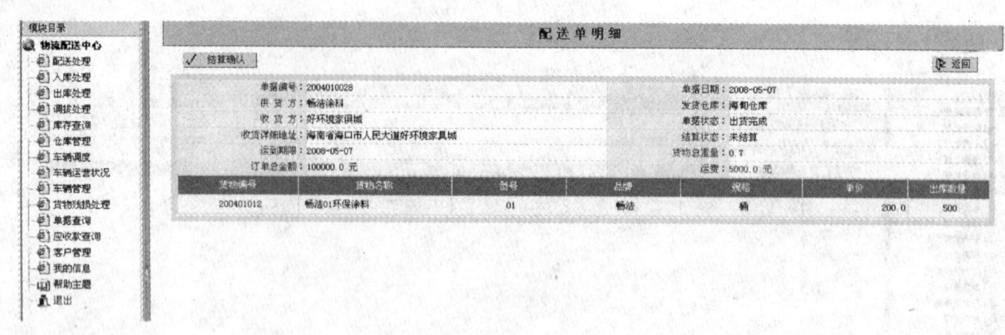

图 3—82　配送点收取运输费操作界面

思考与练习

一、单项选择题

1. 企业 B2B 电子商务前台包括（　　）。

A. 网上支付

B. 物资需求计划

C. 库存管理

D. 人力管理

2. 企业 B2B 电子商务后台不包括（　　）。

A. 采购管理

B. 客户服务

C. 客户关系

D. 财务管理

3. B2B 电子商务网络支付的特点为（　　）。

A. 交易金额巨大

B. 风险大

C. 企业有自己的贸易付款规范和习惯

4. B2B 电子商务前台功能不包括（　　）。

A. 采购管理

B. 客户服务

C. 应答订单

D. ERP

二、思考题

1. 在 Internet 上实现 B2B 电子商务需要具备哪些基础条件？

2. 较为完善的 B2B 电子商务需要哪些系统的共同支持？

3. 简述水平 B2B 电子商务与垂直 B2B 电子商务的区别。

三、操作训练

1. 以下是水平 B2B 电子商务网站，请访问并了解以下网站的特点和为企业提供的功能。

中国商品交易中心 www. ccec. com

中国商品交易市场 www. chinamarket. com. cn

中商网 www. chinaec. com

中国商贸人 www. chinacommercer. com

阿里巴巴 www. alibaba. com

2. 以下是垂直 B2B 电子商务网站，请访问并了解以下网站的特点和为企业提供的功能。

中国粮食贸易网 www. cctn. net. cn

中国汽配网 www. qipei. com

中国石化商务网 www. sinopec—ec. com. cn

亚商在线 www. asiaec. com

中国煤炭市场网 www. cctd. com. cn

中国纸业网 www. chinapaper. net

中国食品电子商务网 www. chinafoods. com

模块四

C2C 电子商务

任务 1　消费者网上竞买

任务引入

利用 C2C 平台出价竞买数码相机商品。

任务分析

在 C2C 平台上出价竞买商品，竞拍者需要了解竞价规则和 C2C 平台规定的竞价流程，掌握 C2C 电子商务的特点及交易流程。在正式出价拍卖前要在 C2C 平台上注册，拥有一个有效的用户名，通过 C2C 平台提供的沟通工具与卖家进行文字或语音的交流，完成竞买过程。

相关知识

目前国内典型的 C2C 网站有易趣网（www. eachnet. com）、淘宝网（www. taobao. com）、拍拍网（www. paipai. com）等，如图 4—1 所示。

一、认识 C2C 电子商务

C2C 是 Consumer to Consumer 的简写，是指消费者与消费者之间的电子商务模式，即为买卖双方提供一个在线交易平台，而这里的买卖双方都是普通消费者，使卖方可以主动提供商品上网，而买方则可以自行选购自己中意的商品，或者卖方可以主动提供商品上网拍卖，而买方可以自行选择商品进行竞价。

但是需要指出，在一般所谓的 C2C 电子商务网站如淘宝、易趣等中，参与买卖的双方并不一定都是普通消费者，他们中有一些也是商家，而且实际中的 C2C 网站也不仅仅提供拍卖的服务，网站上的很多商品也是直接定价然后出售的。随着 C2C 电子商务的发展，由最初的二手货物拍卖网站到现在的新品拍卖、一口价、定价交易模式，从事 C2C 销售的卖家既有普通的消费者，又有专门的商家，还有介于两者之间的个人商户，使得 C2C 电子商

a)

b)

c)

图 4—1　常用 C2C 网站

a）易趣　b）淘宝　c）拍拍

务的发展形成一个既包含 C2C 又包含 B2C 的电子商务模式。

二、C2C 电子商务平台的功能

1. 为买卖双方进行网上交易提供信息交流、信息发布和获取的平台

C2C 电子商务是将传统的商业领域从 B2B 和 B2C 扩展到了 C2C，而 C2C 电子商务网站正是为打算上网进行物品买卖的人们提供了一个发布和获取信息的平台。C2C 交易平台允许卖家在其上发布待出售的物品的信息，允许买家浏览和查找别人拟出售的物品的信息，也允许买卖双方进行交流。因此，C2C 电子商务平台为买卖双方进行网上交易提供信息交流、信息发布和获取的平台。

2. 为买卖双方进行网上交易提供一系列配套服务

C2C 电子商务网站为买卖双方进行网上交易提供信息交流平台，同时，C2C 电子商务网站也为买卖双方进行网上交易提供一系列配套服务，使得交易能够顺利地进行并且最大程度地发挥网上交易的优势。例如，引入一个第三方的支付平台，C2C 电子商务网站为其用户提供便捷的通信工具，一般包括留言、电子信件、聊天工具乃至语音通信工具等。

三、C2C 电子商务盈利模式

现在以第一家拍卖网站 eBay（见图 4—2）为例，来讲解介绍 C2C 电子商务的盈利模式。

目前，eBay 的收入主要来自其三大业务部门：交易平台、网上支付和通信服务。

1. 交易平台

交易平台作为 eBay 最核心的业务，其收入也是 eBay 最主要的收入来源。交易平台的收入主要来自对交易平台各项服务的收费。包括以下几项：

图 4— 2　eBay 网站

（1）商品登录费

如果要在 eBay 上发布一个待售的物品，必须缴纳商品登录费。商品登录费是基于物品定价或拍卖起价，不过，对于一些特殊的商品，商品登录费的收费标准会有所不同。

（2）商品成交费

如果发布的商品成功出售，那么还需向 eBay 缴纳商品成交费，这一费用是基于商品最低成交价格和售出件数的。

（3）交易服务费

这一费用主要针对在 eBay Motors 上出售车辆的人。一旦有人出价不低于商品底价的时候，不管商品售出与否，商品的所有者都需要支付交易服务费。不过，在支付了交易服务费以后，在商品售出后就不需再支付其他的费用了。

（4）店铺费

作为 eBay 上店铺的拥有者，每月需要根据店铺的等级向 eBay 支付一定的费用。

（5）分类广告费

当使用分类广告的方式在 eBay 上发布一个物品时，就需要缴纳分类广告的“商品登录费”。

（6）陈列改良费

如果想让物品陈列形式更好或被陈列更长的时间，可以支付相应的陈列改良费来达到目的。

（7）图片服务费

eBay提供多图片上传、图片预览、展示大图等多种图片服务，其提供的图片服务需收取相应的费用。

（8）卖家工具费

eBay提供各种卖家工具，租用卖家工具需按其收费标准付费。

（9）底价设置费

底价设置费就是登录物品的时候，可以选择设置一个底价，也就是你可以接受的最低售价，当最后的成交金额低于这个底价的时候，交易无效。这个底价设置费是可选的，而且成交的话可以退还。eBay按一定收费标准收取底价设置费。

（10）立即购买费

为了尽快出售物品，可以选择为其设一个固定价格，或者给在线拍卖的物品添加一个立即购买的选项，而这样做就需要缴纳立即购买费。

2. 网上支付

在eBay网站上，使用PayPal的用户还需支付相应的费用（PayPal Fees）。这可以看做是eBay对交易平台的配套服务—网上支付服务所收取的费用。这些费用是通过用户的PayPal账户来收取的，而不是通过eBay账户。至2007年，PayPal在全球范围内拥有1亿多用户遍布190个国家或地区，eBay买家和卖家、在线零售商、在线商家以及传统的线下商家，都在使用PayPal进行交易。

3. 通信服务

eBay一部分收入来自Skype的通信服务。当初，eBay收购Skype一方面是看重了其拥有大量的用户，另一方面也是为了利用Skype提供的网络电话服务让买卖双方能通过在线语音电话或视频电话互相联系，以弥补使用电子邮件沟通的不足。在收费方面，Skype提供的免费功能包括和其他Skype用户通话、Skype可视电话、一对一和团体文字聊天、多达9人的电话会议以及来电转接至其他Skype用户等。

需要特别说明的一点是，就目前国内的实际情况来说，易趣、淘宝、拍拍等网站是不收费的，供用户免费使用。

四、网上拍卖竞价

1. 网上拍卖竞价的基本知识（见表4—1）

表4—1　网上拍卖竞价的基本知识

基本知识	说明
起拍价	指卖家设置的一个起始价格，最低起拍价格为0.01元。第一次出价的人可以选择其出价为起拍价，之后的出价必须高于起拍价格
加价幅度	指出价的买家为了超越前一个人的出价在当前出价上允许增加的最低金额。卖家在发布商品的时候可以自定义加价幅度，也可以使用系统自动代理加价。系统自动代理加价的加价幅度随着当前出价金额的增加，随之增加
系统代理加价幅度	指系统根据当前的出价金额自动限定加价幅度的方法

续表

基本知识	说明
代理出价	指系统根据买家所输入的最高价格，在有其他买家出价时，自动以最小加价金额向上出价，以维持买家最高出价者的位置，直到买家的最高出价被其他买家超过为止。如果代理出价的最高价格与其他出价相同，则最先设置该价格者领先。代理价格对其他会员是保密的。拍卖结束时，如果没有人出价超过该买家，则该买家就是获胜者，该买家将以目前的出价金额购得宝贝
拍卖包邮	拍卖的商品，只能以卖家承担运费的方式进行发布

2. 网上拍卖竞价的方式

英式拍卖的基本规则是后一个出价人的出价要比前一个高，最终没有人再出价时则成交，网上英式拍卖都是以这个规则为基础。

根据有没有起拍价，拍卖是否私底下进行，很多网站都在网页上列出来了新的拍卖方式的名称，例如“预底拍卖”“秘密拍卖”“逾底拍卖”和“单件拍卖”等。“预底拍卖”所指的“预底”就是“预留底价”，“预留”就像是一个秘密底价。买家仍然使用正常的投标方式，但是看不到预留的底价，竞标截止时的最高竞价只有高于或等于保留底价时拍卖才能成交。有些网站列出的另外一种形式的拍卖称为“秘密拍卖”，秘密拍卖仍然只有在竞标截止时最高价格高于或等于保留底价时拍卖才能成交，但出价人看不到保留价和其他出价人的出价，竞价过程是保密的。“逾底拍卖”方式中卖家设立有一个不公开的底价，一但出价人的出价超过了这个底价，拍卖过程就结束了，出价人按照他所出的这个超过底价的价格付款。“单件拍卖”来源于淘宝网，卖家设置参加拍卖的宝贝起拍价和加价幅度。买家可根据自己实际情况，输入系统需要的最低价格，也可以输入自己可以接受的最高价格，让系统代理出价；拍卖结束时，出价最高者获得宝贝。发布要求必须为认证会员；参与拍卖的商品件数为1；可使用系统代理加价幅度。

3. 竞拍保证金规则

有些交易平台为了保证拍卖的顺利进行，要求买家参与拍卖都需缴纳保证金。参加一笔拍卖交易，不管拍卖的价格和想要竞拍商品的件数，都只需缴纳一次保证金。有的保证金为5元（人民币）/笔。会员向自己的账户充值，对应金额的保证金会被冻结在会员账户中。未拍得商品的会员的保证金在拍卖结束后，系统立即给予解冻。最后一位获胜者如果竞拍到的商品数量不足，成交结束后系统立即解冻其保证金。成功竞拍后如果卖家主动关闭交易，则系统立即解冻买家的保证金。竞拍成功的买家在7天交易期内履行该交易（付款）后，系统会立即解冻保证金；否则在7天交易期满后系统将自动关闭交易，并且保证金不予解冻。交易产生后3～60天为罚没保证金申诉期。会员可以在罚没保证金申诉期内进行申诉，证明交易关闭非因其原因导致。若买家在申诉期内未作申诉或申诉未成功，保证金将做罚没处理。若申诉成功，保证金将被解冻。

任务实施

[第一步] 登录C2C网站，以“买家”的身份进行注册，如图4—3所示。

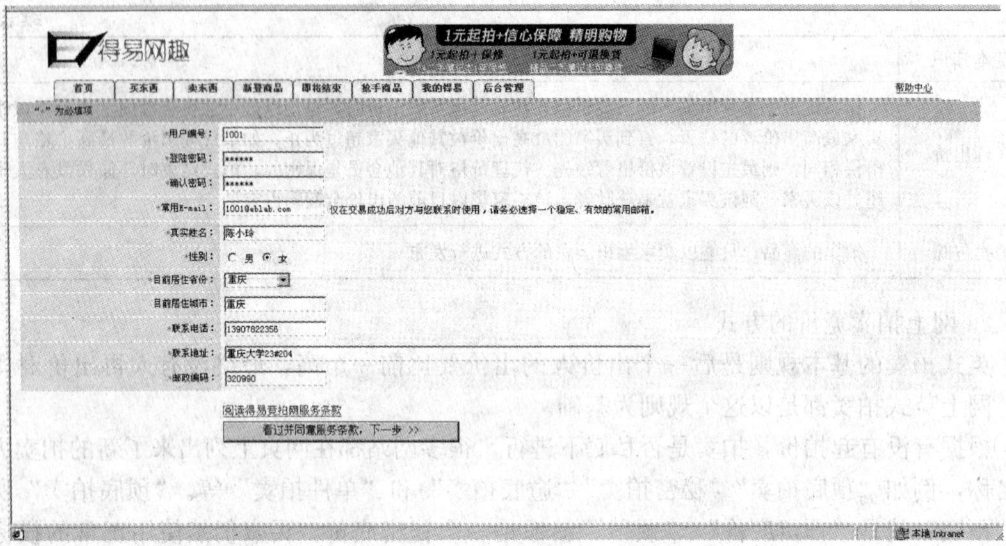

图 4—3　购物者身份注册

［第二步］系统提示注册成功（见图 4—4），单击“返回”。

图 4—4　注册成功提示

［第三步］访问 C2C 网站首页，检索浏览将要竞买的商品，如图 4—5 所示。

［第四步］查看商品详细信息，单击“出价”，如图 4—6 所示。

［第五步］输入用户名、密码和出价数字（见图 4—7），单击“出价”。

［第六步］在出价正式发布之前需要进行确认，如图 4—8 所示。

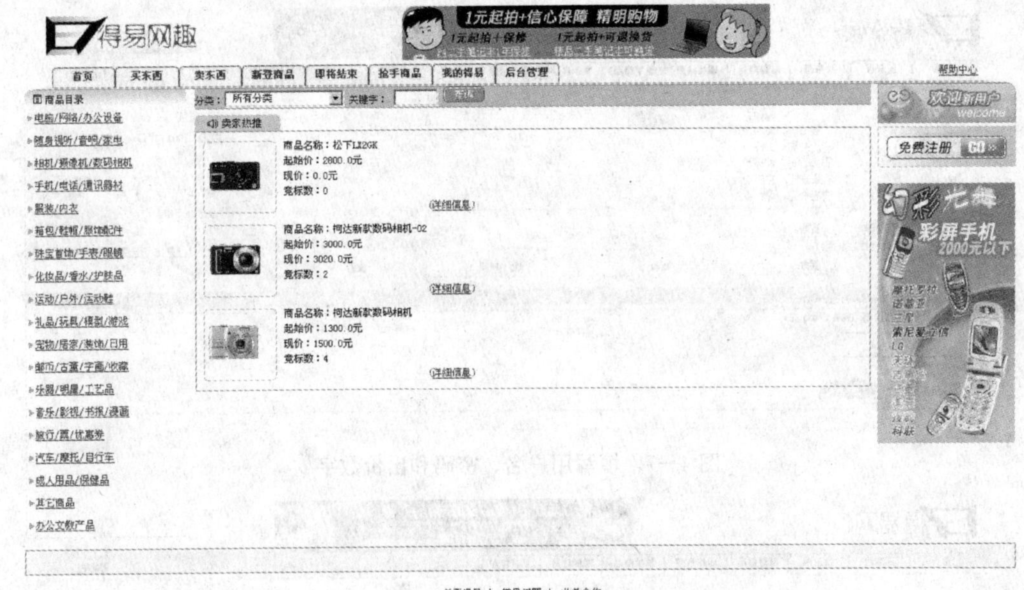

图 4—5 竞买商品的检索浏览

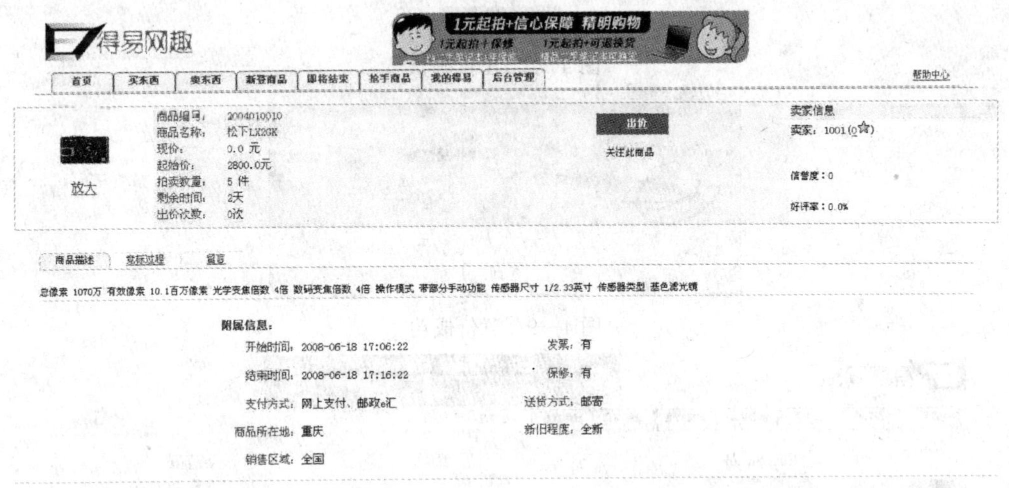

图 4—6 出价

[第七步] 系统提示竞价成功（见图 4—9），单击“返回”。

[第八步] 买家可以看到竞价情况，如图 4—10 所示。

[第九步] 但如果有其他人出价比现价的最高价高，那么出价低的买家就出局了。用户如果还想再出价，可以按照以上的方式再次出价，如图 4—11 所示。

说明：

国内几个著名的 C2C 平台都提供了先货后款的购物流程，即先将买家的付款提交给

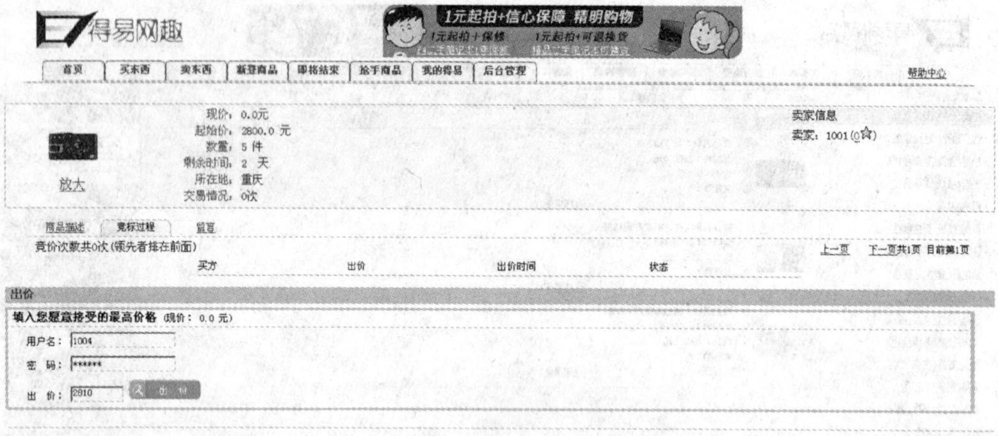

图 4—7　填写用户名、密码和出价数字

图 4—8　出价确认

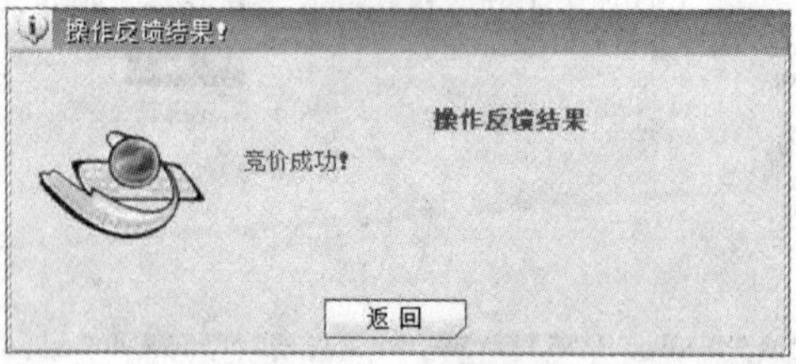

图 4—9　竞价成功

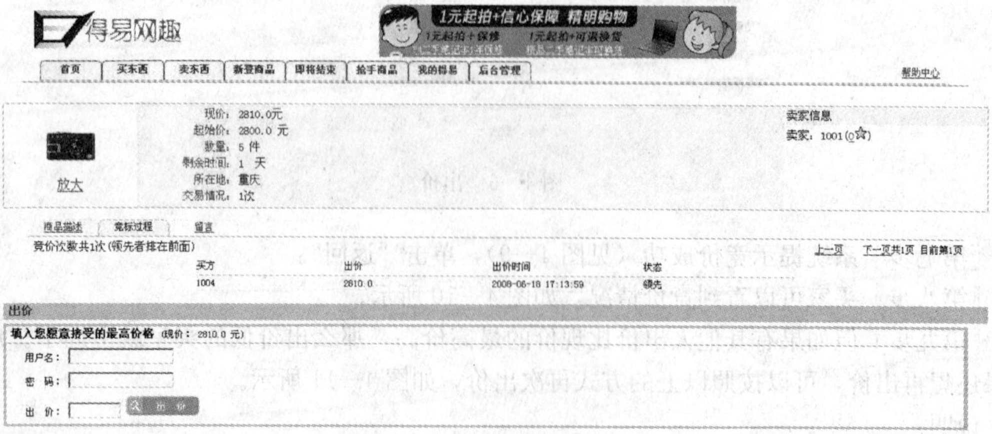

图 4—10　买家查看竞价情况

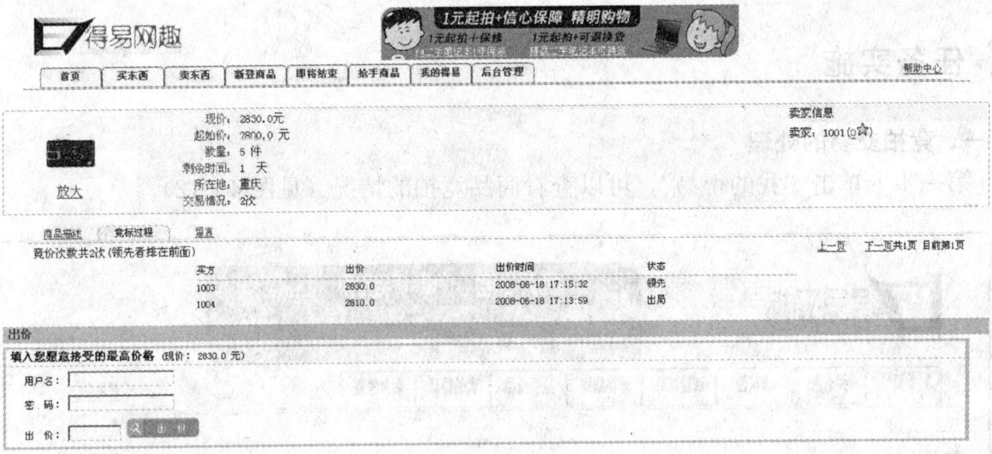

图 4—11　再次出价

C2C 平台，待货到后由买家确认将付款指令提交给 C2C 平台，C2C 平台根据买家的指令将付款转到卖家的账户上。以在易趣的安付通为例，其集成了包括工商银行、建设银行、招商银行、农业银行在内的全国十多家商业银行的网上银行等在线支付渠道，买家可以极为便捷地通过网上银行实时支付安付通货款，支付成功后，系统会提示成功付款的信息，买家也可以在 C2C 平台里通过注册的用户名查看交易状态。买家需在进入安付通流程后的 7 天内完成付款操作，若超过此时间未完成付款操作，交易将被自动取消。

任务 2　卖家进行交易处理及商品发布

任务引入

在任务 1 中，买家出价高者拍到该数码相机商品，那么卖家是如何对该项交易进行处理的呢？而卖家在平时的网店运营过程中又是如何将商品发布到 C2C 平台呢？

任务分析

卖家在 C2C 平台注册后都拥有一个店铺管理区，可以发布商品、设定拍卖的截止时间、起始价，查看所拍卖的商品的情况，以及在拍卖后查看竞拍成功的买家信息，进行交易的处理和商品信息的管理。

任务实施

一、竞拍交易的处理

[第一步] 单击“我的得易”，可以查看商品竞拍的情况（见图 4—12）。

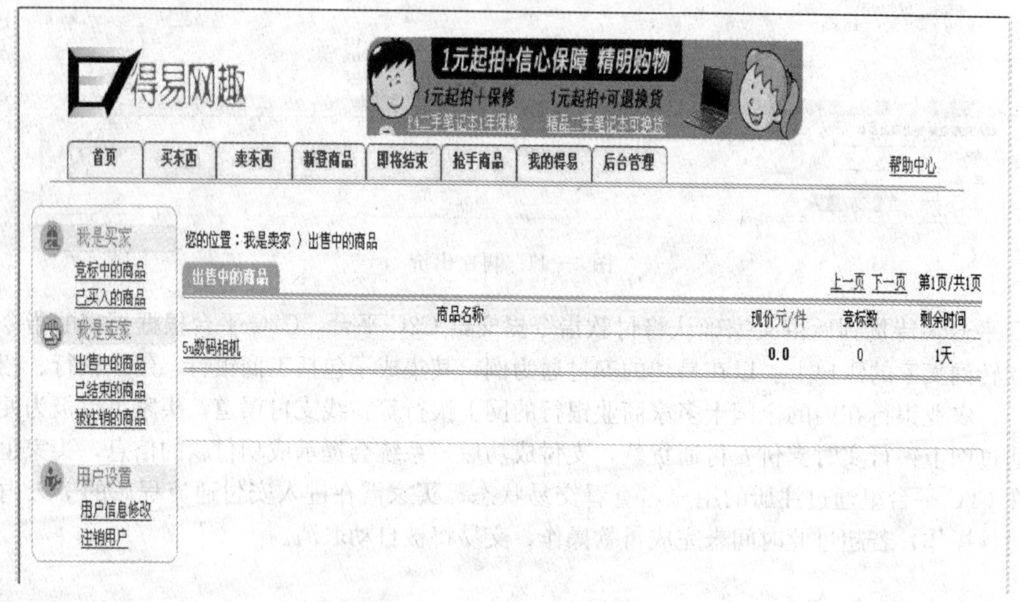

图 4—12 查看商品竞拍的情况

[第二步] 在“已结束的商品”中可以查看到买家的信息，该信息显示有买家以 2 830 元的单价拍得该款数码产品（见图 4—13）。

[第三步] 卖家通过图 4—13 查看交易详情，买家竞买成功，在确认买家已完成付款操作后，卖家即可根据上图中所列出的买家的详细地址、邮编等信息，联系快递公司前来取货，邮寄给买家。

说明：目前，绝大多数在网上开店的卖家都是自行解决发货问题的，发货的费用由卖家和买家在下订单时已经协商明确。卖家根据商品的数量和运输要求将发货的方式分为普通邮寄、EMS、快递公司送货上门。

二、卖家商品信息的发布

[第一步] 登录 C2C 网站，单击“卖东西”，进入商品管理区（见图 4—14）。

[第二步] 选择所卖商品的所属目录，本任务选择“数码相机”（见图 4—15）。

[第三步] 输入已经获得审批的用户名和密码（见图 4—16），单击“确认”。

[第四步] 将要出售的商品信息输入表单（见图 4—17），单击“下一步”。

[第五步] 系统提示商品登录成功（见图 4—18）。

[第六步] 返回 C2C 网站前台首页，单击“新登录商品”可以看见登录的商品信息（见

图 4—13 查看到买家的信息

图 4—14 “卖东西”身份登录商品管理区

图 4—19）。

［第七步］按照第一步～第五步的方法添加多个商品（见图 4—20）。

得易网趣
1元起拍+信心保障 精明购物
首页
买东西
卖东西
新登商品
即将结束
抢手商品
我的得易
后台管理
帮助中心
选择商品分类
填写商品信息
登录成功
请选择分类：
电脑/网络/办公设备
随身视听/音响/家电
相机/摄像机/数码相机
手机/电话/通讯器材
服装/内衣
箱包/鞋帽/服饰配件
珠宝首饰/手表/眼镜
化妆品/香水/护肤品
运动/户外/运动鞋
礼品/玩具/模型/游戏
宠物/居家/装饰/日用
邮币/古董/字画/收藏
乐器/明星/工艺品
音乐/影视/书报/漫画
旅行/票/优惠券
汽车/摩托/自行车
成人用品/保健品
其他商品
办公文教产品

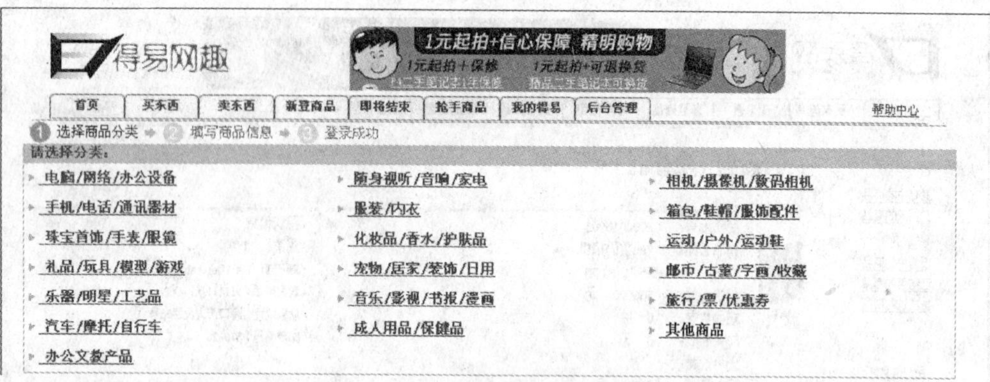

图4—15　列入所卖商品的所属目录

得易网趣
1元起拍+信心保障 精明购物
首页
买东西
卖东西
新登商品
即将结束
抢手商品
我的得易
后台管理
帮助中心
您目前进行的操作，需要登录后才能继续...
如果您未注册，请注册
免费注册 GO
如果您已注册，请在下面空格中输入您的用户名和密码，然后按"确定"。
用户名：
密　码：
确　定

图4—16　用户名和密码

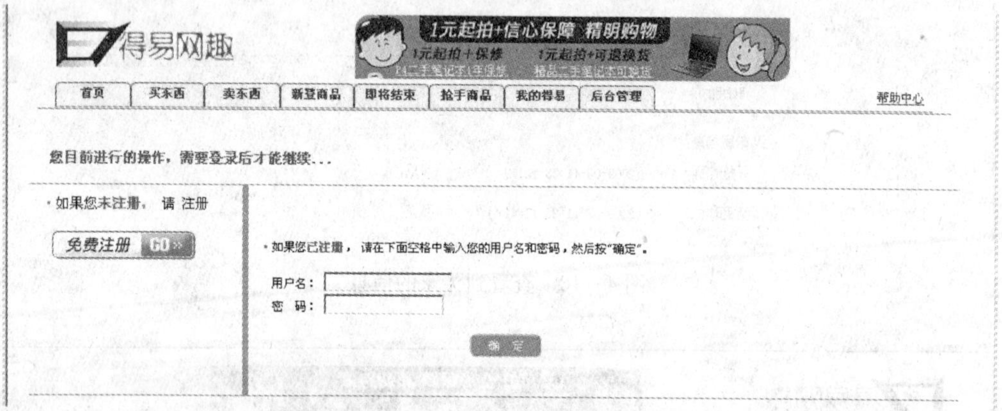

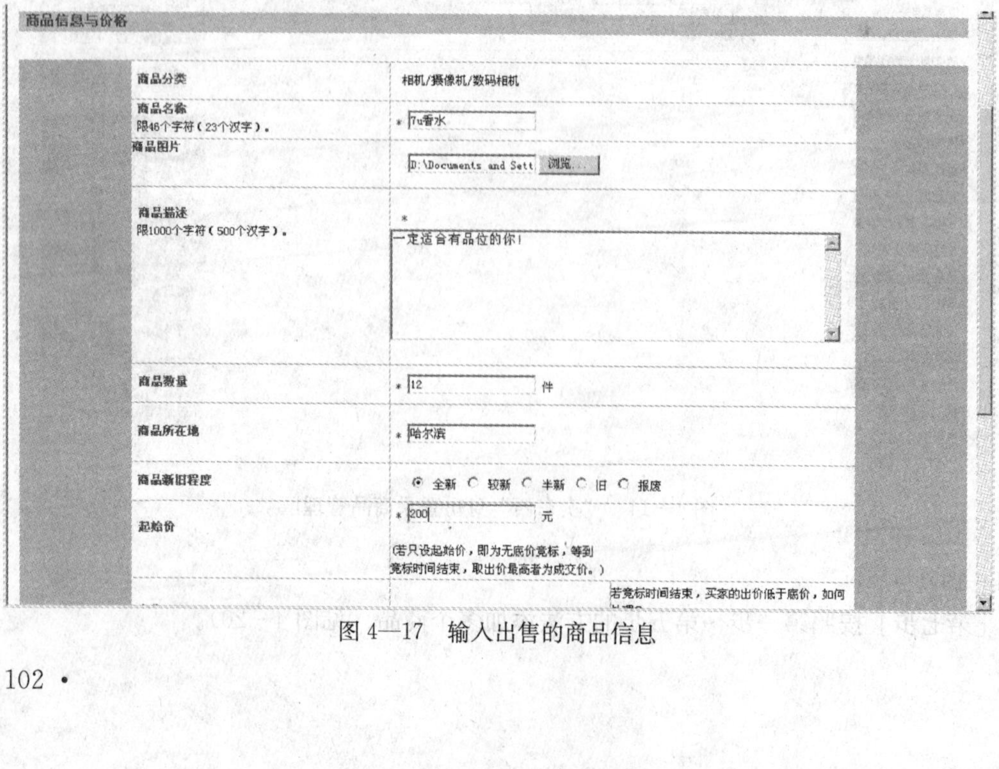

商品信息与价格
商品分类
相机/摄像机/数码相机
商品名称
限46个字符（23个汉字）。
7u香水
商品图片
D:\Documents and Sett
浏览...
商品描述
限1000个字符（500个汉字）。
一定适合有品位的你！
商品数量
12
件
商品所在地
哈尔滨
商品新旧程度
全新
较新
半新
旧
报废
起始价
200
元
（若只设起始价，即为无底价竞标，等到
竞标时间结束，出价最高者为成交价。）
若竞标时间结束，买家的出价低于底价，如何

图4—17　输入出售的商品信息

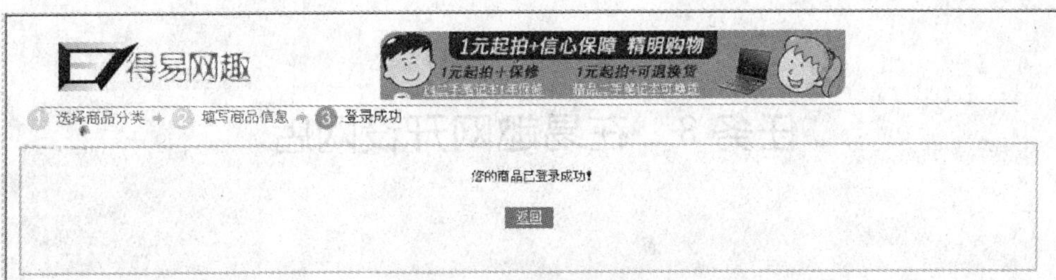

图 4—18　商品登录成功

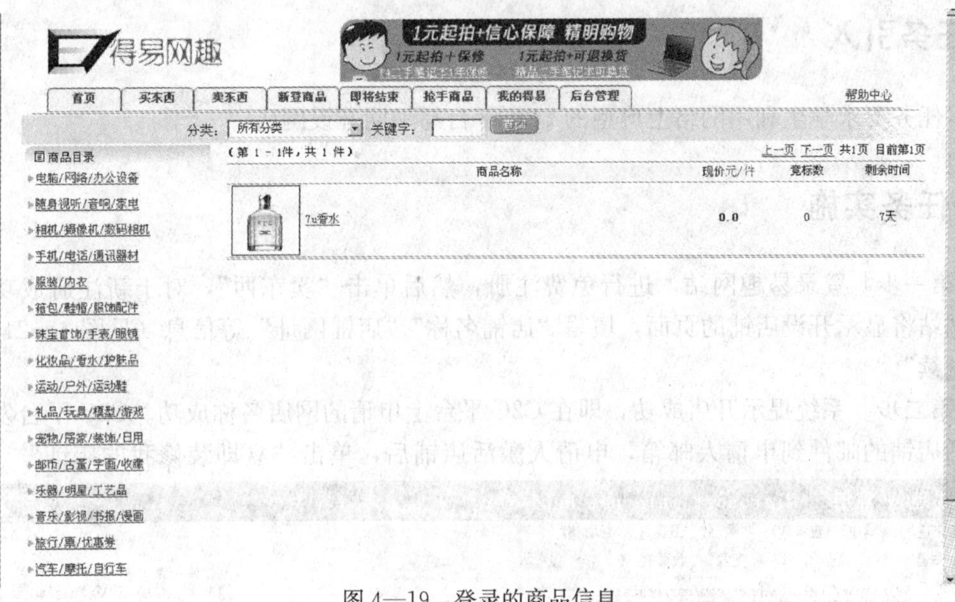

图 4—19　登录的商品信息

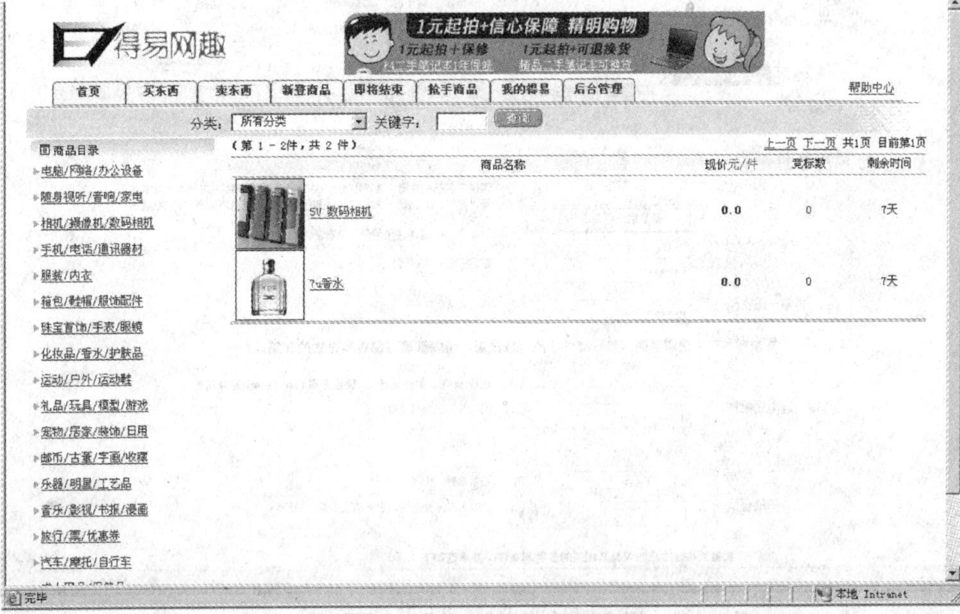

图 4—20　添加多个商品

任务3　在易趣网开设网店

任务引入

本任务要求学生利用网络上典型的C2C平台易趣网开设网店。

任务实施

［第一步］登录易趣网站，进行免费注册，然后单击“卖东西”，对于新注册成功的用户，网站将显示开设店铺的页面，填写“店铺名称”“店铺网址”等信息（见图4—21），单击“继续”。

［第二步］系统提示开店成功，即在C2C平台上申请的网店名称成功。C2C平台发送一封激活店铺的邮件到申请人邮箱，申请人激活店铺后，单击“立即装修我的店铺”（见图

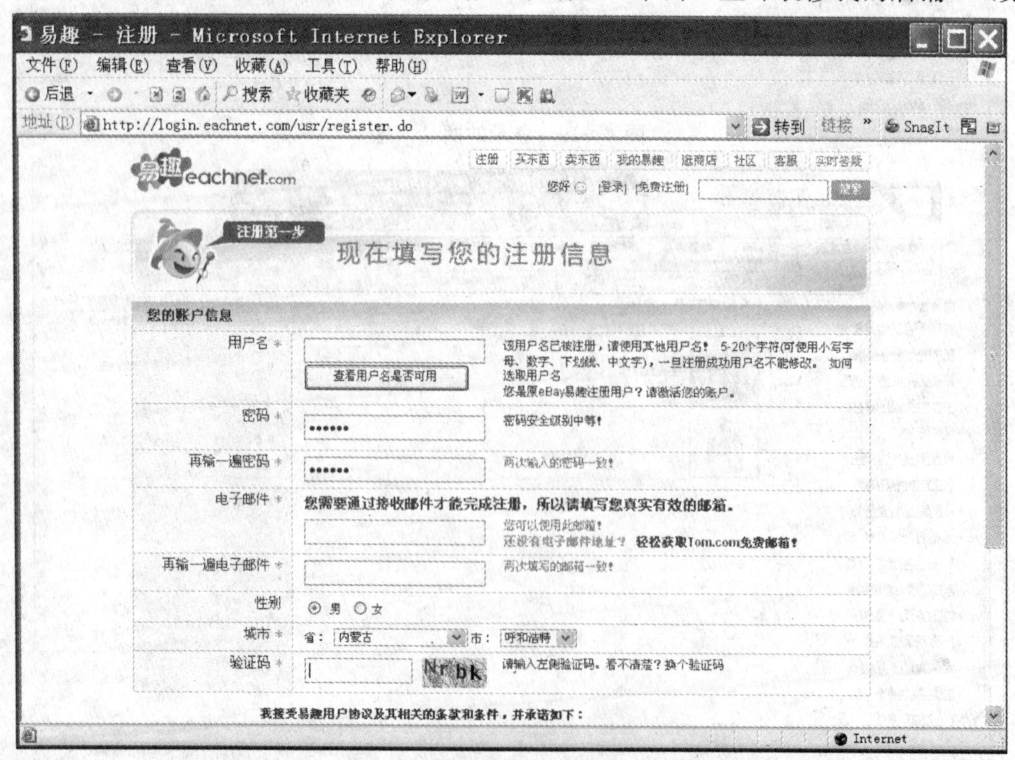

图4—21　用户填写“店铺名称”“店铺网址”等信息

4—22)。

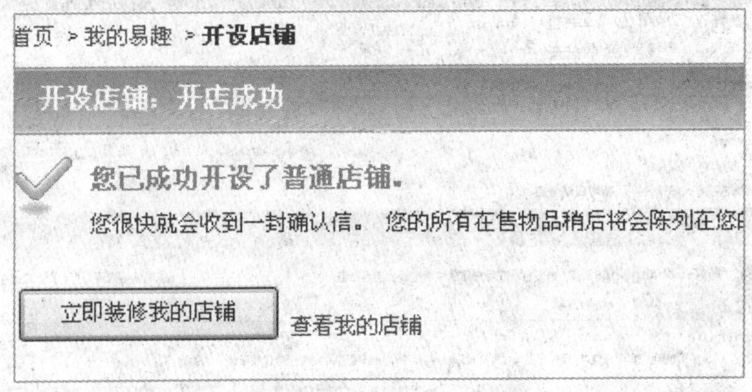

图 4—22　装修申请人店铺

[第三步] 在店铺的“基本设置”中，填写店铺的 logo、介绍等信息（见图 4—23）。

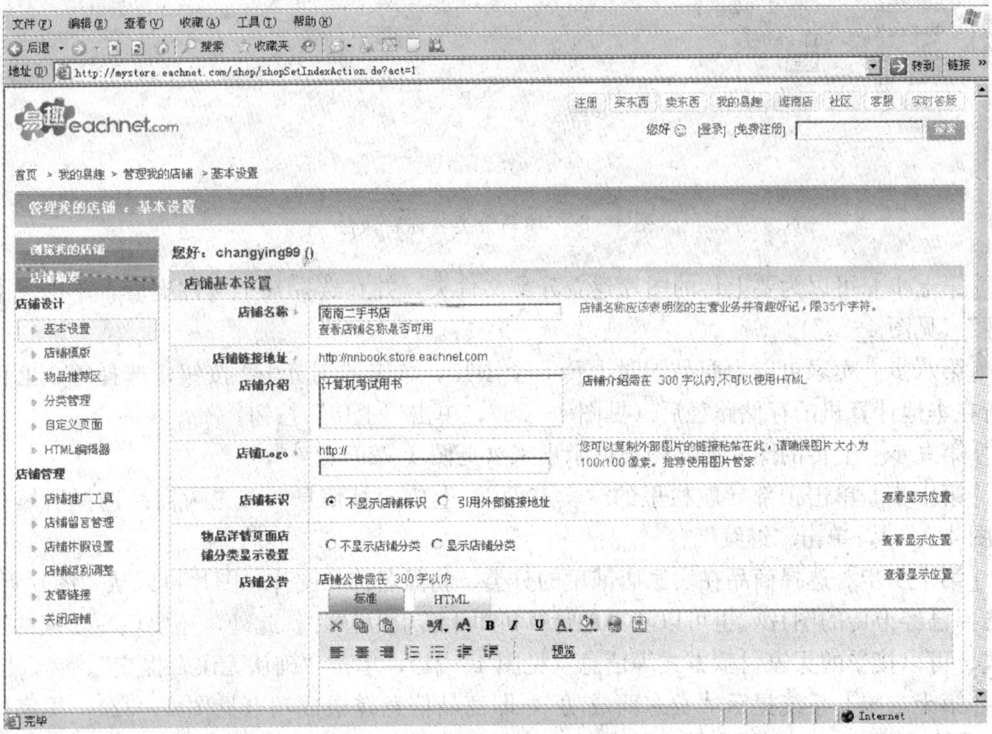

图 4—23　填写店铺的基本信息

[第四步] 为商品设置分类。单击“分类管理”，可以同时为商品分 5 个类别。在分类名称里填写分类名称后（见图 4—24），单击“保存”。

[第五步] 可以看到建立的分类名称列表（见图 4—25）。

[第六步] 单击“我的易趣”，为卖家做进一步的经营管理操作。在目录里选择“图片管家”（见图 4—26）。

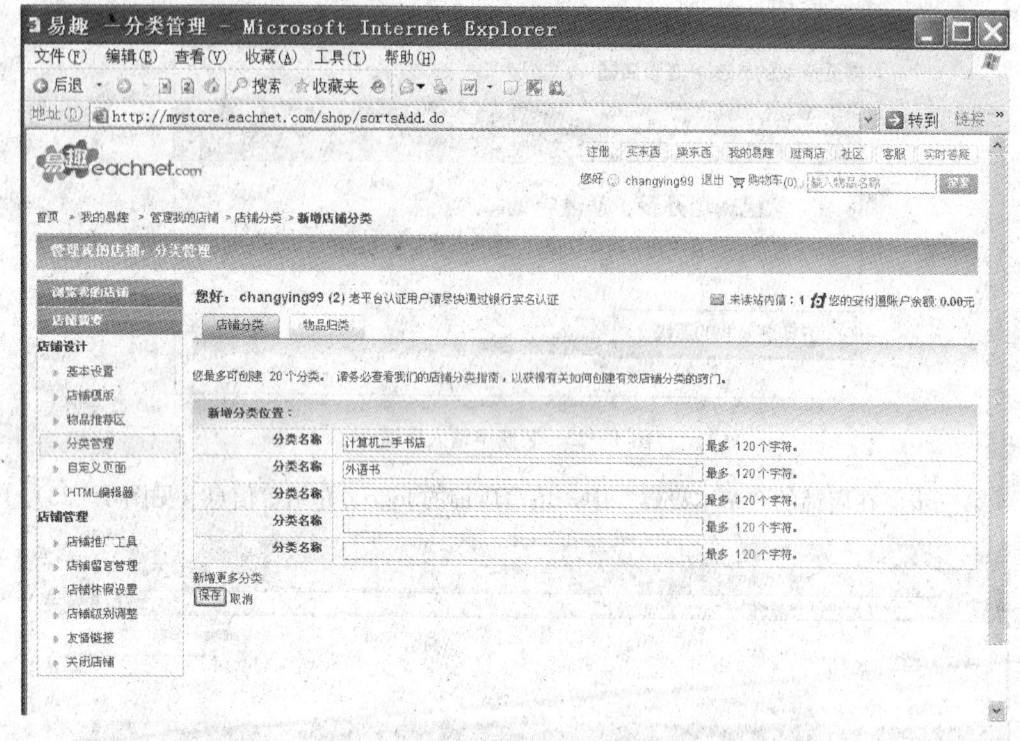

图 4—24　填写分类名称后保存

［第七步］可以为要上传的图片建立分类文件夹，并在选择某个文件夹后，单击“上传文件”（见图 4—27）。

［第八步］卖家可以为商品同时上传 8 个图片。单击“浏览…”按钮，选择每个上传图片所在本地计算机的存储路径后（见图 4—28），单击“上传”按钮。

［第九步］上传的图片缩略图被展示出来（见图 4—29）。

［第十步］单击顶部导航栏里的“卖东西”，上传商品信息。首先为商品选择所属分类（见图 4—30），单击“继续”。

［第十一步］选择商品在卖家店铺里的分类、物品名称和图片，图片可以从“图片管家”里选择已经上传的图片，也可以从本地计算机里上传商品图片。此外，还要填写卖家的送货方式、可以接受的买家付款方式等信息（见图 4—31），单击“确认无误，提交”。

［第十二步］系统提示“卖东西成功”，即商品信息登录成功（见图 4—32），买家能在 C2C 平台上搜索到卖家的商品并能够在线购买该商品了。

［第十三步］卖家在“我的易趣”里，选择“出售中的物品”可以查看到商品的销售情况（见图 4—33）。

［第十四步］在易趣要不受出售物品限制，必须通过卖家认证，通过单击“我的易趣”中的“用户认证”按钮，进入实名认证页面，如图 4—34 所示；填写个人信息，如图 4—35 所示；填写个人银行信息，如图 4—36 所示，单击确定按钮后将跳转至银行页面，如图 4—37所示；待银行认证完成后，即完成卖家认证，如图 4—38 所示。

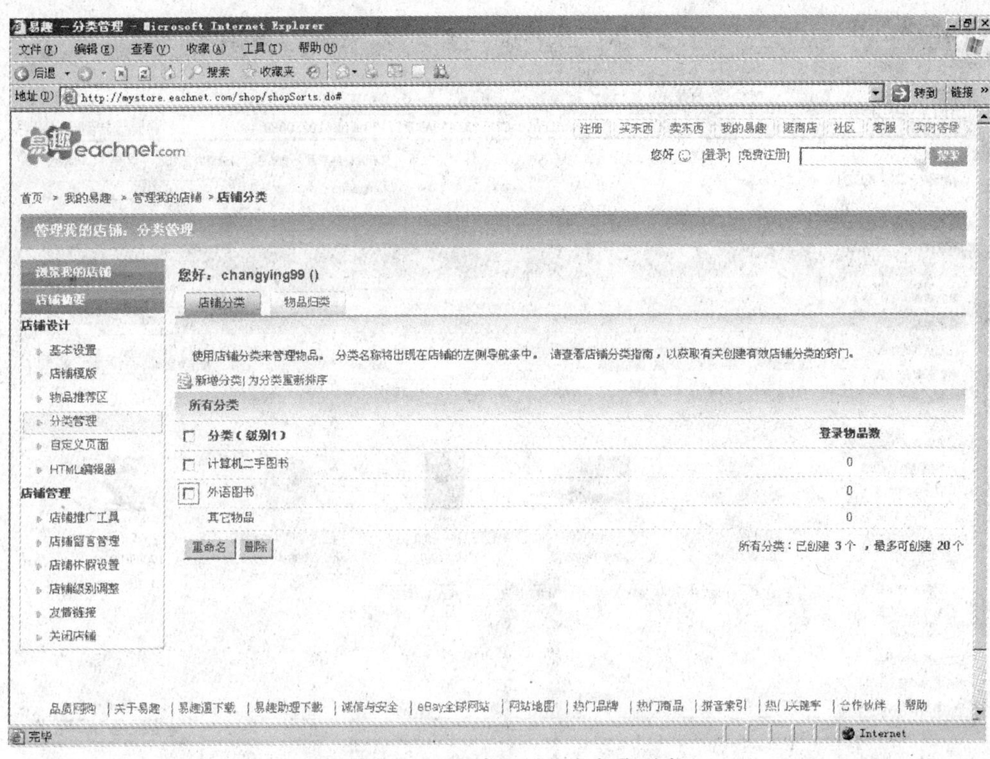

图 4—25　查阅建立的分类名称列表

易趣 －图片管家 － Microsoft Internet Explorer

http://picmanager.eachnet.com/folder.do?method=viewFolder

首页 > 我的易趣 > 图片管家

我的易趣-图片管家

存储空间：0　5M　已使用存储空间：88.74K　搜索　调整空间

文件夹管理　列表显示　橱窗展示

物品图片文件夹　个人图片文件夹　其他文件夹

全选

书 (5)

2008-06-18

删除　新增文件夹

我的摘要　我是买家　已买入的物品　站外支付记录　手机充值　游戏充值　我收藏的物品　收藏的卖家店铺　竞标中的物品　未得标的物品　我的购物券　我是卖家　已卖出的物品　站外收款记录　出售中的物品　仓库里的物品　易趣助理　易趣通　图片管家

图 4—26　创建图片管家

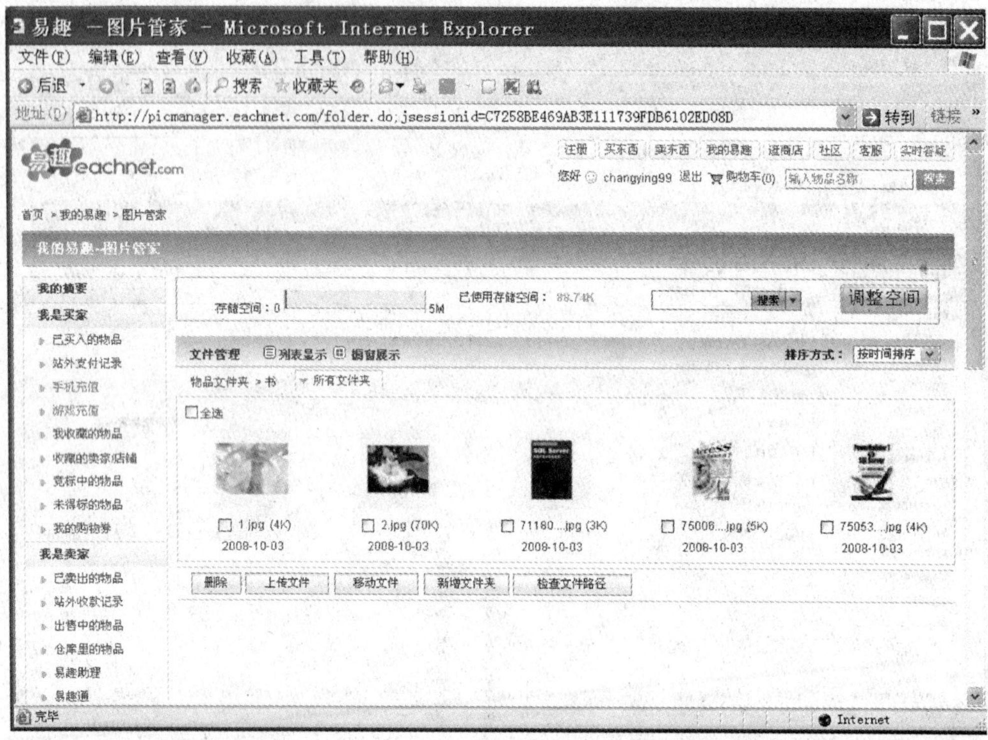

图 4—27 为上传的图片建立分类文件夹

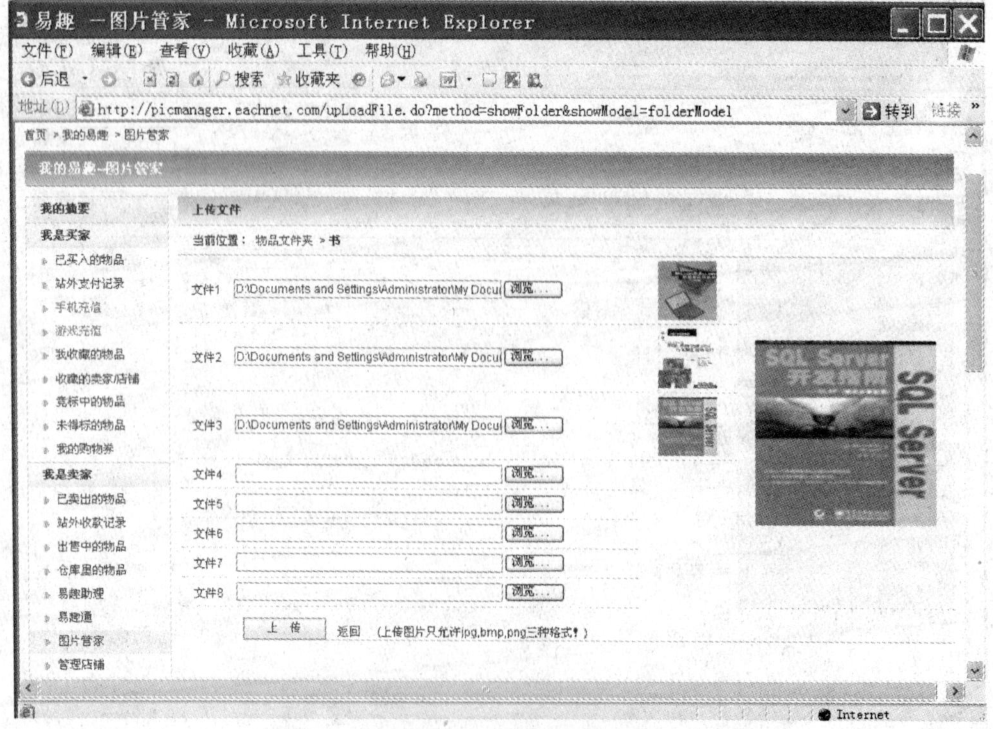

图 4—28 上传的图片

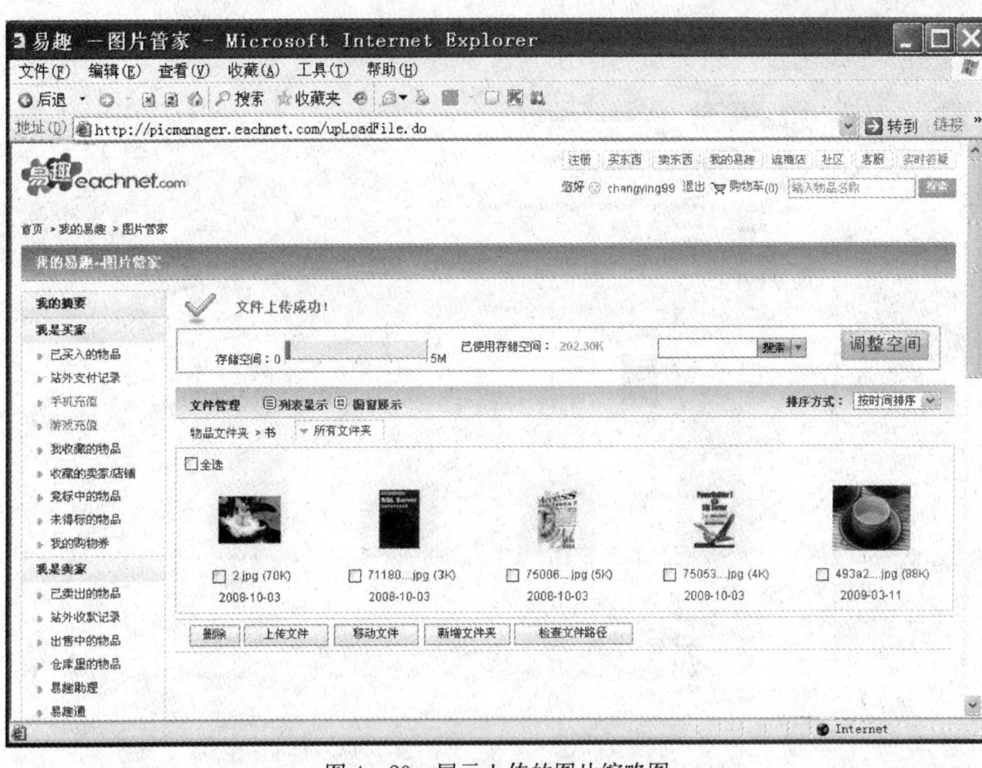

图 4—29　展示上传的图片缩略图

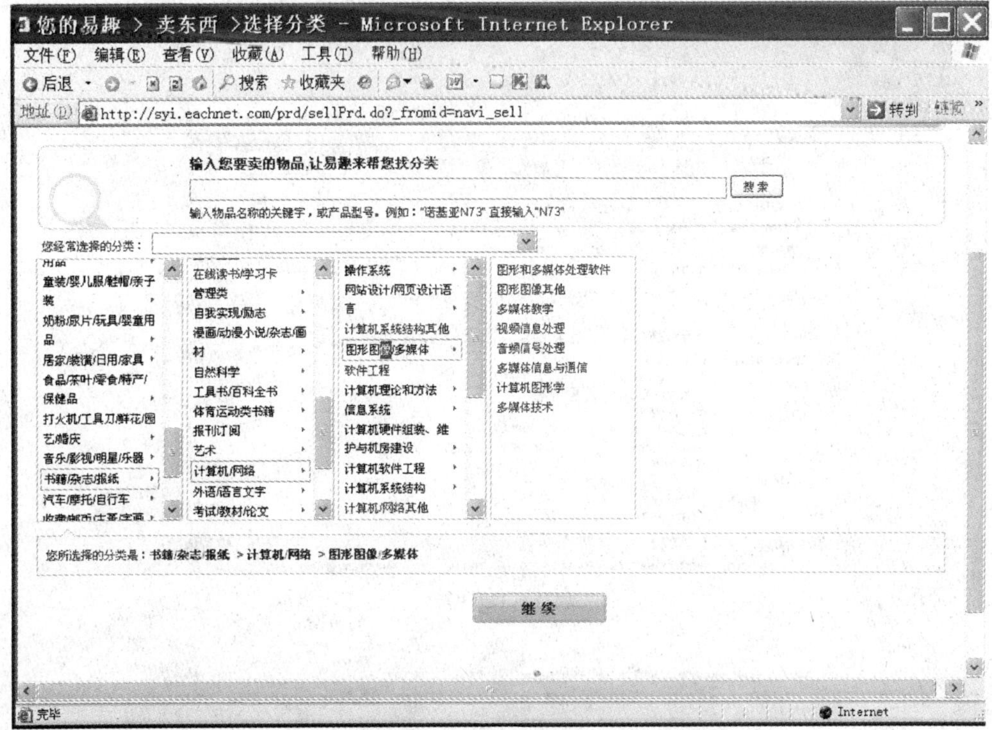

图 4—30　商品选择所属分类

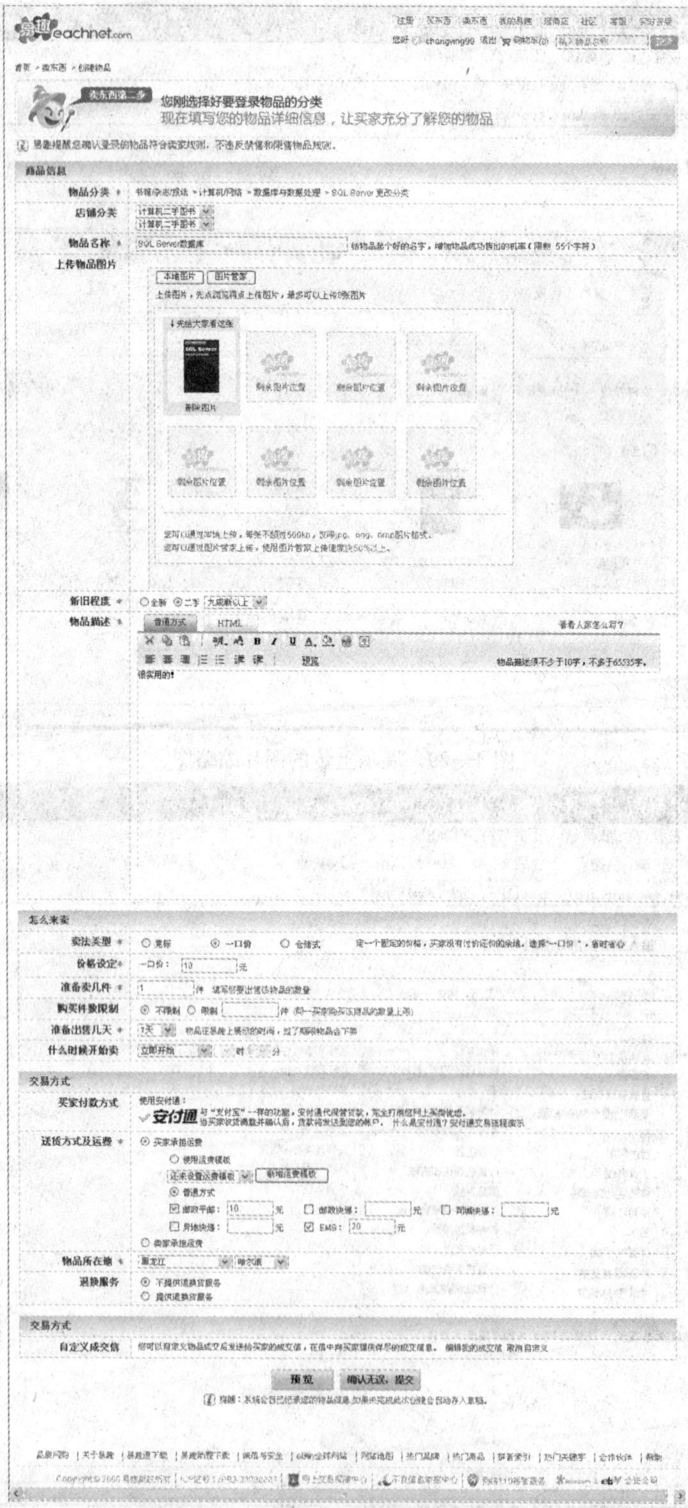

图 4—31　填写卖家的送货方式等信息

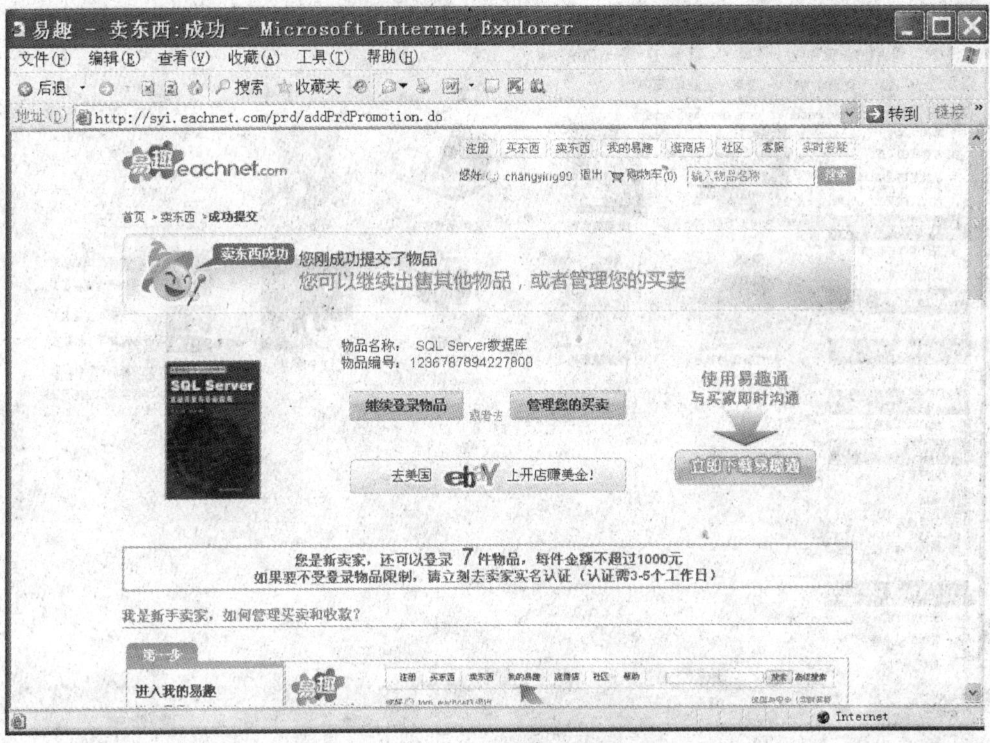

图 4—32 商品信息登录成功

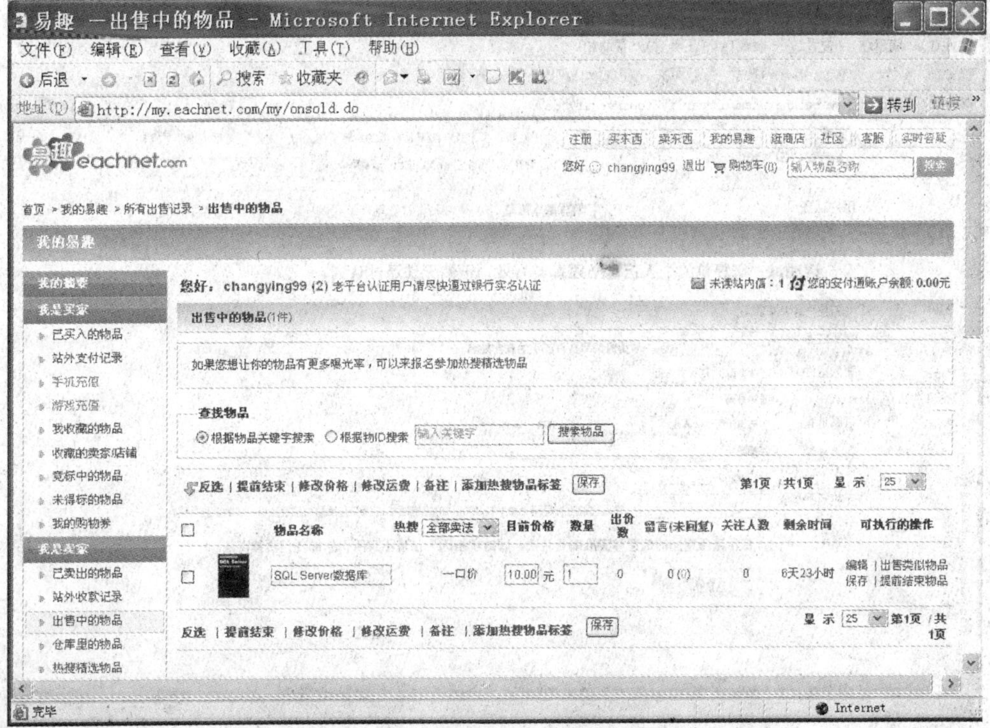

图 4—33 查看到商品的销售情况

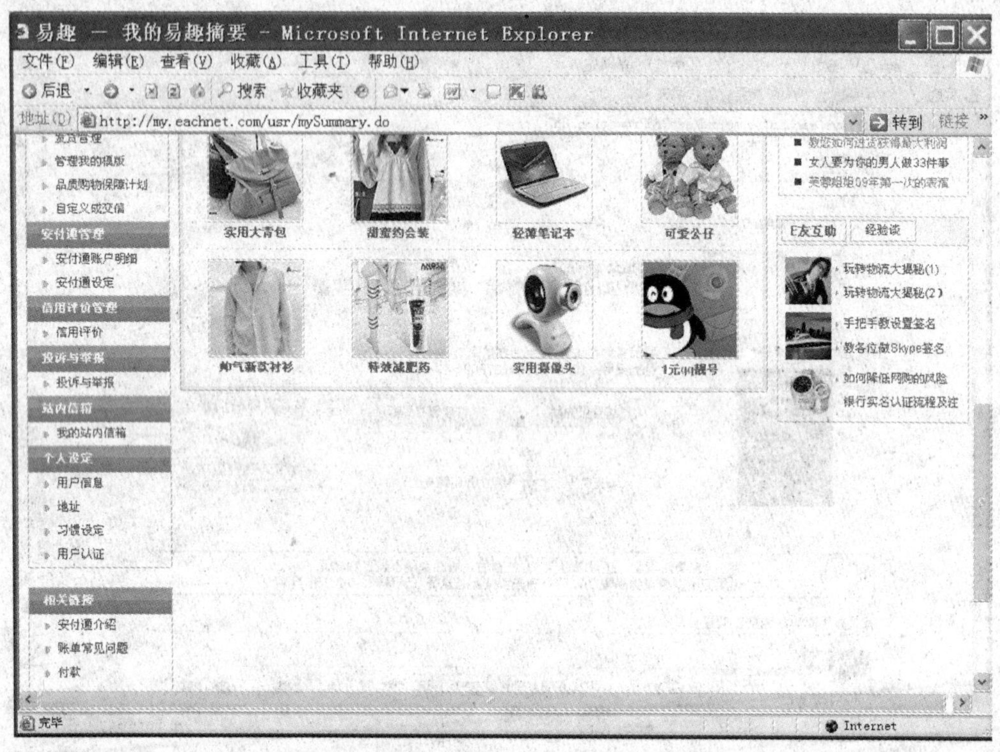

图 4—34 单击用户认证

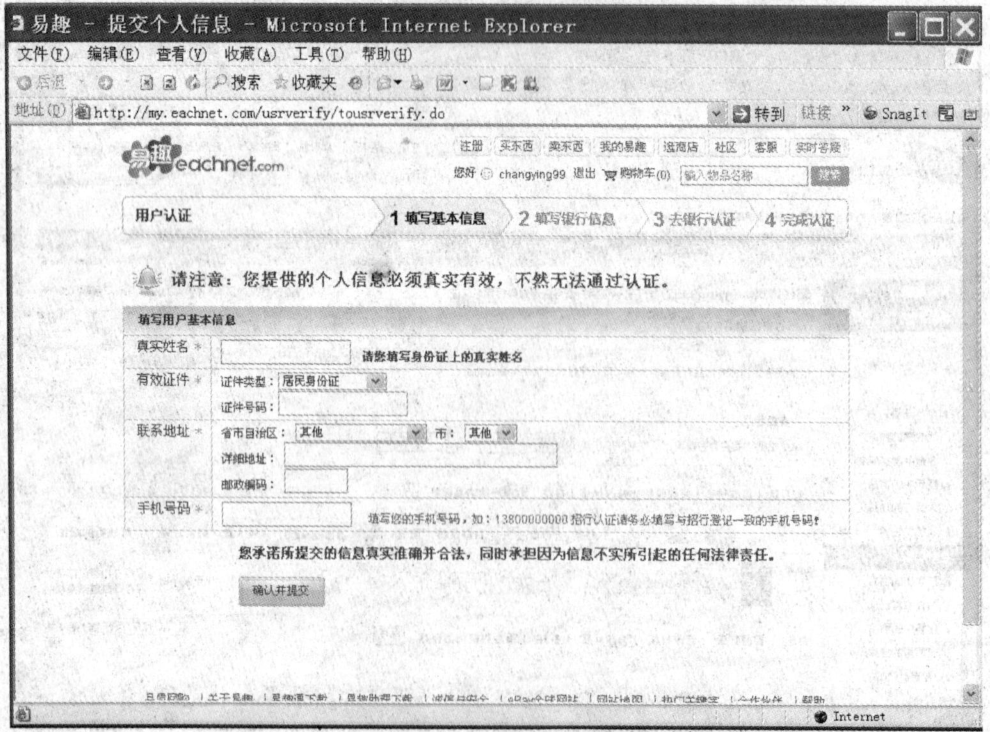

图 4—35 填写个人信息

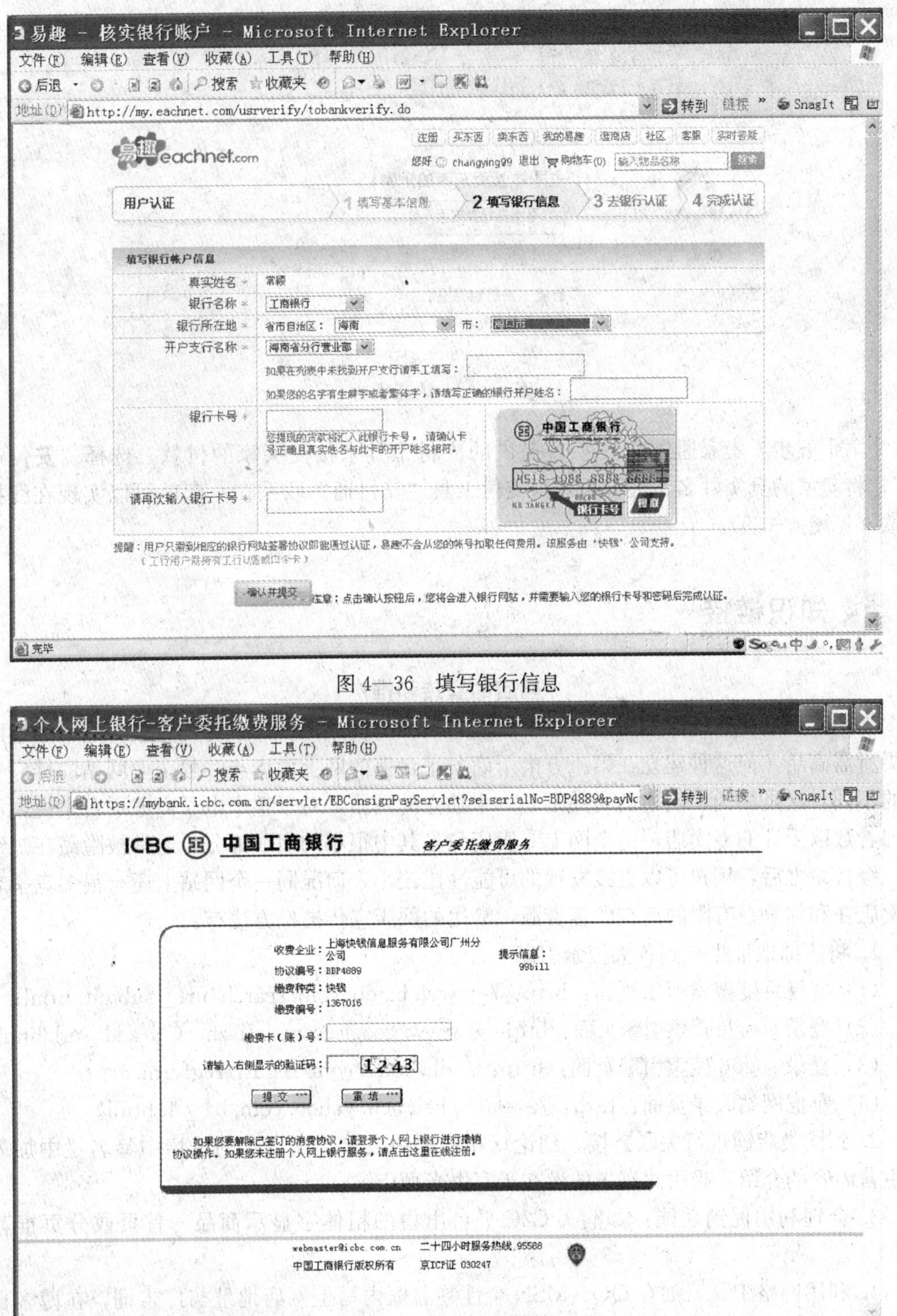

图 4—36　填写银行信息

图 4—37　跳转至银行页面

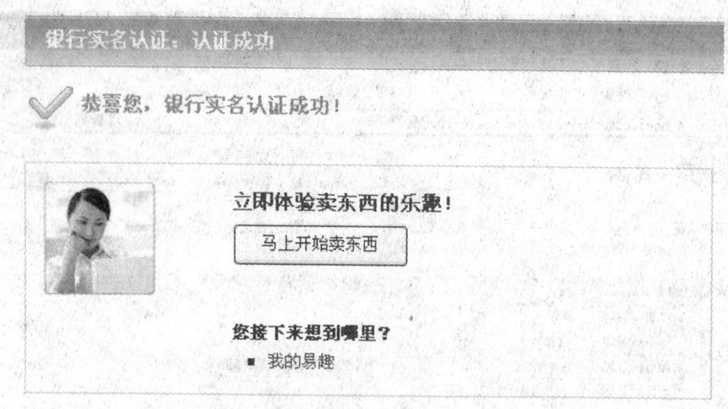

图 4—38　认证成功

［第十五步］卖家通过 C2C 平台提供的支付工具来接受买家的付款。选择“安付通设定”，将卖家的真实姓名、银行账号与支付工具“安付通”联系在一起就可以实现在线接收付款（见图 4—39）。

知识链接

网店的宣传和推广

当个人网上商店建好之后，最重要的问题就是如何让更多的顾客浏览到，进而通过网店购买所需商品，但这种建立在第三方电子商务平台上的网上商店与一般企业网站的推广有很大的不同。这是因为，网上商店并不是一个独立的网站，对于整个电子商务平台来说，可能排列着数以千计的专卖店，一个网上专卖店只是其中很小的组成部分，通常被隐藏在二级甚至三级目录之后，用户可以直接发现的可能性比较小，何况同一个网站上还有很多竞争者的专卖店在和你争夺有限的潜在顾客资源，常用的网店宣传推广方法有：

1. 将店铺地址提交到各大搜索引擎

（1）登录百度搜索引擎页面：http：//www. baidu. com/search/url _ submit. html；

（2）登录 google 搜索引擎页面：http：//www. google. com/intl/zh—CN/add _ url. html；

（3）登录 sogou 搜索引擎页面：http：//db. sohu. com/regurl/regform. asp；

（4）雅虎网站收录页面：http：//search. help. cn. yahoo. com/h4 _ 4. html。

2. 到同类店铺进行关联链接，到论坛相应板块发帖，在自己的论坛中签名栏中加入店铺主营内容的介绍，吸引感兴趣的潜在买家去光顾店铺。

3. 合理利用促销功能：如购买 C2C 平台出售的粗体字显示商品，首页或分页推荐位等。

4. 利用网络工具，如在 QQ、MSN 个性签名框内写上网店地址与广告词，在博客自定义页面中做上店铺名称与主营商品，在店主个人空间与网站里做上相应链接指向店铺；或者在其他人气特旺的有着潜在商机的论坛与网站注册时，个人签名一律写上店铺地址。

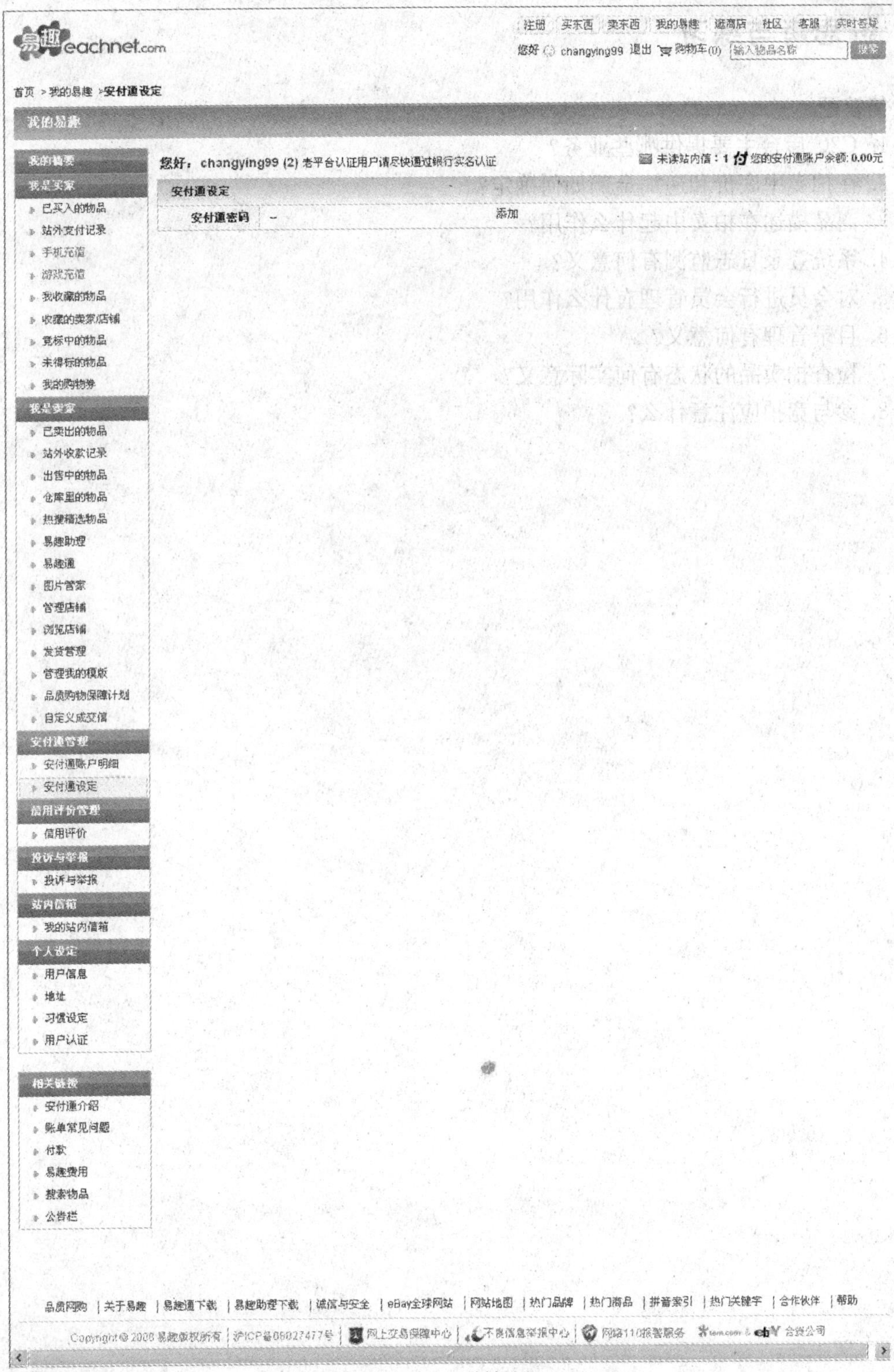
注册 买东西 卖东西 我的易趣 逛商店 社区 客服 实时答疑
您好 changying99 退出 购物车(0)
首页 > 我的易趣 > 安付通设定
我的易趣
您好：changying99 (2) 老平台认证用户请尽快通过银行实名认证
未读站内信：1 您的安付通账户余额: 0.00元
安付通设定
安付通密码 – 添加
我的摘要
我是买家
已买入的物品
站外支付记录
手机充值
游戏充值
我收藏的物品
收藏的卖家店铺
竞标中的物品
未得标的物品
我的购物券
我是卖家
已卖出的物品
站外收款记录
出售中的物品
仓库里的物品
热搜精选物品
易趣助理
易趣通
图片管家
管理店铺
浏览店铺
发货管理
管理我的模版
品质购物保障计划
自定义成交信
安付通管理
安付通账户明细
安付通设定
信用评价管理
信用评价
投诉与举报
投诉与举报
站内信箱
我的站内信箱
个人设定
用户信息
地址
习惯设定
用户认证
相关链接
安付通介绍
账单常见问题
付款
易趣费用
搜索物品
公告栏
品质网购 | 关于易趣 | 易趣通下载 | 易趣助理下载 | 诚信与安全 | eBay全球网站 | 网站地图 | 热门品牌 | 热门商品 | 拼音索引 | 热门关键字 | 合作伙伴 | 帮助
网上交易保障中心
不良信息举报中心
网络110报警服务
合资公司

图 4—39 支付选择

思考与练习

简答题

1. C2C 后台主要提供哪些业务？
2. 在拍卖中底价和递加金额如何确定？
3. 商品描述在拍卖中起什么作用？
4. 系统登录日志监测有何意义？
5. 对会员进行会员管理有什么作用？
6. 目录管理有何意义？
7. 检查拍卖品的状态有何实际意义？
8. 参与竞拍应注意什么？

模块五

移动电子商务

任务 1　手机上网与手机购物

任务引入

近年来，手机的普及和移动通信技术的发展促使形成了一种新的电子商务模式——移动电子商务。

本任务要求学生：

1. 利用手机开通上网功能，并浏览常用的 WAP 网站。
2. 能够通过手机支付的方式购买网站的商品。

任务分析

开通手机上网的功能，首先要准备一台手机（目前绝大多数手机都具备上网功能），然后通过移动通信运营商开通 GPRS 服务，并且设置手机上网参数，随后即可通过手机浏览常见的 WAP 网站。

而手机购物是通过手机支付的手段来购买商品，手机购物流程的顺利进行，需要银行、移动通信运营商、商家的相互配合。用户需要在银行开立了储蓄账户（银行卡），并持有同该银行合作的移动通信运营商（目前为中国移动通信集团公司和中国联合通信有限公司，以下称为合作单位）的手机号码，之后再申请使用手机银行，将手机和银行账号捆绑在一起。用户可以登录开通手机银行的网站，自助注册手机银行，亦可到银行营业网点办理注册手续。用户到网站购物，要求收款的商家是银行的手机支付特约商户，这样用户就可以享受手机支付的方便快捷了。

相关知识

一、认识移动商务

1. 移动电子商务概念

移动商务是指对通过移动通信网络进行数据传输并且利用移动终端（手机、掌上电脑、笔记本电脑等）开展各种商业经营活动的电子商务模式。移动商务可以看做是电子商务从有线通信到无线通信、从固定地点的商务形式到随时随地的商务形式的延伸。

由于用户与移动信息终端的对应关系，通过与移动信息终端的通信可以在第一时间准确地与商业对象进行互动沟通，不受设备和网络环境的束缚。目前，移动电子商务主要是在娱乐或是短信群发的层面等进行商务活动，人们可以使用手机等移动通信设备，随时随地上网，查询信息，购买产品，预订服务，订票投保，汇款转账，既方便快捷，又节省时间。

2. 移动电子商务的特点

（1）无所不在

移动交易不受时间和地点的限制，能够实现在任何地方通过无线技术提供给用户，用户仅需拥有移动上网装置如笔记本电脑、PDA、手机等，在任何时间、地点不但可享有无线网络的相关应用，并可即时获得所需要的资讯内容。

（2）即时价值

移动电子商务可以做到随时响应工作，提高了效率，大大节省客户交易的时间。通过移动电子商务，用户可随时随地获取所需的服务、应用、信息和娱乐。他们可以在自己方便的时候，使用智能手机或 PDA 查找、选择及购买商品和各种服务以及各种方式的移动支付。如可直接转入银行、用户电话账单或者实时在专用预付账户借记，以满足不同需求。

（3）个人化服务

用户在任何地点与时间所传递的资讯，经过如数据挖掘等技术分析后，将可形成最具价值的资讯，同时亦可作为企业针对个人或整体服务的参考依据。移动电子商务能完全根据消费者的个性化需求和喜好定制，设备的选择以及提供服务与信息的方式完全由用户自己控制。

（4）基于位置响应

位置定位和跟踪是移动电子商务无线技术基础最具特色的功能，主要如 GPRS 定位系统的应用，移动电子商务还可以提供与位置相关的交易服务。

二、移动商务的支持技术

1. WAP（Wireless Application Protocol，无线应用协议）

WAP 也称手机上网协议，是手机等移动终端与互联网之间进行通信的全球开放性标准。WAP 专门针对移动终端屏幕小，内存少，上网速率低等特点而设计。通过 WAP，人们可利用手机随时随地、方便快捷地接入互联网，收发电子邮件，浏览新闻，了解交通天气信息及进行个人理财服务和手机购物等。WAP 最主要的局限在于通信线路带宽较窄，目前短消息的数据传输速率局限在 9.6 kbit/s。此外，WAP 手机只能登录专为 WAP 设计的网站，相对而言这类网站仍然较少。

2. GPRS（General Packer Radio Service 通用无线分组业务）

GPRS 是一项高速处理数据的技术。它以分组的“形式”传送数据给移动终端用户，最高速率可达 170 kbit/s，能够稳定地传送大容量的高质量音频与视频文件，并能在 3 至 6 秒内快速建立连接；由于 GPRS 基于分组交换，用户可以保持持久在线。使用 GPRS 技术按数据流量计费，手机上网省时、省力、省钱。此外，GPRS 手机还具备连接 PC 机浏览普通互联网页的功能。GPRS 技术适用于频繁传送小数据量业务或非频繁传送大数据量业务，移动办公是 GPRS 技术的主要应用领域之一。GPRS 属于向未来 3G 技术（第三代移动通信）过渡的第 2.5 代移动通信系统技术。

3. 3G（The Third Generation）

第三代移动通信技术指相对第一代模拟制式手机（IG）和第二代 GSM，TDMA 等数字手机（ZG），第三代手机，一般地讲，是指将无线通信与国际互联网等多媒体通信结合的新一代移动通信系统。它能够处理图像、音乐、视频流等多种媒体形式，提供包括网页浏览、电话会议、电子商务等多种信息服务。为了提供这种服务，无线网络必须能够支持不同的数据传输速度，也就是说在室内、室外和行车的环境中能够分别支持至少 2 Mbps、384 kbps 以及 144 kbps 的传输速度。3G 能传送大容量的影像传输流量，能实现高速率的可视通话，视频监控，高速上网等功能，使手机变成真正的多媒体终端，真正体现移动电子商务的便利性与即时性。目前中国三种主流的 3G 标准都有采纳，例如，中国联通采用选择 WCDMA，中国电信采用 CDMA2000，中国移动则采用 TD－SCDMA。

4. 移动 IP 技术（Mobile－IP）

移动 IP 通过在网络层改变 IP 协议，从而实现移动计算机在 Internet 中的无缝漫游。移动 IP 技术使得节点在从一条链路切换到另一条链路上时无须改变它的 IP 地址，也不必中断正在进行的通信。移动 IP 技术在一定程度上能够很好地支持移动电子商务的应用，例如通过无线上网，使用笔记本电脑，用户可以随时随地上网，通过 IP 技术还可以与公司的专用网相连；扩展移动 IP 技术，还可以使一个网络移动，即把移动节点改成移动网络。

5. 蓝牙（BlueTooth）

“蓝牙”（BlueTooth）是由爱立信、IBM，诺基亚、英特尔和东芝 1995 年共同推出的一项短程无线连接标准，旨在取代有线连接，实现数字设备间的无线互联，以便确保大多数常见的计算机和通信设备之间可方便地进行通信。

“蓝牙”支持 64 kb/s 实时话音传输和数据传输，传输距离为 10～100 m，其组网原则采用主从网络。作为一种低成本、低功率、小范围的无线通信技术，可以使移动电话、个人计算机、个人数字助理（PDA）、笔记本电脑、打印机及其他计算机设备在短距离内无须线缆即可进行通信，在消费电子、办公设备、计算机外设、家用电器、医疗设备、汽车等领域具有广泛的应用前景。例如，两个生意伙伴在咖啡馆见面时如何方便地交换移动终端中的商业数据；或当我们口渴时，如何便利地用手机从自动售货机上购买一瓶冰镇可乐。

6. MPS（Mobile Positioning System）移动定位技术

移动定位技术是确认手机用户地理位置的新型技术。在手机开机、网络信号无阻的情况下，用 MPS 可以了解用户所处位置并提供基于该位置的特有服务信息。例如家庭主妇可以收到当地超市每日折扣商品的信息，旅行者可查阅当地的天气预报，就近银行、特色餐馆及加油站地址等。

三、手机钱包

“手机钱包”是以手机为工具，以银行卡为依托，客户以短信、语音、K－JAVA、WAP、USSD 等形式发出操作指令，通过手机钱包服务提供商转到与手机钱包服务提供商签约的该银行卡发卡银行或中国移动等签约服务伙伴，根据客户所发的指令进行操作，为客户提供消费支付、自助转账、自助缴费、账户查询等服务。当前中国的手机钱包是由中国移动、中国银联、联动优势科技有限公司联合各大银行共同推出的一项移动电子支付通道服务。目前已在全国开通手机钱包业务的有中国民生银行、中国工商银行和上海浦东发展银行。随着客户对移动电子商务的要求的不断变化，“手机钱包”的功能也将不断扩展和加强。根据不同省份的客户需求，手机钱包在各地的应用服务也将有所不同，除了上述三家全国开通的银行外，各地区还有更多的银行已开通手机钱包。

任务实施

任务 1　开通手机上网功能

一、联系移动通信运营商开通 GPRS 服务

本任务以移动公司为例讲解 GPRS 服务开通的方法。可以通过拨打移动公司的客户服务热线“1860”按语音提示开通此项服务或到移动营业厅直接办理开通手续；还可以通过发送手机短信的形式开通移动公司提供的 GPRS 服务，见表 5—1。

表 5—1　　GPRS 套餐服务及短信定制

套餐类型	月租费用（元）	赠送的免费流量数（MB）	超过赠送流量后的费用（元/KB）	操作指令
标准资费	0	0	0.01	编辑短信“KTG0”发送至 10086
5 元套餐	5	30	0.01	编辑短信“KTG5”发送至 10086
20 元套餐	20	150	0.01	编辑短信”KTG20”发送至 10086
100 元套餐	100	2 000	0.01	编辑短信“KTG100”发送至 10086
200 元套餐	200	5 000	0.01	编辑短信“KTG200”发送至 10086

二、手机上网设置

开通 GPRS 服务后，必须对手机进行设置才能使用上网功能，以诺基亚手机为例介绍设置操作。

［第一步］通过手机主菜单选择服务（或网络）设置→连接设置→接入点，如图 5—1 所示。

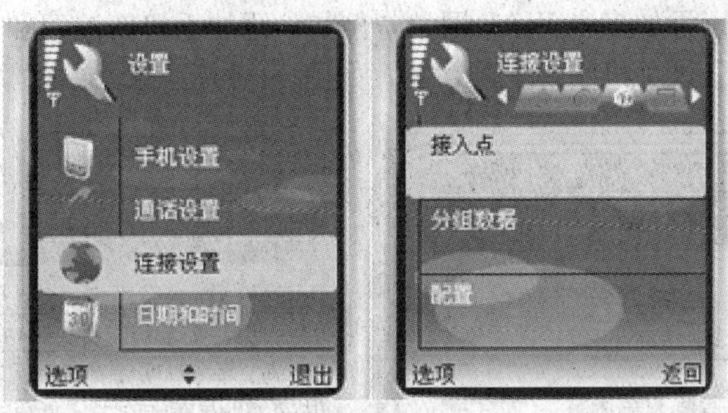

图 5—1 选择接入点

［第二步］进入接入点，单击“选项”，单击“新增接入点”，选择“使用默认设置”，如图 5—2 所示。

［第三步］自定义连接名称，例如，设为“中国移动 GPRS”，设置数据承载方式为 GPRS（或分组数据默认），设置接入点名称为 cmwap，如图 5—3 所示。

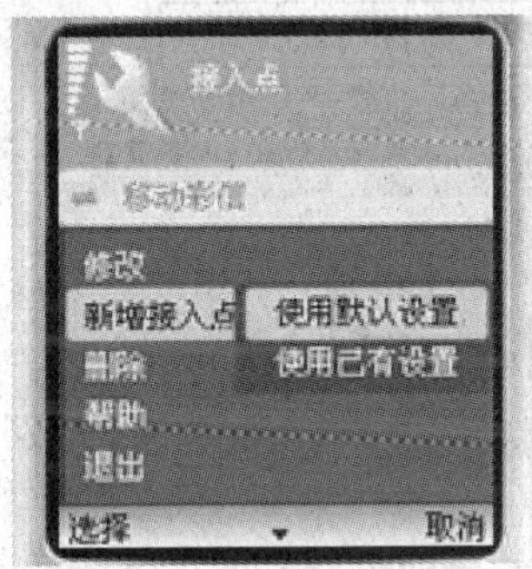

图 5—2 新增接入点

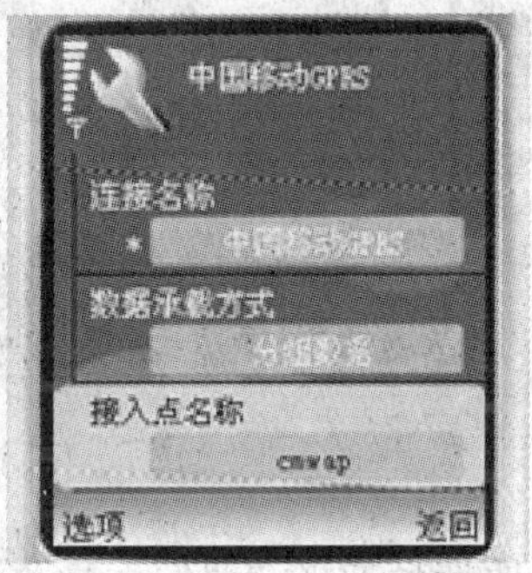

图 5—3 设置自定义连接及参数

［第四步］用户名密码为空，鉴定设为普通，并设置主页为 http：//wap. monternet. com/，如图 5—4 所示。

［第五步］进行代理服务器设置，由于本任务采用中国移动公司的服务，其代理服务器地址为 10.0.0.172，端口设置为 80，如图 5—5 所示。

图 5—4 设置主页

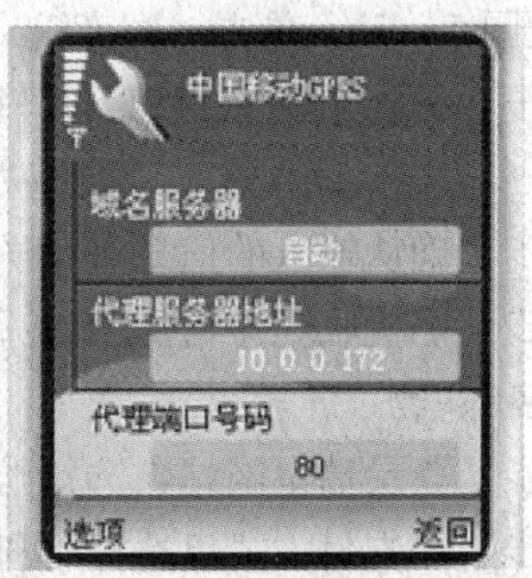

图 5—5 设置代理服务器及端口

通过上述操作可以添加多个 WAP 网站，例如，添加手机新浪网和 WAP 门户网，在添加设置完毕后就可以通过手机实现上网功能，如图 5—6 所示。

图 5—6　通过手机浏览常见的 WAP 网站

说明：所选择的移动通信运营商不同，其开通服务方式和资费标准也不同；且目前手机型号较多，不同的机型都有不同的设置方式，但是其主要参数的设定可以参考上述步骤进行操作。

任务 2　利用手机支付的方式购物

一、申请手机钱包

［第一步］登录银行网站，进入“手机银行自助注册”页面，阅读手机银行（短信）业务须知（见图 5—7），单击“同意”。

［第二步］按提示输入注册卡号码、手机号码、证件号码等信息（见图 5—8），单击“提交”。

［第三步］确认输入的信息（见图 5—9）。

［第四步］手机收到短信提示，手机银行注册成功。

二、手机购物

［第一步］登录瑞星网站，选择购买的软件后（见图 5—10），单击“购买”按钮。

［第二步］在支付方式里选择手机短信购买（见图 5—11）。

［第三步］编辑短信“02”发送到 1065800883011（见图 5—12）。

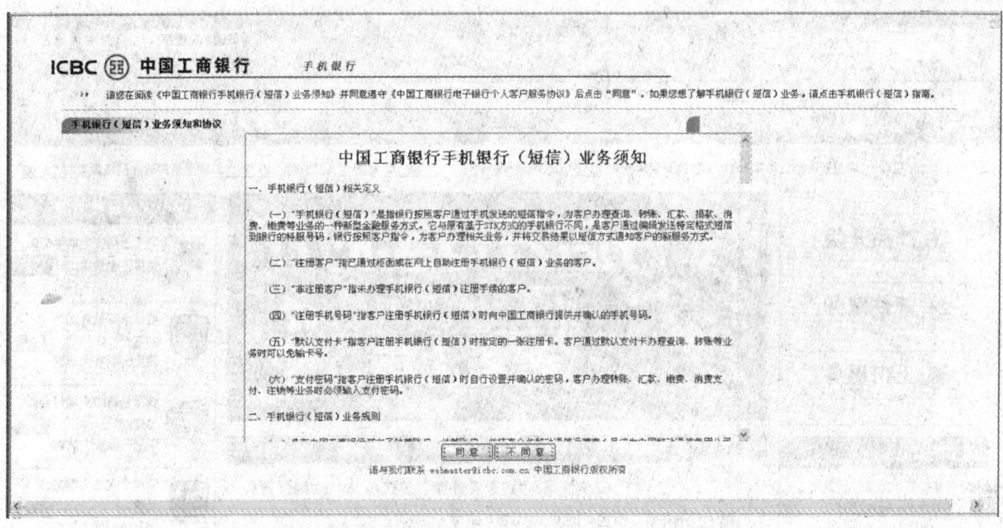

中国工商银行手机银行（短信）业务须知

一、手机银行（短信）相关定义

（一）"手机银行（短信）"是指银行按照客户通过手机发送的短信指令，为客户办理查询、转账、汇款、捐款、消费、缴费等业务的一种新型金融服务方式。它与原有基于STK方式的手机银行不同，是客户通过编辑发送特定格式短信到银行的特服号码，银行按照客户指令，为客户办理相关业务，并将交易结果以短信方式通知客户的新服务方式。

（二）"注册客户"指已通过柜面或在网上自助注册手机银行（短信）业务的客户。

（三）"非注册客户"指未办理手机银行（短信）注册手续的客户。

（四）"注册手机号码"指客户注册手机银行（短信）时向中国工商银行提供并确认的手机号码。

（五）"默认支付卡"指客户注册手机银行（短信）时指定的一张注册卡。客户通过默认支付卡办理查询、转账等业务时可以免输卡号。

（六）"支付密码"指客户注册手机银行（短信）时自行设置并确认的密码，客户办理转账、汇款、缴费、消费支付、注销等业务时必须输入支付密码。

二、手机银行（短信）业务规则

图 5—7　阅读手机银行（短信）业务须知

图 5—8　输入注册所需信息

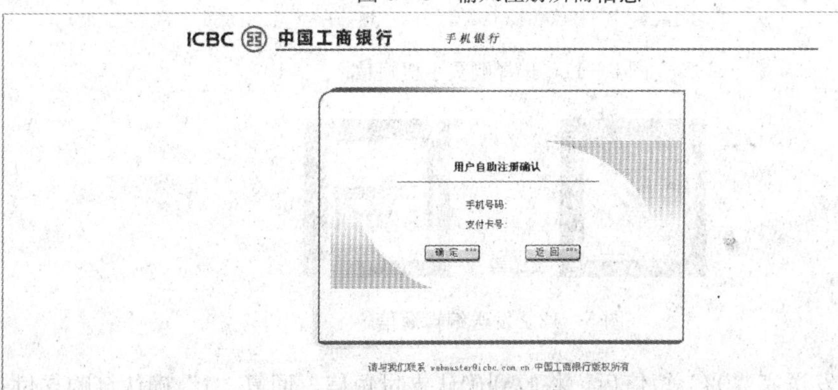

图 5—9　确认输入的信息

图 5—10　购买

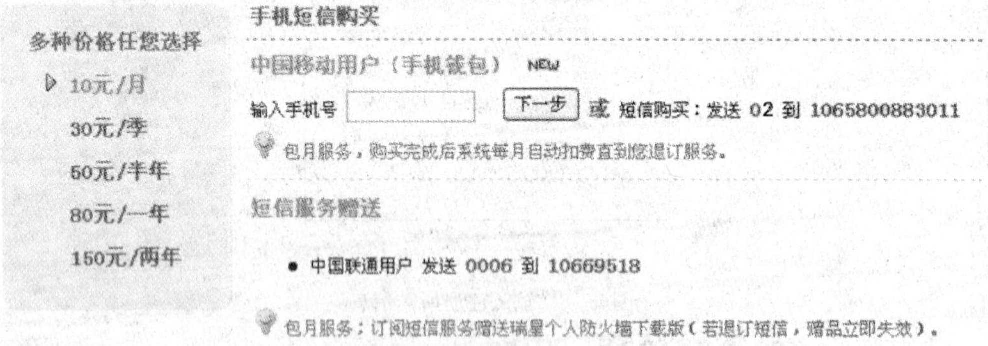

图 5—11　选择购买手机短信

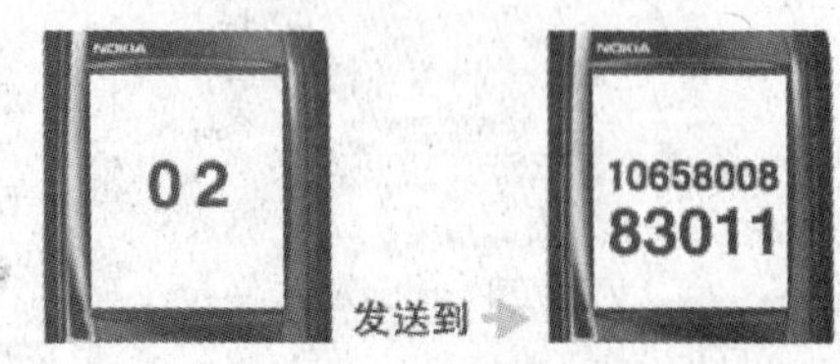

图 5—12　发送编辑短信

［第四步］在发送完“02”短信后，将收到确认支付短信，回复“1”确认订购支付；如果退货，则不需要回复“1”就会立即退订（见图 5—13）。

图 5—13　确认订购支付

[第五步] 回复“1”确认订购支付后，将收到一或两条产品信息的短信（见图 5—14）。

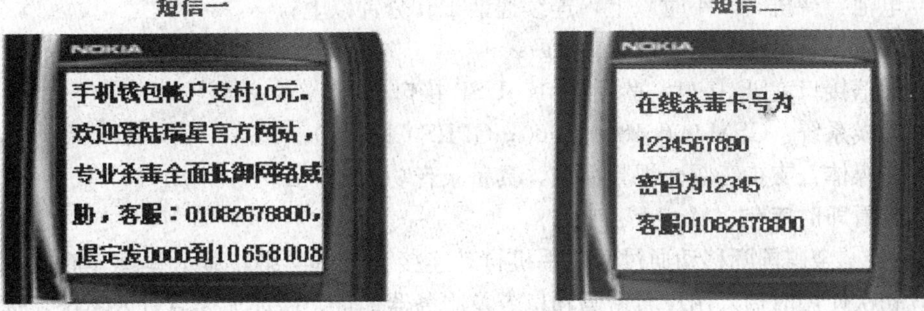

图 5—14　支付通知

任务 2　企业实施移动商务

任务引入

本任务通过智能商务手机、PDA（掌上电脑）等随时随地查看企业内部的财务系统的数据，例如在外地出差随时查看库存情况、销售情况、回款情况等。

任务分析

工作人员通过移动终端实时与企业内部信息系统进行交互，需要移动用户端（安装特定软件）、移动运营商、移动服务平台三方面的配合才能搭建出完整的企业移动商务过程。

本任务中，移动用户端安装了金蝶软件，移动服务平台由企业之外的第三方提供。

任务实施

本任务采用金蝶国际移动商务参谋长软件，要求移动终端（智能手机）满足如下要求：

1. 软件环境

（1）Windows Mobile PocketPc 2002/2003/2005；

（2）Windows Mobile SmartPhone。

2. 硬件环境

（1）处理器：400 MHz 以上；

（2）存储器：30 M 以上自由存储器空间，并支持扩展；

（3）液晶屏：65536 色 2.8 吋 TFT 彩屏（可触控、320 像素×240 像素）；

（4）照相机：130 万像素以上数码相机（可摄像）；

（5）电池：待机 100 小时以上，连续通话 180 分钟以上；

（6）重量：含电池整机重量<170 g；

（7）通信接口：SD 接口，蓝牙接口，USB 接口；

（8）无线系统：GSM 900/1800/1900；GPRS Class 10；

（9）多媒体：支持音频、视频播放，具备录音功能。

一、查看即时库存

［第一步］金碟国际移动通过智能手机自动连接 GPRS 网络，显示登录界面，按确定按钮登录，初次使用时输入用户名密码和口令及服务器地址，验证无误后进入系统，选择仓库管理，如图 5—15 所示。

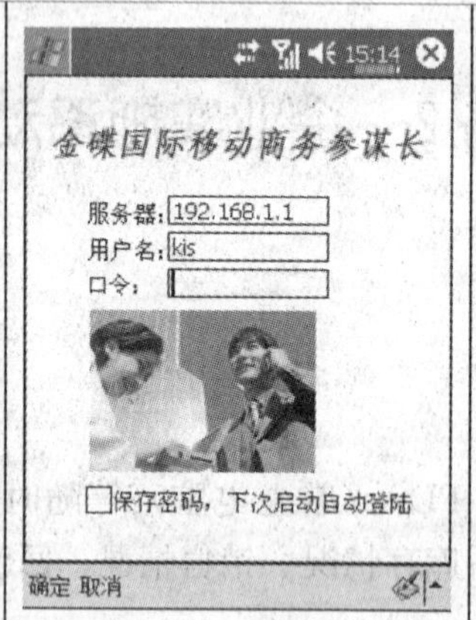

图 5—15　通过智能手机登录企业系统

［第二步］查看即时库存，在主菜单中选择“即时库存查询”后，输入商品的名称单击“提交”，即可查看当前库存、产品销售出库情况（见图 5—16）。

二、查看采购情况

登录后进入主菜单，选择“采购管理”→“采购入库汇总”即显示按时间排列的数量汇总、金额汇总情况（见图 5—17）。

三、查询合作伙伴的应收款情况（见图 5—18）

进入主菜单选择“应收账款”，输入合作伙伴的名称，系统则显示有针对的应收总金额。

图 5—16　查看即时库存

图 5—17　按时间排列的数量汇总、金额汇总情况

图 5—18　查询合作伙伴的应收款情况

四、查看资金动态、销售订单汇总情况（见图 5—19）

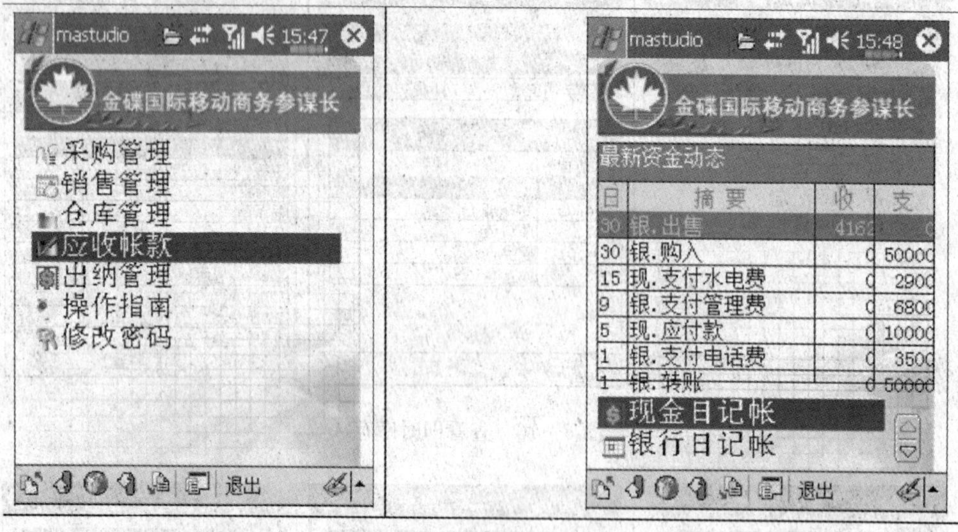

图 5—19 查看资金动态、销售订单汇总情况

思考与练习

一、选择题

1. 以下哪个不属于移动终端设备（　　）。

A. 手机

B. 掌上电脑

C. 笔记本电脑

D. 台式机

2. 关于 WAP 的解释正确的是（　　）。

A. 手机上网协议，是手机等移动终端与互联网之间进行通信的全球开放性标准

B. 支持宽带多媒体数据

C. 可以实现连接 PC 机浏览普通互联网页的功能

D. 可以了解用户所处位置并提供基于该位置的特有服务信息

3. 关于 GPRS 的解释正确的是（　　）。

A. 手机上网协议，是手机等移动终端与互联网之间进行通信的全球开放性标准

B. 支持宽带多媒体数据

C. 可以实现连接 PC 机浏览普通互联网页的功能

D. 可以了解用户所处位置并提供基于该位置的特有服务信息

4. 关于 3G 的解释正确的是（　　）。

A. 手机上网协议，是手机等移动终端与互联网之间进行通信的全球开放性标准

B. 支持宽带多媒体数据

C. 可以实现连接 PC 机浏览普通互联网页的功能

D. 可以了解用户所处位置并提供基于该位置的特有服务信息

5. 关于 MPS 的解释正确的是（　　）。

A. 手机上网协议，是手机等移动终端与互联网之间进行通信的全球开放性标准

B. 支持宽带多媒体数据

C. 可以实现连接 PC 机浏览普通互联网页的功能

D. 可以了解用户所处位置并提供基于该位置的特有服务信息

6. 移动电子商务的优点是（　　）。

A. 移动环境下交易时间和地点自由

B. 移动终端用户身份固定，易于提供个性化服务

C. 可根据用户移动过程中的位置，提供基于位置的交易服务

D. 设备熟悉易用

7. 以下对移动商街（http：//hapigo.cn）的描述正确的是（　　）。

A. 一个 B2C 电子商务网站

B. 一个移动商务平台

C. 商户可以通过移动商街发布信息

D. 用户可以通过手机短信查询和接收信息

8. 移动商务的服务内容可以是（　　）。

A. 文本内容

B. 音频内容

C. 图片内容

D. 视频内容

9. 手机可以接收的图片文件可以是（　　）格式。

A. bmp 或 gif 格式

B. wav 或 rm 格式

C. bmp 或 wav 格式

D. gif 或 rm 格式

二、思考题

1. 使用移动支付的服务需要哪些准备？

2. 什么是手机钱包？如何给手机钱包充值？

3. 移动商务的支持技术有哪些？

三、实践题

1. 登录掌商网（http：//www.zs91.com/）回答以下问题：

（1）掌商网的客户有什么特点？

（2）掌商网通过哪些方式为客户提供服务？

（3）掌商网提供哪些服务？

2. 登录移动支付门户网站（http：//www.umpay.com/）回答以下问题：

（1）可以帮助商户实现哪些业务的移动支付？

（2）商户如何获得手机钱包？

（3）缴费用户如何获得手机钱包？

3. 实训题目，利用手机完成收款业务。

［第一步］合作商户需具有有效的营业执照及国家规定的相关证照，经营的业务符合国家法律、法规及相关部门的规定，合作项目适合于使用“手机钱包”进行资金划转。

［第二步］在网站上下载“手机钱包业务合作申请”表，填写后发送到 partner@umpay.com，移动支付平台会主动与申请商户联系（见图 5—20）。

图 5—20 手机钱包业务合作申请

［第三步］加入手机钱包合作商户后，移动支付平台会与您在进行业务、技术等方面的交流，确定系统连接、结算、交易流程等各方面的工作。

［第四步］签署合作协议等相关合作文件。

［第五步］技术开发、联调、测试系统测试。

［第六步］进行生产系统业务测试，向移动通信公司提供测试报告申请开通业务。

［第七步］业务开通。

模块六

EDI 标准与国际电子商务应用

任务1　将企业单证制成 EDI 标准报文

任务引入

企业工作人员将订购单制成 EDI 标准报文，并将报文发送到贸易伙伴的计算机中。

任务分析

订购单是企业众多单证中的一种，属于企业格式的商业文件，在国际贸易中规定贸易伙伴间的文件必须制成 EDI 标准报文才能受理。从企业单证到 EDI 标准报文中间要经过平面文件，即将企业单证转换成平面文件，再将平面文件翻译成 EDI 标准报文，此过程需在 EDI 系统中进行。

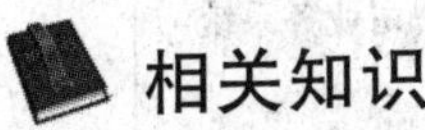

相关知识

一、EDI 的基本知识

EDI 是Electronic Data Interchange 的缩写，中文一般译为“电子数据交换”，有时也称为“无纸贸易”。国际标准化组织将 EDI 定义为一种电子传输方法，使用这种方法，首先将商业或行政事务处理中的报文数据按照一个公认的标准，形成结构化事务处理的报文数据格式，进而将这些结构化的报文数据经由网络，从一台计算机传输到另一台计算机。

EDI是计算机到计算机之间的结构化的事务数据交换，是通过电子方式，采用约定的报文标准编排有关商务数据，从一台计算机向另一台计算机进行结构化事务数据的传输。它是按照协议对具有一定结构特征的标准信息，经数据通信网络，在计算机系统之间进行交换和自动处理。即用户根据国际通用的标准格式编制报文，以机器可读方式将结构化的信息按照协议将标准化文件通过通信网络传送。报文接收者按国际统一规定的语法规则，对报文进行处理，通过信息管理系统和作业管理的支持系统，完成综合的自动交换和处理，这个过程无须人为干涉。

二、EDI标准

EDI标准是国际社会共同制定的一种用于书写商务报文的规范和标准协议，用于将信息结构化地表达出来，以使得计算机相互理解。制定这个标准的主要目的是消除各国语言、商务规定以及表达与理解上的歧义性，为国际贸易实务操作中的各类单证数据交换搭起一座电子数据通信的桥梁。目前国际上存在两大标准体系：EDIFACT与ANSI X. 12。目前欧洲使用EDIFACT标准，北美使用ANSI X. 12标准，亚太地区使用EDI标准主要是EDIFACT。EDIFACT标准包括语法规则、报文设计指南、语法应用指南、数据表目录、代码表、复合数据表目录、段目录、标准报文格式、贸易数据交换格式构成总览、适当的说明解释等。

一份公司格式的商业单据必须转换成一份EDI标准报文才能进行信息交换，其转换步骤为：

（1）将公司格式的商业单据转换成平面文件；

（2）将平面文件翻译成EDI标准报文。

三、EDI的应用

1. EDI系统的应用（见图6—1）

EDI首先用于运输业，包括海运、汽车运输、空运和铁路运输以及相关的发货人、代理

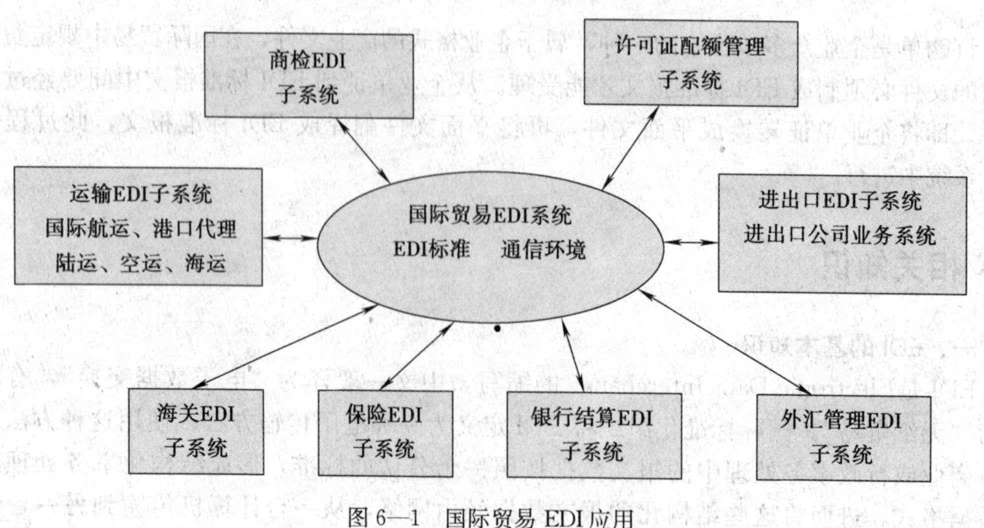

图6—1　国际贸易EDI应用

人、客户、运输商和银行之间的通信。作为电子商业贸易的一种工具，EDI 将商业文件如订单、发票、货运单、报关单等按统一的标准，编制成计算机能够识别和处理的数据格式，在计算机之间进行传输，应用于国际贸易的各个工作环节中。

2. EDI 条件下订购商品的过程

（1）业务人员通过订货系统输入一份订单，存入其系统的数据库中；

（2）订货系统中的转换模块从系统数据库里抽取这份订单，将其映像生成订单平面文件；

（3）通过 EDI 翻译程序将订单平面文件翻译成 EDI 报文；

（4）通过通信程序将订单 EDI 报文发送到工厂的 EDI 信箱中；

（5）工厂业务人员通过通信程序将订单 EDI 报文从自己的 EDI 信箱中接收下来；

（6）由 EDI 翻译程序将订单 EDI 报文翻译成订单平面文件；

（7）通过销售系统中的转换模块将订单平面文件转换到系统数据库里；

（8）业务人员使用销售系统对这份订单进行自动或人工处理。

任务实施

一、企业在 EDI 应用系统中基本信息的建立

［第一步］企业在注册电子账户、申领 CA 证书后，通过输入应用系统的地址后才能登录 EDI 应用系统，选择模块目录中的“贸易伙伴管理”，添加新的贸易伙伴资料后，单击“保存”（见图 6—2）。

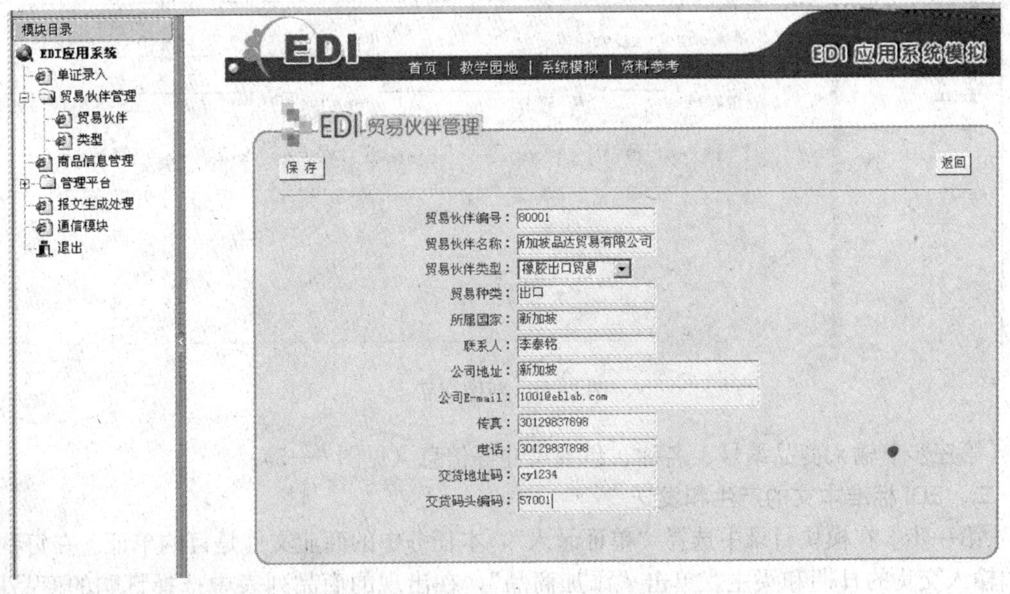

图 6—2　贸易伙伴信息输入

单击“保存”按钮后，可以看到输入的贸易伙伴信息已经出现在贸易伙伴列表中了（见图 6—3）。

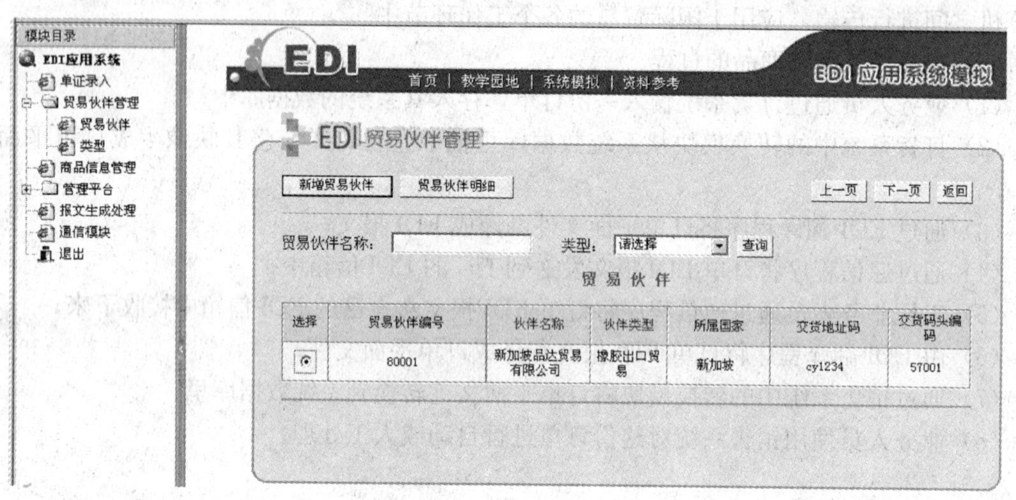

图 6—3　贸易伙伴信息表

［第二步］选择模块目录的“商品信息管理”（见图 6—4），单击“新增商品”按钮。

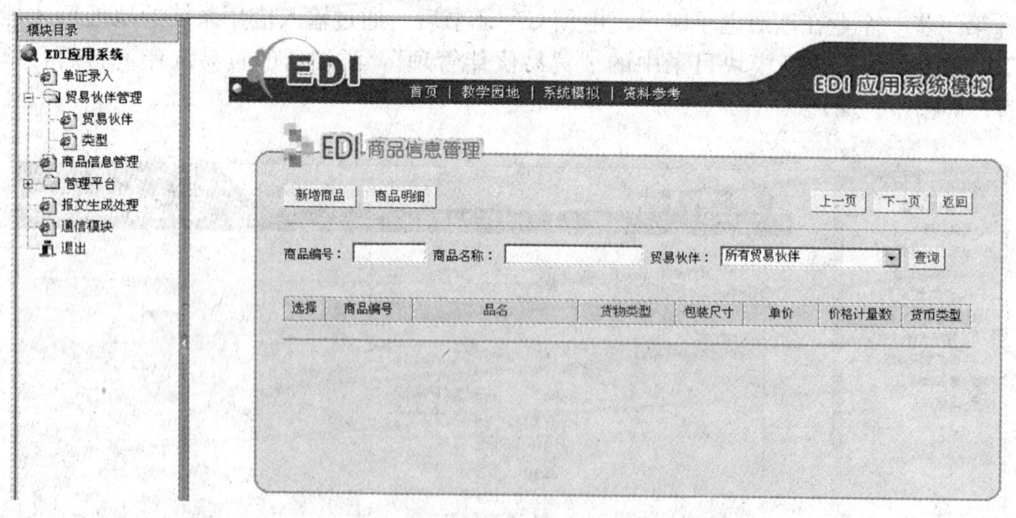

图 6—4　新增商品

［第三步］输入商品编号、名称、包装尺寸等信息（见图 6—5）。

二、EDI 标准本文的产生和发送

［第一步］在模块目录中选择“单证录入”，本任务中的商业文件是订购单证。在订购单证中输入交货的日期和买主，单击“添加商品”，在出现的商品列表中选择订购的商品后，单击“保存订单”（见图 6—6）。

［第二步］可以看到制好的订购单出现在订购单管理列表中（见图 6—7）。

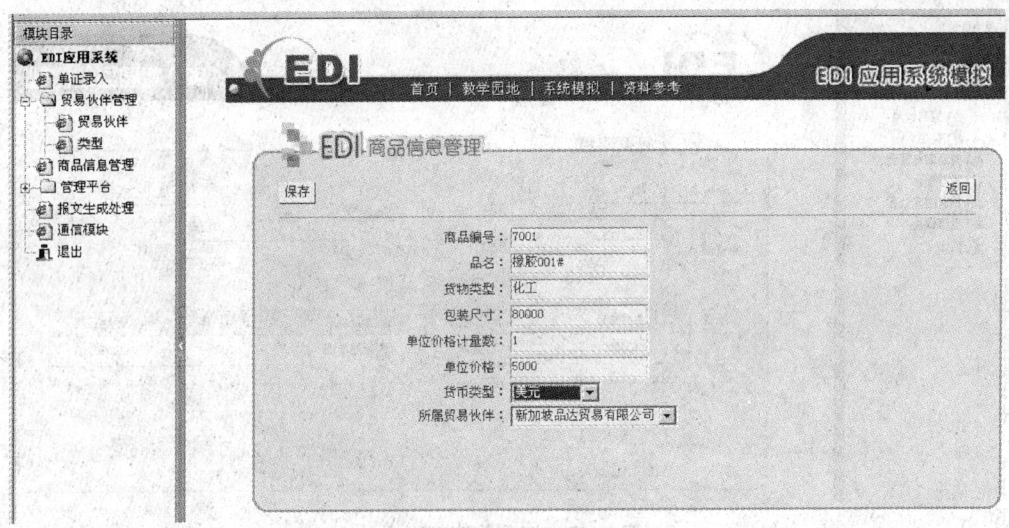

图 6—5　输入商品信息

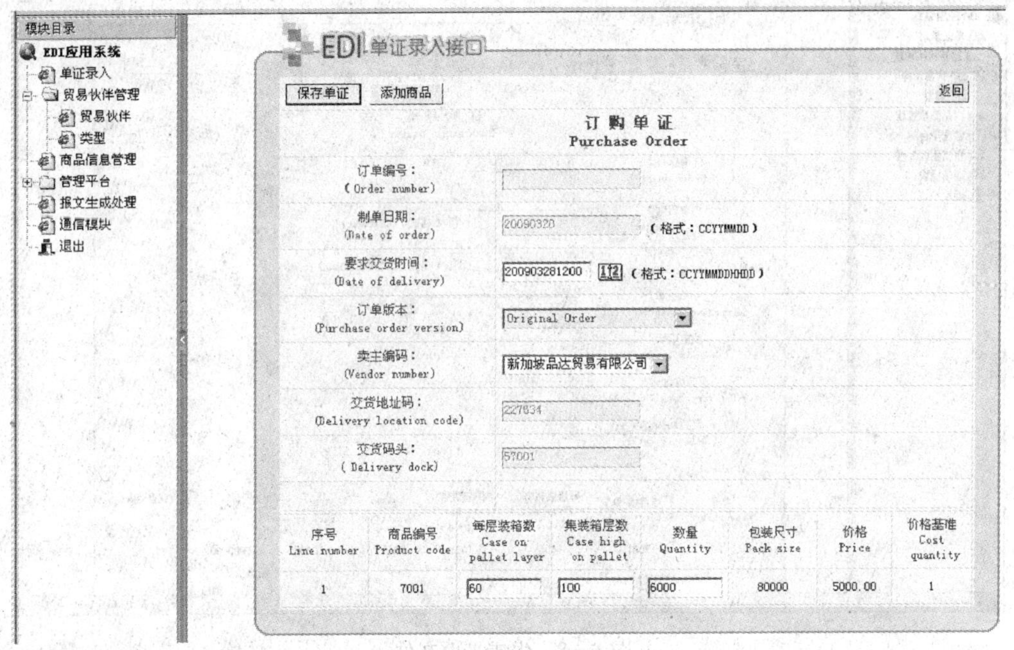

图 6—6　选择订购的商品，保存订单

［第三步］选择模块目录中的“报文生成处理”，将商业格式的订购单生成平面文件，单击“生成平面文件”，为生成 EDI 标准报文做铺垫（见图 6—8）。

［第四步］可以看到根据步骤一中制好的订购单生成的平面文件，再根据期生成的平面文件生成 EDI 标准报文（见图 6—9），单击“生成 EDI 报文”。

［第五步］在模块目录中选择“通信模块”，将 EDI 标准报文发送出去，单击“发送”，

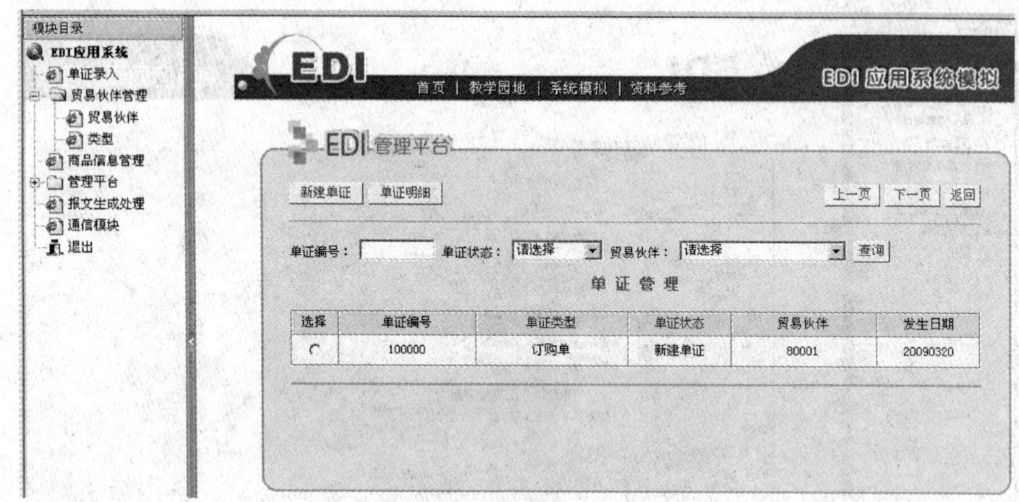

图 6—7　订购单管理列表

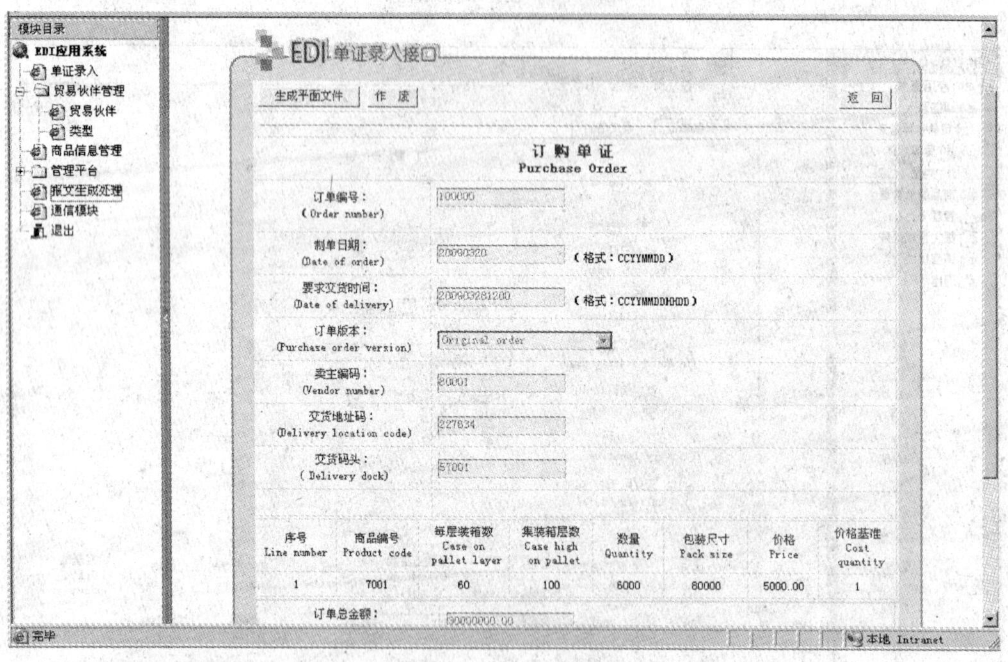

图 6—8　生成平面文件

则系统将根据报文中的贸易伙伴的地址发给对方（见图 6—10）。

［第六步］报文正在传输的进度（见图 6—11）。

［第七步］EDI 应用系统提示传输完毕，单击“确定”，系统提示发送报文操作成功（见图 6—12）。

［第八步］在模块目录中的“回执管理”中，可以看到 EDI 报文的回执情况，本任务显示已经将报文发送到指定的贸易伙伴的计算机上（见图 6—13）。

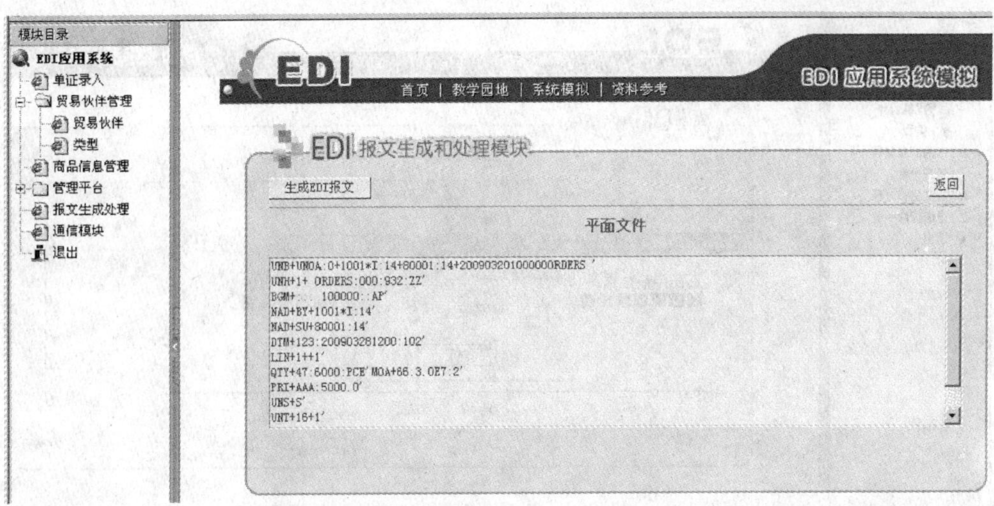

图 6—9 生成 EDI 标准报文

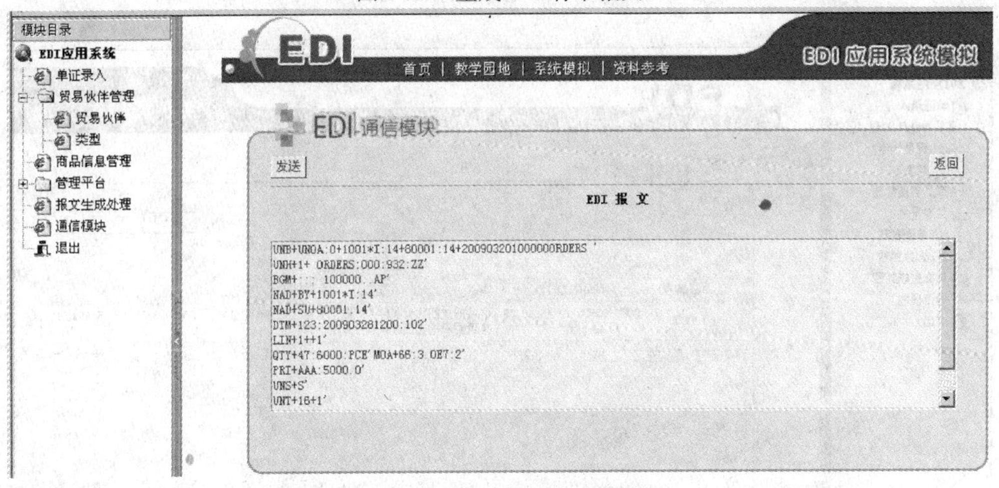

图 6—10 EDI 标准报文发送

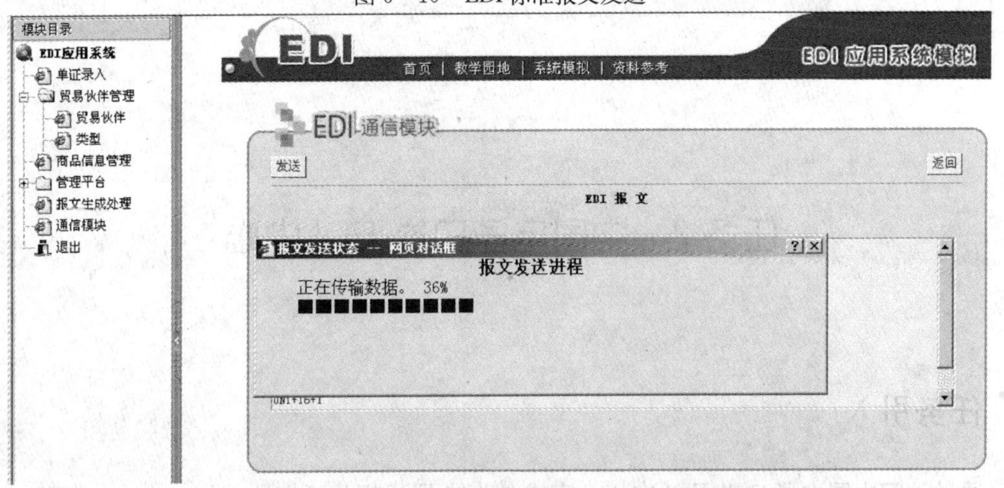

图 6—11 报文传输的进度

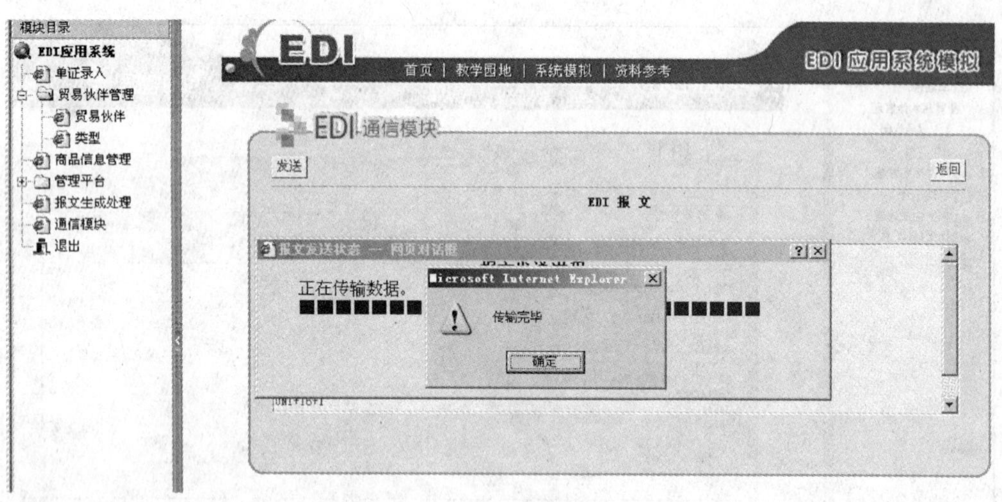

图 6—12　报文操作成功

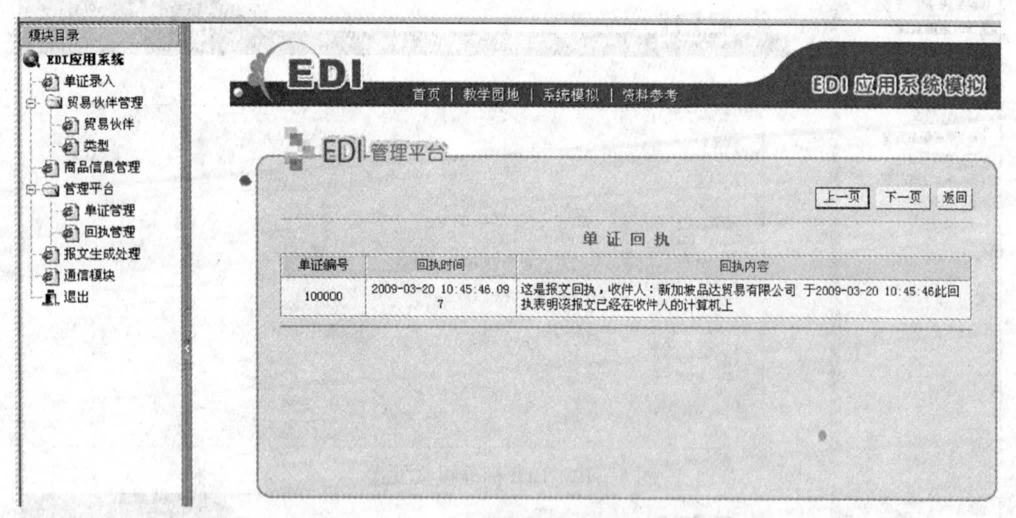

图 6—13　EDI 报文的回执

任务 2　中国电子口岸 EDI 中心

任务引入

通过访问中国电子口岸 EDI 中心，完成企业的 EDI 相关工作。

任务分析

1. 申请成为电子口岸用户。面对众多的国内外企业，凡经工商、税务部门批准持有有效的《企业法人营业执照》或《企业营业执照》以及《税务登记证》或《外商投资企业税务登记证》的企业都能够成为中国电子口岸的用户。

2. 硬件要求：可以连接互联网的计算机，中国电子口岸企业 IC 卡及 IC 卡读卡器。

相关知识

一、中国电子口岸

中国电子口岸是国家进出口统一信息平台，是国务院有关部委将分别掌管的进出口业务信息流、资金流、货物流、电子底账数据集中存放的口岸公共数据中心，为各行政管理部门提供跨部门、跨行业的行政执法数据联网核查，并为企业提供与行政管理部门及中介服务机构联网办理进出口业务的门户网站。目前，中国电子口岸已经与海关、国检、国税、外管等执法部门联网，提供了海关报关、加工贸易、外汇核销单、出口退税等业务功能，并有报关单申报业务、ATA 单证册业务、舱单申报业务、减免税系统、出口收汇系统、进口付汇等 EDI 系统。中国电子口岸目前主要开发全国统一的执法功能和网上备案、数据报送企业办事业务。

二、中国电子口岸业务功能

1. 自理报关

自理报关企业进行网上录入、申报、查询、打印报关单，以及网上查询海关回执等操作。自理报关业务过程包括：

（1）自理报关单位录入业务流程

自理报关单位持“报关单录入”权操作员卡的操作员进入中国电子口岸“报关单录入”界面，可先下载本企业征免税证明、加工贸易手册或加工区备案清单后，脱机录入报关单数据（数据暂存在本地数据库）；录入并提交后将录入的报关单数据信息上传到数据中心，进入自理报关审核申报业务流程。

（2）自理报关审核申报业务流程

自理报关单位持“报关单审核申报”权操作员卡的操作员进入中国电子口岸的“报关单审核申报”界面，对报关单的逻辑性、填报的规范性进行审核，确保报关单可以向海关进行申报。若审核不通过，则需要将报关单下载本地进行修改，修改后的报关单需重新上载到数据中心，并且需要重新进行审核。审核通过后进入自理报关申报确认业务流程。

（3）自理报关申报确认业务流程

自理报关单位持“报关单申报确认”权操作员卡的企业管理人员进入中国电子口岸“报关单申报确认”界面，对报关单进行确认申报操作，经“申报确认”后的报关单通过公共数据中心传海关内部网。如果申报确认时认为报关单的填制不符合逻辑，需要将报关单数据下载到本地进行修改，修改完毕之后需要将数据重新上传到数据中心，并且重新进行审核和申报确认。自理报关单位打印出经海关审核通过的报关单，并携带其他单证去海关办理其他通关手续。

2. 委托报关

受理委托报关的单位有专门从事报关服务的企业，即专业报关企业；对外贸易仓储、国际运输工具、国际运输工具服务及代理等业务，兼营报关服务业务的企业，即代理报关企业。受理委托报关的单位代理办理的报关手续包括：报关单录入时的备案数据下载协议、报关单审核委托书、报关单申报委托书或报关单审核申报和申报确认委托书，并向海关出具委托单位的报关委托书。

报关单录入＼申报子系统提供进出口单位通过网上填写申报委托书或者备案数据下载协议，委托有权代理报关业务的单位代其办理某项报关业务，例如：报关单录入、报关单审核、报关单申报或报关单审核和申报。有权进行代理报关业务的单位可在网上接受并确认委托单位的报关委托申请，并在备案数据下载协议和报关委托书的授权范围内代理委托单位网上办理相应的报关业务。委托报关网上业务流程如下：

（1）代理报关单录入业务流程

代理报关单位持“报关单录入权”操作员卡的操作员进入中国电子口岸“报关单录入”界面，在备案数据下载协议的授权范围内下载本委托单位的征免税证明、加工贸易手册或加工区备案清单后，脱机录入报关单数据（数据暂存在本地数据库）；录入并提交后将录入的报关单数据信息上载到数据中心。

（2）代理报关审核申报业务流程

代理报关单位持“报关单审核申报”权操作员卡的操作员进入中国电子口岸的“报关单审核申报”界面，对报关单的逻辑性、填报的规范性进行审核，确保报关单可以向海关进行申报。则需要将报关单下载本地进行修改，修改后的报关单需重新上传到数据中心，并且需要重新进行审核。审核通过后进入自理报关申报确认业务流程。

（3）代理报关申报确认业务流程

代理报关单位持具“报关单申报确认”权操作员卡的企业管理人员进入中国电子口岸“报关单申报确认”界面，对报关单进行确认申报操作，经“申报确认”后的报关单通过公共数据中心传到海关内部网。如果申报确认时认为报关单的填制不符合逻辑，需要将报关单数据下载到本地进行修改，修改完毕之后需要将数据重新上传到数据中心，并且重新进行审核和申报确认。代理报关单位打印出经海关审核通过的报关单，并携带其他单证去海关办理其他通关手续。

3. 转关运输提前录入、申报业务

报关单录入、申报子系统提供自理报关企业、专业报关企业、代理报关企业网上办理所需的转关运输提前录入、申报业务，但代理报关企业、专业报关企业应用该系统进行转关运输报关单、转关运输申报单的提前录入、申报时，必须事先通过本系统与委托方签订委托报关协议。

网上转关运输录入、申报业务流程，自理报关企业转关运输录入、申报网上业务流程，与网上自理报关业务流程类同；代理报关企业转关运输录入、申报网上业务流程，与委托报关业务网上流程类同。

4. 报关单清单录入申报业务

报关单清单录入/申报子系统提供给 IT 企业或其他需要报关单清单业务的企业，其主要功能包括：报关单清单录入、申报；报关单清单的综合查询；海关回执的查询等。

网上报关单清单业务流程：报关单清单单位的录入员进入中国电子口岸“报关清单”页面，下载备案数据后，脱机录入报关单清单，录入完毕，将所录的报关单清单数据信息上载到数据中心；报关单清单单位的操作员持有操作员卡进入中国电子口岸“报关清单”页面，查询所上载报关单清单的回执信息。如该报关单清单回执状态为已通过，则下载已通过的报关单清单，以进行报关单的操作。

任务实施

[第一步] 首先进入 Windows 操作系统，将操作员 IC 卡插入，连接在计算机上的 IC 卡读卡器中。然后在 Windows 画面上双击 IE 浏览器的图标，在地址栏内输入 http：//www. chinaport. gov. cn/，进入中国电子口岸主页（见图 6—14）。

图 6—14 中国电子口岸主页

[第二步] 单击企业用户登录界面栏目，进入以下界面（见图 6—15）。

[第三步] 进入“中国电子口岸”主页，正确输入操作员的密码，单击确认，进入“中国电子口岸”主页面（见图 6—16）。

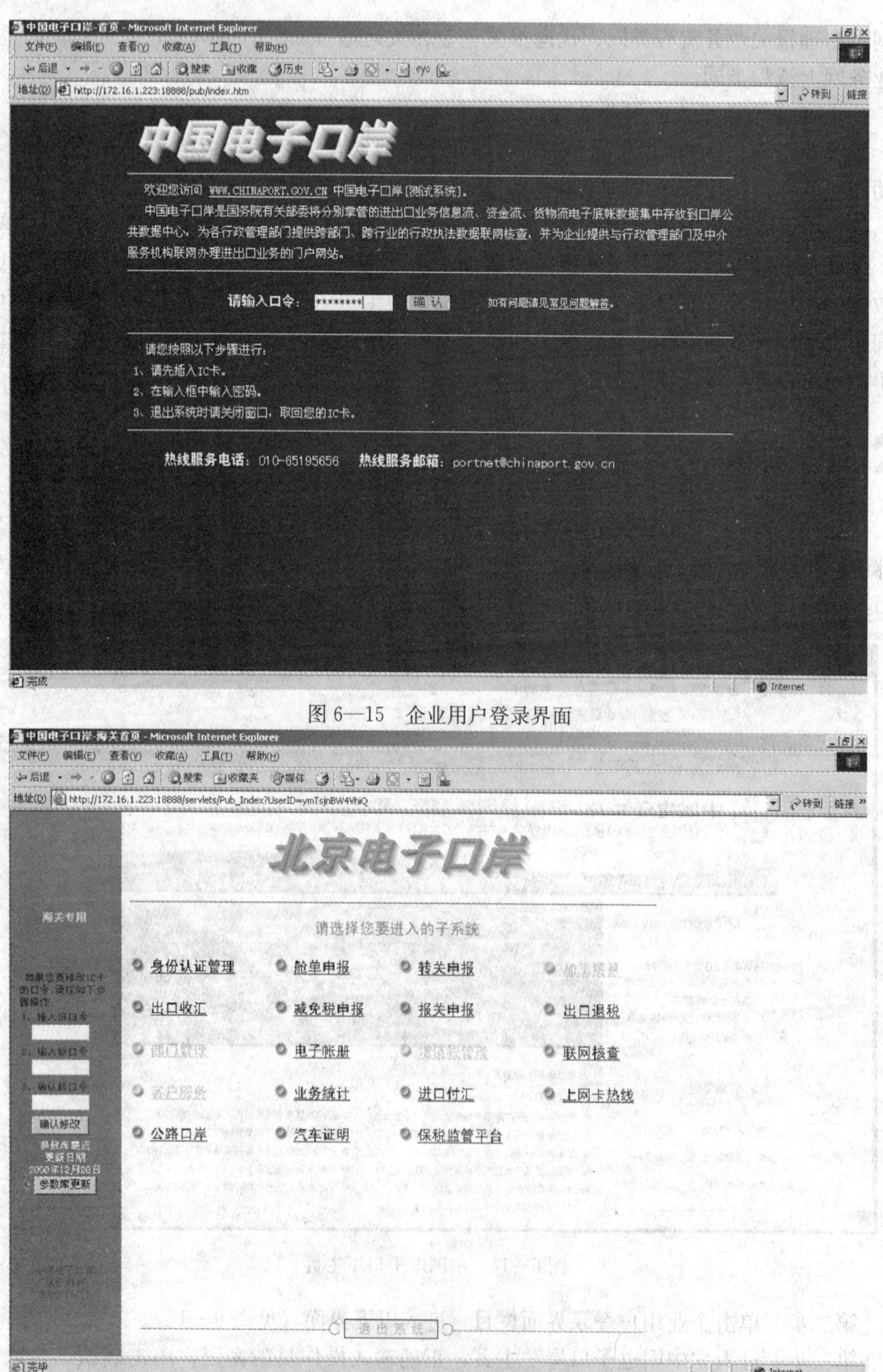

图 6—15　企业用户登录界面

图 6—16　登录中国电子口岸 EDI 系统

[第四步] 单击出口收汇，进入"报关申报"系统页面：在整个使用过程中，IC 卡都需插入读卡器中。本系统根据 IC 卡的信息进行操作员身份认证，并将经操作员处理的数据进行自动电子签名、加密（见图 6—17）。

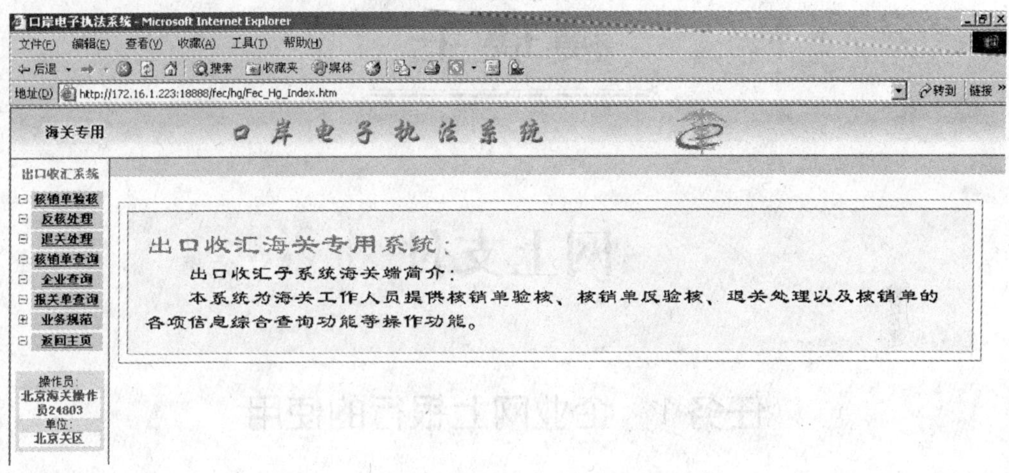

图 6—17　报关申报

思考与练习

一、思考题

1. 简述 EDI 与现今电子商务的区别。
2. 简述 EDI 系统实现标准报文转换的过程。
3. 平面文件的作用是什么？
4. 简述 EDI 的优点。

二、操作训练

访问中国电子口岸 www. chinaport. gov. cn、广州电子口岸 www. gzeport. gov. cn，调查了解：

1. 电子口岸可以完成哪些业务？
2. 使用电子口岸的一方如何登录电子口岸？
3. 电子口岸有哪些安全措施？

模块七

网上支付

任务1　企业网上银行的使用

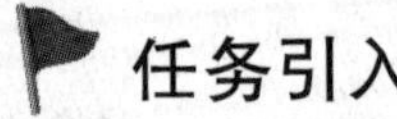

任务引入

采购商向供应商下订单，通过网上银行向供应商结算，供应商通过网上银行查询采购商的付款是否到账，供应商通过网上银行向物流提供商转账以支付运费，物流提供商查看运费到账后按照供应商的要求给采购商发货。本任务要求交易各方使用网上银行进付款和转账。

任务分析

一个完整的商务交易通常涉及四方，即采购商、供应商、物流提供商和银行，其中，银行是交易各方重要的中介方。本任务实施的首先是要求交易三方都开有各自的网上银行，凭银行发放的数字证书登录企业网络银行；其次是根据交易中资金的流转方向，由采购商向供应商付款，供应商向物流提供商支付运费，采购商通过网上支付的方式付款，供应商通过网上银行转账的方式给物流提供商付运费。最后是交易各方通过网上银行查询应收应付款项。

相关知识

一、网上银行

网上银行又称网络银行、在线银行，是指银行利用 Internet 技术，通过 Internet 向客户提供开户、销户、查询、对账、行内转账、跨行转账、信贷、网上证券、投资理财等传统服务项目，使客户可以足不出户就能够安全便捷地管理活期和定期存款、支票、信用卡及个人投资等。可以说，网上银行是在Internet上的虚拟银行柜台。

二、网上银行的种类

网上银行的模式有两种，一是完全依赖于互联网的无形的电子银行，也叫“虚拟银行”，是指没有实际的物理柜台作为支持的网上银行，这种网上银行一般只有一个办公地址，没有分支机构，也没有营业网点，采用互联网等高科技服务手段与客户建立密切的联系，提供全方位的金融服务。以美国安全第一网上银行为例，其成立于1995年10月，是在美国成立的第一家无营业网点的虚拟网上银行，它的营业厅就是网页页面，当时银行的员工只有19人，主要的工作就是对网络的维护和管理。

另一种是在现有传统银行的基础上，利用互联网开展传统的银行业务交易服务，即传统银行利用互联网作为新的服务手段为客户提供在线服务，实际上是传统银行服务在互联网上的延伸，这是目前网上银行存在的主要形式，也是绝大多数商业银行采取的网上银行发展模式。因此，事实上，我国还没有出现真正意义上的网上银行，也就是“虚拟银行”，现在国内的网上银行都属于这种模式。

三、网上银行技术

1. 支付网关

支付网关（Payment Gateway）是银行金融系统和Internet之间的接口，是由银行操作的将Internet上的传输数据转换为金融机构内部数据的设备，或由指派的第三方处理商家支付信息和顾客的支付指令。支付网关可以确保交易在Internet用户与交易处理商之间安全、无缝隙地传递，并且无须对原有主机系统进行修改。支付可以处理所有Internet支付协议、Internet特定的安全协议、交易交换、消息及协议的转换以及本地授权和结算处理并且通过配置设定来满足特定交易处理系统的要求，离开了支付网关，网上银行的电子支付功能也就无从实现。

2. 安全套接层协议（SSL，Security Socket Layer）

SSL（安全套接层协议）是由Netscape首先研制开发出来的，其首要目的是在两个通信间提供秘密而可靠的连接，目前大部分Web服务器和浏览器都支持此协议，它是一个保证任何安装了安全套接层的客户和服务器间事务安全的协议，该协议向基于TCP/IP的客户服务器应用程序提供了客户端和服务器的鉴别、数据完整性及信息机密性等安全措施。用户登录并通过身份认证之后，用户和服务方之间在网络上传输的所有数据全部用会话密钥加密，直到用户退出系统为止，而且每次会话所使用的加密密钥都是随机产生的。这样，攻击者就不可能从网络上的数据流中得到任何有用的信息。SSL协议的加密密钥长度与其加密强度有直接关系，一般是40～128位。

凡是支持SSL协议的网页，都会在“https：//”作为URL的开头，如图7—1所示。客户与服务器进行SSL会话时，如果是使用IE浏览器，可以在状态栏看到一只锁形标志“Internet”，用鼠标双击该标志，就会弹出服务器证书信息。

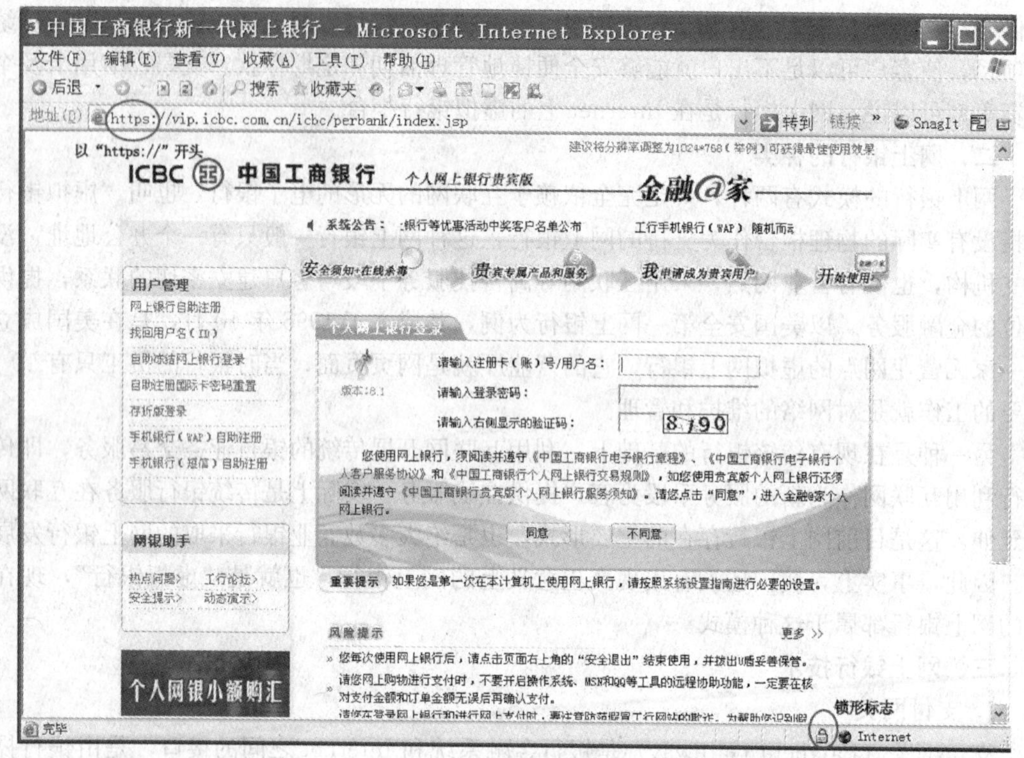

图 7—1　支持 SSL 协议的网页

3. 安全电子交易协议（SET，Secure Electronic Transaction）

SET 向基于信用卡进行电子化交易的应用提供了实现安全措施的规则，由 Visa 国际组织和 Mastercard 组织共同制定的一个能保证通过开放网络（包括 Internet）进行安全资金支付的技术标准。参与该标准研究的还有微软公司、IBM 公司、Netscape 公司、RSA 公司等。SET 提供对消费者、商户和收单行的认证，确保交易数据的安全性、完整性和交易的不可否认性，特别是保证了不会将持卡人的信用卡号泄露给商户。

SET 支持了电子商务的特殊安全需要，如购物信息和支付信息的私密性；使用数字签名确保支付信息的完整性；使用数字签名和持卡人证书，对持卡人的信用卡进行认证；使用数字签名和商户证书，对商户进行认证；保证各方对有关事项的不可否认性。证书作为网上身份证明的依据，主要包含申请者的个人信息和其公共密钥。在 SET 中，主要的证书有持卡人证书、商户证书和支付网关证书。如图 7—2 所示为 SET 协议的参与对象，SET 协议的工作流程分为下面七个步骤：

（1）消费者利用自己的 PC 机通过互联网选择所要购买的物品，并在 PC 机上输入订货单。订货单上需包括在线商店、购买物品名称及数量、交货时间及地点等相关信息；

（2）通过电子商务服务器与有关在线商店联系，在线商店做出应答，告诉消费者所填订货单的货物单价、应付款数、交货方式等信息是否准确，是否有变化；

（3）消费者选择付款方式，确认订单，签发付款指令，此时 SET 协议开始介入；

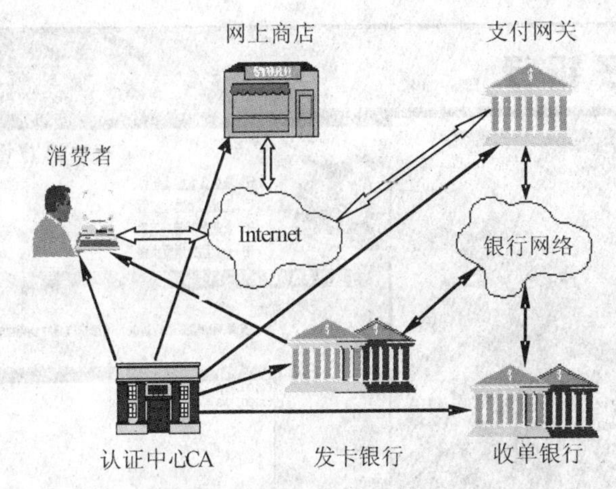

图 7—2　SET 协议的参与对象

(4) 在 SET 中，消费者必须对订单和付款指令进行数字签名，同时利用双重签名技术保证商家看不到消费者的账号信息；

(5) 在线商店接受订单后，向消费者所在银行请求支付认可。信息通过支付网关到收单银行，再到电子货币发行公司确认。批准交易后，返回确认信息给在线商店；

(6) 在线商店发送订单确认信息给消费者。消费者端软件可记录交易日志，以备查询；

(7) 在线商店发送货物或提供服务，并通知收单银行将钱从消费者的账号转移到商店账号，或通知发卡银行请求支付。

任务实施

[第一步] 交易三方（采购商、供应商、物流提供商）分别进入各自的网络银行首页，如图 7—3 所示，单击“企业网上银行注册”，同意协议，填写信息，待银行审批后，交易三方获得进入各自企业网上银行的数字证书。

本任务以采购商身份单击“登录企业网上银行”，在对话框里选择数字证书，单击“确定”后登录企业网上银行，如图 7—3 所示。

[第二步] 采购商在企业网上银行里查看账户余额，本任务中可以看到采购商现在的余额是 388 111.0 元，如图 7—4 所示。

[第三步] 采购商向供应商订货并进行网上支付，交易金额是 8 000.0 元，如图 7—5 所示。

[第四步] 采购商单击“订单结算”向网上银行发出支付指令，如图 7—6 所示。

[第五步] 采购商结算后登录网上银行查询账户余额，本任务可以看到采购商结算后的账户余额为 380 111.0 元，如图 7—7 所示。采购商单击“电子支付查询”，可以看到每笔结算记录，如图 7—8 所示。

[第六步] 供应商登录企业网上银行，单击“交易明细查询”，看到采购商的付款已到账，如图 7—9 所示。

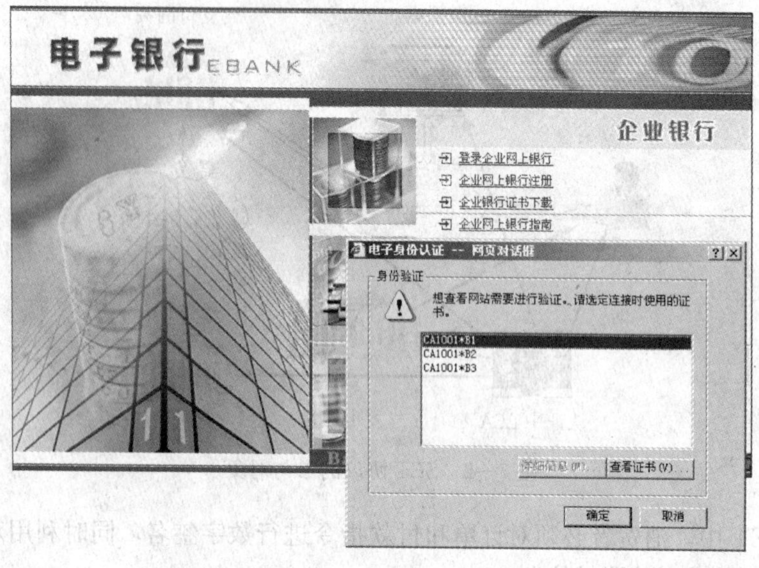

图 7—3　企业通过数字证书登录网上银行

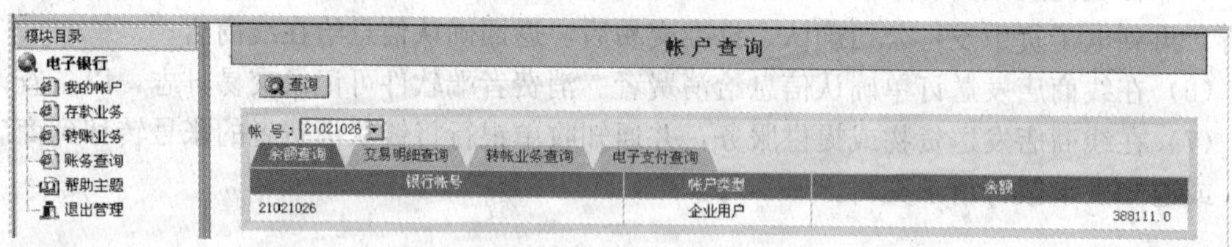

图 7—4　在企业网上银行里查看账户余额

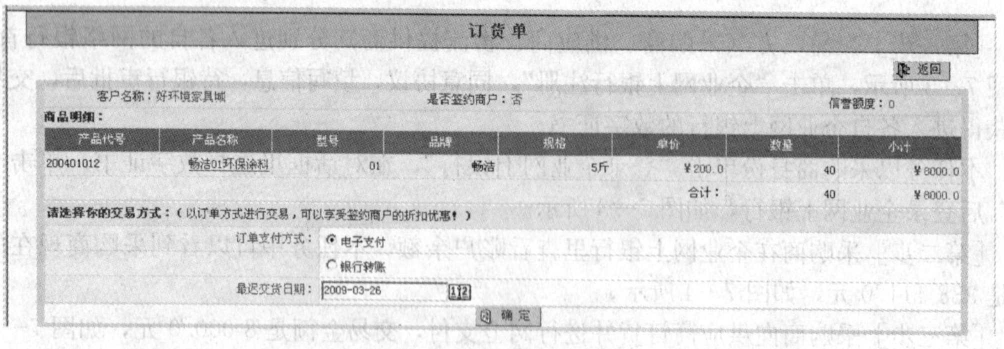

图 7—5　采购商选择的支付方式

［第七步］物流提供商在企业系统里接到供应商发来的配送单，物流提供商计算运费等待供应商转账，如图 7—10 所示，本任务中运费是交易金额的 0.5%，可以看到运费为 400.0 元

［第八步］供应商登录企业网上银行给物流提供商转账。单击“转账业务”，填写转出金额、转入账号后单击“确定”，如图 7—11 所示。

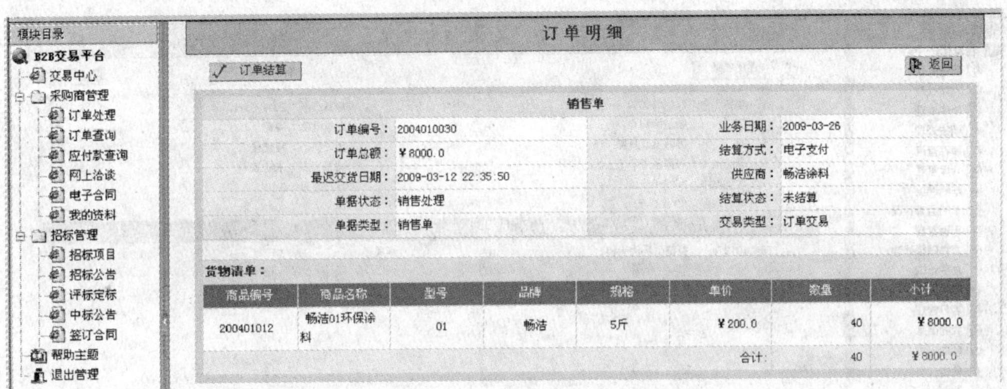

图 7—6　采购商结算订单

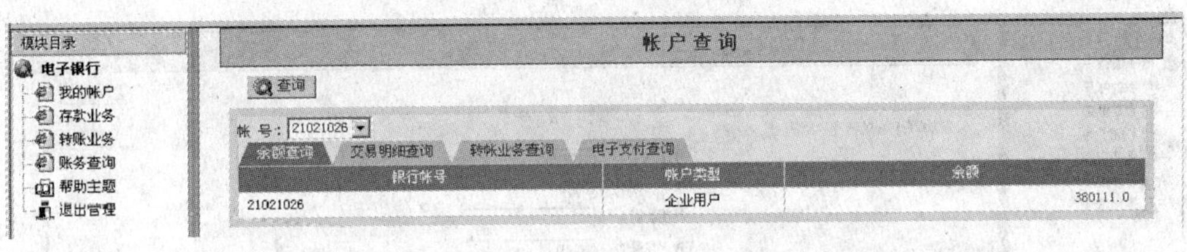

图 7—7　采购商结算后在网上银行里查询账户余额

帐户查询

帐 号：21021026　交易时间：从　到

余额查询　交易明细查询　转帐业务查询　电子支付查询

交易流水号	订单号	商户名称	商户帐号	交易时间	存入/支出	金额	备注
2004010049	2004010030	畅洁涂料	21021025	2009-03-12	支出	8000.0	
2004010047	2004010029	畅洁涂料	21021025	2009-03-12	支出	13000.0	

图 7—8　采购商在网上银行里查看电子支付记录

帐户查询

帐 号：21021025　交易时间：从　到

余额查询　交易明细查询　转帐业务查询　电子支付查询

交易流水号	交易时间	存入/支出	金额	余额	备注
2004010050	2009-03-12	存入	8000.0	341000.0	电子支付
2004010048	2009-03-12	存入	13000.0	333000.0	电子支付
2004010046	2009-03-12	存入	10000.0	320000.0	银行转帐
2004010043	2009-03-12	存入	300000.0	310000.0	存款
2004010040	2008-12-22	存入	10000.0	10000.0	存款

图 7—9　供应商在企业网上银行里查看到账记录

[第九步] 供应商输入支付密码，单击“确定”进行转账确认，如图 7—12 所示。

[第十步] 企业网上银行提示供应商转账成功，如图 7—13 所示。

[第十一步] 物流提供商登录企业网上银行，单击“转账业务查询”，看到供应商的运费已到账，如图 7—14 所示。

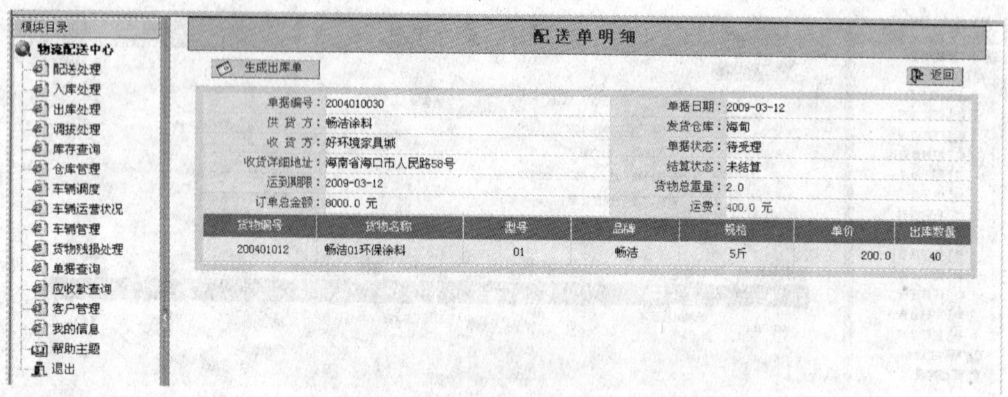

图 7—10　物流提供商系统里的配送单

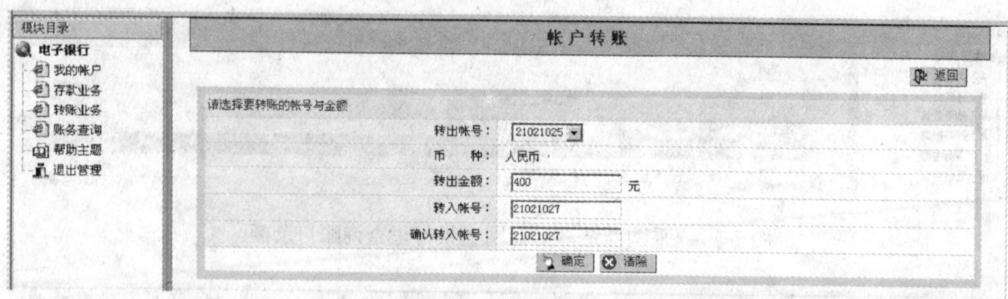

图 7—11　供应商在企业网上银行里进行转账操作

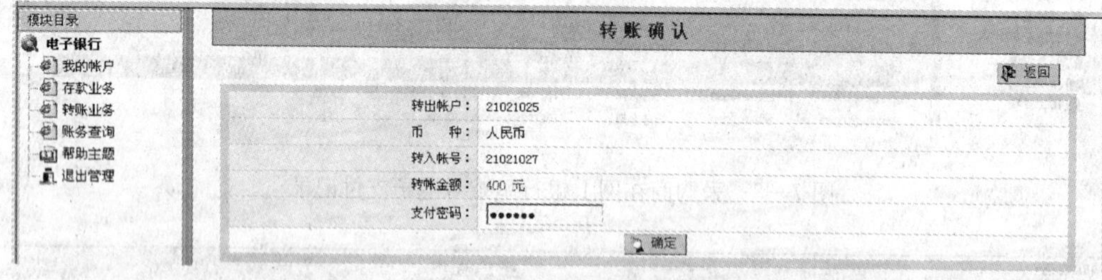

图 7—12　供应商给物流提供商的转账确认操作

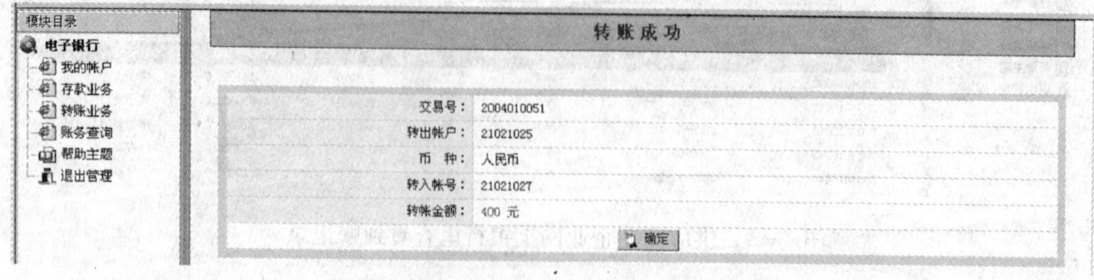

图 7—13　供应商通过企业网上银行转账成功

［第十二步］物流提供商确认收到运费，按照供应商的要求给采购商发货。物流提供商在企业系统中单击“出库确认”则一笔完整的交易过程结束，如图 7—15 所示。

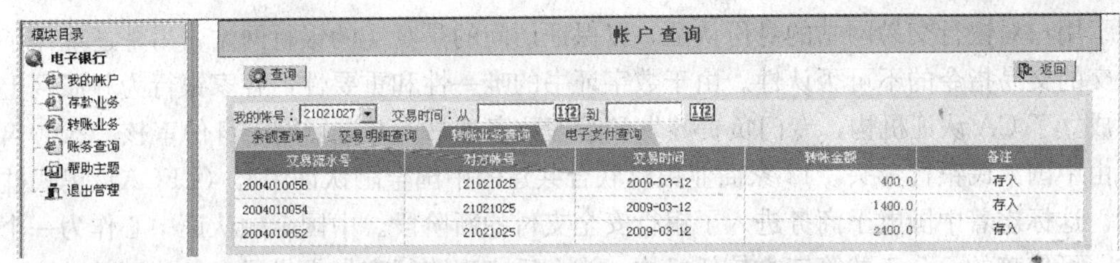

图 7—14　物流提供商在本企业网上银行查看转账业务记录

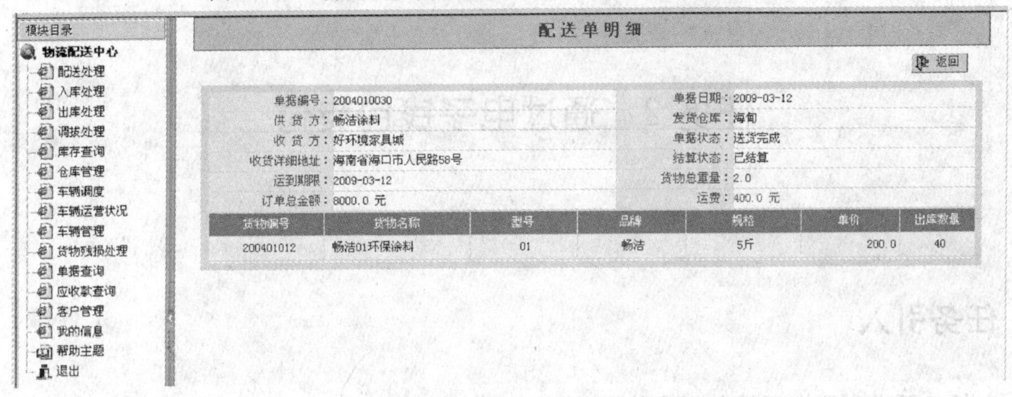

图 7—15　物流提供商收到供应商的转账运费后确认出库

知识链接

网上银行的安全措施

1. 在整个系统的网络框架上实施安全措施

设立防火墙，隔离相关网络。一般采用多重防火墙方案，分隔互联网与交易服务器，防止互联网用户的非法入侵；用于交易服务器与银行内部网的分隔，有效保护银行内部网，同时防止内部网对交易服务器的入侵。

2. 使用高安全级的 Web 应用服务器

服务器使用可信的专用操作系统，凭借其独特的体系结构和安全检查，保证只有合法用户的交易请求能通过特定的代理程序送至应用服务器进行处理。

3. 在业务处理上加设支付密码

在业务处理上，在电子付款指令中增设一个支付密码，经核押无误后才办理付款。

4. 在身份认证方面，对用户进行身份认证，确认合法用户的身份。

网上交易不是面对面的，客户可以在任何时间、任何地点发出请求，传统的身份识别方法通常是靠用户名和登录密码对用户的身份进行认证。但是，用户的密码在登录时以明文的方式在网络上传输，很容易被攻击者截获，进而可以假冒用户的身份，身份认证机制就会被攻破。在网上银行系统中，用户的身份认证依靠基于“RSA 公钥密码体制”的加密机制、数字签名机制和用户登录密码的多重保证。银行对用户的数字签名和登录密码进行检验，全部通过后才能确认该用户的身份。用户的唯一身份标识就是银行签发的“数字证书”。用户的登录密码以密文的方式进行传输，确保了身份认证的安全可靠性。数字证书的引入，同时实现了用户对银行交易网站的身份认证，以保证访问的是真实的银行网站，另外还确保了客户提交的交易指令的不可否认性。由于数字证书的唯一性和重要性，各家银行为开展网上业务都成立了CA认证机构，专门负责签发和管理数字证书，并进行网上身份审核。2000年6月，由中国人民银行牵头，12家商业银行联合共建的中国金融认证中心（CFCA）正式挂牌运营。这标志着中国电子商务进入了银行安全支付的新阶段。中国金融认证中心作为一个权威的、可信赖的、公正的第三方信任机构，为今后实现跨行交易提供了身份认证基础。

任务2　通过电子钱包支付

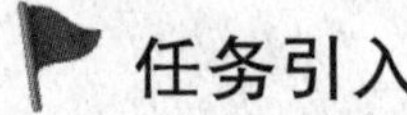

任务引入

本任务要求利用电子钱包对在线购物进行支付。

任务分析

使用电子钱包支付的前提是商家支持电子钱包的付款方式，电子钱包是一种软件，一般由银行提供。

相关知识

一、电子钱包

1. 认识电子钱包

电子钱包（E－Wallet），是一个供使用者进行SET安全电子交易并储存交易记录的软件。使用者只要安装了电子钱包软件，就可以将电子现金、电子支票、信用卡等多个支付工具添加到电子钱包里，网上结算时，只要从电子钱包中选择某种支付工具就可以在SET安全电子交易协议的保护下完成支付行为。数字钱包的显著特点是利用数字证书或者其他加密手段来验证消费者的身份，存储和转移价值，并保障从消费者到商家的支付过程的安全。

2. 电子钱包的种类

目前，电子钱包主要有两种不同的类型——基于客户的数字钱包和基于服务器的数字钱包。

基于客户的数字钱包，例如Gator. com和Master Card Wallet，是一种可以安装在客户计算机上的应用软件，通过自动填写网上商店的表单来给消费者提供便利。商家在自己的服务器上安装了相应软件来接收来自基于客户的数字钱包的信息。当消费者单击了合作商家网站上的相应按钮时，商家服务器就从消费者的浏览器查询来自消费者数字钱包的信息。

基于服务器的数字钱包（Server－based digital wallets），如微软公司的 Passport，是基于软件的身份验证和支付服务产品，其销售对象是那些把系统直接卖给商家，或是把系统作为其向商家提供的金融一揽子服务的一部分的金融机构。基于服务器的电子钱包的经销商可以提供技术服务（处理支付必需的基础设施）和数字钱包两种服务。一般来说，基于服务器的电子钱包为在线商家提供了一种产品或服务，使之可以处理网上消费者支付的所有工作，并能降低交易成本，降低吸引及留住客户的成本，建立起有一定品牌知名度的网上支付服务。

在 Internet 这样的公共网络平台上应用电子钱包进行网络支付，需要参与各方，包括客户、商家以及银行安装相应的电子钱包服务软件，中间还涉及第三方 CA 认证机构的参与。

二、电子钱包的使用

使用电子钱包之前，需要的准备工作是：

（1）客户到电子钱包支持银行申请一张信用卡，且在银行网站通过网络下载得到对应的电子钱包软件；支持电子钱包的网上商家也申请并且安装对应的电子钱包服务器端软件；

（2）客户在客户端安装电子钱包软件，设置电子钱包的用户名与密码以保证电子钱包的授权使用；

（3）客户往自己的电子钱包里添加对应的信用卡（也可以是电子现金、电子支票等其他电子货币），申请并且安装信用卡的数字证书。

电子钱包支付流程：

（1）使用计算机通过 Internet 连接商家网站；

（2）确认订单后，利用电子钱包进行网络支付；

（3）如果经发卡行银行确认后拒绝且不予授权，则说明客户从电子钱包中取出的这张信用卡里的钱不够用了，客户可以再从电子钱包里取出另一张信用卡或者使用另外一种电子货币，进行支付；

（4）发卡行证明信用卡有效且经客户授权后，通过专用网络将资金从顾客信用卡转移至商家收单银行的账号里，完成支付结算，并且回复商家与客户；

（5）电子钱包里记录整个交易过程中发生往来的数据。

任务实施

［第一步］运行电子钱包软件，输入用户名和密码，单击“确定”，如图 7—16 所示。

［第二步］这是一个空电子钱包，需要往电子钱包里添加信用卡才能使用，单击“添加”来添加一张信用卡，如图 7—17 所示。

［第三步］输入信用卡号等信息，单击“完成”，如图 7—18 所示。

［第四步］信用卡已经添加到电子钱包里了，但还要为该卡安全数字证书才能使用，如图 7—19 所示。

［第五步］信用卡的证书获取成功，如图 7—20 所示。

［第六步］在购物订单里，选择“使用电子钱包支付”，如图 7—21 所示。

图 7—16　运行电子钱包软件

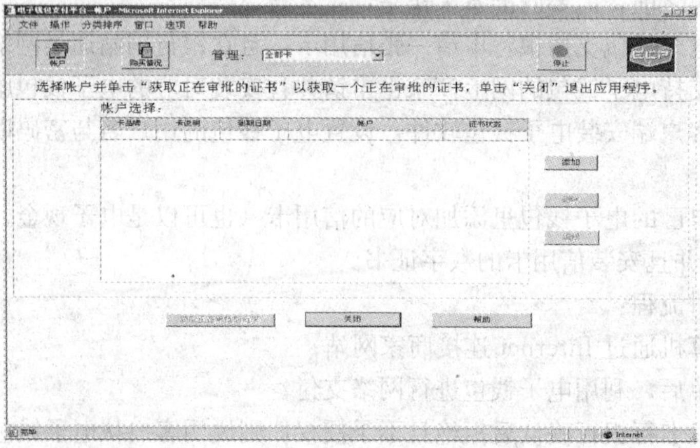

图 7—17　添加一张信用卡

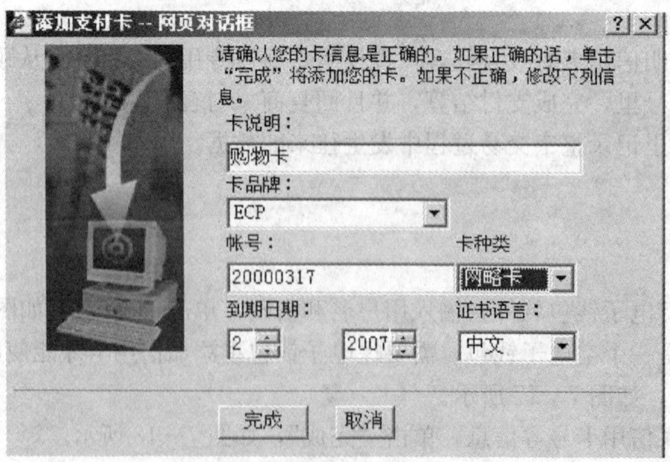

图 7—18　输入信用卡号等信息

［第七步］在电子钱包里可以看到订单信息，选择一张可用的信用卡，并输入 PIN 识别码发送支付，如图 7—22 所示。

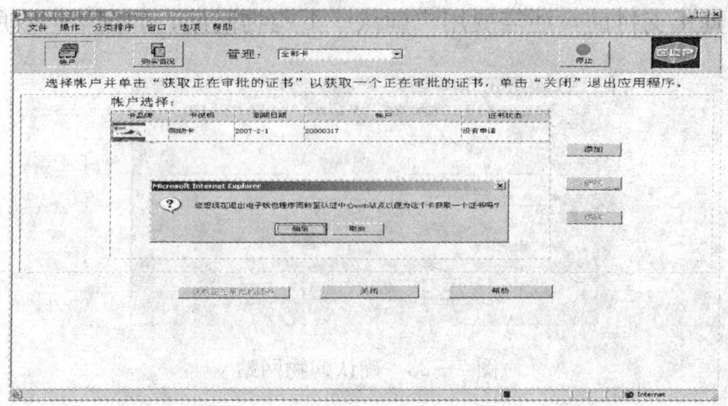

图 7—19　使用安全数字证书

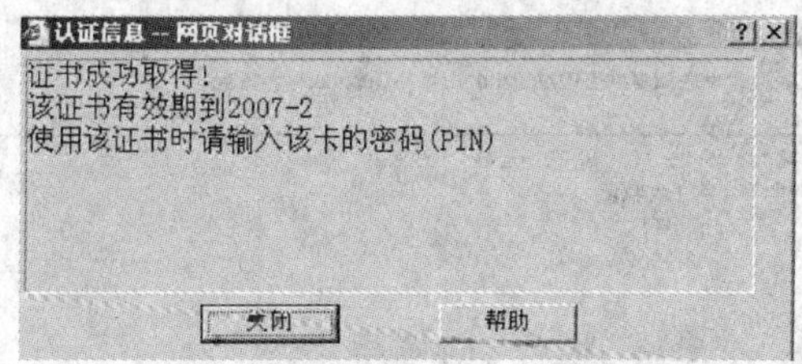

图 7—20　信用卡的证书获取成功

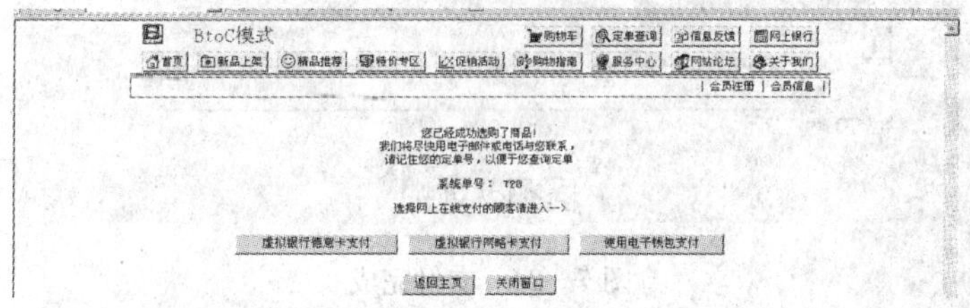

图 7—21　使用电子钱包支付

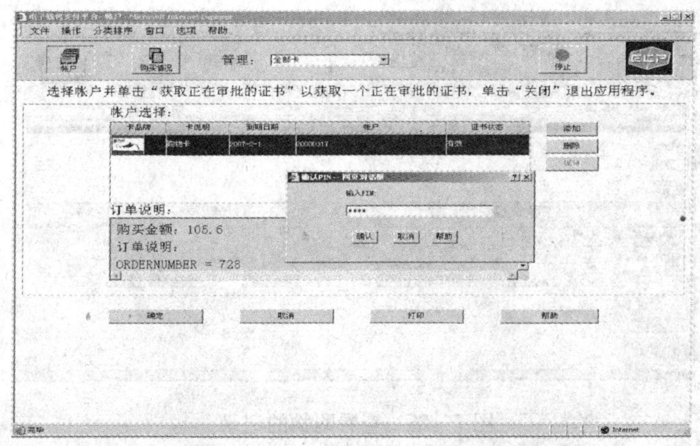

图 7—22　执行发送支付前事务处理

［第八步］在真正支付前，还需要用户确认一下购物网站，如图 7—23 所示。

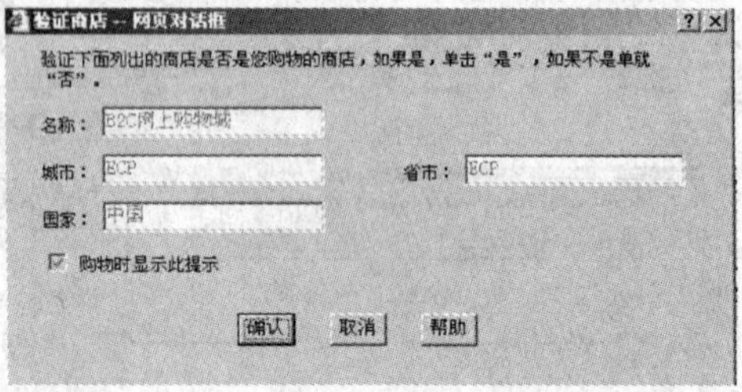

验证商店 -- 网页对话框
验证下面列出的商店是否是您购物的商店，如果是，单击“是”，如果不是单就“否”。
名称： B2C网上购物城
城市： BCP
省市： BCP
国家： 中国
购物时显示此提示
确认
取消
帮助

图 7—23　确认购物网站

［第九步］支付完成，如图 7—24 所示。

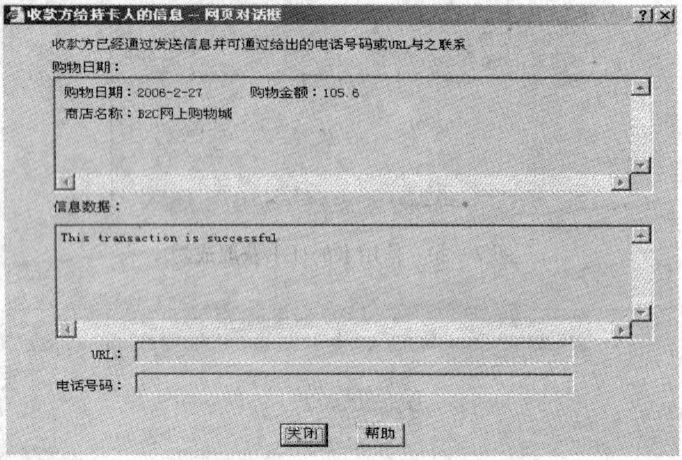

收款方给持卡人的信息 -- 网页对话框
收款方已经通过发送信息并可通过给出的电话号码或URL与之联系
购物日期：
购物日期：2006-2-27　购物金额：105.6
商店名称：B2C网上购物城
信息数据：
This transaction is successful
URL：
电话号码：
关闭
帮助

图 7—24　支付完成

［第十步］用户可以随时打开电子钱包，查看购物的记录，如图 7—25 所示。

文件 操作 分类排序 窗口 选项 帮助
管理：
选择要察看的购买记录的类型：
未完成的交易
已完成的交易
全部交易
购买细节：
删除
打印
帮助

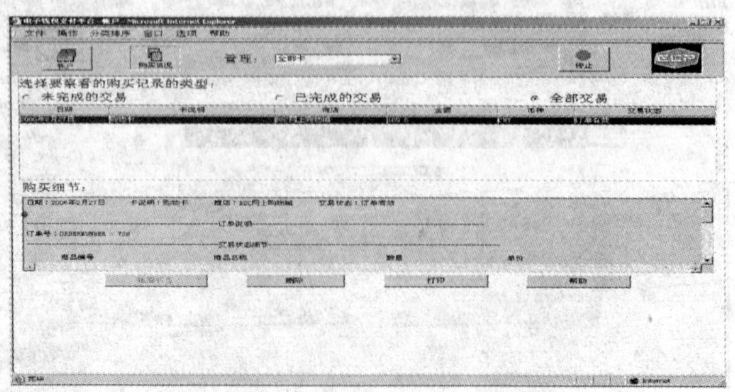

图 7—25　查看购物的记录

任务3　通过第三方支付平台在线收款、退款

任务引入

商户开设网上商店，如何为自己的顾客提供方便的在线支付方式？并且如何令自身方便快捷的收取在线付款呢？本任务要求完成商家通过第三方支付平台在线收款和退款的操作。

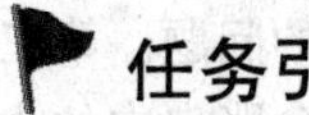

任务分析

本任务的实施步骤是：首先由商户选择一个第三方支付平台，例如快钱支付平台，注册申请成为快钱支付平台的企业用户，然后经过认证，商户登录该平台的管理区，在管理区里填写一个或多个收款银行名称、银行账号等信息，最后设置自动提现的频度，即将商户在第三方支付平台账户中收到的顾客付款定期转到商户指定的银行账户中。

相关知识

一、第三方支付平台

第三方支付平台是指那些和国内外各大银行签约，并具备一定实力和信誉保障的第三方独立机构提供的交易支持平台。在通过第三方支付平台的交易中，买方选购商品后，使用第三方平台提供的账户进行货款支付，由第三方通知卖家货款到达、进行发货；买方检验物品后，就可以通知付款给卖家，第三方再将款项转至卖家账户。相对于传统的资金划拨交易方式，第三方支付可以比较有效地保障了货物质量、交易诚信、退换要求等环节，在整个交易过程中，都可以对交易双方进行约束和监督。在不需要面对面进行交易的电子商务形式中，第三方支付为保证交易成功提供了必要的支持，因此随着电子商务在国内的快速发展，第三方支付行业也发展得比较快。国内普遍使用的第三方支付平台分别是 paypal（www. paypal. com）、支付宝（www. alipay. com）、首信易支付（www. beijing. com. cn）、易达信动（www. 1st—pay. net）、快钱（www. 99bill. com）。例如通过“支付宝”第三方支付平台，买家注册一个支付宝账户，利用开通的网上银行给支付宝账户充值，然后用支付宝账户在网站上购物并使用网上支付，货款会先付款给支付宝，支付宝公司在收到支付的信息后给买家发货，买家收到商品后在支付宝确认，支付宝公司收到买家确认收货并满意的信

息后，最终给卖家付款。

二、第三方平台的使用

商户注册、申请接入一个第三方支付平台后，可以实现在线收款。大多数第三方支付平台都支持国内几乎所有银行卡的在线支付，还支持电话支付、线下邮局以及银行汇款支付。消费者在付款时可以选择第三方支付平台的付款方式，这样商家就可以通过第三方支付平台支持顾客的不尽相同的银行卡在线付款。

顾客支付给商家的付款先保存在第三方支付平台上，顾客收到商品后向第三方支付平台发出放款指令，第三方支付平台将顾客的付款从顾客的第三方支付平台账户转到商户的第三方支付平台账户，以解决交易过程中的付款不发货、货到不付款或者退货退款的问题。第三方支付平台向商家收取一定金额的手续费。商家可定期将所在的第三方支付平台账户中的收款转到银行账户中。

任务实施

一、商家通过第三方支付平台向顾客收款

［第一步］商户注册申请成为第三方支付平台企业用户后登录商户管理区，填写商户的开户银行名称、银行账号，单击“添加”，如图 7—26 所示。本任务以快钱第三方支付平台进行操作。

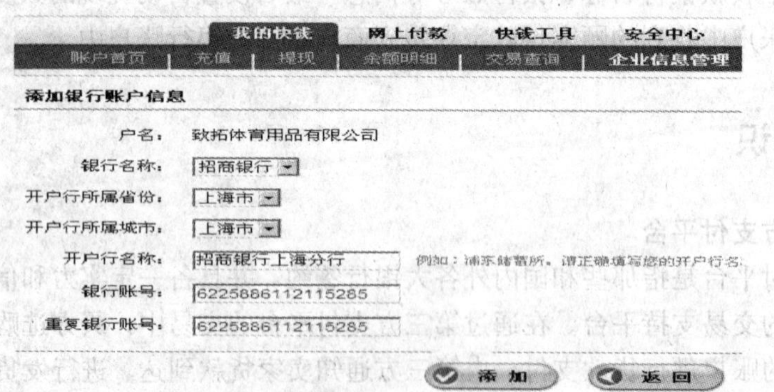

图 7—26　商户在第三方平台企业管理区添加收款银行和账户等信息

［第二步］系统提示商户银行账户添加成功，如图 7—27 所示。商户可以单击“继续添加银行账户”添加多个商户银行账户以方便网上经营的收款。

［第三步］设置“自动提现”是将顾客支付给商家的付款从商家的第三方支付平台账户转到商户指定的银行账户中。商户在第三方支付平台商户管理区单击“设置自动提现”，如图 7—28 所示。

［第四步］商户阅读自动提现协议后，单击“下一步”，如图 7—29 所示。

［第五步］商户设置定期自动提现的频度，单击“确定”，如图 7—30 所示。

［第六步］系统提示商户设置自动提现成功，如图 7—31 所示。

银行账户添加成功！

银行账户信息：
户名：致拓体育用品有限公司
银行名称：招商银行
开户行所属省份：上海市
开户行所属城市：上海市
开户行名称：招商银行上海分行
银行账号：6225886112115285

您还可以继续操作：
- 返回信息管理
- 继续添加银行账户

图 7—27　系统提示设置成功

我的快钱　网上付款　快钱工具　安全中心
账户首页 | 充值 | 提现 | 余额明细 | 交易查询 | 企业信息管理

账户提现　　1. 填写提现信息

您提现申请后的3个工作日内，快钱将汇出款项，具体到账日期视各银行具体情况而定。
如果您想将款项支付至他人的银行账户中，请使用付款到银行账户功能。

您当前账户余额为 4.59元。　　设置自动提现

选择账户：企业工具箱 基本账户
银行账户：请选择银行账户　　添加银行帐户
您添加的银行卡户名必须与您的姓名一致，否则将无法提现

图 7—28　商家设置从第三方支付平台自动提现的银行账户

我的快钱　网上付款　快钱工具　安全中心

自动提现

自动提现协议

一．用户注册与承诺

使用快钱公司（下称“快钱”）自动提现服务的用户应当为“快钱网站”(www.99bill.com)注册的企业用户或者个人超级用户，且必须承诺接受《快钱公司用户服务协议》以及本服务协议的全部协议条款和条件。

自动提现用户应当确保自己在使用自动提现服务过程中提供的全部和任何信息均是真实、准确、完整及合法有效的。否则，由此引起的一切风险、责任、损失、费用等应由其自行承担。

企业快钱账户通过快钱公司的自动提现服务向个人银行卡账户转入款项的，只适用于中国人民银行令（2003）第5号——《人民币银行结算账户管理办法》中第三十九条规定的情形，且应当按照中国人民银行令（2003）第5号——《人民币银行结算账户管理办法》中第四十条的规定保留付款依据。企业快钱账户向个人银行卡账户转入的款项，应纳税的，进行转款操作的公司应当保留完税证明。当人民银行或其他国家机关要求调阅相关证明资料时，被调查公司应当在有关机构规定的时限内提供完整的证明资料。

快钱提供的自动提现服务，因服务的不同，会对使用部分服务的用户收取费用（详见快钱网站上公示的收费办法和标准）。如用户拒绝支付该费用，则不能使用对应的服务。对当前免费或收费的服务，快钱不承诺一直免费或收费。

快钱有权对本服务协议的全部或部分条款进行不时修订，并随时通过快钱网站公布最新之变更事项，而无需另作个别通知。

二．自动提现服务的方式和要求

自动提现服务的提供

☑ 我已经阅读并接受《快钱自动提现协议》

图 7—29　自动提现协议

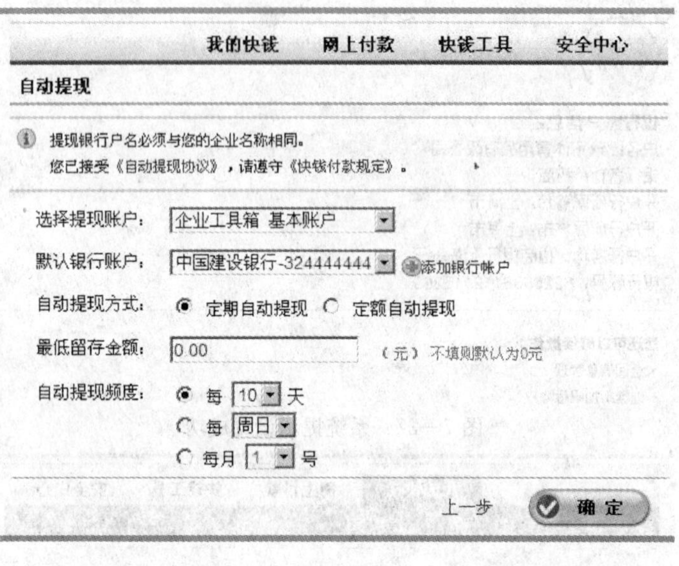

图 7—30　商户设置自动提现的银行账户和自动提现频率等信息

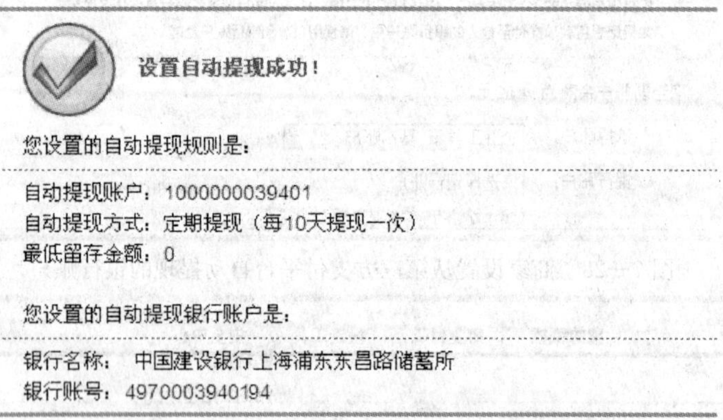

图 7—31　系统提示设置自动提现成功

二、通过第三方支付平台向顾客退款

［第一步］登录第三方支付平台，进入企业管理区，单击“快钱工具”，如图 7—32 所示。

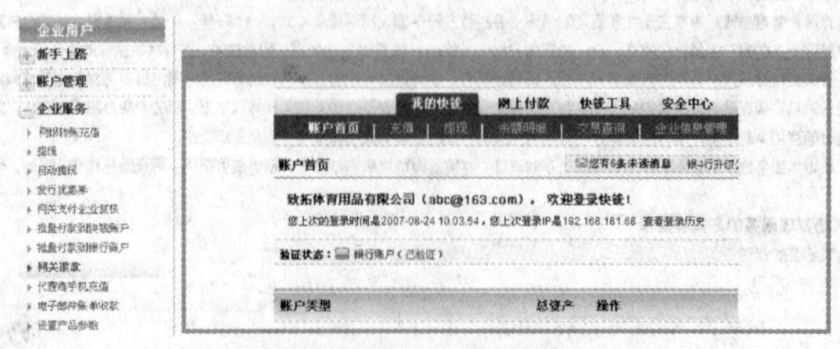

图 7—32　商户进入网上退款操作界面

[第二步] 在“快钱工具”标签里，选择“网关退款”，如图 7—33 所示。

图 7—33　商家申请网关退款服务操作界面

[第三步] 单击“浏览”上传退款用户订单列表，将文件导入，如图 7—34 所示，单击“下一步”，如图 7—35 所示。

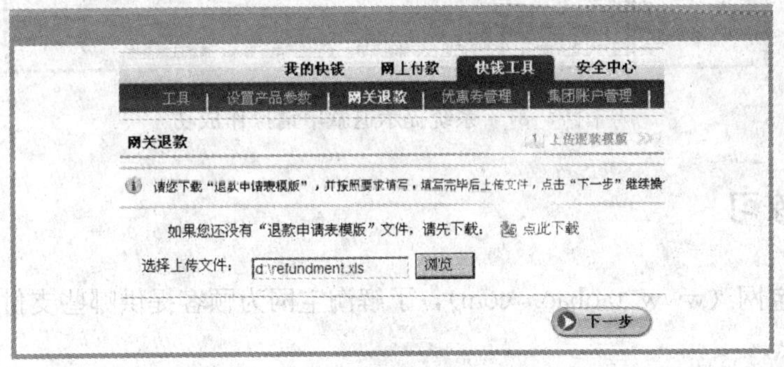

图 7—34　商户上传退款文件操作界面

快钱
99BILL.COM

注意事项：
1、数据从其他文件中复制到本模板，为保证数据格式准确，请先粘贴在“记事本”文件中，再复制过来；
2、“黄色区域”是必填项；
3、请务必使用系统默认的宋体填写中文；

序号	商家订单号	退款金额
1	4656898958544565	1000.00
2	6895669898787866	400.00
3	7785665521144551	95.00
4		

图 7—35　商户将要上传的文件内容

[第四步] 商户核对退款信息后，单击“确定付款”，如图 7—36 所示。

[第五步] 系统提示退款申请成功，如图 7—37 所示。

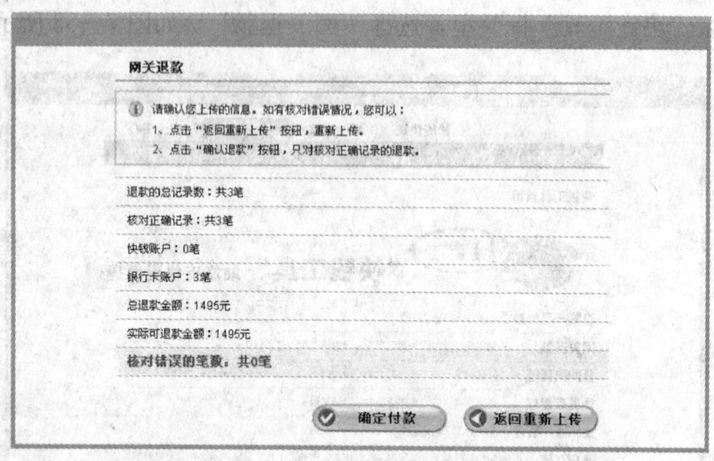

图 7—36　退款文件信息

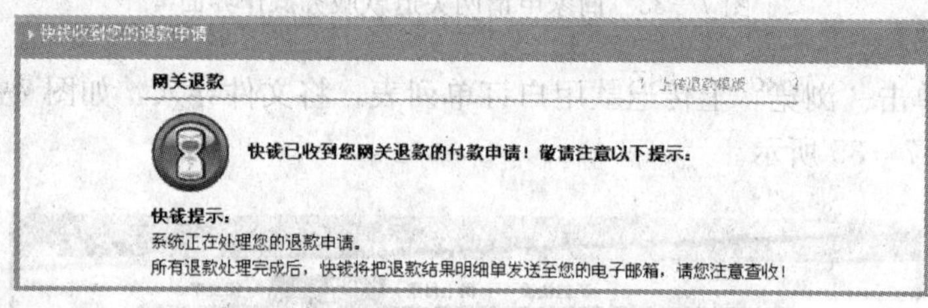

图 7—37　系统提示退款申请操作成功

思考与练习

1. 访问淘宝网（www. taobao. com），了解淘宝网为顾客提供哪些支付方式？解释每种支付方式的特点。

2. 访问中国工商银行网站，了解网络银行的业务功能。

3. 访问首信易支付（http：//www. beijing. com. cn），了解首信易支付的功能。

模块八

网络商务信息收集与整理

任务1　利用搜索引擎收集网络商务信息

任务引入

整个 Internet 的信息是海量而又不断变化的，即便是一个综合购物网站，其产品库中也包括了近万甚至几百万种产品信息，电子商务人员如何快速准确地找到自己需要的信息已经变得越来越重要。本任务要求学生能利用网络检索商务信息。

任务分析

网络商务信息存在于 Internet 中，要快速、准确地采集网络商务信息，需要掌握搜索方法并会使用相关的网络信息检索工具。目前，利用搜索引擎检索信息是最快捷的方法，若要通过搜索引擎检索网络商务信息，首先要构造准确的关键字或者进入合适的检索目录，以缩小检索范围；其次要在众多搜索引擎中选择一个合适的搜索引擎。

相关知识

一、网络商务信息

1. 网络信息的概念

网络商务信息是指以网络为依附载体并在网络上传播的与商务活动有关的各种信息的集

合，通常是指商业消息、情报、数据、密码、知识等，包括文字、数据、表格、图形、影像、声音以及内容等。

2. 网络信息的特点

（1）时效性

由于网络信息更新及时，传递速度快，只要信息收集者及时发现信息，就可以保证信息的时效性。

（2）相对性

网络信息的收集，绝大部分是通过搜索引擎找到信息发布源获得的。在这个过程中，减少了信息传递的中间环节，从而减少了信息的误传和更改，有效地保证了信息的准确性。但由于网络商务信息的内容时时在更新，因而网络商务信息的价值具有相对性。网络商务信息的收集和加工工作只有与网络信息的变化保持同步性，网络商务信息的价值才能不断地体现出来。

（3）便于存储

网络商务信息可以方便地从 Internet 下载到自己的计算机上，通过计算机进行信息的管理。而且，在原有的各个网站上，也有相应的信息存储系统。自己的信息资料遗失后，还可以到原有的信息源中再次查找进行保存。

（4）检索难度大

虽然网络系统提供了许多检索方法，但全球范围的各行各业的海量信息，常常把企业营销人员淹没在信息海洋或者说信息垃圾之中。在浩瀚的网络信息资源中，迅速地找到自己所需要的信息，经过加工、筛选和整理，把反映商务活动本质的、有用的、适合本企业情况的信息提炼出来，需要相当一段时间的实践和积累。

二、网络信息检索流程

1. 明确检索目标

要完成商务信息的有效检索，应当确定检索目标。检索目标是指要检索的主要内容以及对检索深度和广度的要求。

例如，安徽特酒集团是我国特级酒精行业的龙头企业，伏特加酒是其主打产品。1998 年该集团试图通过 Internet 进行伏特加酒类市场信息的检索，开辟欧美市场。为此，集团确定了信息收集的三个目标：价格信息，关税、贸易政策及国际贸易数据，贸易对象信息。由于目标明确，收到很好的检索效果。

2. 选择查询策略

不同目的的查询应使用不同的查询策略，这主要取决于是想得到一个问题的多方面信息还是简单的答案。搜索引擎的统计表明，很多用户只输入一个词来进行查询，这会带来很多不需要的匹配。要进行有效的搜索，最好输入与主题相关的、尽可能精确的词或词组。提供的词组越精确，检索结果就越好。同时，应通过不同词组的检索，逐渐缩小搜索范围。

3. 分步细化逐步接近查询结果

如果想查找某一类信息但又找不到合适的关键词，可以使用分类式搜索逐步深化。搜狐网站的主页上将所有的信息分为新闻、体育、财经、IT、生活、健康、理财等30余类，然后再根据各个大类分为各个小类，如在“IT”中又细分为互联网、通信等。

4. 使用模糊查询和精确查询

模糊查询又称为智能查询。当我们输入一个关键词时，搜索引擎不但反馈了包括关键词的网址，同时也发来与关键词意义相近的内容。例如，在网站上查找“网络经济”一词时，模糊查询会反馈回来包含了“网络经济论文”“网络经济与社会发展”“信息经济”等内容的网址。所反馈的网址的排列顺序一般是：首先是完全符合关键词的信息在最前边，其次是相近的信息。一般的搜索引擎都有这一功能，只是模糊的程序不同。模糊查询没有特殊的方法，在文字框中输入关键词即可。

三、常用的搜索引擎

1. Google搜索引擎

Google（www. google. com）是世界上最优秀的支持多语种的搜索引擎之一，利用Google可以进行网站、图像、视频、博客、新闻组、论坛和网页目录检索，也可以进行Flash文件、货币转换等特殊信息检索。

2. 百度中文搜索引擎

百度搜索引擎主要提供新闻、网页、贴吧、MP3、图片和网站的检索。除网页检索只提供关键词检索外，其他栏目都提供目录和关键词两种检索方法，使用起来非常方便。

随着手机使用功能的增强，百度开发了通过PDA及智能手机进行搜索的功能。无论使用palm、wince还是smart-phone智能手机或者任意一款支持上网浏览WWW网页的手机，都可以通过访问 http：//pda. baidu. com，享用百度强大的无线搜索功能。

3. 慧聪行业搜索引擎

慧聪搜索引擎通过其世界领先的文本分析、集合技术来进一步优化搜索结果，实现了人工智能和搜索引擎技术的完美结合。其搜索结果的提取不再依赖某一个评价标准，而以用户的个性要求为准则，把基于关键词匹配改变为基于概念的搜索，把和用户需求有关的内容提炼并归类，大大提高了检索精度。行业搜索引擎是慧聪为商务人士开发的大型“专业”搜索引擎，其检索结果可按各类商业用途细分，并且能够按照行业进行专业筛选，将出售、求购、科技文献等内容单独体现于检索结果中。

4. 新浪、搜狐、网易的分类搜索引擎

新浪、搜狐、网易是国内三大门户网站。这三个网站都建立了强大的分类搜索引擎，各自具有自己的特色。

新浪网搜索引擎是面向全球华人的网上资源查询系统，分类检索目前共有18大类目录，205个二级目录，一万多个细目和数十万个网站，是互联网上最大规模的中文搜索引擎之一。其网站收录资源丰富，分类目录规范细致，遵循中文用户习惯。

搜狐分类搜索引擎（http：//dir. sohu. com）收录中文网站达150多万个，每日页面浏览量超过800万次，每天收到2 000多个网站登录请求。通过搜狐可以查找网站、网页、新闻、网址、软件、黄页等信息。搜狐的目录导航式搜索引擎完全由人工加工而成，相比机器人加工的搜索引擎来讲具有很高的精确性、系统性和科学性。

网易分类搜索引擎（http：//search.163.com）目前使用新一代开放式目录管理系统（ODP）。在功能齐全的分布式编辑和管理系统的支持下，现有5 000多位各界专业人士参与可浏览分类目录的编辑工作，极大地适应了Internet信息爆炸式增长的趋势。目前，该网站拥有超过一万多个类目，超过25万条活跃站点信息，日增加新站点信息500～1 000条，日访问量超过500万次。全新的搜索技术及广告搜索服务可使用户检索高达16亿条的信息和及时的新闻内容，同时为广告客户提供更有效的广告方式。

5. 北大天网中英文搜索引擎

天网资源检索系统目前已收录了1.05亿个网页和大量的新闻组文章，更新较快，功能规范，反馈内容完整，可在反馈结果中进一步检索。天网支持简体中文、繁体中文、英文关键词搜索，而国内大部分搜索引擎都只收录中文网站，无法用来查找英文网站。但天网不支持数字关键词和URL名检索。提供FTP文件检索是天网的一个特色，它为高级用户查找特定文件提供了方便。天网将FTP文件分为电影和动画片、MP3音乐、程序下载、文档资源共四大类，用户可以利用关键词或分类检索查找自己需要的FTP文件。

四、搜索关键字的构造原则

1. 缩小搜索的关键词或换用更贴切的关键词

当搜索结果少时，可以缩小搜索的关键词或换用更贴切的关键词，如搜索“基于Web供应链管理系统”，发现结果比较少，则可以采用“供应链管理系统”进行搜索，然后进行比较，以找到最适合的信息。

2. 使用有固定名称的检索词

如果搜索的信息多有固定的名称，则要用其固定的名称作为关键词进行搜索。但一定要注意：

（1）有一些别名，不要错过。如基于Web供应链管理系统，有时会称为“供应链管理系统”；基于Web供应链管理系统，有时会写成“基于网络供应链管理系统”；因此，一旦用正常的名称没有搜索到，或结果比较少，就需要考虑是否使用其他的名称。

（2）对于没有中文名的信息则须使用其英文名称。因为许多产品并没有中文名，或中文名不规范，用其英文名称做关键词进行检索才准确。

当使用搜索引擎时，应该充分利用它们各自的优点，以得到最佳、最快捷的查询结果。现在互联网上大大小小的搜索引擎大约有几百个之多，电子商务人员要是随便抓起来就用，只会是事倍功半，甚至越搜索越糊涂。所以，花一点工夫挑选恰当的搜索工具，是必要的，在选择搜索引擎时，要注意其查询速度、搜索的准确性和精度、易用且功能性强。

五、使用搜索引擎的常用技巧

1. 简单信息查找

简单查找是最常用的方法，当输入一个关键词时，搜索引擎就把包括关键词的网址和与关键词意义相近的网址一起反馈回来。例如，查找“科技”一词时，模糊查找就会把“科学”“科委”“技术”等内容的网址一起反馈回来。

2. 使用双引号进行精确查找

简单查找往往会反馈回大量不需要的信息，如果查找的是一个词组或多个汉字，最好的办法就是将它们用双引号括起来（即在英文输入状态下的双引号），这样得到的结果最少、最精确。例如在搜索引擎的Search（查询）框中输入“计算机技术”，就等于告诉搜索引擎只反馈回网页中有“计算机技术”这几个关键字的网址，这会比输入计算机技术得到更少、更好的结果。

3. 使用加减号限定查找

很多搜索引擎都支持在搜索词前冠以加号（＋）限定搜索结果中必须包含的词汇，用减号（－）限定搜索结果不能包含的词汇。例如：要查找的内容必须同时包括“盐城、信息、网络”3个关键词时，就可用“盐城＋信息＋网络”来表示；再例如：要查找“计算机”，但必须没有“技术”字样，就可以用“计算机－技术”来表示。

4. 使用逻辑词辅助查找

比较著名的搜索引擎都支持使用逻辑词进行更复杂的搜索设定，常用的有：AND（和）、OR（或）、NOT（否，有些是AND NOT）及NEAR（两个单词的靠近程度），恰当应用它们可以使结果非常精确，另外，也可以使用括号将搜索词分别组合，如要查找的内容必须同时包括“电子商务、海南、橡胶”3个关键词时，就可用电子商务AND海南AND橡胶来表示（注意：输入代表逻辑关系的字符时，一定要用半角）。

5. 使用网页快照

网页快照是搜索引擎在收录网页时做的该网页的备份，大多是文本的，保存了这个网页的主要文字内容，这样当这个网页被删除或链接失效时，用户可以使用网页快照来查看这个网页的主要内容，由于这个快照以文本内容为主，所以会加快访问速度。

如果该网页在搜索引擎上更新比较快，可能访问到的网页和搜索引擎抓取时的网页一致，如果更新慢，比如有些网页在搜索引擎数据库里好几个月没有更新过，那么这时访问快照有可能就和实际目标网页有较大出入。当然很多时候目标网页不能访问但却可以访问该网页快照，以达到收集商务信息的目的。

查看网页快照只要单击搜索结果后面的“网页快照”就可以看见该网页的快照内容。对于随时更新的网站（如：新闻网站）来说，快照内容可能跟不上其更新速度，但是对于其他类型或者已经不存在的网站来说，网页快照却是非常有用的，网页快照不仅下载速度极快，而且搜索项均用不同颜色标明，另外还有标题信息说明其存档时间日期，并提醒用户这只是存档资料。

任务实施

［第一步］左键双击 Internet Explorer 启动Internet Explorer浏览器，在地址栏中输入百度的网址www.baidu.com，按回车键进入百度网的站点，如图8—1所示。

图 8—1　百度搜索引擎首页

［第二步］在搜索框内输入要查找的内容关键字，例如“海南特产”，如图 8—2 所示。

图 8—2　百度搜索引擎关键字输入框

［第三步］按下回车键，会搜索出很多与海南特产有关的网页，如图 8—3 所示。

［第四步］当鼠标变成手形时用鼠标左键单击页面，以打开此标题的网站，如图 8—4 所示。

［第五步］看完网页后关闭网页。

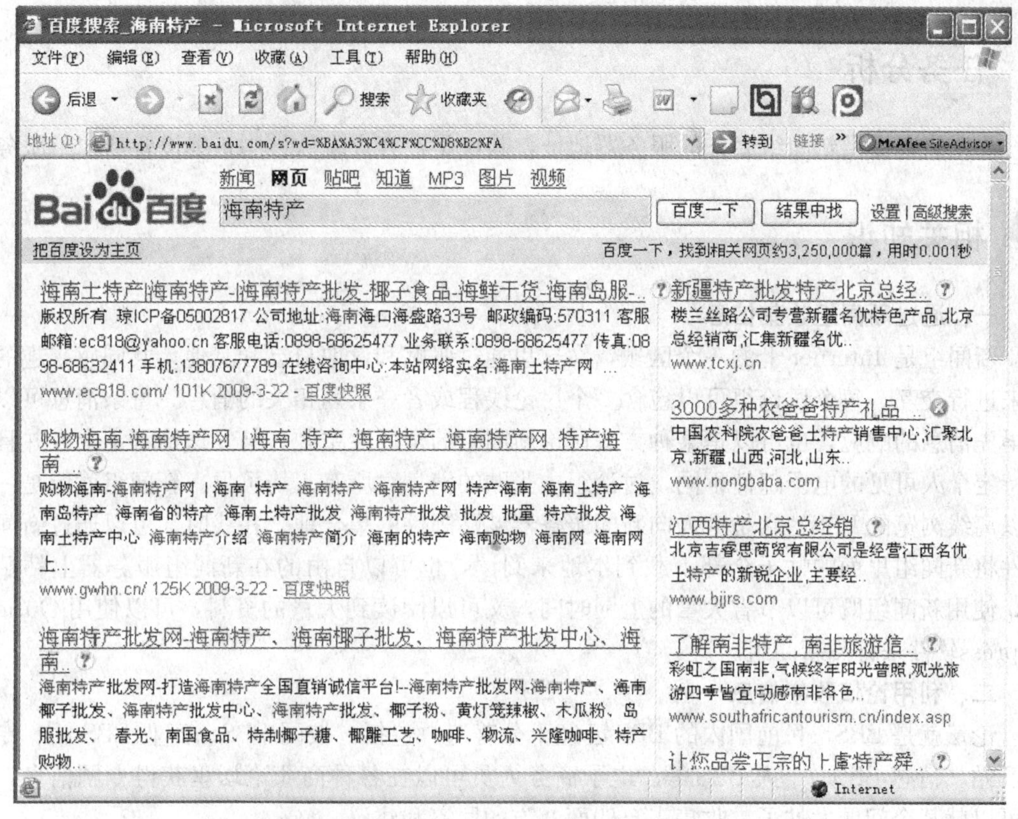

图 8—3　根据关键字返回的搜索结果

购物海南-海南特产网 | 海南 特产 海南特产 海南特产网 特产海南 ..
海风堂食品有限公司加盟“购物海南”老总咖啡诚征各地经销商和代理商 供应海南咖啡豆,咖啡粉 批量供应海南特产 海南..海南网址大全 Adidas鞋 三七天麻 新疆特产网 特产中国 云南旅游预订网 西安旅游特产购物网 和虹IT购物城 520漂亮购物...
www.gwhn.cn/ 125K 2008-8-6 - 百度快照

图 8—4　用鼠标单击搜索结果中一个标题

任务 2　利用新闻组订阅网络信息

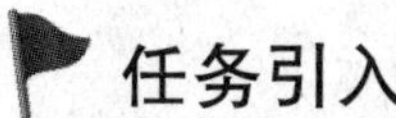

任务引入

本任务要求学生能利用 Outlook Express 订阅网络信息。

任务分析

首先确定提供新闻组服务的服务器地址，其次是在客户端软件中正确设置新闻组服务。

相关知识

一、通过新闻组收集信息

新闻组是 Internet 上的一个区域，在这里通过张贴和读取自己和其他人共同感兴趣的主题来进行交互。每个讨论组可以包含多个讨论线程或者一系列相关的消息。每条消息可以是对早先消息的响应，也可以是某种方式讨论新闻组的全局性主题。与发送给特定个人并且只对特定个人可见的电子邮件不同，讨论组中张贴的消息对所有人均可见。新闻组就像是一个可以离线浏览的 BBS，它是个人向新闻服务器粘贴邮件的集合地。在线时，可以通过新闻组软件将新闻组里面的帖子全部下载到本地来阅读，也可以自由的在新闻组服务器上粘贴消息，使用新闻组既可以节省大量的上网时间，又可以阅读到大量的资料，可以使用 Outlook Express软件来订阅新闻组。

二、利用论坛收集信息

论坛就是 BBS，目前国内的 BBS 已经十分普遍，包括：校园 BBS、商业 BBS 站、专业 BBS 站、情感 BBS、个人 BBS 等。电子商务人员可以在各种商业论坛里获得专题信息，甚至可以就某个问题发帖子，收集来自四面八方的回答和建议。

在论坛上发新帖子或者回复别人的帖子需要进行注册，如果只是浏览论坛则可以不必注册登录，但有些论坛要求用户注册登录后才能浏览帖子的全部内容。如图 8—5 所示是阿里巴巴商人论坛（club. china. alibaba. com/forum）的展示，如图 8—6 所示是著名全球华人论坛（www. tianya. cn）的展示，窗口的左边树状目录是论坛讨论内容的分类，用户选择某个分类后右边的窗口则显示该讨论组下最新的帖子标题列表，显示的内容还包括帖子发表人的注册名、该帖子被浏览的次数，以及最后一个回复人的注册名和时间等信息。

任务实施

[第一步] 启动 Outlook Express 软件，使右窗口的“Outlook Express”处于选中状态，单击左窗口的“设置新闻组账户…”，如图 8—7 所示。

[第二步] 在出现的新闻组设置向导里，首先填写姓名，这个姓名是发表文章时的作者名，单击“下一步”，如图 8—8 所示。

[第三步] 填写电子邮件地址，单击“下一步”，如图 8—9 所示。

[第四步] 输入一个新闻组服务器名称，单击“下一步”，如图 8—10 所示。

[第五步] 最后单击“完成”，如图 8—11 所示。

[第六步] 出现的提示框询问是否从添加的新闻服务器上下载新闻组，单击“是”，如图

图 8—5　阿里巴巴商人论坛（club. china. alibaba. com/forum）

图 8—6　全球华人论坛天涯社区（www. tianya. cn）

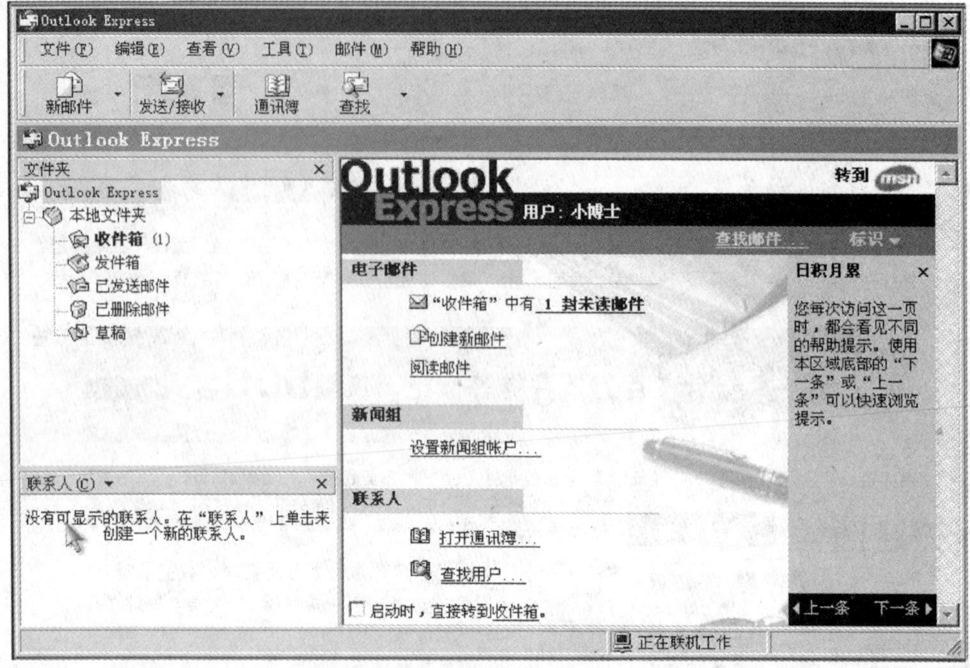

图 8—7 启动 Outlook Express 软件

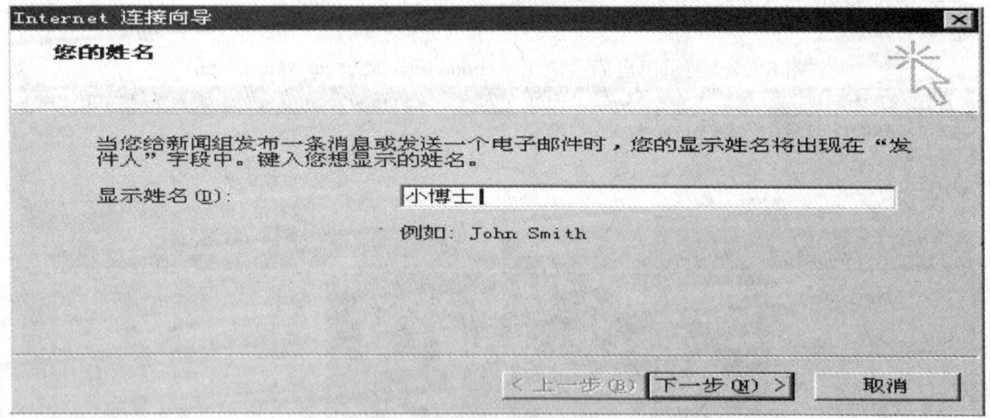

图 8—8 设置新闻组用户名操作界面

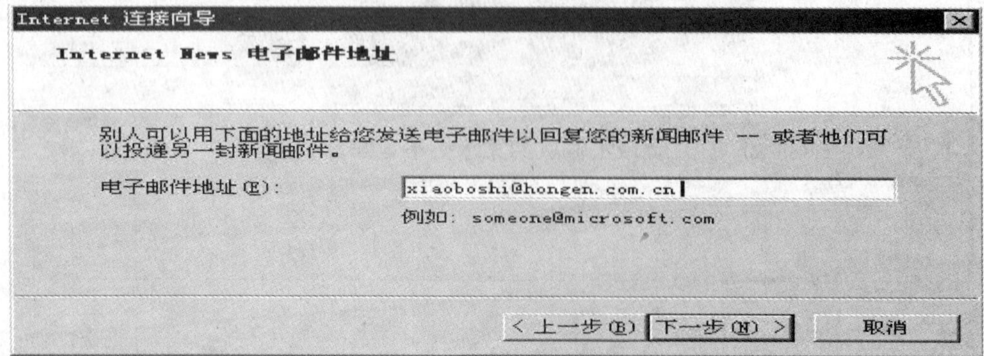

图 8—9 设置接收和发送新闻的邮箱地址

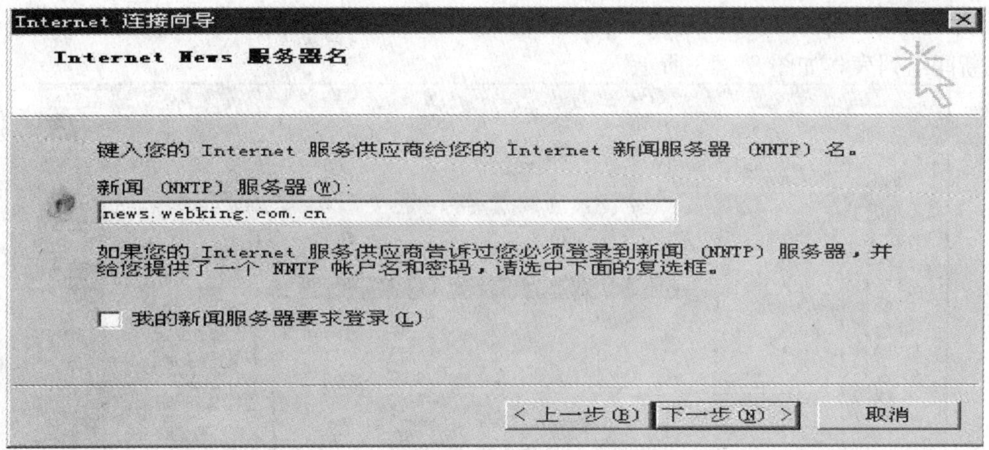

图 8—10　设置新闻组服务器操作界面

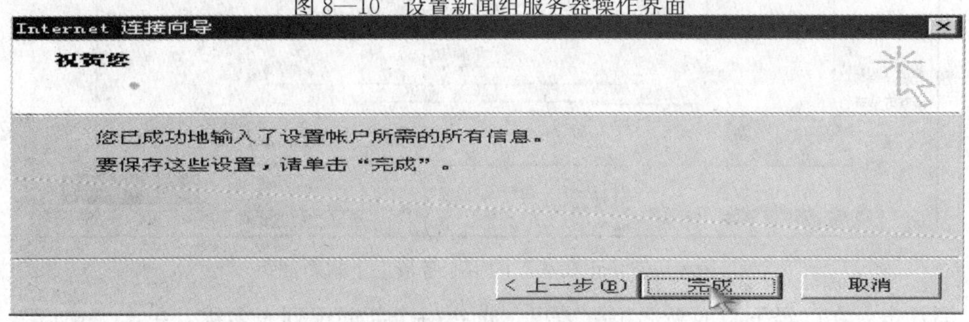

图 8—11　新闻组服务器设置成功

8—12 所示。

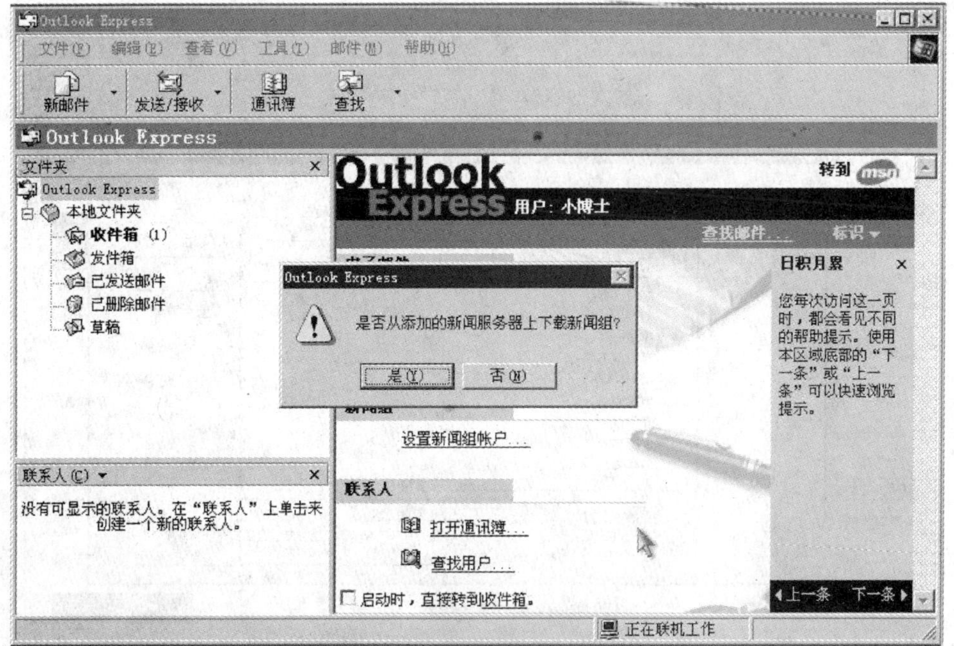

图 8—12　添加新闻组操作界面

［第七步］在确保计算机连接互联网的情况下，Outlook Express 开始从新闻组服务器上下载新闻组列表，如图 8—13 所示。

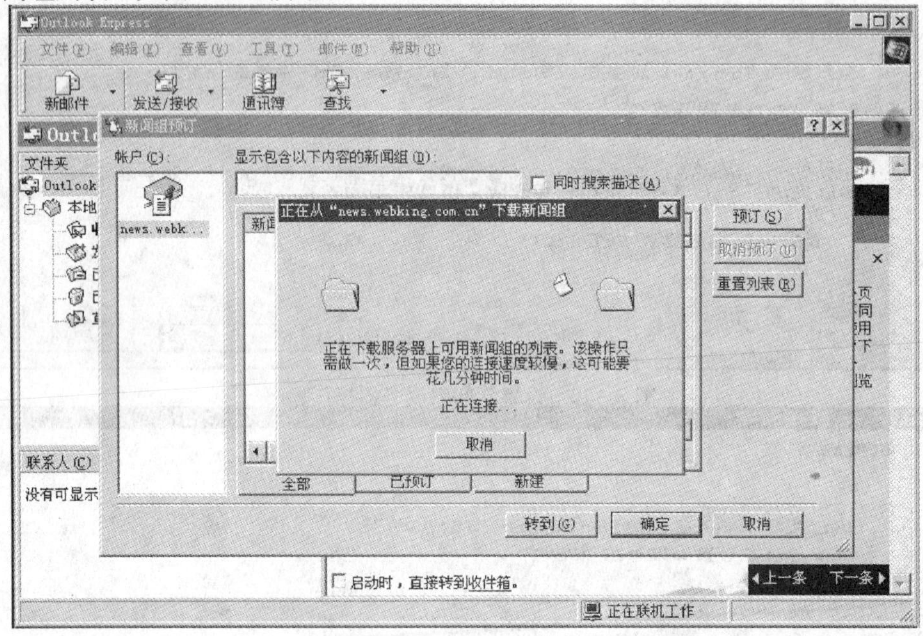

图 8—13　正在从新闻组服务器上下载新闻组

［第八步］在已经下载的新闻组列表里，选择一个新闻组列表名称，单击“预订”，已经被预订的新闻组列表名称前出现一个信封标志。通过同样的方法可以预订多个新闻组，如图 8—14 所示，最后单击“确定”。

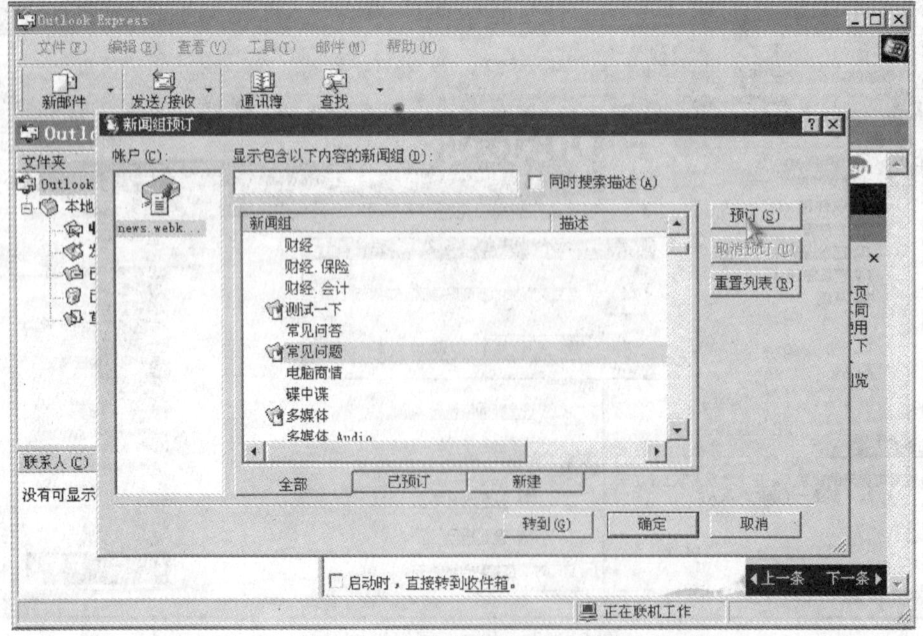

图 8—14　从新闻组列表中选择要订阅的新闻组名称

[第九步] 窗口中列出了已经订阅的新闻组的标题，如图 8—15 所示。

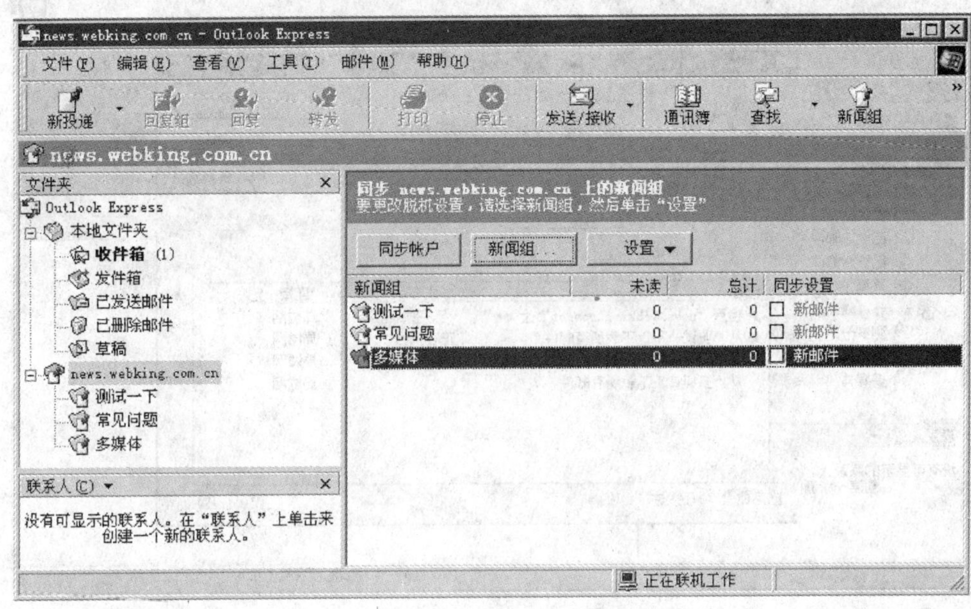

图 8—15　用户选择的新闻组

[第十步] 选中所有的新闻组列表标题，单击“设置”选择“所有邮件”后，单击“同步账户”，如图 8—16 所示。

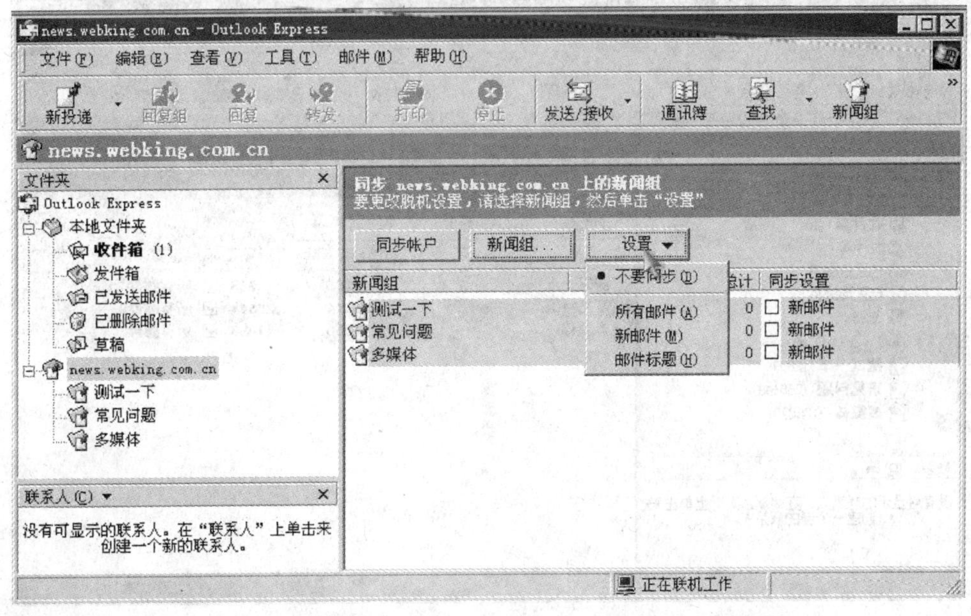

图 8—16　对新闻组进行下载操作

[第十一步] 出现下载邮件的进度条，如图 8—17 所示。

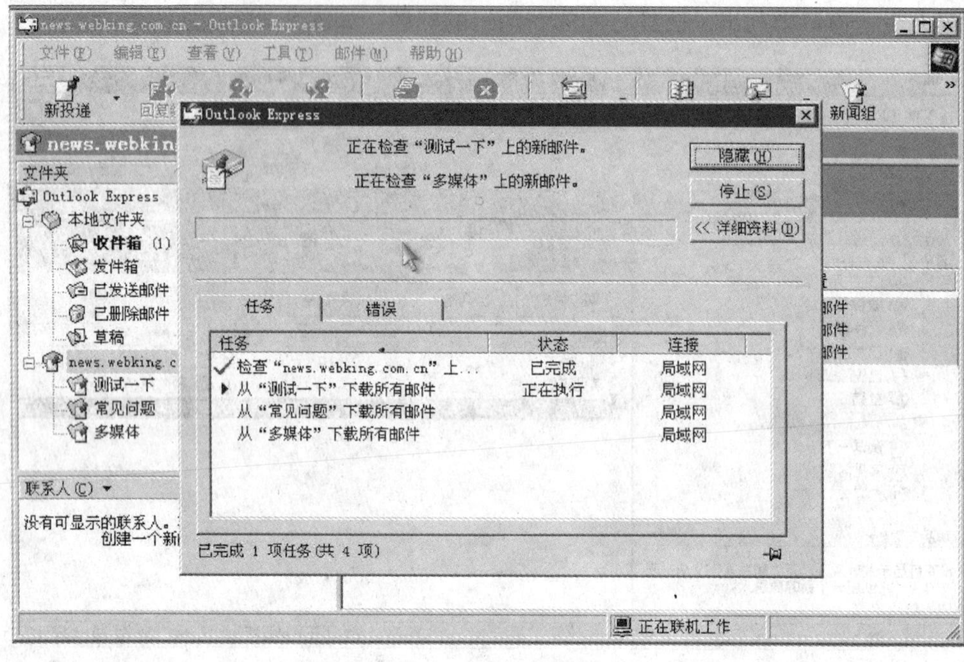

图 8—17　正在下载新闻组

［第十二步］已经下载完的新闻组标题字体变粗，并显示每个新闻组标题下邮件的数量，如图 8—18 所示。

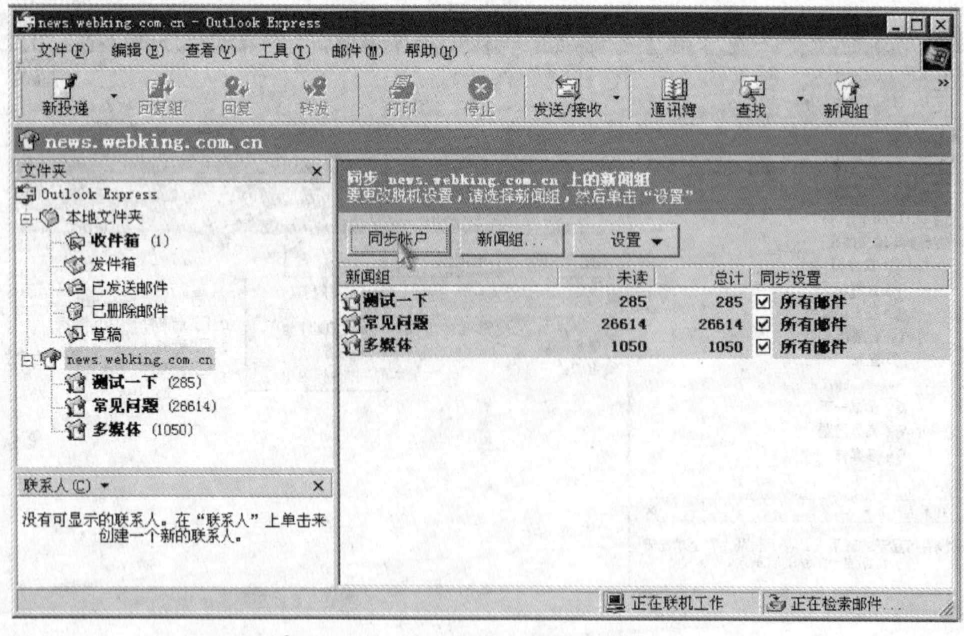

图 8—18　阅读新闻组

［第十三步］选择一个标题就可以阅读新闻组了，如图 8—19 所示。

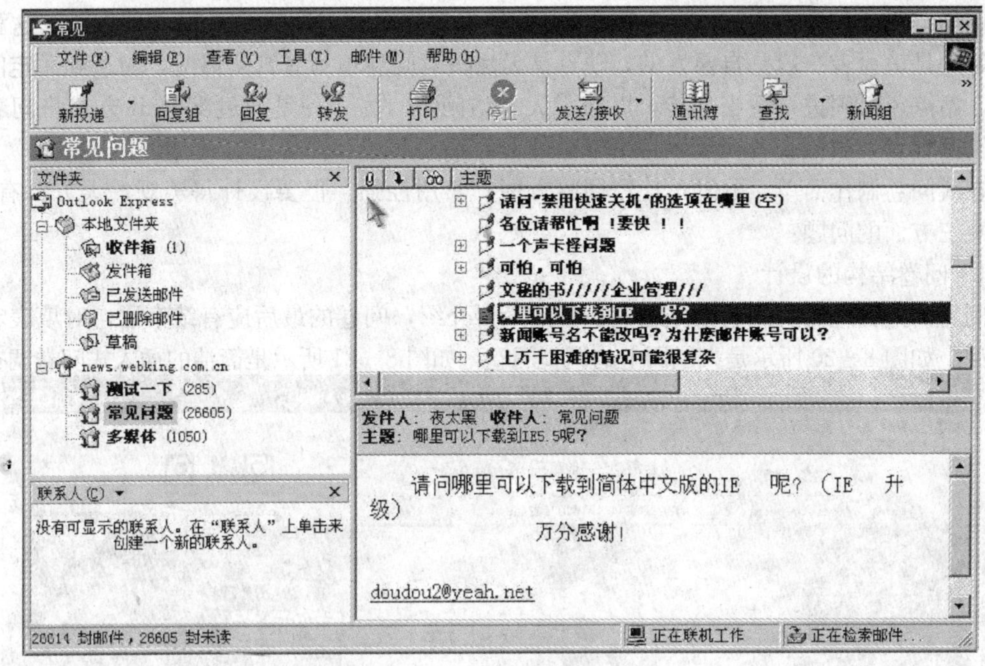

图 8—19　阅读新闻组

任务 3　利用网络调查收集商务信息

任务引入

本任务要求学生能利用网络调查问卷的方式收集网络商务信息。

任务分析

首先，利用电子商务平台提供的功能设计调查问卷，包括问卷调查的题目和选项，然后从后台将问卷发布到前台供用户填写。

相关知识

网上问卷是将问卷在网上发布，通过让访问者填写并提交问卷来收集信息的方法。网上问卷调查一般有两种途径：一种是将问卷放置在 WWW 站点上，等待访问者访问时填写问卷，例如CNNIC每半年一次的“中国互联网络发展状况调查”就是采用这种方式。这种方式的好处是填写者一般是自愿性的，缺点是无法核对问卷填写者真实情况。为达到一定问卷数量，站点还必须进行适当宣传，以吸引大量访问者。另一种是通过E-mail方式将问卷发送给被调查者，被调查者完成后将结果通过E-mail返回。

在线问卷制作简单，分发迅速，回收方便，实用性强。但要设计得美观、大方、有效，需注意三方面的问题：

1. 问卷结构的设计

问卷的上方应列明问卷的主题和调查的简要介绍，问卷的最后应有结束语，对填表者表示感谢。如图8—20所示是人民网上的调查问卷，如图8—21所示是简洁的插入式问卷调查。

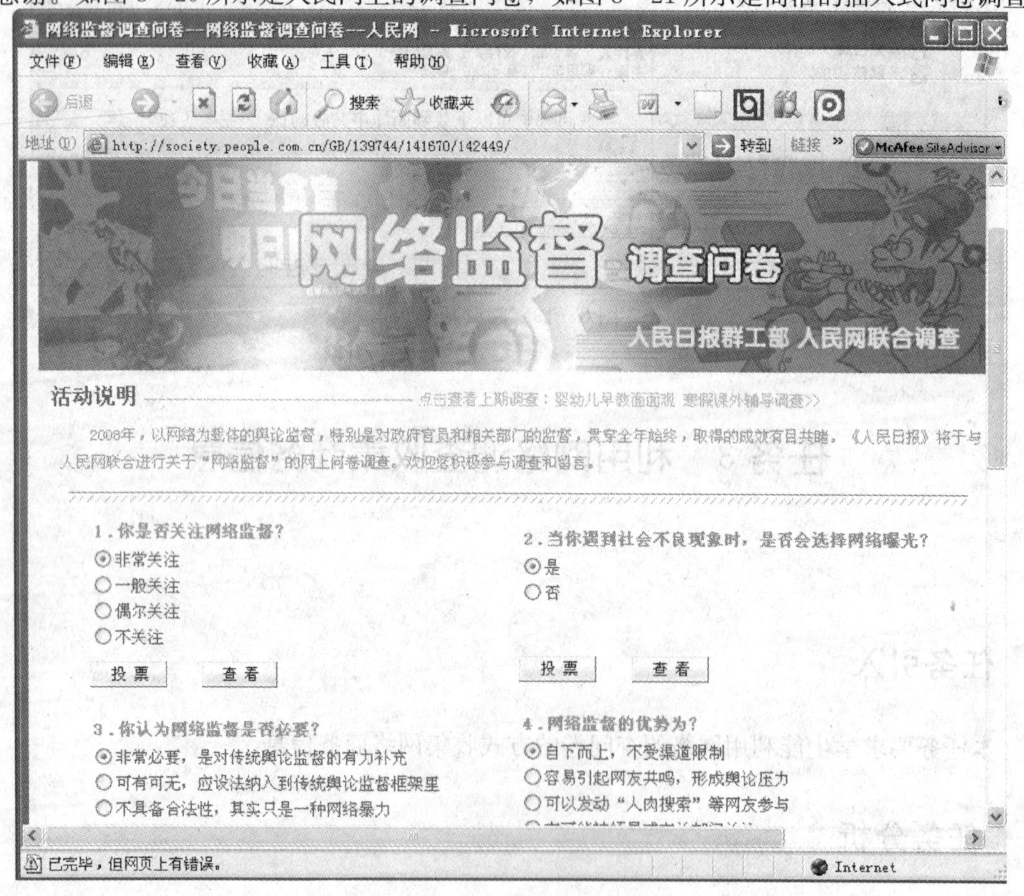

图8—20 人民网上的调查问卷

2. 问卷内容的设计

内容设计应面向普通上网用户，避免使用专业术语或有歧义的语言，问卷上的所有问题都应设计得能够得到精确答案，便于统计。

3. 提高填写问卷的参与度和完成率

问卷应设计简明扼要，如果调查的内容较多，可分块分阶段进行，也可对完成问卷的填表者给予奖励。

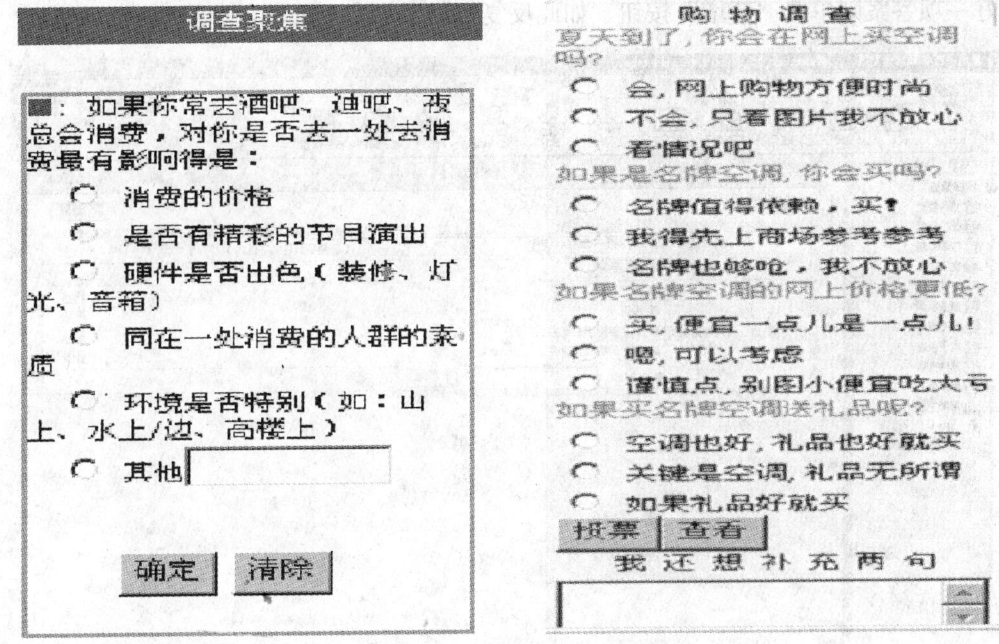

图 8—21 简洁的插入式问卷调查

任务实施

[第一步] 进入网络营销管理后台，选择目录里的“调查问卷”，单击“新建”按钮，如图 8—22 所示。

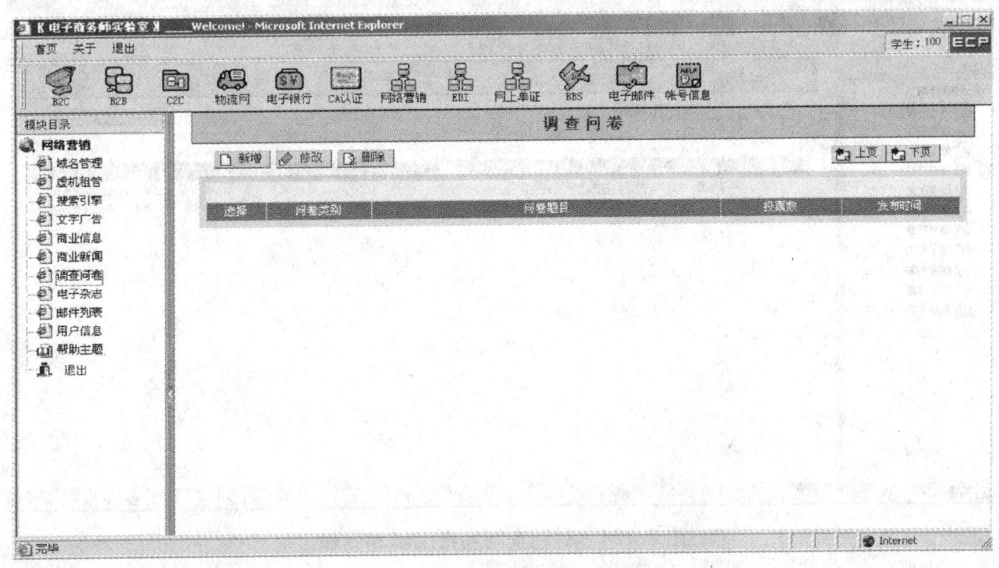

图 8—22 新建调查问卷

[第二步] 填写问卷的标题，选择问卷的所属类别，在“新增选项”里填写可选答案，

每填好一项答案则单击“新增”按钮，如此反复可以添加多个选项，如图 8—23 所示。

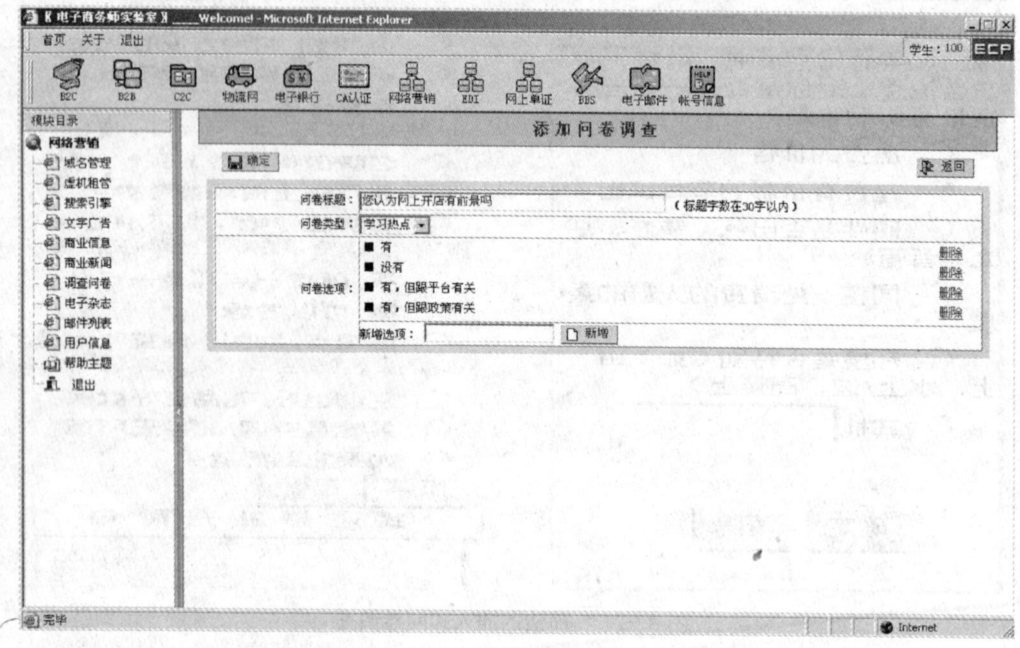

图 8—23　增加问卷选项

［第三步］已经制作好的调查问卷出现在后台列表中，可以单击“修改”或“删除”按钮对调查问卷进行再编辑和调整，如图 8—24 所示。

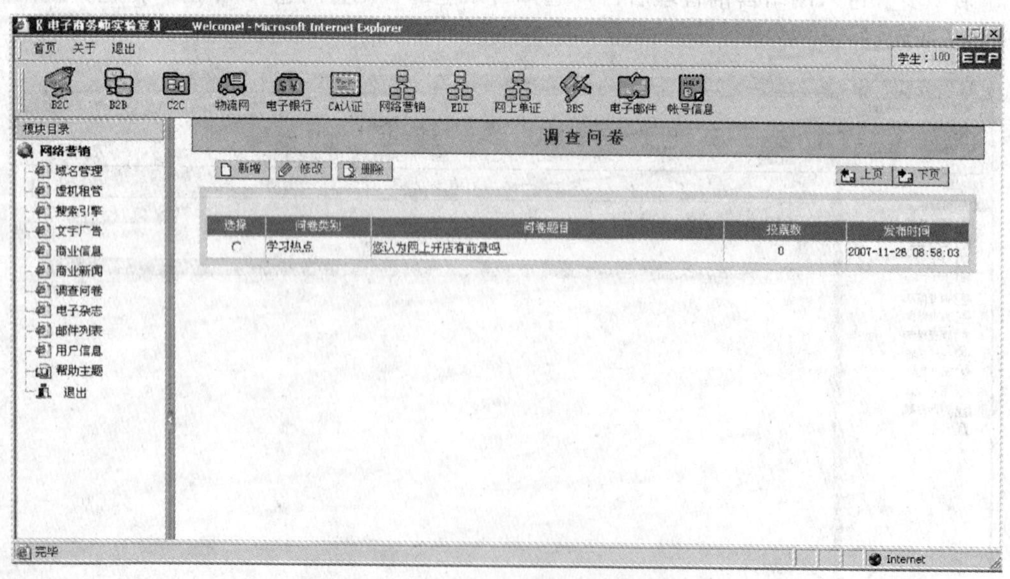

图 8—24　对调查问卷再编辑和删除

［第四步］在线调查问卷出现在网站上，用户在访问网站的时候能够看到位于页面左侧的在线调查问卷，如图 8—25 所示。

图 8—25　调查问卷发布

知识链接

1. 通过国内部分涉及宏观市场信息的网站获取信息

企业在网络营销中需要了解本国、贸易伙伴国及有关国际组织的贸易政策、金融政策、自然条件、社会风俗以及相关的法律和法规。这类信息一般可在各类政府网站或国家主办的为促进贸易而设的网站上查询，这类网站一般提供了比较详尽的宏观信息。如图 8—26 和图 8—27 所示为中华人民共和国国家发展和改革委员会网站（www. ndrc. gov. cn）和商务部网站（www. mofcom. gov. cn）的主页页面。

为了促进国内与国外的贸易合作，商务部还有针对性地开通了中俄经贸合作网（www. crc. mofcom. gov. cn）、中新经贸合作网（www. csc. mofcom－mti. gov. cn）、上海合作组织经济合作网（www. sco－ec. gov. cn）等双边或多边贸易网站。利用这些网站，可以及时了解有关国家和地区的贸易动向，提高贸易的成功率。

2. 通过可以提供调研服务的网站获取信息

（1）国内可以提供调研服务的网站

国内一些网站上也提供了市场信息的调研服务，例如中国调查网（www. comrc. com. cn，见图 8—28）提供市场调查、企业调查、传媒调查和舆论调查；零点调查网（www. horizon-china. com，见图 8—29）的调查业务主要涉及耐用消费品、媒体

图 8—26　中华人民共和国国家发展和改革委员会网站主页

图 8—27　中华人民共和国商务部网站主页

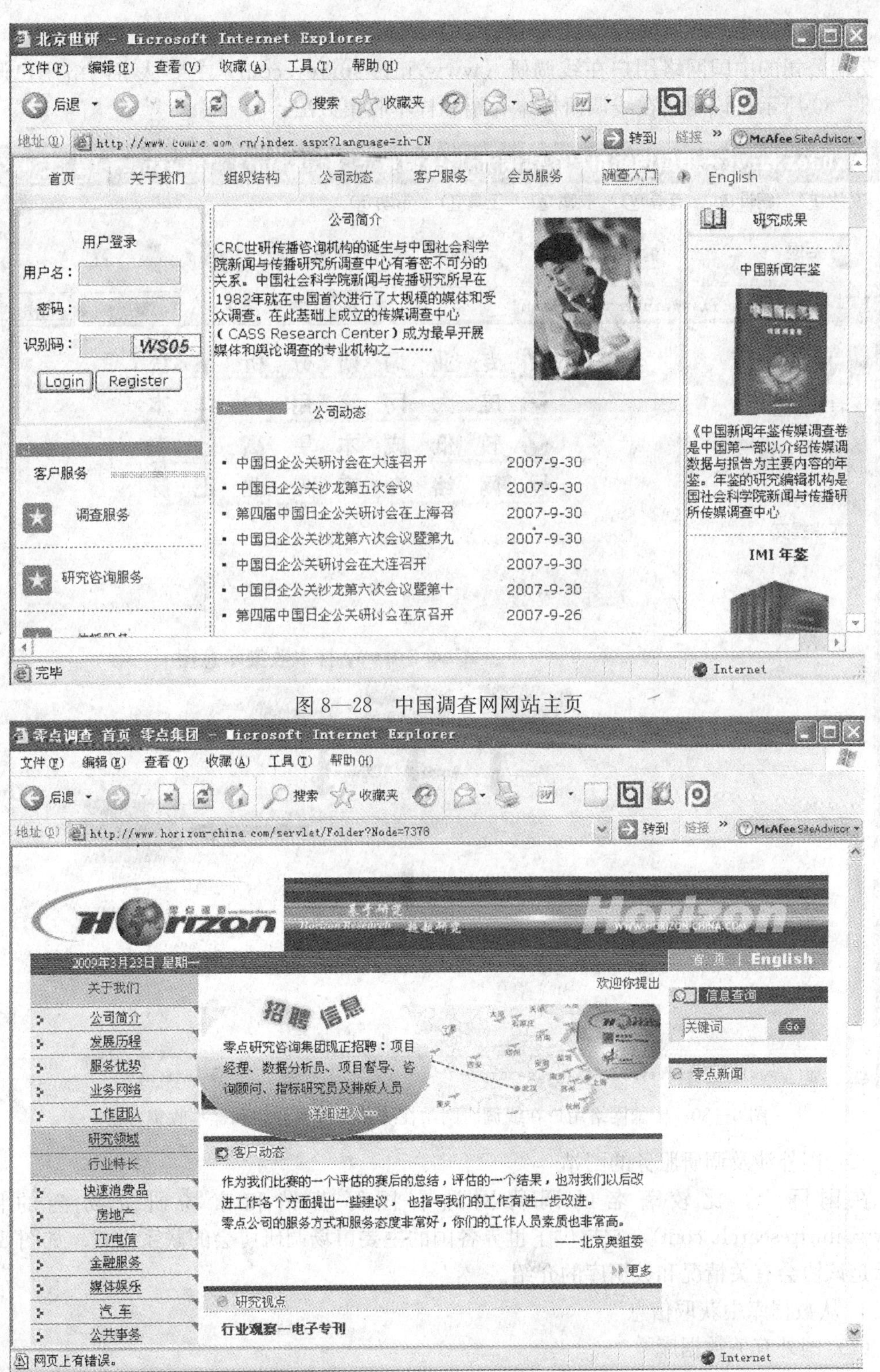

图 8—28　中国调查网网站主页

图 8—29　零点调查网网站主页

娱乐、快速消费品、政府研究、IT 电信、金融保险等 30 多个行业。

艾瑞公司的中国网络用户在线调研（www.iusersurvey.com）主要从事网络用户调研。如图 8—30 所示是该网站在线调研样本介绍和样本收集方法。

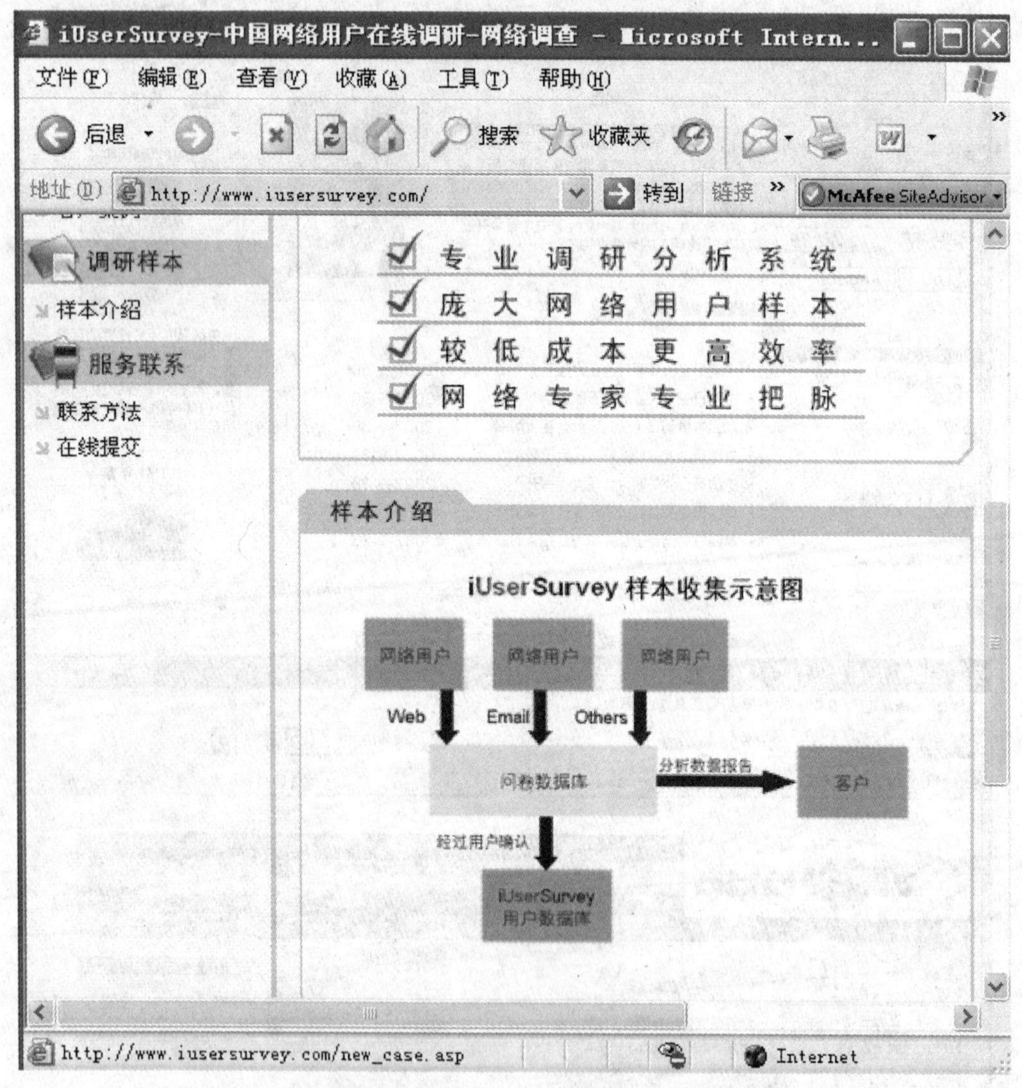

图 8—30 中国网络用户在线调研网站在线调研样本介绍和样本收集方法

（2）国外涉及调研服务的网站

在国际上，比较著名的调研网站有国际营销和市场研究协会的网站（www.imriresearch.com），它提供了世界各国的主要市场调研协会的联系方式。如图 8—31 所示是该协会有关情况和数据库的介绍。

3. 从数据库中获取信息

（1）国外有关数据库

数据网（www.dialog.com，见图 8—32）是世界上最大的数据库检索系统，它包括了

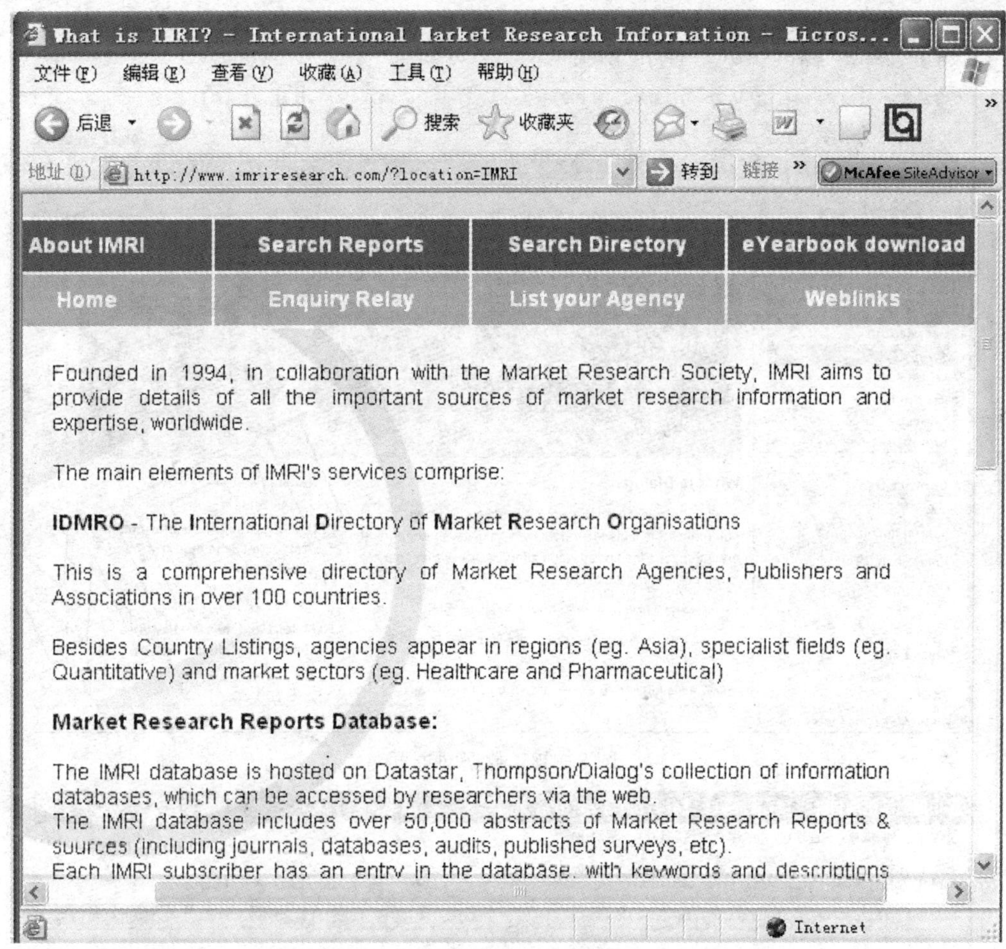

图 8—31　世界营销和市场研究协会有关情况和数据库的介绍

全球大多数的商用数据库资源。另外，它提供了一套专门的信息检索技术，有专用的命令，初次使用者需要认真学习才能掌握。它提供了一个免费的扫描程序，可以帮助查询者得到扫描结果。但若要索取具体的内容则要支付相应的费用。

（2）国内有关数据库

国内比较常用的网络数据库有万方数据资源系统、中文科技期刊数据库、中国知网等。

万方数据资源系统（www.wanfangdata.com.cn，见图 8—33）由万方数据集团与中国科技信息研究所共同开发，是一个以科技信息为主，集科技、经济、文化信息为一体的网络数据库群，主要包含以下三类信息资源：科技信息系统，包括中国学位论文数据库、中国会议论文数据库、中国科技成果数据库、专利技术数据库、中外标准数据库和科技文献数据库；数字化期刊，以中国数字化期刊群为基础，整合了中国科技论文与引文数据库及其他相关数据库中的期刊条目部分内容，基本包括了我国文献计量单位中自然科学类统计源刊和社会科学类核心源期刊；企业服务子系统，包括政策法规数据库、中国科研机构数据库、科技

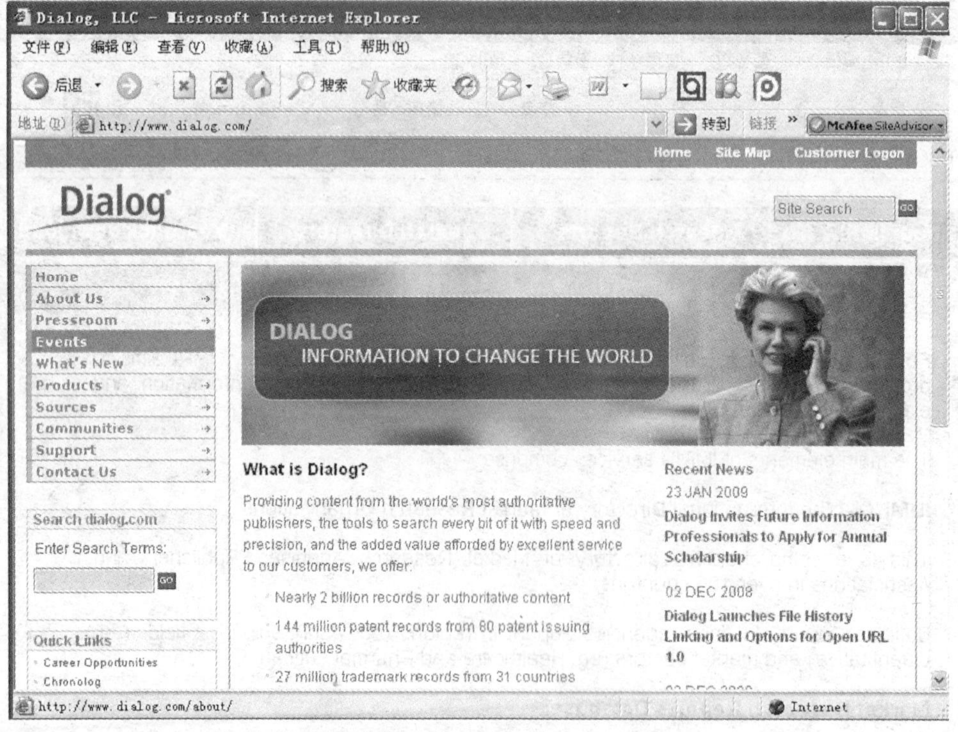

图 8—32 数据网主页

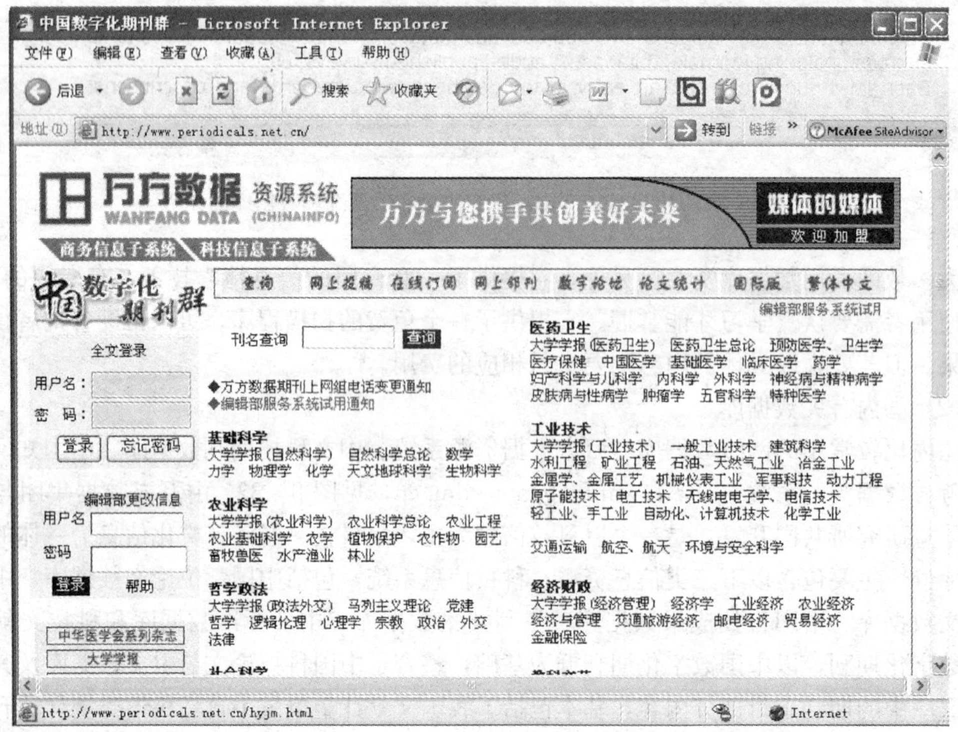

图 8—33 万方数据资源系统主页

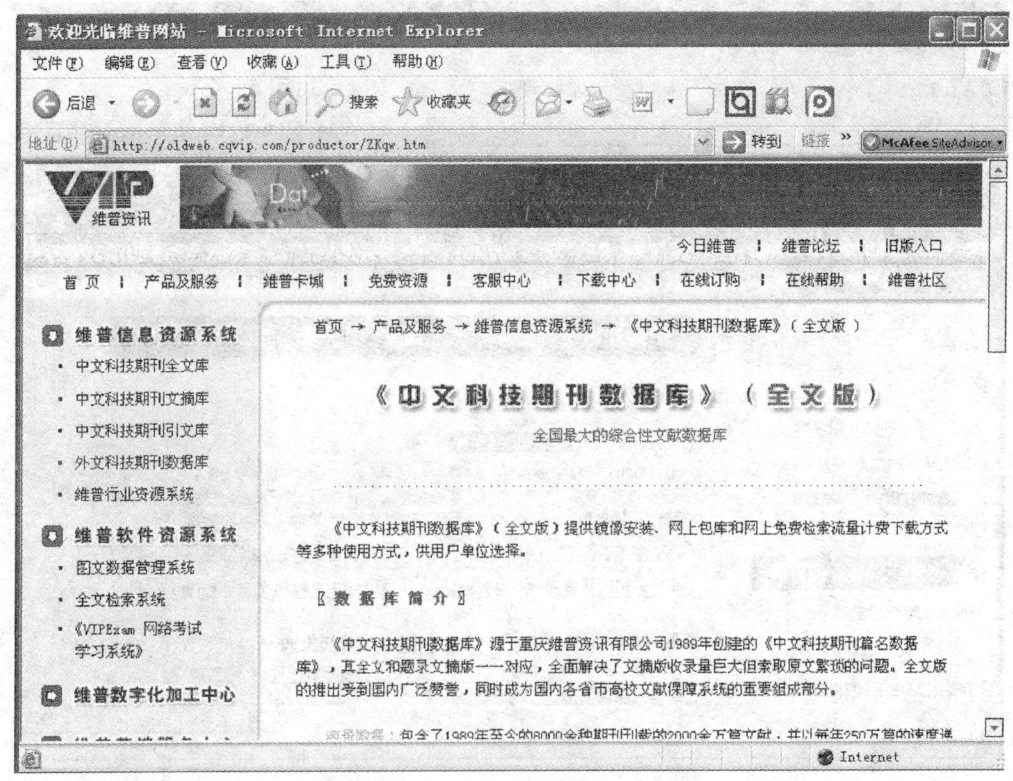

图 8—34　中文科技期刊数据库的主页

名人数据库等。

中文科技期刊数据库（http：//dxl. cqvip. com/index. asp，见图 8—34）是科学技术部西南信息中心下属重庆维普资讯有限公司开发的数据库。该库是目前国内最大的综合性科技类文献数据库，包括中文科技期刊数据库、中文科技期刊数据库（引文版）、外文科技期刊数据库、中国科技经济新闻数据库、维普医药信息资源服务系统，涵盖自然科学、工程技术、农业、医药卫生、经济、教育和图书情报等学科的 8 000 余种中文期刊数据资源。

中国知网（http：//www. cnki. net/index. htm，见图 8—35）是中国知识基础设施工程（China National Knowledge Infrastructure，CNKI）的主要组成部分，由清华大学、清华同方发起建设。包括中国期刊全文数据库、中国优秀博硕士学位论文全文数据库、中国重要会议论文全文数据库、中国重要报纸全文数据库、中国图书全文数据库、中国年鉴全文数据库、中国引文数据库等。

4. 利用网络收集市场供应信息

企业的生产活动需要采购大量的原材料，利用网络可以收集到相应的供应信息，诸如原材料的产地、价格、交货方式和支付方式等。通过分析比较，可以降低采购成本。

（1）生产商的网站

这类网站所提供的原材料价格常常是最低的。营销人员应根据本企业长期积累的购销关系，并通过网络搜索，发现供应商的站点，寻找适合自己的产品价格。

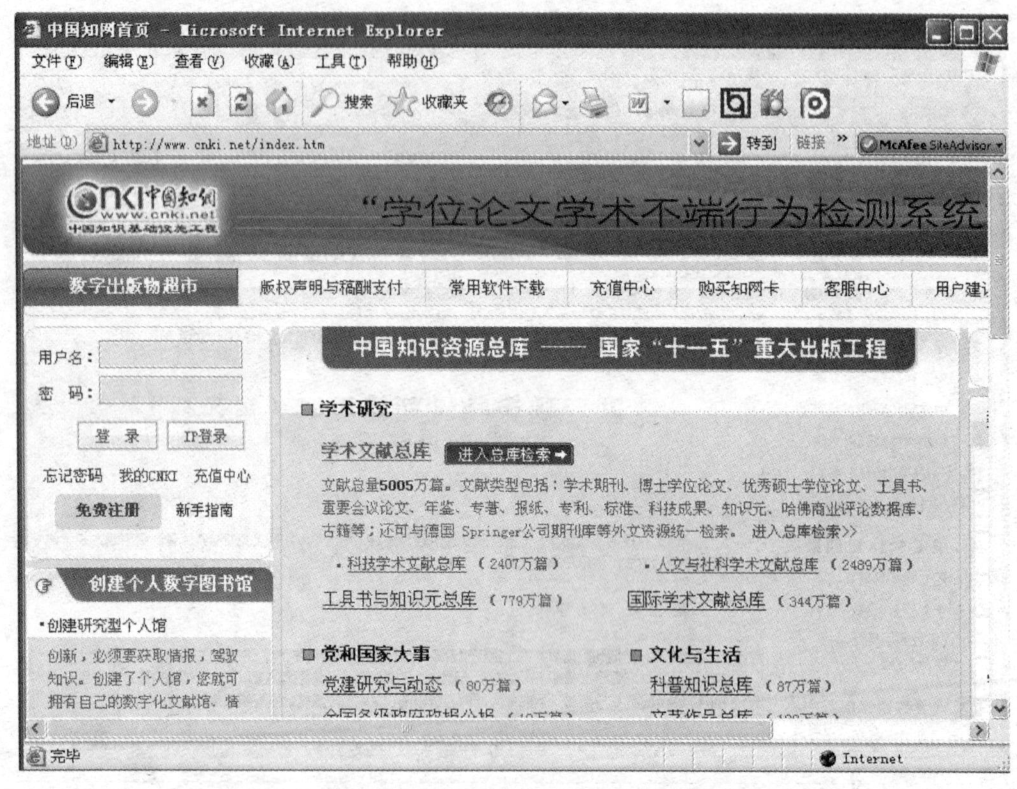

图 8—35　中国知网的主页

（2）生产商协会的网站

这类网站也可通过搜索引擎进行检索而查询到。通常，这些网站上都列出了该生产商协会所有会员单位的名称及联系办法，但是一般都没有列出这些会员单位自己的网站。主要原因是这类协会的网站建立时，绝大部分的协会会员还没有建立网站。此时，可以向这些机构发出请求帮助的电子邮件，一般都会得到满意的结果。查出生产商的网站之后，一般都会发现具体产品的报价。如果厂方站点中没有标明价格，可以查出其负责销售或者提供信息的 E-mail 地址，如 Sales@×××或 Info@×××（一般都出现在比较突出的位置），然后向其发电子邮件进行查询。

任务 4　整理网络商务信息

任务引入

通常从互联网上收集到的信息是零散的，甚至其中可能还有一些是过时的甚至无用的信息，并且信息的格式可能并不一致，因此，快速准确地将网络商务信息整理成企业需要的信息就显得非常重要了。本任务要求掌握整理网络商务信息的方法。

任务分析

从网络收集到的商务信息，需经过编辑、分类、组合、整理之后才能将片面零碎的信息转变为较为系统的信息，这项工作一般分为以下几个步骤：明确信息来源、浏览并下载信息、分类、筛选、加工处理。

相关知识

一、网络商务信息的处理

1. 明确信息来源

下载信息时，由于各种原因而没有将网址准确记录下来，这时首先应查看前后下载的文件中是否有同时下载和域名接近的文件，然后用这些接近的文件域名作为原文件的信息来源。如果没有域名接近的文件，应尽量回忆下载站点，以便以后有机会还可以再次查询。对于重要的信息，一定要有准确的信息来源，没有下载信息来源的，一定要重新检索。

2. 浏览并下载信息

从 Internet 上下载的文件，由于时间的限制，一般都沿用原网站提供的文件名，这些文件名很多是由数字或字母构成的，使用起来很不方便。因此，从网上下载文件后，需要将文件重新浏览一遍，添加文件名。

3. 信息分类

从 Internet 上收集到的信息往往非常零乱，必须通过整理才能使用。分类的办法可以采用专题分类，也可以建立自己的查询系统。将各种信息进行分类，把具有相同类特征的信息分为同一类，而把具有不同特征的信息分为不同的类。除了分类处理之外，往往还需要进一步做信息排序处理。在分类和排序的基础上，还应当编制信息的储存索引。这样，用户就可以按照索引的引导快速查询出所需要的信息。

4. 信息筛选

在浏览和分类过程中，对大量的信息应进行初步的筛选，确定完全没有用的信息应当及时删去。不过应当注意，有时有些信息单独看起来是没有用的，但是综合许多单独信息，就可能发现其价值。例如市场销售趋势必定在数据的长期积累和一定程度的整理后才能表现出来。还有一些信息表面上是相互矛盾的，例如，一家纸业公司的经理想了解一下新闻纸的市场行情，检索到的结果可能会出现两种情况：一类信息告诉他，新闻纸供大于求，而另一类信息则说新闻纸供不应求，这时就要把这些信息进行科学的分类整理，然后进入加工处理。

5. 网络信息的加工处理

网络信息的加工处理是指将各种有关信息进行比较、分析，形成新的有价值的信息资源。信息加工的目的是要进一步改变或改进信息利用的效率，使其向着最优化发展。因此，信息加工处理是一个信息再创造的过程，它并不是停留在原有信息的水平，而是通过加工出能帮助了解和控制下一步计划的程序、方法、模型等信息。

从网络上得到的信息有时候会是自相矛盾的，还有一些可能是商业对手散布的用来迷惑竞争者的虚假信息。对于上面提到的关于新闻纸的两条信息，就需要进行人工处理。首先要对这两条信息的发源地，发布时间等进行比较，如果发源地和时间都基本相同，其次就要参考其他信息来进行比较，最终获得真正有价值的信息。

二、网上信息常见文件格式

1. 文档文件格式

常见的文档格式文件格式包括 TXT 纯文本格式、DOC 文档格式、WPS 文档格式、XLS 电子表格 Excel 文件、PPT 由 PowerPoint 所制作的演示文稿文件格式等。常用的处理文档格式的软件有微软的 Office 和金山的 WPS 软件。

2. 图像文件格式

图像文件格式包括 BMP 基本位图格式、GIF 图像文件、JPG 图像文件、PSD 文件格式等。常用的处理图像文件的软件有 PHOTOSHOP 和 ACDSEE 等。

3. 网络常见文件格式

（1）HTM/HTML

超文本标识语言生成的网页文件，可以利用 NETSCAPE 内置的网页编辑器或者 MicrosoftFrontPage98等 HTML 编辑工具制作。

（2）DHTML

由动态超文本语言生成的动态网页。

（3）ASP

ActiveScriptPage，可在 NT 上用 Activescript 编写网页程序。

网络常见格式文件，均可通过 IE 的保存功能，保存成文本文档格式。

4. 压缩文件格式

压缩文件包括 ZIP 压缩文件格式、RAR 压缩文件格式等。常用的解压缩软件有 WinRAR和 Winzip。

5. 电子图书文件格式

电子图书文件格式包括 PDF 格式文件、CAJ 格式文件，以及 WDL 文件格式等。许多电子书籍、政府文书等内容都采用了 PDF 格式，可以用 AdobeAcrobatReader 打开该格式文件；CAJ 格式可用 CAJViewer 打开；而 WDL 必须用专门的（华康科技）阅读器才能阅读。

任务实施

一、存储网络商务信息

［第一步］要保存的网页上方选择“文件”→“另存为…”命令，如图 8—36 所示。

［第二步］在出现的对话框中出现文件名、文件格式以及编码的默认名称。网页文件的默认格式是 . html，如果用户选择这样的格式，则将网页的图片、文字等内容全部保存下

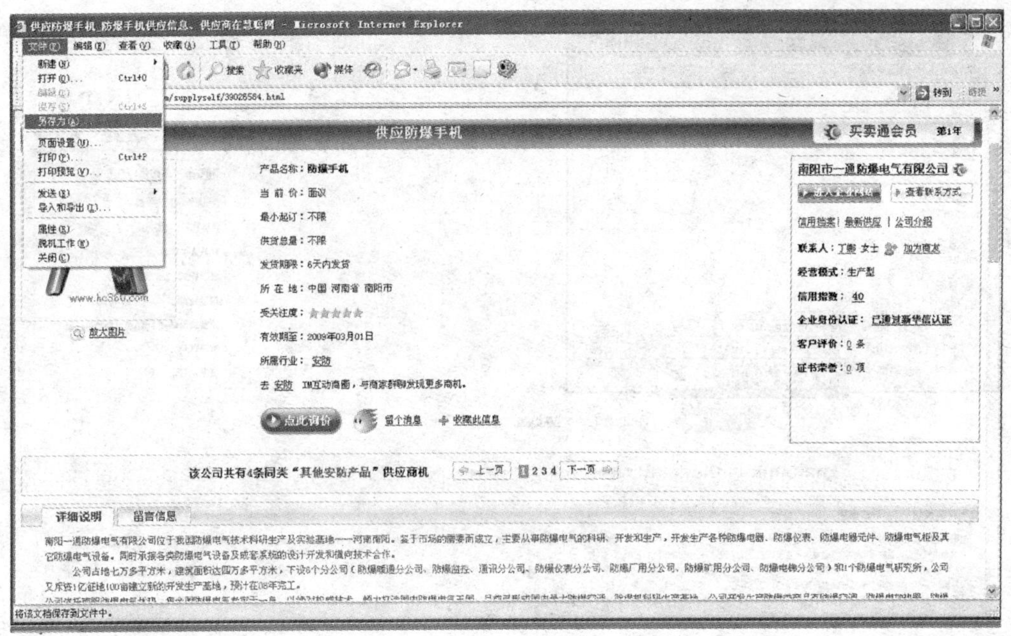

图 8—36　保存网页的命令操作

来，如图 8—37 所示。

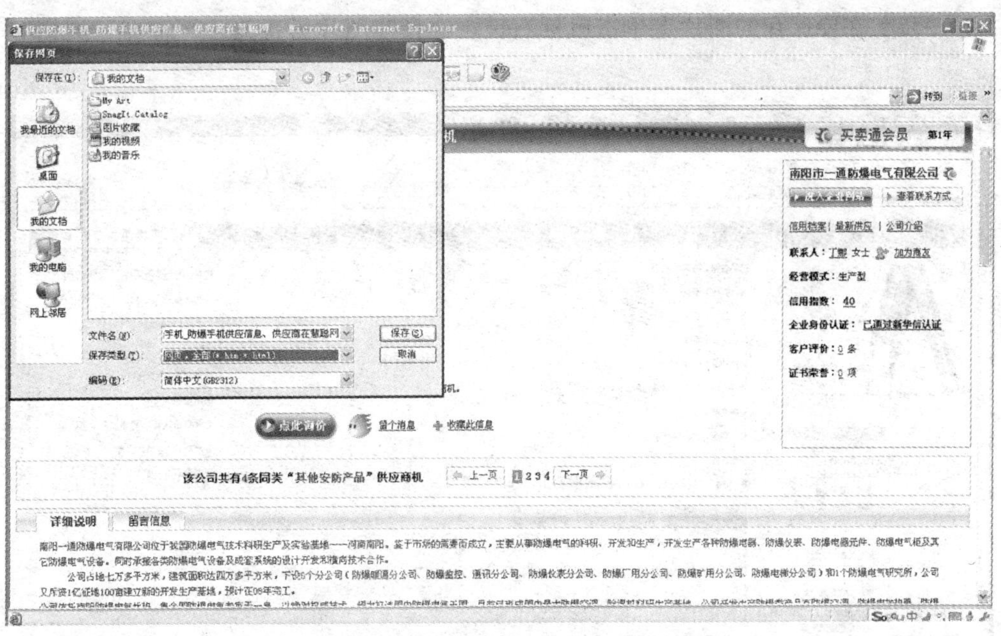

图 8—37　选择要保存网页的文件格式操作

［第三步］单击文件名用户可以重新给文件起名，在文件格式的下拉列表中可以根据需要选择其他文件格式。本任务只需要该网页的产品介绍信息，所以选择 *.txt 文件格式，如图 8—38 所示。

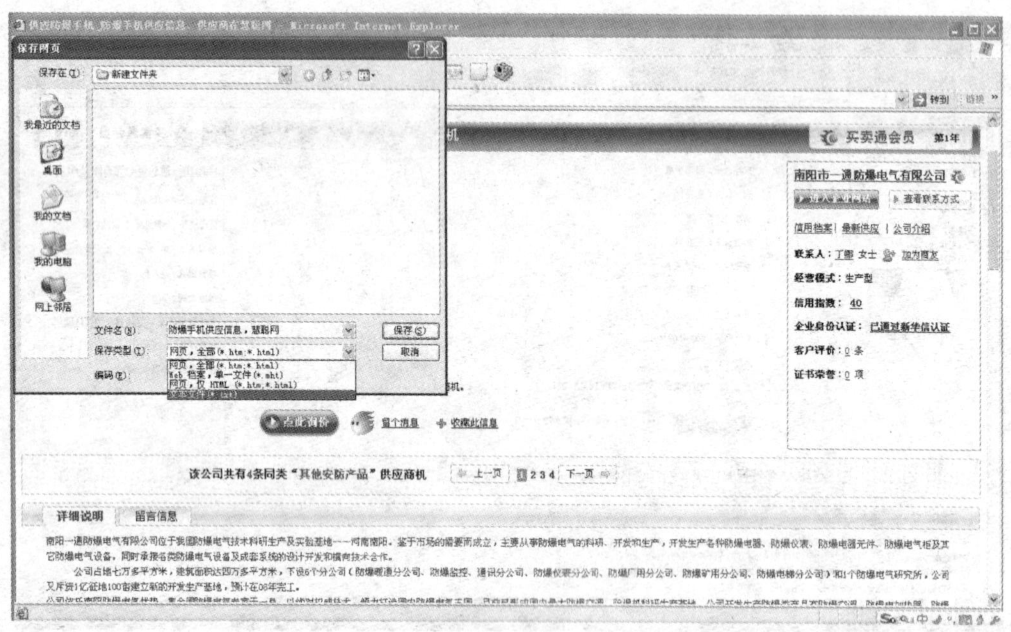

图 8—38　在下拉列表中选择不同的文件格式

二、保存网页中的图片

［第一步］在要保存的图片上单击鼠标右键，选择“图片另存为…”命令，如图 8—39 所示。

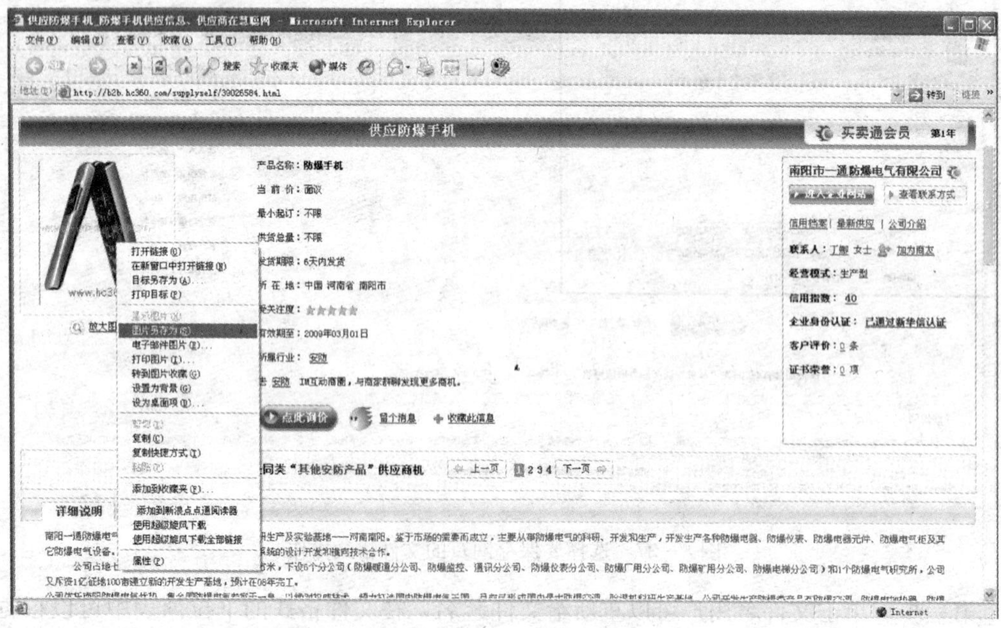

图 8—39　保存网页中图片的操作

[第二步] 在出现的对话框中选择图片文件的格式 *.jpg 该图片文件另起一个名字，单击“保存”，如图 8—40 所示。

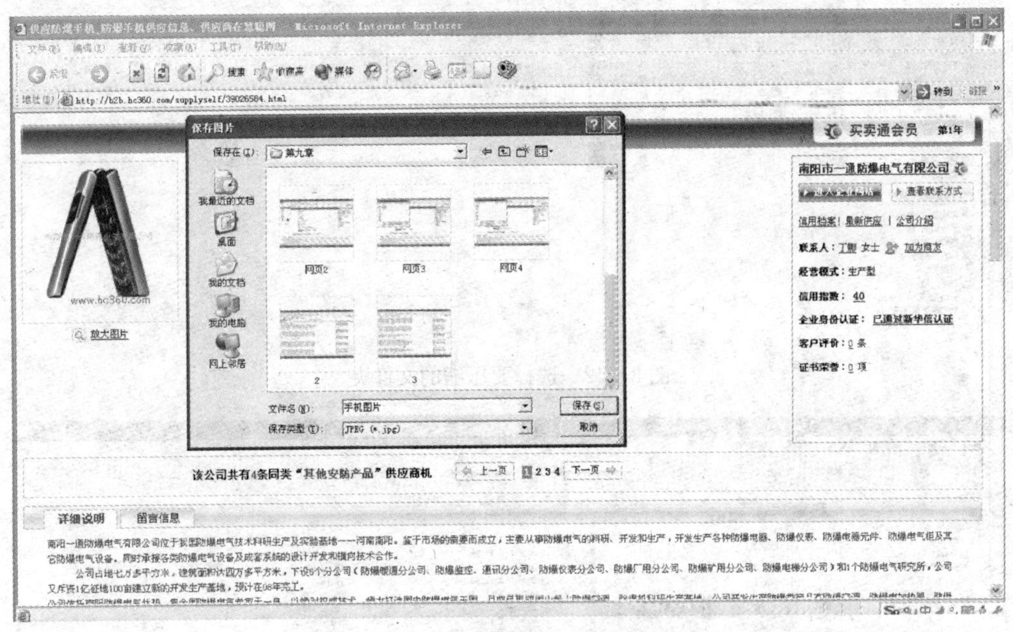

图 8—40　保存图片的对话框

[第三步] 在存放的文件夹里可以看到保存的文件的图标和文件名称，如图 8—41 所示。

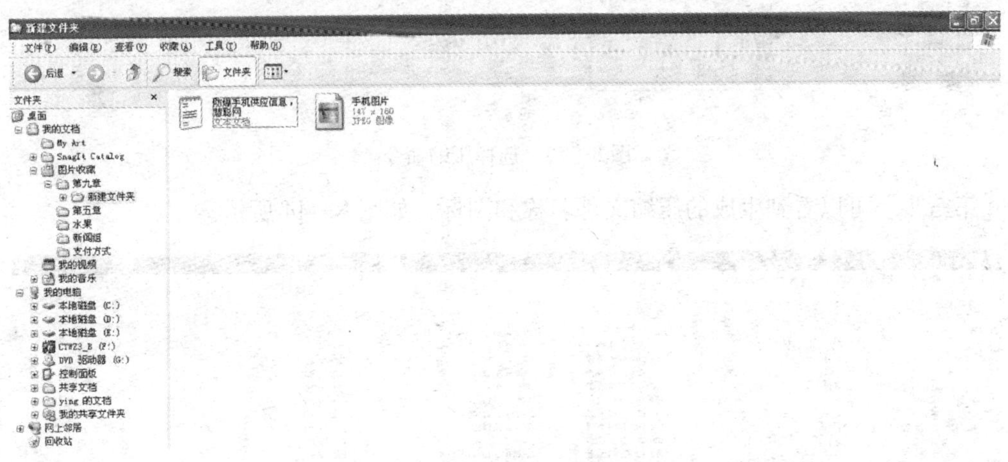

图 8—41　已保存的文本文件 *.txt 和图片文件 *.jpg 的图标

三、将文件夹压缩和还原

[第一步] 选择要压缩的文件夹名称，本任务选择“网络商务信息”的文件夹，如图 8—42所示。

[第二步] 在该文件夹上单击鼠标右键，选择“压缩到网络商务信息.RAR”命令，即在该路径下生成一个以该文件夹为名称的压缩文件，如图 8—43 所示。

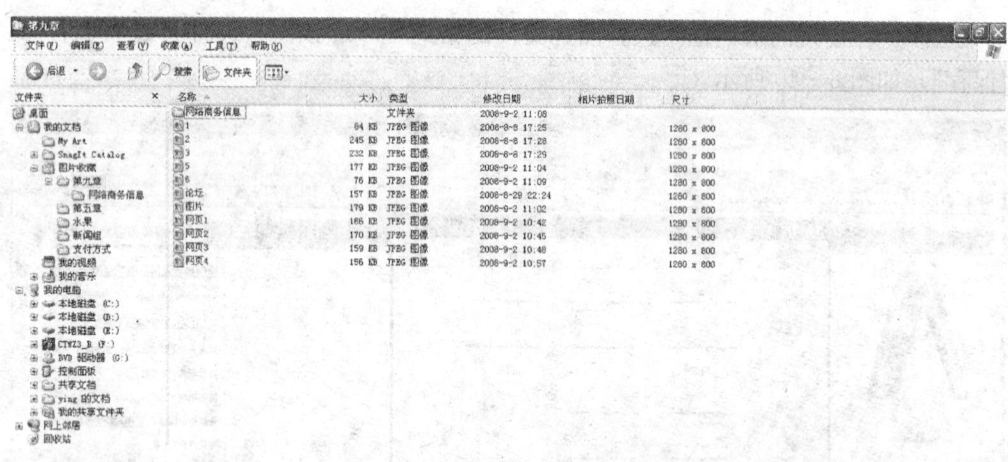

图 8—42　选择要压缩的文件夹

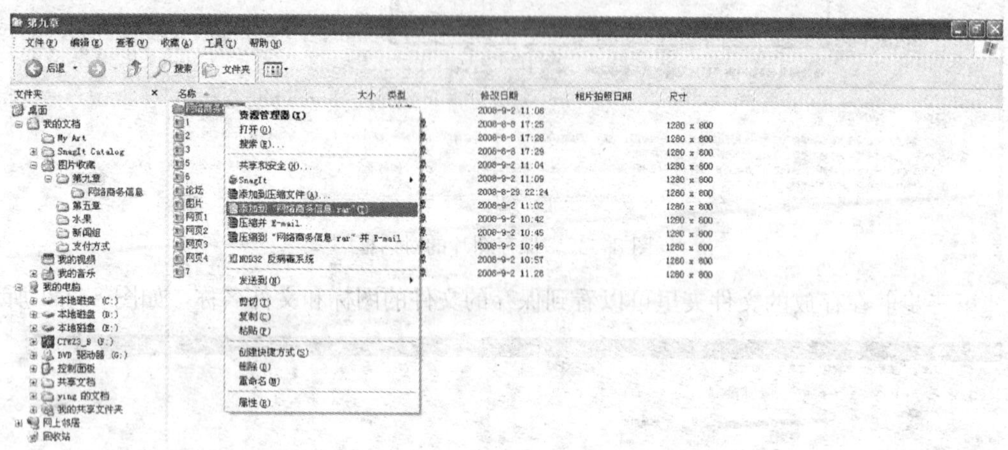

图 8—43　选择压缩命令

［第三步］可以看到生成的压缩文件名称和图标，如图 8—44 所示。

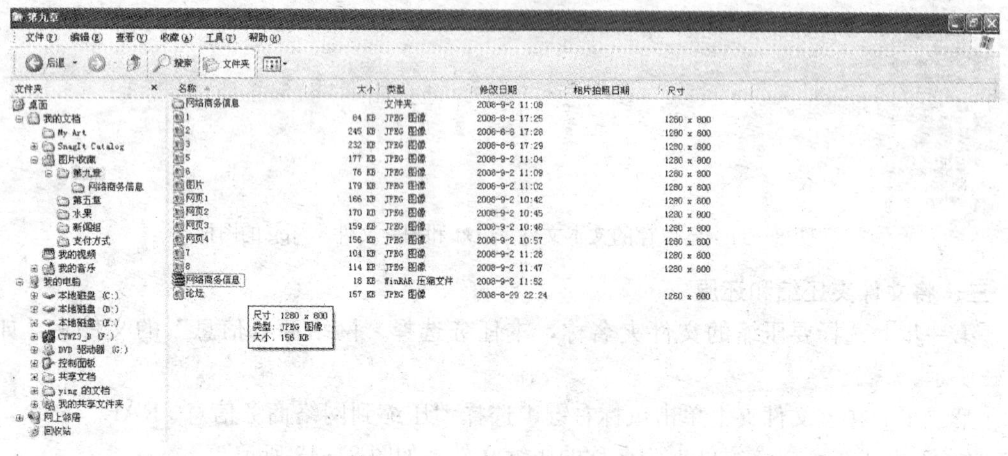

图 8—44　生产的压缩文件

[第四步] 在压缩文件上单击鼠标右键，选择“解压缩到当前文件夹”命令，则将该压缩文件解压缩，如图 8—45 所示。

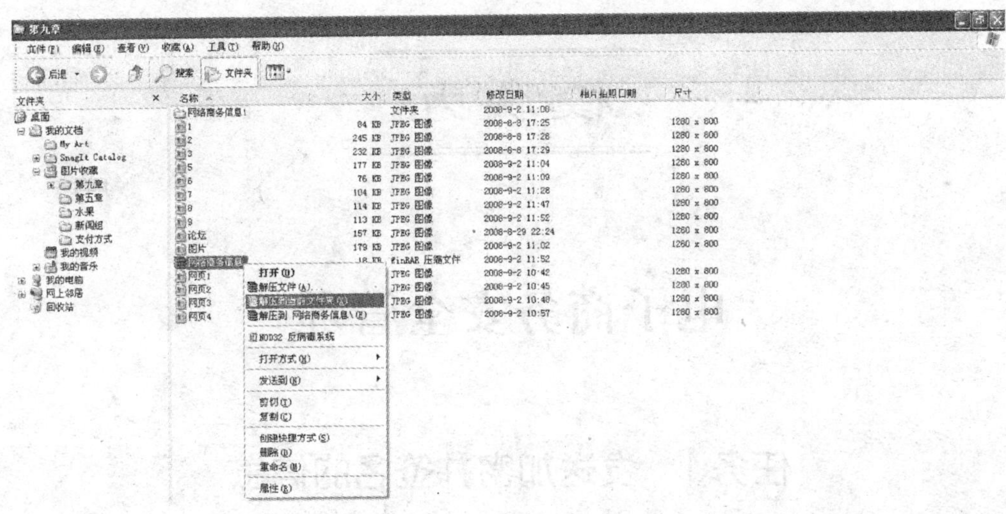

图 8—45　选择解压缩命令

[第五步] 为了区别，将原来要压缩的文件夹的名称后面加个符号 1，则可以看到解压缩后的文件夹与压缩文件同名并出现在同一路径下，如图 8—46 所示。

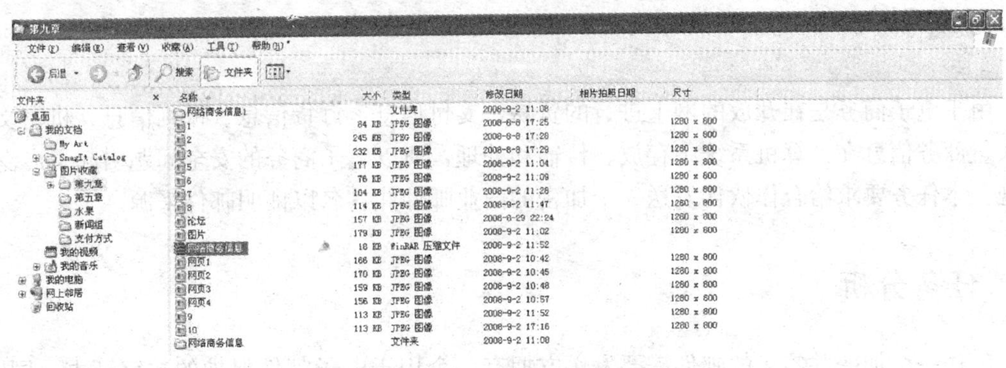

图 8—46　解压的文件夹

思考与练习

1. 简述网络商务信息的概念。
2. 网络商务信息具有什么显著的特点?
3. 网络商务信息检索的基本要求有哪些?
4. 解决网络商务信息检索困难的办法有哪些?
5. 什么是邮件列表?
6. 在检索网络商务信息时如何保证信息的实效性?
7. 新闻组和论坛有什么区别?

模块九

电子商务安全管理

任务1　发送加密并签名的信息

任务引入

由于电子商务是在开放的网上进行的贸易，支付信息、订货信息、谈判信息、机密文件等大量商务信息在计算机系统中存放、传输和处理，所以电子商务的安全问题引起了广泛的重视。本任务要求给合作伙伴发送一个加密的商业邮件并签名以证明邮件来源。

任务分析

发送一个加密并签名的邮件需要发送方拥有一个用于电子邮件保护的数字证书，同时，发送方和接收方必须在同一个信任体系下。

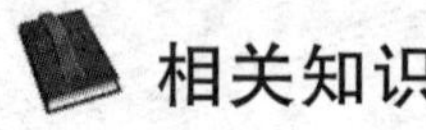

相关知识

一、电子商务的安全要求

1. 保密性

保密性是指商务信息在传输或存储过程中不被他人窃取，确保信息和数据只能被得到授权的人读取。在利用网络进行的交易中，必须保证商务信息的发送者和接收者之间交换的信息的保密性。电子商务作为一种贸易的手段，其信息直接代表着个人或企业或国家的商业机密；而电子商务系统是建立在一个较为开放的网络环境上的，维护商业机密是电子商务全面推广应用的重要保障。因此，要预防信息大量传输过程中被非法窃取，必须确保只有合法用户才能看到数据，防止信息被窃看。从消费者角度来看，除了消费者指定的接收方外，确保其他人不能读取。从商家角度来看，信息或者机密数据不会被那些没经授权者读取。

2. 完整性

完整性是指数据受到保护而不会在未经授权或偶然的情况下被更改或破坏。数据在传输过程中或在被存储后可能被更改或破坏，例如预定支付数据就需要保证其完整性。由于数据输入时的意外差错或欺诈行为，可能导致贸易各方信息的差异；从消费者角度来看，消费者发出或接收的信息被篡改了，从商家角度来看，网站上的数据未经授权就被改变了，数据是来自合法的消费者。此外，数据传输过程中的信息丢失、信息重复或信息传送顺序差异也会导致贸易各方信息的不同。贸易各方信息的完整性将影响到贸易各方的交易和经营策略。

3. 有效性

电子商务信息的有效性将直接关系到个人、企业或国家的经济利益和声誉，交易的有效性在其价格、期限、数量作为协议的一部分时尤为重要。信息接收方可以证实所接收的数据是发出方发出的，而发出方也可以证实只有指定的接收方才能接收。

4. 不可抵赖性

不可抵赖性是指确保电子商务参与者无法抵赖（或否认）其网上行为。在无纸化的电子商务方式下，通过手写签名或印章进行贸易各方的鉴别已经不可能了。因此，要求在交易信息的传递过程中为参与交易的个人、企业或国家提供可靠的标识，使发出方在发送数据后不能抵赖、接收方在接收数据后也不能抵赖。

5. 真实性

真实性是指交易各方确实存在，不是假冒、虚拟的。网上交易的各方相隔很远、互不了解，要使交易成功，必须互相信任，对商家要考虑客户是不是骗子，对客户要考虑商店是不是黑店、是否有信誉。

6. 系统的可靠性

电子商务系统是计算机系统，其可靠性是指防止由于计算机失效、程序错误、传输错误、硬件故障、系统软件错误、计算机病毒和自然灾害等所产生的潜在威胁，并加以控制和预防，确保系统安全可靠性。

二、电子商务系统安全所涉及的因素

1. 物理安全

物理安全是指保护计算机主机硬件和物理线路的安全，保证其自身的可靠性和为系统提供基本安全机制。影响物理安全的重要因素：火灾、自然灾害、辐射、硬件故障、搭线窃听、盗窃、偷窃和超负荷等。

2. 网络安全

网络安全是指网络层面的安全。计算机网络有许多不安全的因素，网络上的计算机有可能被攻击；大部分的 Internet 协议没有进行安全性设计；网络服务器程序经常需要用超级用户特权来执行。

3. 系统软件安全

系统软件安全是指保护软件和资料不会被篡改、泄露、破坏、非法复制（包括有意或无意）。系统软件安全的目标是使计算机系统逻辑上安全，使系统中的信息存取、处理和传输满足系统安全策略的要求。系统软件安全可分为：操作系统安全、数据库安全、网络软件安全、应用软件安全。

4. 人员管理安全

人员管理安全主要是要防止内部人员的攻击。包括：雇员的素质、敏感岗位的身份识别、安全培训、安全检查等人员管理安全问题。

5. 电子商务安全立法

通过健全法律制度和完善法律体系，来保证合法网上交易的权益，同时对破坏合法网上交易权益的行为进行依法严惩。电子商务立法是对电子商务犯罪的约束，利用国家机器进行安全立法，体现与犯罪行为斗争的国家意志。

三、电子商务安全威胁类型

1. 恶意代码

恶意包括各种威胁，如病毒、蠕虫、特洛伊术马以及恶意程序。病毒是指具有自我复制并传播其他文件能力的计算机程序，极具破坏性的，会销毁文件、格式化计算机硬盘或者引起程序的不正确运行；蠕虫是一种可以在计算机间进行传播的宏病毒，宏病毒是针对应用程序的，当用户在某一应用程序中打开了一个被感染的文件，宏病毒就把自己复制到文档模板上，这样当创建新文件时，新文件也就被宏病毒感染了，宏病毒还可以作为电子邮件的附件进行传播具有一定的破坏性，特洛伊木马通常指是病毒或其他恶意代码感染计算机系统的一种途径。

2. 黑客行为

网络破坏行为是指在未经授权的情况下进入计算机系统、故意破坏网站、损害企业名誉甚至摧毁网站的行为。黑客通常是利用 Internet 作为开放系统便于使用的特点，通过寻找 Web 网站和计算机系统的安全程序上的薄弱环节，来进行未经授权的访问，进行商品和信息的盗取、故意破坏和系统损害等攻击行为。

3. 信用卡诈骗

信用卡数据的盗窃是 Internet 上最令人担心的现象之一，也是许多用户不敢进行网上购物的原因。电子商务交易中，最大的威胁是客户在与商家进行交易时所使用的商家服务器可能会“丢失”信用卡信息，信用卡文件是黑客攻击 Web 网站的主要目标。

4. 电子欺骗

电子欺骗是指用虚假的电子邮件地址来虚构身份或者伪装成其他人，威胁网站完整性的方式。如果黑客引导消费者到了某个看起来很接近真实地址的虚假网站，他们就可能收集并处理客户所下订单，从而从真实的网站抢走交易。黑客们也可能会更改订单，如增加订单的数量或者修改订购的产品，然后再把经过篡改的订单发到真实的网站等待处理和发货。这样消费者就会对错误的订单运送物品不满，企业则可能因为拥有过多的库存变动而影响其正常运作。

5. 拒绝服务攻击

拒绝服务攻击泛指黑客向网站发送大量无用的通信流量从而淹没网络并使网络瘫痪。分布式拒绝服务攻击指黑客使用大量的计算机从众多的发送节点来攻击目标网络。这两类拒绝服务都可以导致网络关闭，使用户无法进入网站。

6. 网络窃听

网络窃听是窃听程序的一种，可以监视通过网络传递的信息。黑客利用网络窃听，可以从网络上盗取企业的专有信息，包括电子邮件信息、企业文件以及机密报告。电子邮件窃听是隐藏在电子邮件信息中的代码，可以让某人监视其后所附带的原信息发送的消息。

7. 交易抵赖

交易抵赖包括多个方面，如发信者事后否认曾经发送过某条信息或内容；收信者事后否认曾经收到过某条消息或内容；购买者做了订货单不承认；商家卖出的商品因价格差而不承认原有的交易。

8. 内部人行为

部分造成严重后果的服务中断、网站破坏以及消费者信用卡数据、信息的篡改、信息假冒和个人信息的泄露，都是来自于内部人员所为，即那些曾经被信任的雇员。内部人员的不规范使用和恶意破坏最终都使物流企业和消费者付出了很大的代价，因为企业和消费者要采取价格更高的、额外的安全措施。

四、电子商务安全控制的技术手段

1. 实体安全技术

（1）电源防护技术

采用良好的屏蔽及避雷措施防止雷电和工业射电干扰；采用稳压电源防止电压波动；采用不间断电源 UPS 防止突然断电引起设备损坏和数据丢失等。

（2）防盗技术

安装报警器、各种监视系统及安全门锁等。

（3）环境保护

按计算机房安全要求采取防火、防水、防尘、防震、防静电等安全技术措施。

（4）电磁兼容性

采取电磁屏蔽及良好接地等手段，使系统中的设备既不因外界和其他设备的电磁干扰而影响其正常工作，也不因自身的电磁辐射影响周围其他设备的正常工作。

2. 存取控制

（1）身份认证

身份认证的目的是确定系统和网络的访问者是否为合法用户。主要采用密码、代表用户身份的物品，例如磁卡、IC 卡等，或反映用户生理特征的标识，例如指纹、手掌图案、语音、视网膜扫描等，用于鉴别访问者的身份。

（2）存取权限控制

存取权限控制的目的是防止合法用户越权访问系统和网络资源。因此，系统要确定用户对哪些资源（例如 CPU、内存、I/O 设备程序、文件等）享有使用权以及可进行何种类型的访问操作（例如读、写、运行等）。为此，系统要赋予用户不同的权限，例如普通用户或有特殊授权的计算机终端或工作站用户、超级用户、系统管理员等，用户的权限等级是在注册时赋予的。

（3）数据库存取控制

对数据库信息按存取属性划分授权：允许或禁止运行，允许或禁止阅读、检索，允许或禁止写入，允许或禁止修改，允许或禁止清除等。

五、计算机安全控制制度

1. 安全管理制度

参与网络交易的个人或企业，都有维护网上交易系统安全的责任，对于在网上从事大量贸易活动的企业来说尤为重要。下面是针对企业的网上交易系统进行研究的安全管理制度，但其中的许多方法对于个人网络消费也具有较高的借鉴意义。网上交易系统安全管理制度是用文字形式对各项安全要求的规定，保证企业在网上经营管理取得成功的基础。企业安全制度应当包括人员管理制度、保密制度、跟踪审计制度、系统维护制度、数据备份制度、病毒定期清理制度等。是否健全及实施安全管理制度关系到网上交易能否安全地、顺利地运作。

2. 人员管理制度

参与网上交易的经营管理人员在很大程度上支配着企业的命运，他们面临着防范严重的网络犯罪的任务。而计算机网络犯罪同一般犯罪不同，具有智能性、隐蔽性、连续性、高效性等特点，因而，加强对有关人员的管理变得十分重要。首先，对有关人员进行上岗培训；其次，落实工作责任制，对违反网上交易安全规定的行为应坚决进行打击，对有关人员要进行及时的处理；最后，贯彻网上交易安全运作基本原则，包括双人负责原则，重要业务不要安排一个人单独管理，实行两人或多人相互制约的机制，任期有限原则，任何人不得长期担任与交易安全有关的职务，最小权限原则，明确规定只有网络管理员才可进行物理访问，只有网络管理员才可进行软件安装工作。

3. 保密制度

网上交易涉及企业的市场、生产、财务、供应等多方面的机密，必须实行严格的保密制度。保密制度需要很好地划分信息的安全级别，确定安全防范重点，并提出相应的保密措施。信息的安全级别一般可分为三级：第一，绝密级，例如公司战略计划、公司内部财务报表等，此部分信息的网址、密码不在 Internet 上公开，只限于公司高层管理人员掌握；第二，机密级，例如公司的日常管理情况、会议通知等，此部分信息的网址、密码不在 Internet上公开，只限于公司中层管理者以上人员使用；第三，秘密级，例如公司简介、新产品介绍及订货方式等，此部分网址、密码在 Internet 上公开，供消费者浏览，但必须有保护程序，防止黑客入侵。保密工作的另一个重要的问题是对密钥的管理，大量的交易必然使用大量的密钥，密钥管理贯穿于密钥的产生、传递和销毁的全过程。密钥需要定期更换，否则可能使黑客通过积累密文增加破译机会。

4. 跟踪、审计、稽核制度

跟踪制度是要求企业建立网络交易系统日志机制，用来记录系统运行的全过程，系统日志文件是自动生成的，其内容包括操作日期、操作方式、登录次数、运行时间、交易内容等。它对系统的运行进行监控管理、维护分析、故障恢复，这对于防止案件的发生或在案件发生后，为侦破工作提供监督数据，起着非常重要的作用。审计制度包括经常对系统日志进行检查、审核，及时发现对系统故意入侵行为的记录和对系统安全功能违反的记录，监控和捕捉各种安全事件，保存、维护和管理系统日志。稽核制度是指工商管理、银行、税务人员利用计算机及网络系统，借助稽核业务应用软件调阅、查询、审核、判断辖区内各电子商务参与单位业务经营活动的合理性、安全性，堵塞漏洞，保证网上交易安全，发出相应的警示或做出处理等措施。

5. 网络系统的日常维护制度

对于企业的电子商务系统来说，企业网络系统的日常维护就是针对内部网的日常管理和维护，可以从以下几个方面进行：一是对于可管设备，通过安装网管软件进行系统故障诊断、显示及通告，网络流量与状态的监控、统计与分析，以及网络性能调优、负载平衡等；二是对于不可管设备应通过手工操作来检查状态，做到定期检查与随机抽查相结合，以便及时准确地掌握网络的运行状况，一旦有故障发生能及时处理；三是定期进行数据备份，数据备份与恢复主要是利用多种介质，例如磁介质、纸介质、光碟、微缩载体等，对信息系统数据进行存储、备份和恢复。

6. 病毒防范制度

病毒防范是保证网上交易很重要的一个方面。如果网上信息及交易活动遭到病毒袭击，将阻碍和破坏网上交易的顺利开展，因此必须建立病毒防范措施。目前主要通过采用防病毒软件进行防毒。应用于网络的防病毒软件有两种：一种是单机版防病毒产品；另一种是联机版防病毒产品。前者是以事后杀毒为原理的，当系统被病毒感染之后才能发挥这种软件的作用，适合于个人用户。后者属于事前的防范，其原理是在网络端口设置一个病毒过滤器，即事前在系统上安装一个防病毒的网络软件，它能够在病毒入侵到系统之前，将其挡在系统外边。由于许多病毒都有一个潜伏期，因此有必要实行病毒定期清理制度，清除处于潜伏期的病毒，防止病毒的突然爆发，使计算机始终处于良好的工作状态，从而保证网上交易的正常进行。

六、常用电子商务安全技术

1. 加密技术

密码技术，例如加密和数字签名，是电子商务的安全服务实施中重要的组成部分。密码技术中最基本的部分是加密系统或加密算法（见图 9—1）。加密算法定义了数据的一对转换

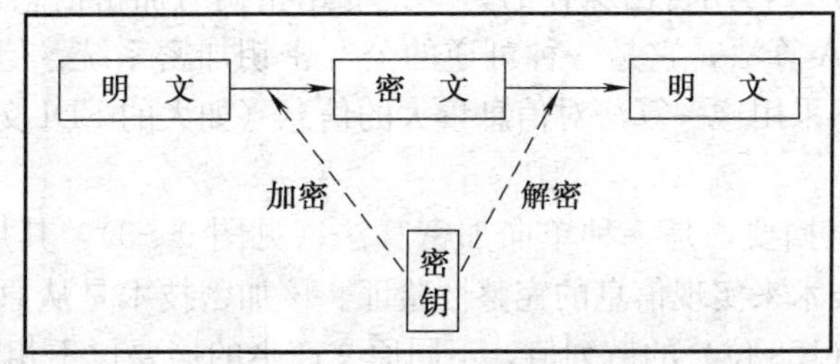

图 9—1 对称加密、解密示意图

过程，称为加密和解密。加密技术的原理是利用一定的加密算法，将明文转换成为无意义的密文，阻止非法用户理解原始数据，从而确保数据的保密性。明文变为密文的过程称为加密，由密文还原为明文的过程称为解密，加密和解密的规则称为密码算法。在加密和解密的过程中，由加密者和解密者使用的加解密可变参数叫做密钥。目前，获得广泛应用的两种加密技术是对称密钥加密系统和非对称密钥加密系统。

(1) 对称密钥加密体系

对称密钥加密，又称私钥加密，即信息的发送方和接收方用一个密钥去加密和解密数据。其最大优势是加密、解密速度快，适合于对大数据量进行加密，但密钥管理困难。使用对称加密技术将简化加密的处理，每个参与方都不必彼此研究和交换专用设备的加密算法，而是采用相同的加密算法并只交换共享的专用密钥。如果进行通信的双方能够确保专用密钥在密钥交换阶段未曾泄露，那么机密性和报文完整性就可以通过使用对称加密方法对机密信息进行加密以及通过随报文一起发送报文摘要或报文散列值来实现。对称加密使用 DES（Data Encryption Standard）算法，该算法 1977 年由美国国家标准局提出为联邦标准（USDC，1997），1981 年被采纳为金融业标准（ANSI，1981），是目前广泛采用的对称加密方式之一。

(2) 非对称密钥加密体系

非对称密钥加密系统，又称公开密钥加密系统。与对称密钥加密系统相比，公开密钥加密系统需要使用一对密钥分别完成加密和解密操作，一个公开发布，即公开密钥，另一个由用户自己秘密保存，即私用密钥（见图 9—2）。信息发送者用公开密钥去加密，而信息接收者则用私用密钥去解密。公钥机制灵活，但加密和解密速度却比对称密钥加密慢得多。

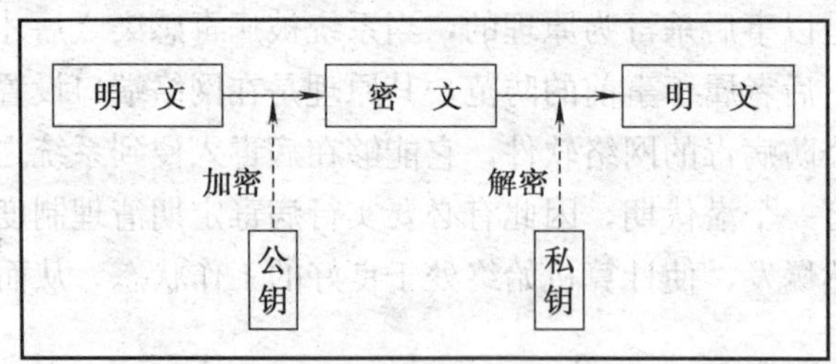

图 9—2　非对称密钥加密、解密示意图

公钥密钥加密实现信息交换的过程是：贸易方 A 生成一对密钥并将其中的一把作为公开密钥向其他贸易方公开；得到该公开密钥的贸易方 B 使用该密钥对信息进行加密后再发送给贸易方 A；贸易方 A 再用自己保存的另一把专用密钥对加密信息进行解密。非对称加密最著名的算法是 RSA 算法，它是一种可逆的公开密钥加密系统，但由于运算速度较慢，在实际的应用中通常不采用这一算法对信息量大的信息（如大的 EDI 交易）进行加密。

2. 数字指纹

数字指纹也称信息摘要，是一种单向加密算法（见图 9—3），其加密结果是不能解密的，通常采用此加密技术来实现信息的完整性验证。该加密技术是从原文中通过 Hash 算法得到一个有固定长度（128 位）的散列值，不同原文产生的摘要比不相同，相同原文产生的摘要必定相同，因此信息摘要类似于人的“指纹”，可以通过“指纹”去鉴别原文的真伪。

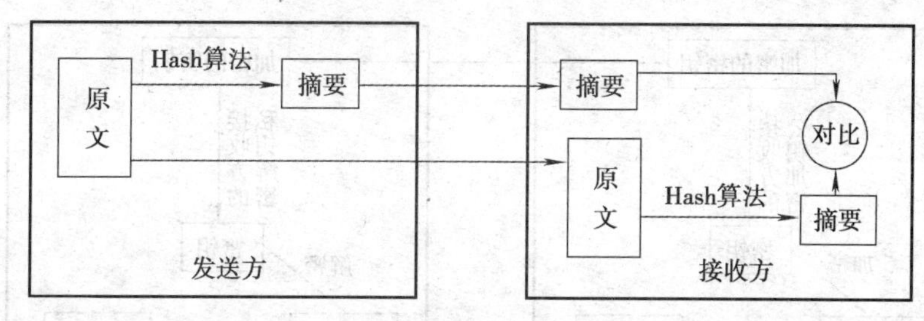

图 9—3　数字指纹的使用过程

3. 数字签名

数字签名是公开密钥加密技术的应用，报文的发送方从报文文本中生成一个 128 位的散列值（或报文摘要）。发送方用自己的专用密钥对这个散列值进行加密来形成发送方的数字签名。然后，这个数字签名将作为报文的附件和报文一起发送给报文的接收方。报文的接收方首先从接收到的原始报文中计算出 128 位的散列值（或报文摘要），接着再用发送方的公开密钥来对报文附加的数字签名进行解密。如果两个散列值相同，那么接收方就能确认该数字签名是发送方的。通过数字签名能够实现对原始报文的鉴别和不可抵赖性。

从图 9—4 可见，数字签名的产生过程是将原文按双方约定的 Hash 算法计算得到一个固定位数的报文摘要。（该算法在数学上保证只要改动报文中任何一位，重新计算出的报文摘要值就与原先的值不相符。这样就保证了报文的不可更改性。同时通过摘要是无法获得原文的。）然后对所得的摘要用发送者的私钥进行加密，并将加密结果作为数字签名附在原文后发送给对方。

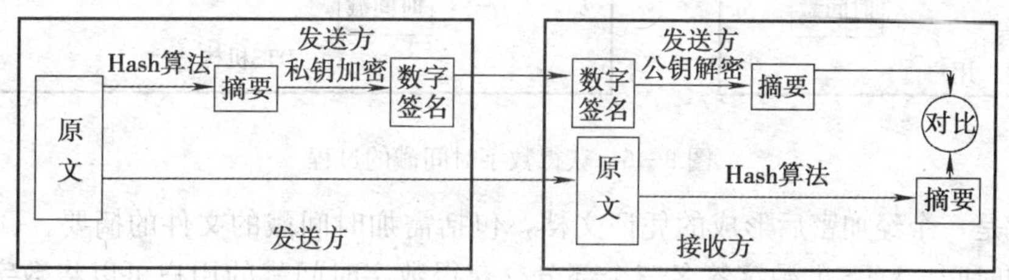

图 9—4　数字签名过程

而检验数字签名的过程是接收者收到数字签名和原文后，用同样的 Hash 算法对正文计算形成摘要，再对所附数字签名用发送者的公钥进行解密。如果两者的结果相同，数字签名得到验证，说明报文确实来自所称的发送者；否则无法通过对数字签名的检验——因为相应的私钥只有该原文声明者拥有，而只有用该私钥加密才能获得可由相应公钥正确解密的结果。

4. 数字信封

数字信封结合非对称密钥技术的灵活性和对称密钥技术的高效性，实现信息传输的保密性。在数字信封中，信息发送方采用对称密钥来加密原文信息，然后将此对称密钥用接收方的公开密钥来加密（这部分称为数字信封）之后，将它和密文信息一起发送给接收方，接收方先用相应的私有密钥打开数字信封，得到对称密钥，然后使用对称密钥解开密文信息如图 9—5 所示。

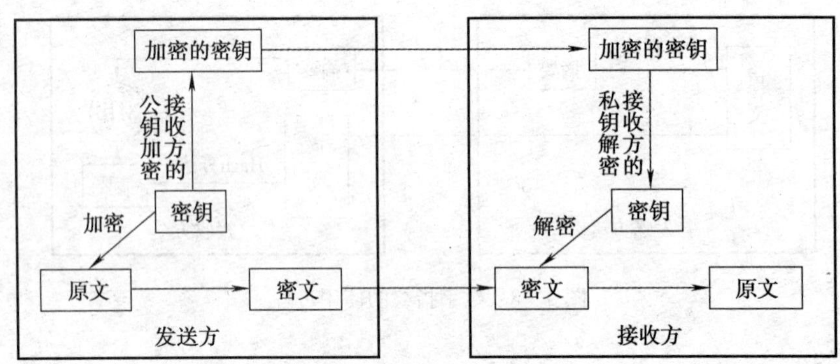

图 9—5　数字信封技术示意图

5. 数字时间戳

数字时间戳（DTS，Digital time-stamp）是由专门的机构提供网络安全服务项目。在书面合同中，文件签署的日期和签名一样均是防止文件被伪造和篡改的关键性内容，而在电子交易中，同样需对交易文件的日期和时间信息采取安全措施，数字时间戳就是用于证明电子文件发表时间。数字时间戳获得的过程如图 9—6 所示。需要数字时间戳的用户首先将文件用 Hash 算法加密得到摘要，然后将摘要发送到提供数字时间戳服务的专门机构，DTS 机构。

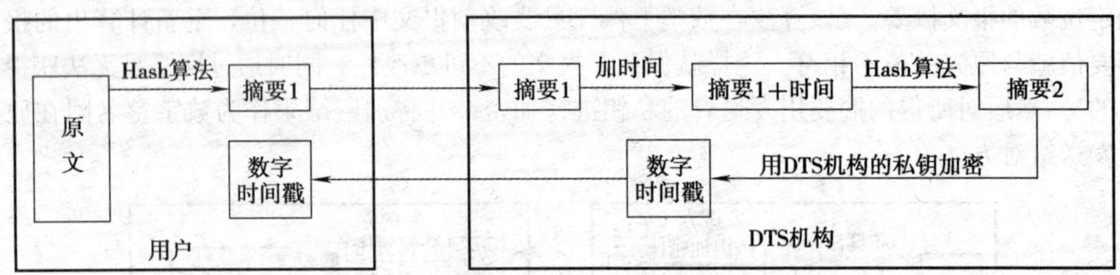

图 9—6　获得数字时间戳的过程

时间戳是一个经加密后形成的凭证文档，包括需加时间戳的文件的摘要、DTS 收到文件的日期和时间、DTS 的数字签名三个部分。获得数字时间戳的用户可以将数字时间戳发送给自己的商业伙伴以证明信息的发送时间。

6. 数字证书和认证中心（CA）

（1）数字证书（Digital Certificate 或 Digital ID）

数字证书是一段包含用户身份信息、用户公钥信息以及身份验证机构数字签名的一系列数据，用来在网络应用中识别通信各方的身份，其作用类似现实生活中的身份证。数字在数字证书所包含的数据中，身份验证机构的数字签名可以确保证书信息的真实性，用户公钥信息可以保证数字信息传输的完整性，用户的数字签名可以保证数字信息的不可否认性。

数字证书由大家都信任的授权机构颁发，是各类终端实体和最终用户在网上进行信息交流及商务活动的身份证明，在电子交易的各个环节，交易的各方都需验证对方数字证书的有效性，从而解决相互间的信任问题。

数字证书采用公开密码密钥体系，即利用一对互相匹配的密钥进行加密、解密。每个用户自己设定一把特定的仅为本人所知的私有密钥，用它进行解密和签名。当发送一份保密文件时，发送方使用接收方的公钥对数据加密，而接收方则使用自己的私钥解密，这样信息就可以安全无误地到达目的地了。

如图 9—7 所示是中国工商银行的数字证书。一个标准的 X. 509 数字证书包含证书的版本信息；证书的序列号，每个证书都有一个唯一的证书序列号；证书所使用的签名算法；证书的发行机构名称，命名规则一般采用 X. 500 格式；证书的有效期，现在通用的证书一般采用 UTC 时间格式，它的计时范围为 1 950～2 049；证书拥有者的名称，命名规则一般采用 X. 500 格式；证书拥有者的公开密钥；证书发行者对证书的签名。

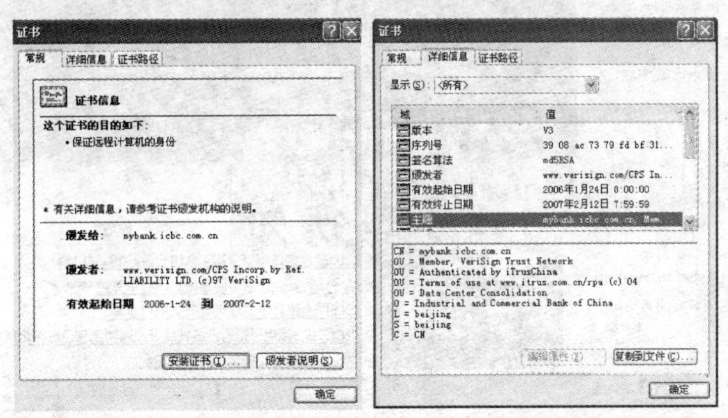

图 9—7 中国工商银行数字证书及证书内容

（2）认证中心（CA）

在电子交易中，无论是数字时间戳服务还是数字证书的发放，都不是仅依靠交易双方就能完成的，而是由一个具有权威性和公正性的第三方来完成的，这样大家都信任的第三方就是“认证中心 CA（Certificate Authority）”机构，该机构提供网上安全交易认证服务，能授理数字证书的申请、签发数字证书、对数字证书管理和确认用户身份。

顾客向 CA 申请证书时，可提交自己的驾驶执照、身份证或护照，CA 经验证后，颁发证书给顾客。CA 在创建证书的时候，CA 系统首先获取用户的请求信息，其中包括用户公钥（公钥一般由用户端产生，如电子邮件程序或浏览器等），CA 将根据用户的请求信息产生证书，并用自己的私钥对证书进行签名。其他用户、应用程序或实体将使用 CA 的公钥对证书进行验证。如果一个 CA 系统是可信的，则验证证书的用户可以确信，他所验证的证书中的公钥属于证书所代表的那个实体。

CA 还负责维护和发布证书废除列表 CRL（Certificate Revocation Lists，又称为证书黑名单）。当一个证书，特别是其中的公钥因为其他原因无效时（不是因为到期），CRL 提供了一种通知用户和其他应用的中心管理方式。CA 系统生成 CRL 以后，要么是放到 LDAP 服务器中供用户查询或下载，要么是放置在 Web 服务器的合适位置，以页面超级连接的方式供用户直接查询或下载。如图 9—8 所示为中国金融认证中心网站首页。

在网络通信时，通过 CA 签发的数字证书可以证实双方的身份，如果对签发证书的 CA

图 9—8 中国金融认证中心

本身有怀疑，可以由签发该 CA 证书的 CA 机构验证 CA 的身份，这样逐级认证，一直到公认的权威 CA，形成一种树形验证结构，最权威的 CA 称为根 CA。例如某商家的证书是由海南省电子商务认证中心（HNCA）签发的，而 HNCA 的证书是由中国南方电子商务中心（Southern Electronic Business Center Class B CA）签发的，这样构成的树形结构见图 9—9，由 HNCA 和 BHECA 签发的证书 1～证书 4，最终都由 Southern Electronic Business Center Class B CA 认证。

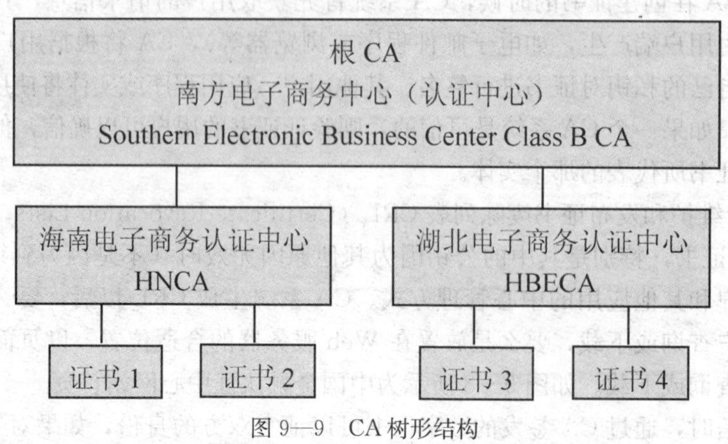

图 9—9 CA 树形结构

（3）数字证书的类型

1）个人身份证书　符合 X.509 标准的数字安全证书，证书中包含个人的身份信息和公钥，用于标识证书持有人的个人身份。数字安全证书和对应的私钥存储于 E－key 中，用于个人在网上进行合同签订、定单、录入审核、操作权限、支付信息等活动中标明身份。

2）企业或机构身份证书　符合 X.509 标准的数字安全证书，证书中包含企业信息和企业的公钥，用于标识证书持有企业的身份。数字安全证书和对应的私钥存储于 E－key 或 IC 卡中，可以用于企业在电子商务方面的对外活动，例如合同签订、网上证券交易、交易支付信息等方面。

3）支付网关证书　支付网关证书是证书签发中心针对支付网关签发的数字证书，是支付网关实现数据加解密的主要工具，用于数字签名和信息加密。支付网关证书仅用于支付网关提供的服务（Internet 上各种安全协议与银行现有网络数据格式的转换）。支付网关证书只能在有效状态下使用，并且不能被申请者转让。

4）服务器证书　符合 X.509 标准的数字安全证书，证书中包含服务器信息和服务器的公钥，在网络通信中用于标识和验证服务器的身份。数字安全证书和对应的私钥存储于 E－key 中。服务器软件利用证书机制保证与其他服务器或客户端通信时双方身份的真实性、安全性、可信任度等。

5）代码签名证书　代码签名证书是 CA 中心签发给软件提供商的数字证书，包含软件提供商的身份信息、公钥及 CWCA 的签名。软件提供商使用代码签名证书对软件进行签名后放到 Internet 上，当用户在 Internet 上下载该软件时，将会得到提示，从而可以确信软件的来源；软件自签名后到下载前，没有遭到修改或破坏。代码签名证书可以对 32－bit .exe、.cab、.ocx、.class 等程序和文件进行签名。

6）安全电子邮件证书　符合 X.509 标准的数字安全证书，通过 IE 或 Netscape 申请，用 IE 申请的证书存储于 Windows 的注册表中，用 Netscape 申请的存储于个人用户目录下的文件中。用于安全电子邮件或向需要客户验证的 WEB 服务器（https 服务）表明身份。

（4）证书存放方式

数字证书可以存放在计算机的硬盘、随身软盘、IC 卡或 CUP 卡中。用户数字证书在计算机硬盘中存放时，使用方便，但存放证书的计算机必须受到安全保护，否则一旦被攻击，证书就有可能被盗用。使用软盘保存证书，被窃取的可能性有所降低，但软盘容易损坏。一旦损坏，证书将无法使用。IC 卡中存放证书是一种较为广泛的使用方式，因为 IC 卡的成本较低，本身不易被损坏，但使用 IC 卡加密时，用户的密钥会出卡，造成安全隐患。使用 CUP 卡存放证书时，用户的证书等安全信息被加密存放在 CUP 卡中，无法被盗用。在进行加密的过程中，密钥可以不出卡，安全级别最高，但相对来说，成本较高。

七、防火墙（Firewall）技术

1. 防火墙的基本概念

企业内部网 Intranet 是企业电子商务系统的一个重要组成部分，Intranet 与 Internet 连接后，方便了企业内部与外部的信息交流，工作效率得到提高，但同时，也产生了不安全因素。为了达到既要与外界沟通，又要保护信息和网络平台安全的目的，就要在被保护的内部

网与外部网之间设置一道屏障，以防止发生不可预测的、潜在破坏性的侵入和攻击，所有内部网和外部网之间的链接都要经过这一保护层，这一保护屏障就称为防火墙，防火墙是指一个由软件和硬件设备组合而成，在 Intranet 和 Internet 之间的界面上构筑的一道保护屏障，如图 9—10 所示，用于加强内部网络和公共网络之间安全防范的系统。

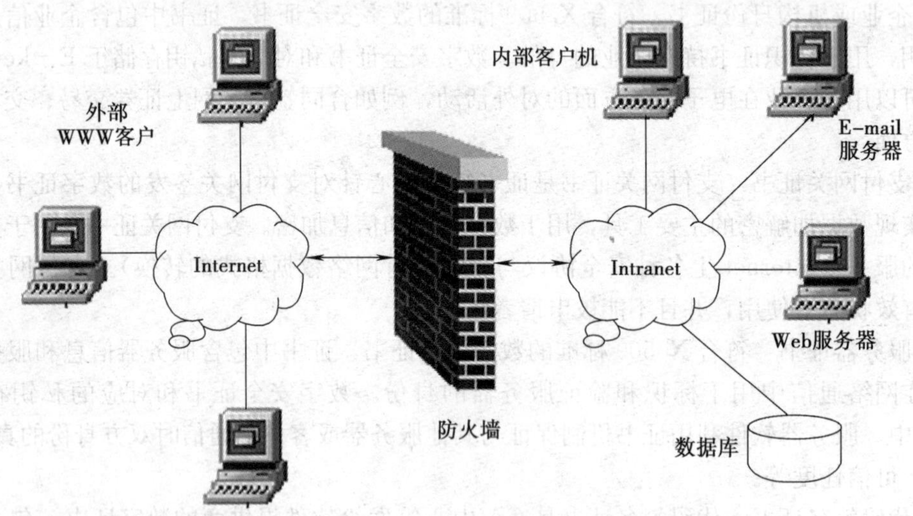

图 9—10　防火墙构造图

2. 防火墙的作用和安全控制策略

防火墙的作用就是限制 Internet 用户对内部网络的访问以及管理内部用户访问外界的权限。防火墙的安全控制策略就是在网络之间执行访问控制策略。实现防火墙的实际方式各不相同，但是在原则上，防火墙可以被认为是这样一对机制：一种机制是拦阻传输流通行，另一种机制是允许传输流通过，也就是说，凡是没有被列为允许访问的服务都是被禁止的，凡是没有被列为禁止访问的服务都是被允许的。

3. 防火墙的功能

（1）过滤不安全服务

防火墙只允许特定的服务通过，其他信息流一概不许通过，从而保护网络免受除特定服务攻击之外的任何攻击，确保电子商务系统平台不受到入侵。防火墙封锁所有信息流，然后对希望提供的服务逐项开放，例如：HTTP、POP3、FTP 等服务。对不安全的服务或可能有安全隐患的服务一律关闭。

（2）过滤非法用户和访问特殊站点

确保所有电子商务应用都是授权访问，保护关键部门不受到来自内部或外部的攻击。防火墙应先允许所有的用户和站点对内部网络的访问，然后网络管理员按照 IP 地址对未授权的用户或不信任的站点进行逐项屏蔽。这种方法构成了一种更为灵活的应用环境，网络管理员可以针对不同的服务面向不同的用户开放，也就是能自由地设置各个用户的不同访问权限。

(3) 设置安全和审计检查

对所有商业事务处理进行审计，以便安全管理和责任追究，防火墙可以发挥一种有效的“电话监听”(Phone tap) 和跟踪工具的作用。防火墙提供一种重要的记录和审计功能，可以向管理员提供一些情况概要，如有关通过防火墙的传输流的类型和数量以及有多少次试图闯入防火墙的企图等信息。

(4) 数据源控制

使用过滤模块来检查数据包的来源和目的地址，根据管理员的规定来决定接收还是拒绝。

(5) 应用与数据包级控制

扫描数据包的内容，查找与应用相关的数据，在网络层对数据包进行模式检查。

(6) 对私有数据的加密支持

保证通过 Internet 进行的 VPN 和商务活动不受损坏。

(7) 使用授权控制

客户端认证只允许指定的用户访问内部网或选择服务。

(8) 反欺骗

欺骗是从外部获取网络访问权的常用手段，它使数据包好似来自网络内部，电子商务系统的防火墙应监视这样的数据包并能阻止它们。

4. 防火墙的局限性

(1) 不能防范来自内部的攻击；

(2) 不能真正防止人为因素的攻击，例如口令泄露、用户错误操作；

(3) 不能有效防范受病毒感染的软件或文件的传输。在网络上传输二进制文件的编码方式太多，并且有太多不同的结构和病毒，因此不可能查找所有的病毒；

(4) 不能防止数据驱动式的攻击，即通过将某些表面看来无害的数据邮寄或拷贝到内部主机中，然后它再在内部主机中运行而造成的攻击。

任务实施

一、数字证书的申请

[第一步] 登录中国数字认证网 www.ca365.com，如图 9—11 所示。

[第二步] 安装测试证书的根证书，如图 9—12 所示。

[第三步] 安装好根证书后的常规页面，如图 9—13 所示。

[第四步] 在“测试证书”区，单击“用表格申请证书”后，认真填写下表。证书用途里，选择“电子邮件保护证书”，相应信息填写好后，单击“提交”按钮，如图 9—14 所示。

[第五步] 弹出“正在创建新的 RSA 交换密钥”的窗口，单击“设置安全级别…”设置交换密钥的安全级别，如图 9—15 所示。

[第六步] 选择高或中的安全级别后，单击“下一步”，如图 9—16 所示。

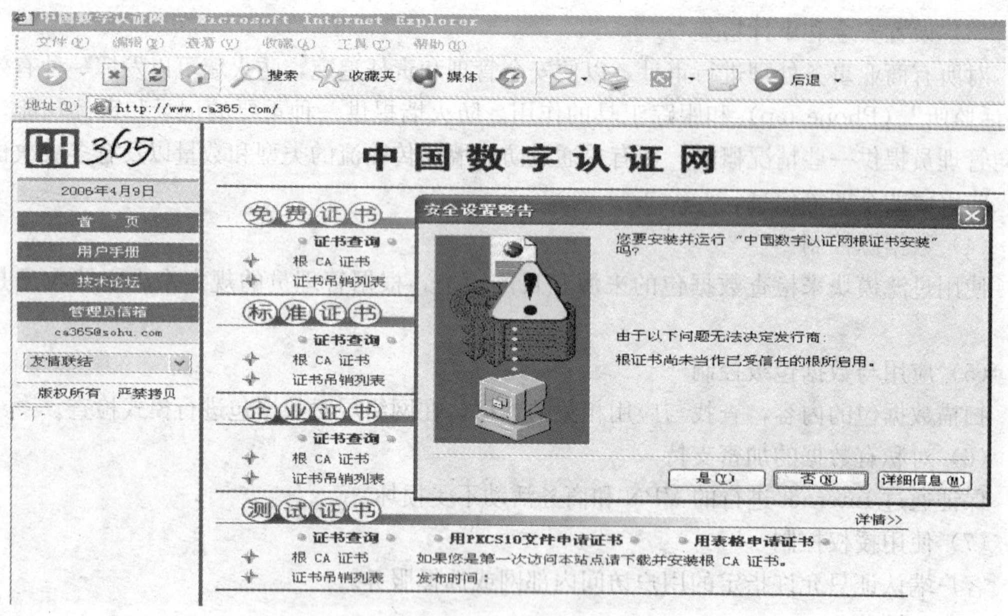

图 9—11　登录中国数字认证网

图 9—12　安装测试证书的根证书

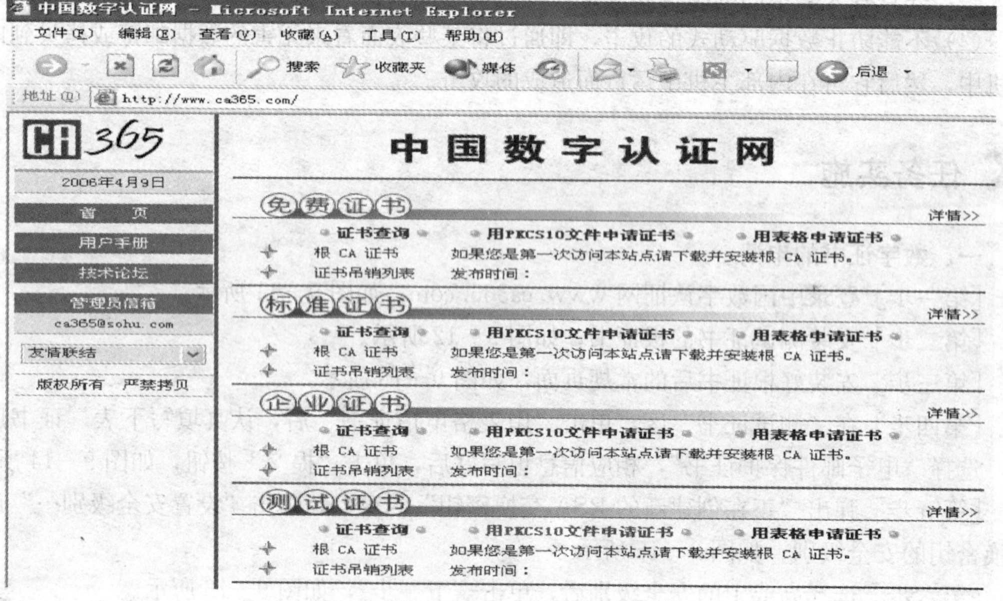

图 9—13　安装好根证书后的常规页

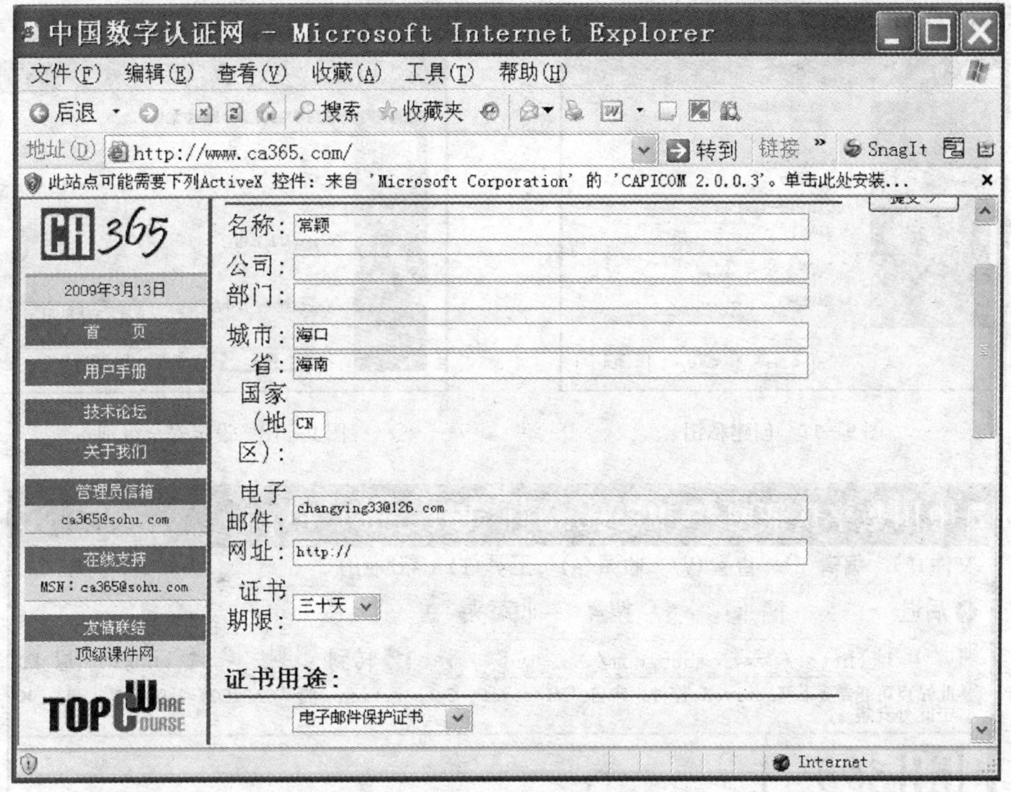

图 9—14　提交电子邮件保护证书

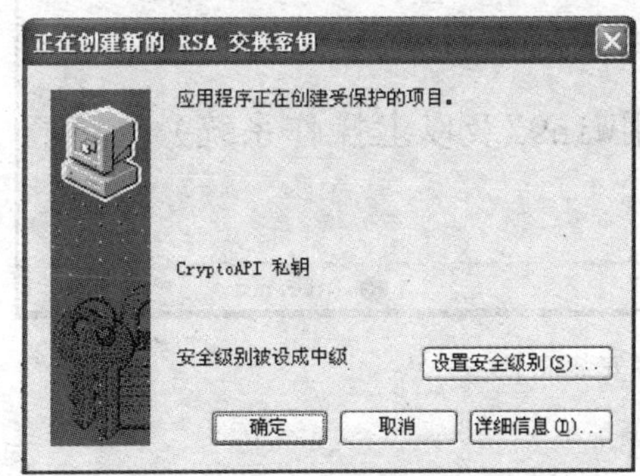

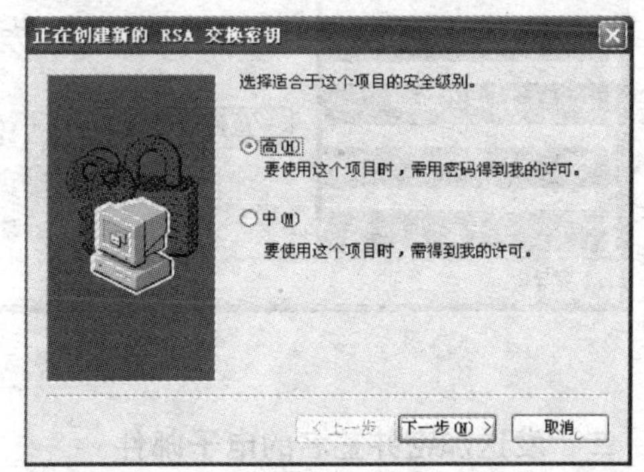

图 9—15　设置交换密钥的安全级别

图 9—16　选择安全级别

[第七步] 输入密码以创建私钥，单击“完成”，如图 9—17 所示。

[第八步] 返回设置窗口，提示注明了“将安全级别被设成高级”，单击“确定”，如图 9—18 所示。

[第九步] 网页里显示了被分配的测试证书序列号，单击“下载并安装证书”，如图 9—19所示。

[第十步] 打开下载的数字证书，可以查看证书信息如图 9—20、图 9—21 所示，单击

“安装证书”后，数字证书就可以使用了。

图 9—17　创建私钥

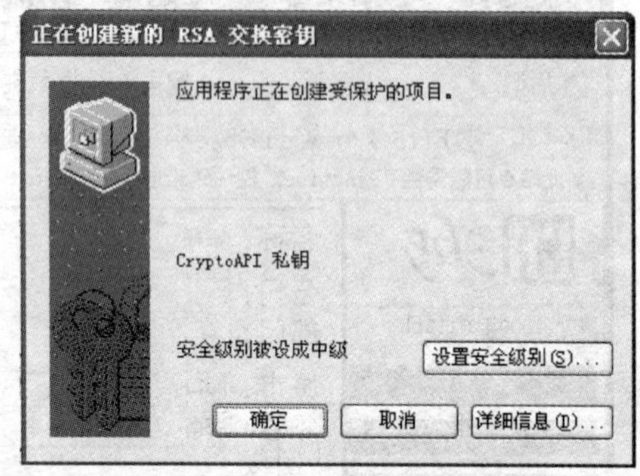

图 9—18　设定安全级别

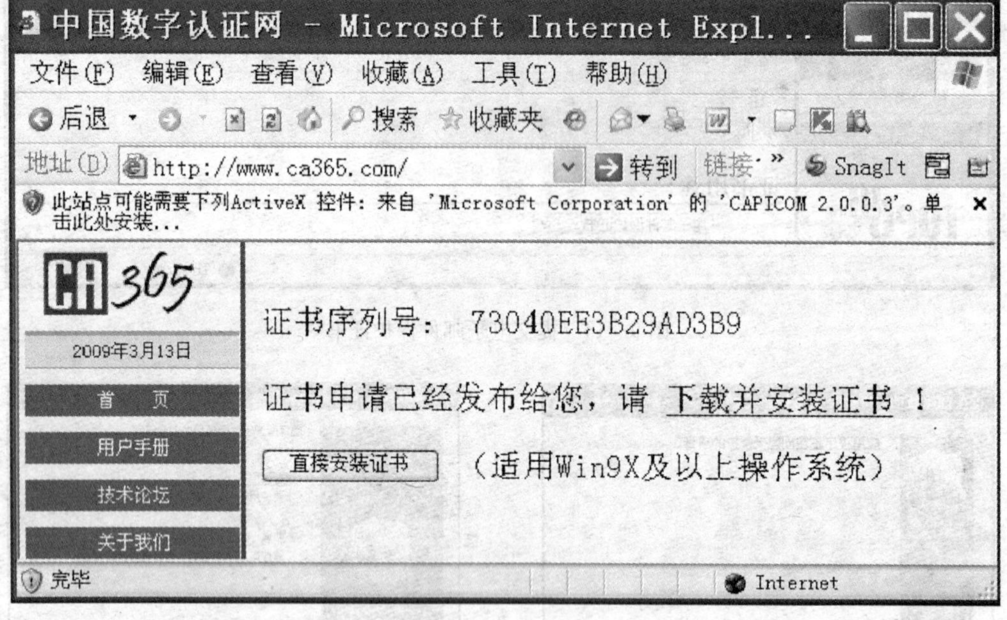

图 9—19　下载并安装证书

二、发送加密并签名的电子邮件

［第一步］打开 Outlook Express，做好邮箱的设置，如图 9—22 所示。

［第二步］使用“工具”“账户”命令查看账户属性，在属性窗口里选择“内容”标签。可以在列表中看到下载的数字证书。选中该证书后，单击“确定”，如图 9—23 所示。

［第三步］返回到账户属性窗口的“安全”标签，可以看到证书所有人的名称已经显示出来，如图 9—24 所示。

［第四步］创建一封新邮件，单击“签名”和“加密”按钮，就给邮件附上了数字证书（即签了名）并用数字证书的公钥加密了邮件。写好邮件后单击“发送”按钮，如图 9—25 所示。

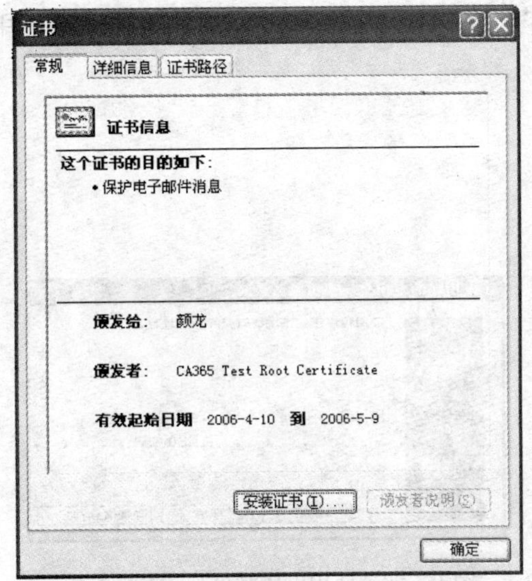

图 9—20　查看证书信息

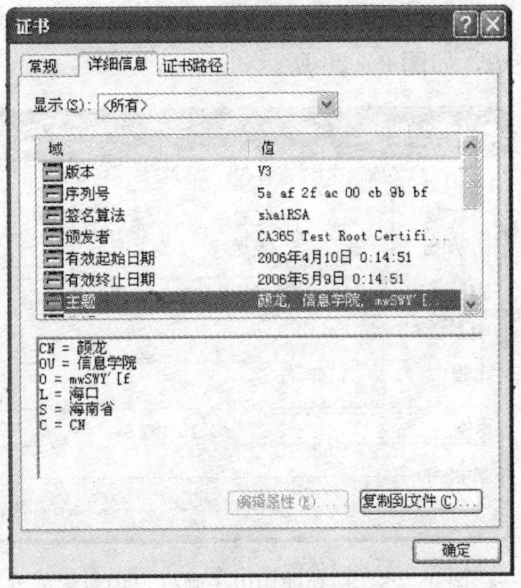

图 9—21　安装证书

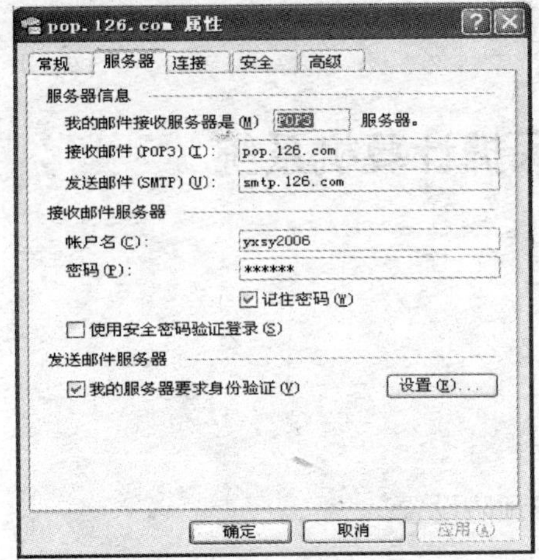

图 9—22　设置邮箱等内容

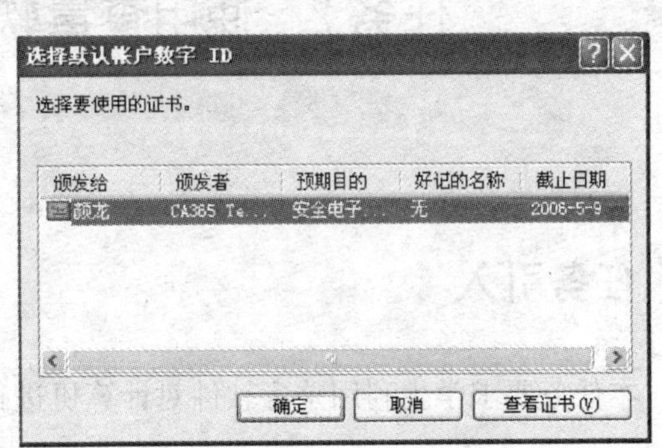

图 9—23　查看账户属性

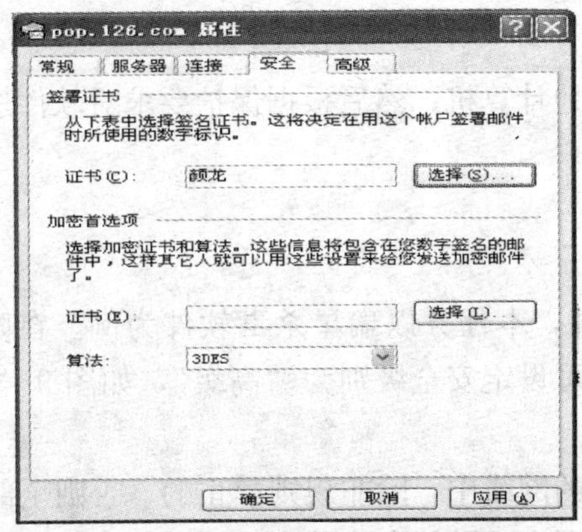

图 9—24　显示证书所有人的名称

［第五步］发送之前输入私钥以签名，单击“确定”后，电子邮件保护数字证书的使用完毕，如图 9—26 所示。

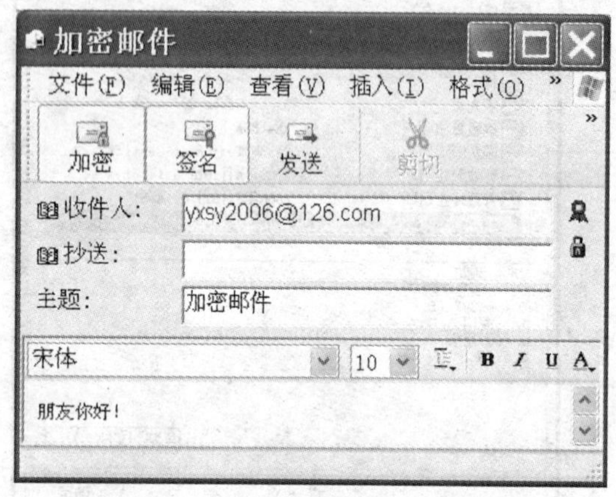

图 9—25　成功使用电子邮件保护数字证书

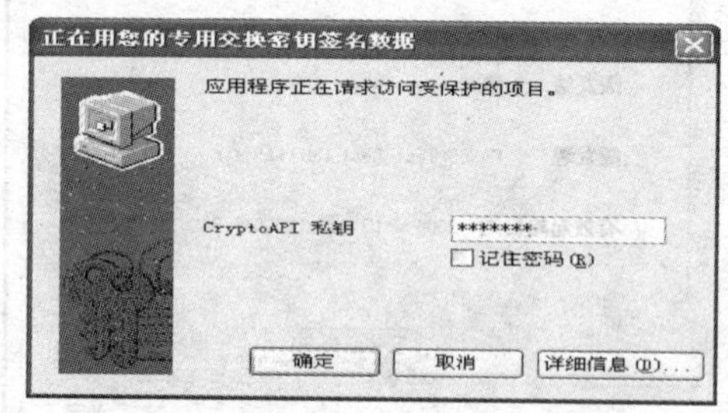

图 9—26　使用电子邮件保护数字证书

任务 2　使用查毒软件保护计算机系统

任务引入

本任务要求学生利用杀毒软件对计算机进行清毒预防设置。

任务分析

首先安装查毒软件到本地计算机，然后根据保护要求对软件进行设置。

任务实施

［第一步］启动杀毒软件，本任务以瑞星杀毒软件为例。在防火墙程序窗口的右下角，拖动滑块移动到最右侧，即可设定安全级别为“高级”，如图 9—27 所示。关于安全级别的定义及规则说明：

(1) 普通：系统在信任的网络中，除非规则禁止的，否则全部放过。

(2) 中级：系统在局域网中，默认允许共享，但是禁止一些较危险的端口。

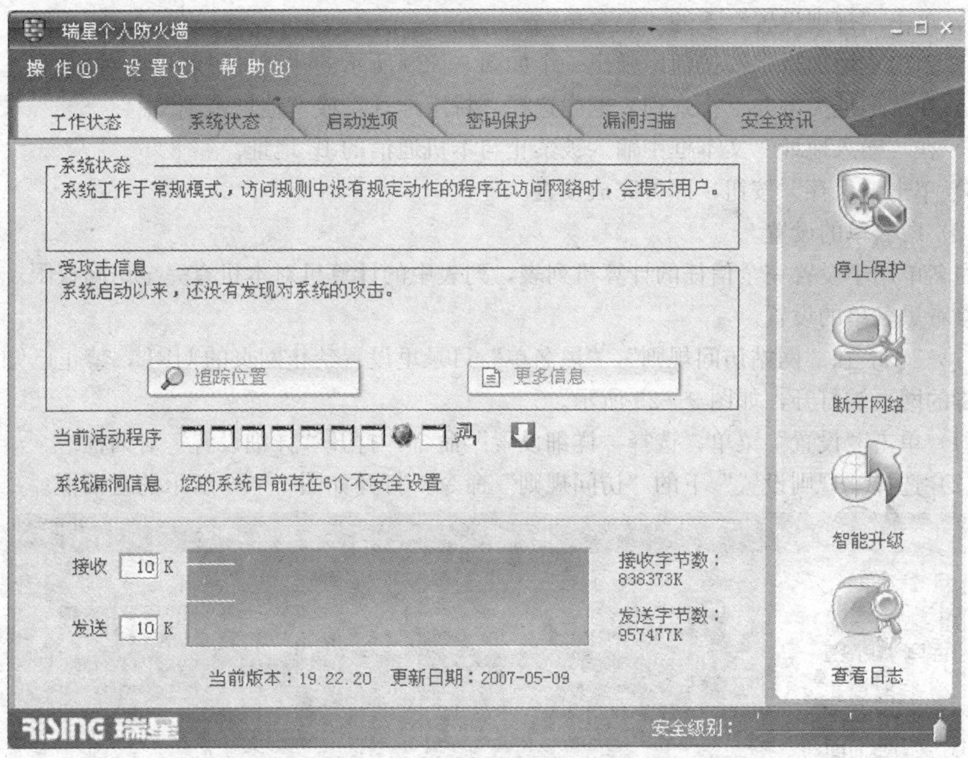

图 9—27　杀毒软件的防火墙主界面

(3) 高级：系统直接连接 Internet，除非规则放行，否则全部拦截。

[第二步] 黑、白名单的设置，如图 9—28 所示。

图 9—28　黑名单的设置界面

(1) 黑名单的设置

黑名单用于设置禁止与本机通信的计算机列表，例如可以把攻击本机的计算机加入此名单。

1) 单击“设置”菜单，选择“详细设置”命令，打开“详细设置”对话框。

2）单击“规则设置”下的“黑名单”。

3）单击“增加规则”按钮，弹出一个如图 9—29 所示的“增加黑名单”对话框。

4）在“地址类型”下拉式列表框中选择“特定地址”或“地址范围”。

5）在“输入地址”文本框中输入被禁止与本机通信的 IP 地址。

6）单击“保存”按钮，即可完成设置。

（2）白名单的设置

白名单用于设置完全信任的计算机列表，列表中的计算机对本机有完全访问权限。具体操作参看黑名单的设置。

［第三步］在“网站访问规则”，“黑名单”目录里设置禁止网页的 URL，禁止已知带木马病毒的网页被打开，如图 9—29 所示。

（1）单击“设置”菜单，选择“详细设置”命令，打开“详细设置”对话框。

（2）选择“规则设置”下的“访问规则”命令，打开如图 9—29 所示的对话框。

图 9—29 设置访问规则

［第四步］允许或禁止应用程序访问网络。在程序列表框中选择一个应用程序，如“Telnet”，单击“编辑规则”按钮，弹出如图 9—30 所示的“编辑访问规则”对话框。在“常规模式”下选择“禁止”，单击“保存”按钮，即可禁止“Telnet”程序访问网络。

［第五步］通过“密码保护”功能，可以设置保护某个应用程序的密码，比如 QQ 程序的密码保护。通过选择桌面上的“QQ”图标，程序自动把快捷方式、相对路径等信息提取并添加到规则编辑窗口，如图 9—31 所示。

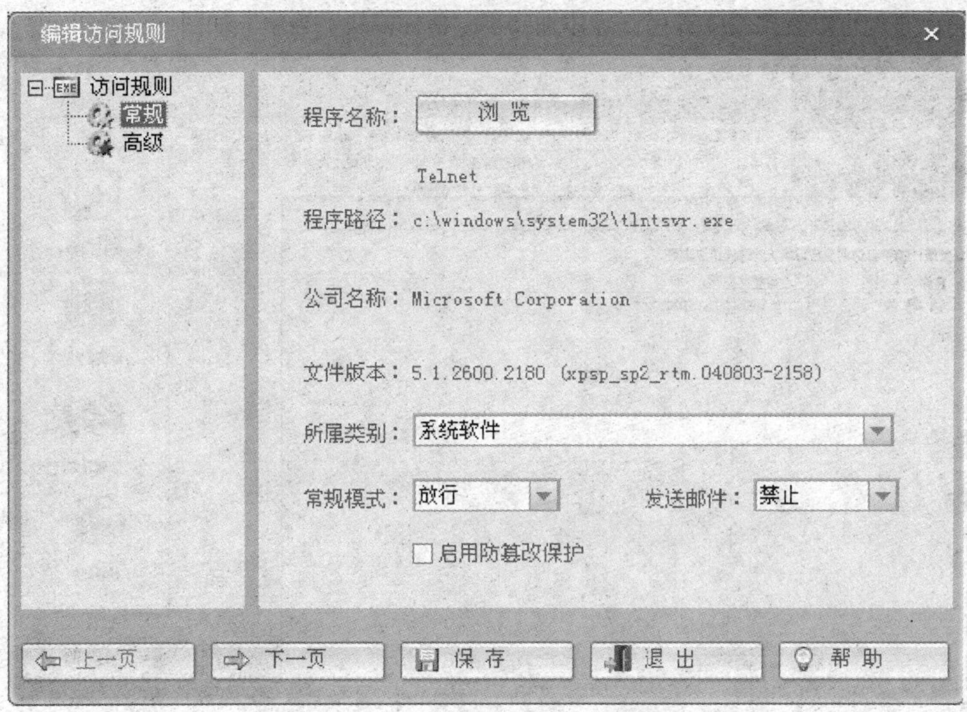

图 9—30　“编辑访问规则”操作界面

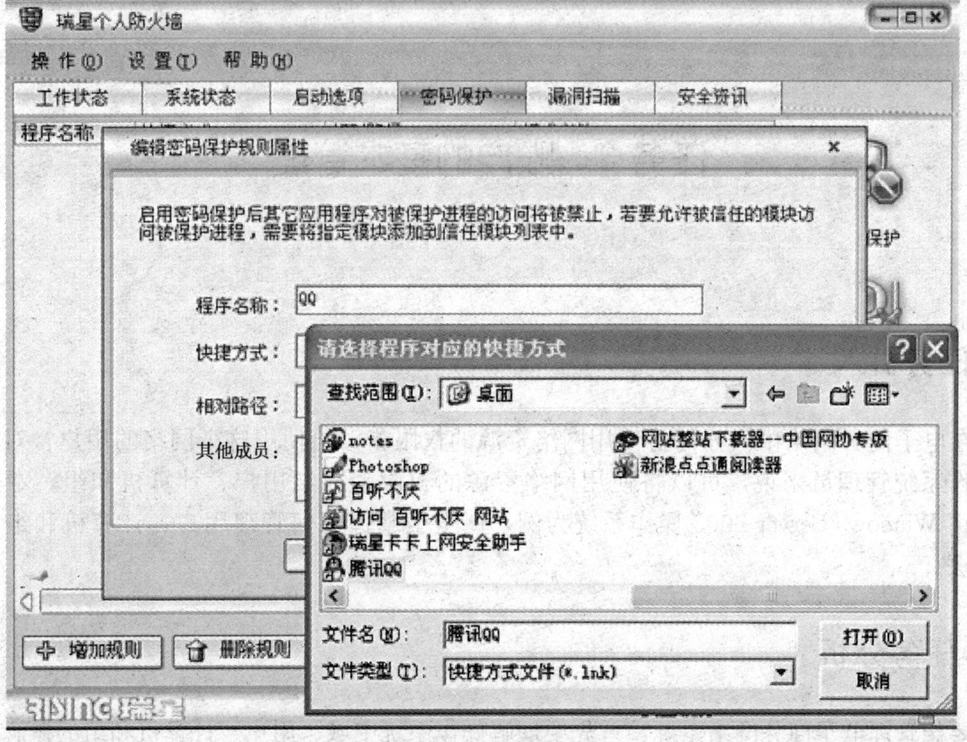

图 9—31　密码保护设置

［第六步］可以看到QQ程序已经添加到了“信任模块”当中。如图9—32所示。

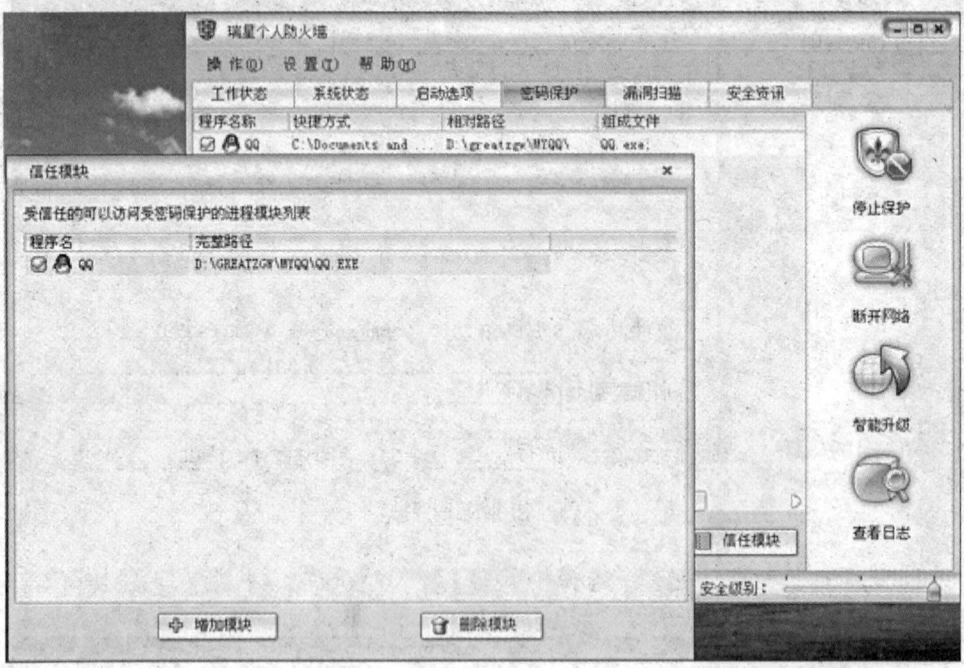

图9—32　信任模块操作界面

任务3　账户的基本管理

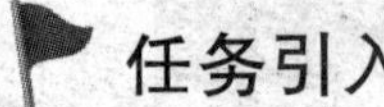

任务引入

在电子商务网络中，如何将使用网络资源的权限指派给使用这个网络的用户？对于网络操作系统管理员来说，可以将使用网络资源的权限授权给用户、计算机和组。本任务以使用Windows Server 2003操作系统为例，使学生掌握如何管理用户、计算机和组的基本方法。

任务分析

要想管理电子商务网络系统，首先要理解操作系统中域、用户、计算机和组的概念以及它们之间的关系，其次进行网络操作中的域、用户、计算机和组的创建；最后根据管理要求对相应的用户、计算机和组进行权限配置。

 相关知识

一、用户、计算机和组账户

1. 用户、计算机和组账户

在 Windows Server 2003 操作系统的 Active Directory 中，用户账户是由所用于定义域的用户信息组成的对象，包括用户名、密码和该用户所在的组。对于运行 Windows XP Professional的计算机以及运行 Windows Server 2003 操作系统的成员服务器，需要使用［计算机管理］工具中的［本地用户和组］选项管理本地用户账户。而对于运行 Windows Server 2003 的域控制器，则需要使用［Active Directory 用户和计算机］管理工具管理域中用户账户。用户账户的主要用途在于以下几个方面：

（1）验证用户或计算机的身份，以获得最高的安全性；

（2）授权或拒绝访问域的资源；

（3）管理其他安全主体，包括已被自动指派了安全标识符的账户持有者，以用于控制对资源的访问权，安全主体可以是用户、组或计算机；

（4）审核使用用户或计算机账户执行的操作。

2. 用户账户

在 Windows Server 2003 的域控制器中，用户账户默认是位于［Active Directory 用户和计算机］控制台窗口的 Users 容器中。每一个用户账户都有一个用户登录名。每一个用户账户都有许多账户选项，例如，用户不能更改密码、用户下次登录时须更改密码、信任账户作为委派等等。这些选项能够确定如何在网上对持有特殊用户账户进行登录的人员实施身份验证。

3. 计算机账户

每个运行 Windows NT、Windows 2000、Windows XP 的计算机或运行 Windows Server 2003 的服务器都有一个计算机账户。与用户账户相类似，计算机账户提供了一种验证和审核计算机访问网络以及域资源的方法，每个计算机账户必须是唯一的。

4. 组账户

组账户是用户账户的集合。用户账户构成了组账户的成员，组账户可以授予组的所有权利和权限赋给相关用户，组账户分为通信组和安全组两大类别。

二、域的概念

域是一个相对严格的管理模式，服务器控制网络上的计算机能否加入。实行严格的管理对网络安全是非常必要的。在工作组模式下，任何一台计算机只要接入网络，就可以访问共享资源，尽管工作组中计算机的共享文件可以加上访问密码，但这样的预防措施非常容易被破解。在域模式下，至少有一台服务器负责每一台联入网络的计算机和用户的验证工作，相当于一个单位的门卫一样。这台服务器称为“域控制器（Domain Controller，简写为 DC）”。“域控制器”中包含了整个域的账户、密码以及属于这个域的计算机等信息的资料。当计算机联入网络时，域控制器首先要鉴别这台计算机是否是属于这个域的，用户使用的登录账号

是否存在，密码是否正确。如果以上信息不正确，域控制器就拒绝这个用户从这台计算机登录，用户就不能访问服务器上有权限保护的资源了，只能以对等网用户的方式访问 Windows 共享出来的资源，这在一定程度上保护了网络上的资源。

任务实施

一、创建用户账户、组账户和计算机账户

［第一步］在配置了域控制器的 Windows Server 2003 系统中，用户账户默认是位于“Active Directory 用户和计算机”控制台窗口的 Users 容器中，在 Users 容器中单击鼠标右键，选择“新建用户”命令，在出现的对话框中将用户姓名等信息录入，单击“下一步”，如图9—33所示。

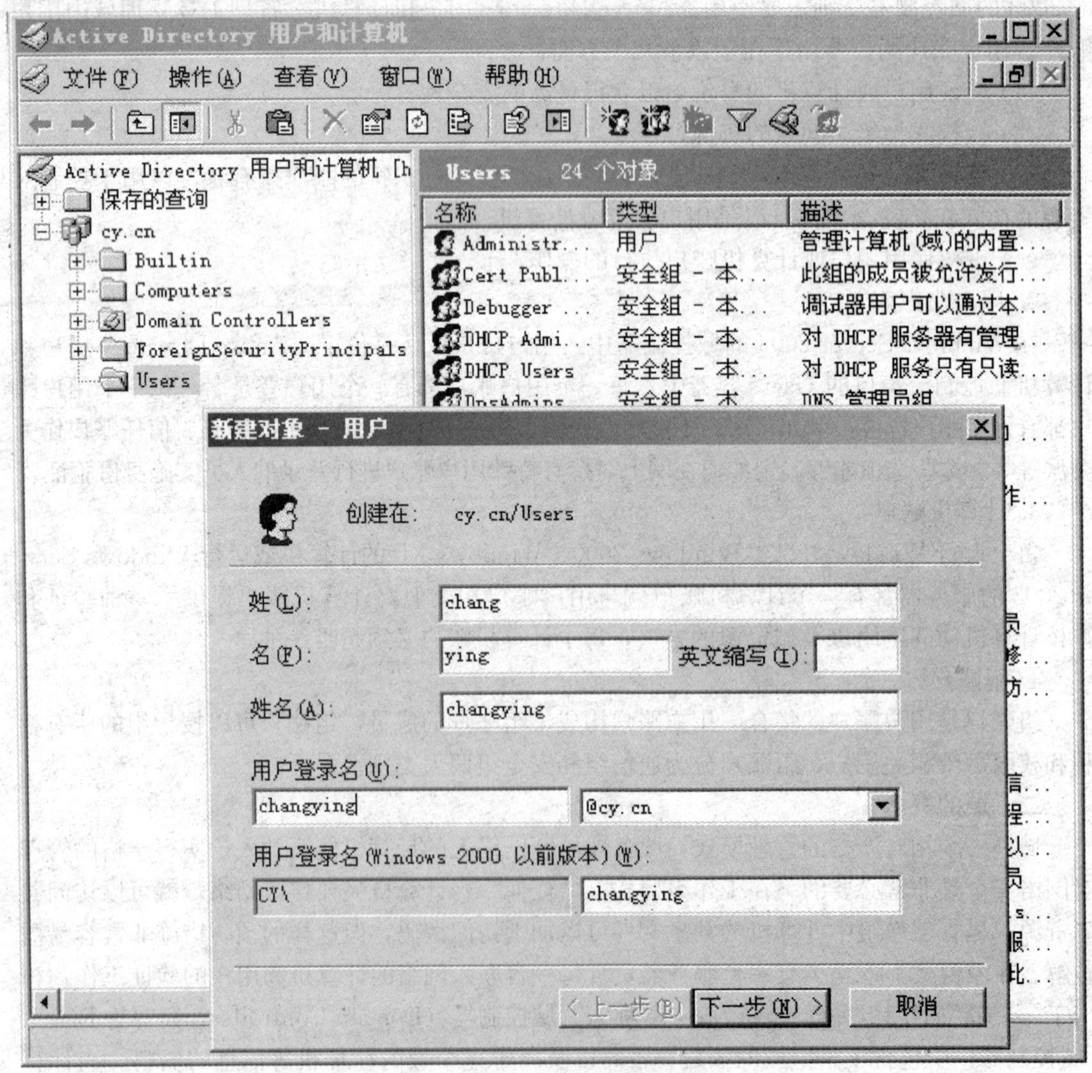

图 9—33　新建用户账户操作

［第二步］输入新建用户账户的密码，勾选“用户下次登录时需更改密码”，单击“下一步”，如图 9—34 所示。

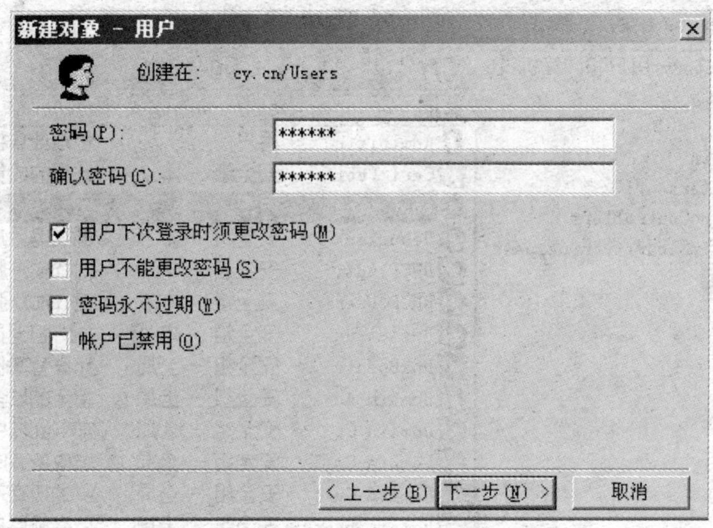

图 9—34 输入新建用户密码操作

［第三步］新建用户账户操作完成，单击“完成”，如图 9—35 所示。

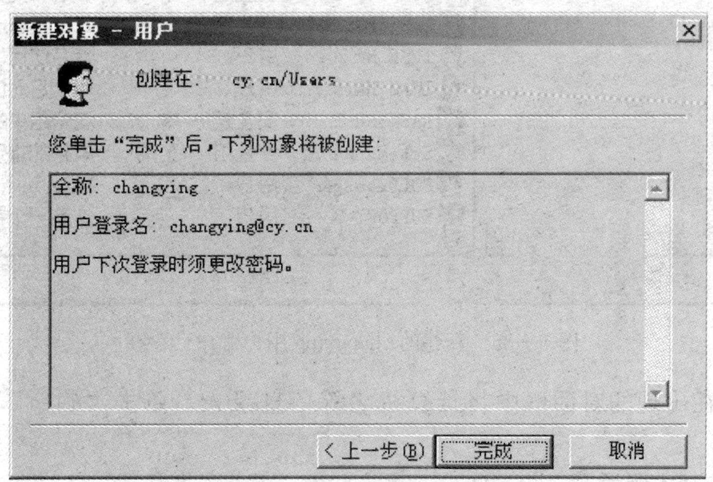

图 9—35 新建用户账户操作完成

［第四步］在 Users 容器中可以看到新建的 changying 用户账户，如图 9—36 所示。

［第五步］在 Users 容器中单击鼠标右键，选择“新建组”命令，在出现的对话框中将组名等信息录入，单击“确定”，如图 9—37 所示。

［第六步］在 Computers 容器中单击鼠标右键，选择“新建”→“计算机”命令，在出现的对话框中，如图 9—38 所示。

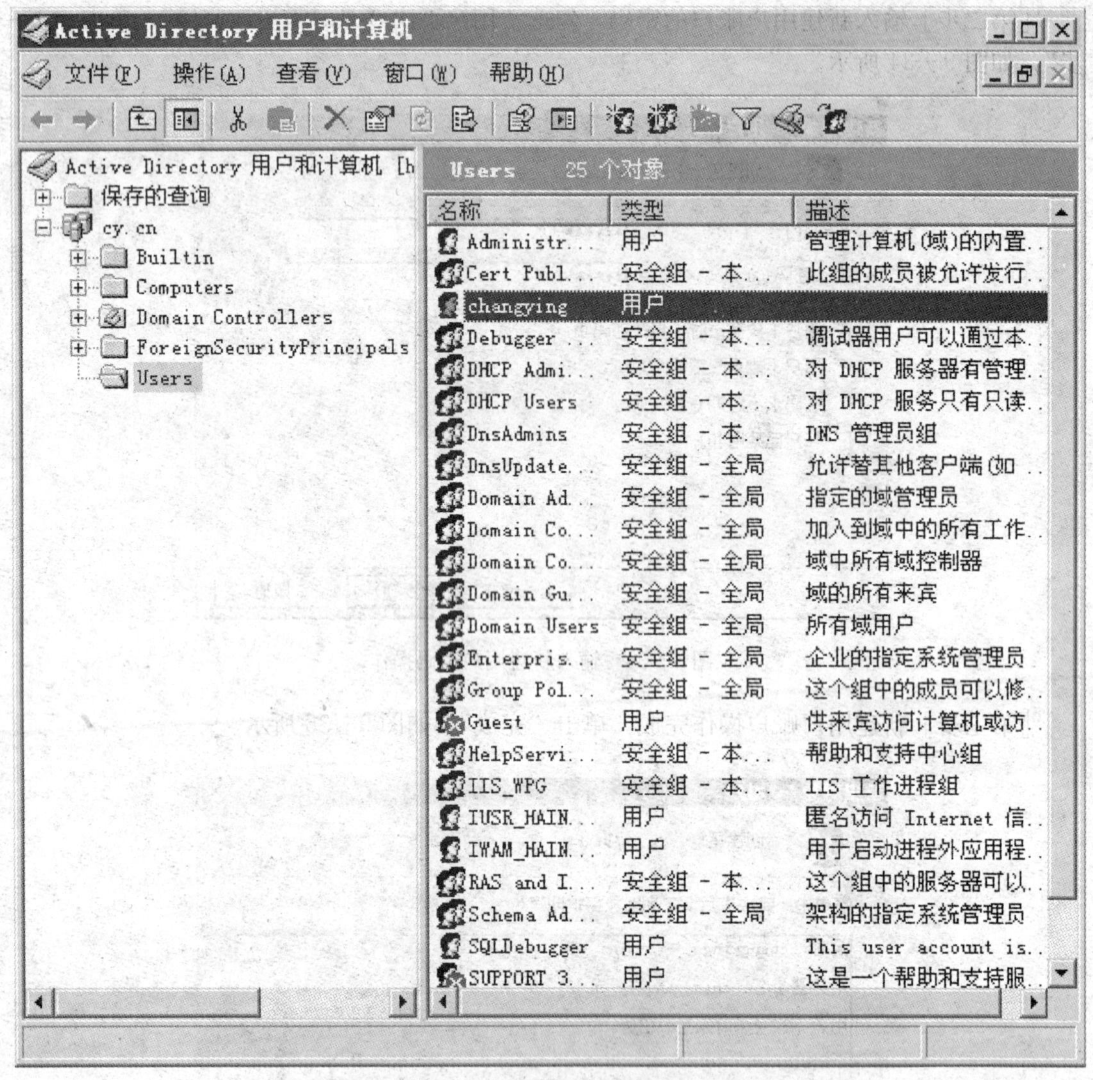

图 9—36 新建的 changying 用户账户已存在

[第七步] 在出现的对话框中将计算机名等信息录入，单击“确定”，如图 9—39 所示。

二、账户的基本配置

[第一步] 用户账户的基本配置。在 Users 容器中，选择新建的 changying 用户账户，并在其上单击鼠标右键，在出现的菜单中有“复制…”“禁用账户”“重设密码”“属性”等命令，根据管理要求选择相应的命令，如图 9—40 所示。

[第二步] 组账户的基本配置。在 Users 容器中，选择新建的 ec－admin 计算机账户，并在其上单击鼠标右键，在出现的菜单中有“移动…”“发送邮件”“删除”“重命名”等命令，根据管理要求选择相应的命令，如图 9—41 所示。

[第三步] 计算机账户的基本配置。在 Computers 容器中，选择新建的 lucy 计算机账

图 9—37 创建组账户操作界面

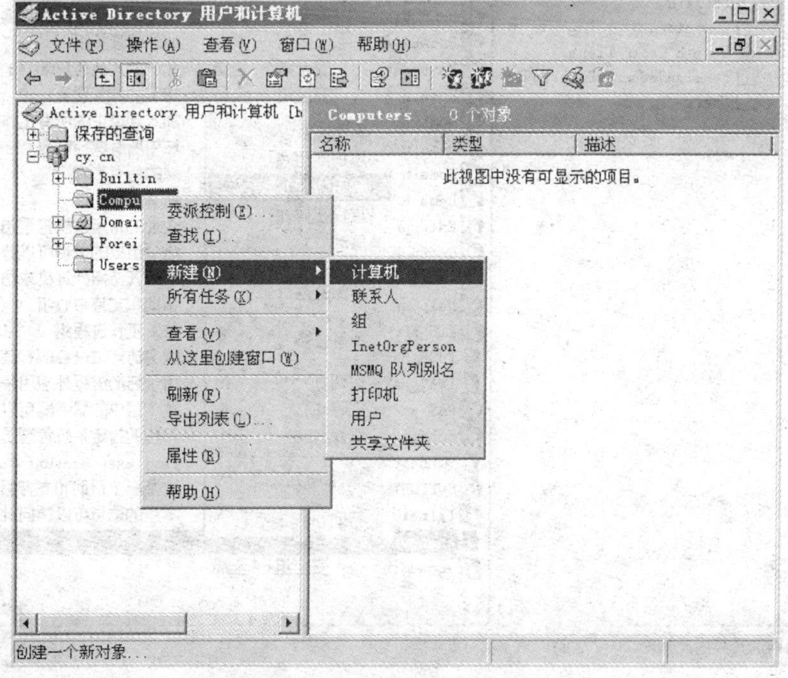

图 9—38 新建计算机账户命令

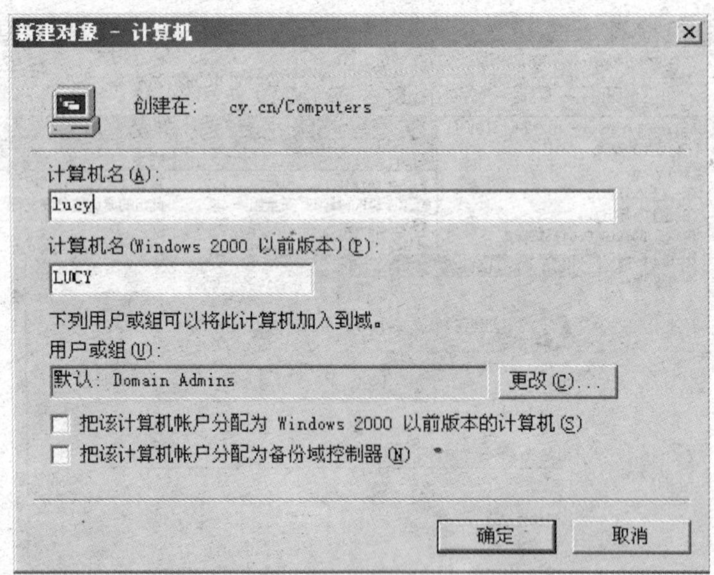

图 9—39　录入计算机账户信息操作界面

图 9—40　用户账户的右键快捷菜单

图 9—41　组账户的右键快捷菜单

户，并在其上单击鼠标右键，在出现的菜单中有“复制…”“禁用账户”“重设密码”“属性”等命令，根据管理要求选择相应的命令，如图 9—42 所示。

三、用户、计算机和组账户的权限配置

［第一步］选择需要配置访问权限的文件夹，如图 9—43 所示。

［第二步］在文件夹上单击鼠标右键，选择“属性”，如图 9—44 所示。

［第三步］在出现的对话框中选择“安全”标签，单击“添加”按钮，如图 9—45 所示。

［第四步］在出现的组账户列表中选择 ec—admin 组账户并单击“添加”，如图 9—46 所示。

［第五步］给 ec—admin 组账户指派修改、读取、写入等权限，单击“应用”，如图 9—47所示。

［第六步］往 ec—admin 组账户里添加用户账户，使被添加进去的用户账户拥有该组账户的权限。在 Users 容器中选择组账户名称，并在其上单击鼠标右键，在出现的菜单中，选择“属性”命令，如图 9—48 所示。

［第七步］单击“添加”按钮，往该组账户里添加用户账户，如图 9—49 所示。

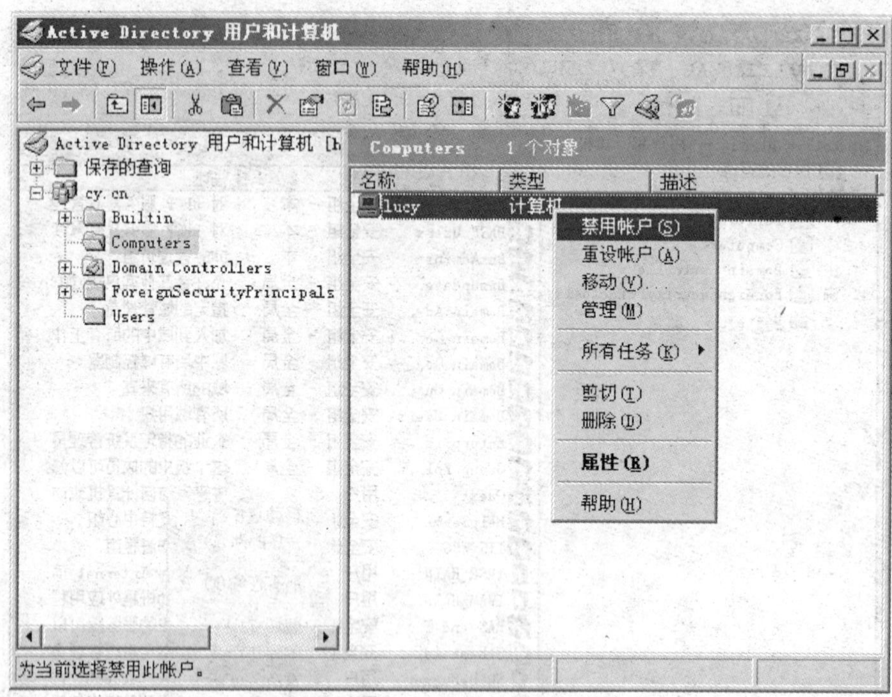

图 9—42 计算机账户的右键快捷菜单

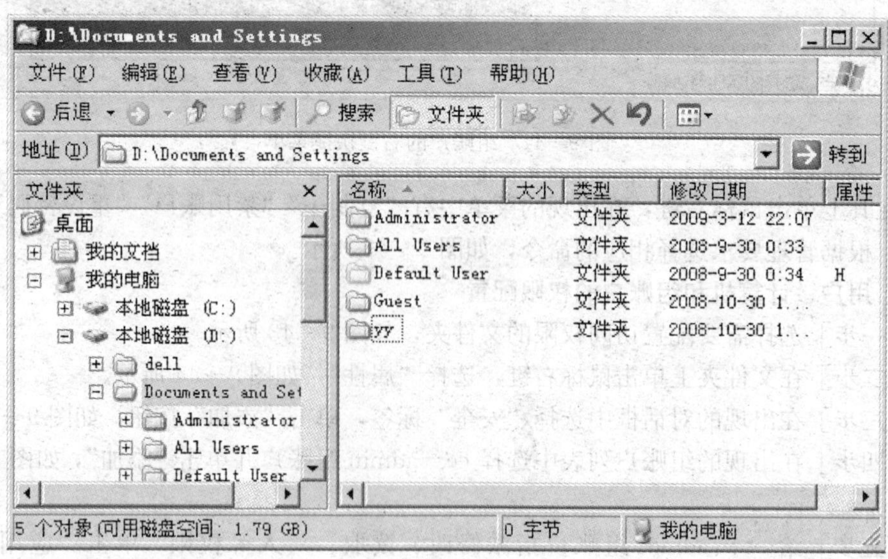

图 9—43 需要配置访问权限的文件夹

［第八步］在列表中选择用户账户单击“添加”，可以添加多个成员，单击“确定”，如图 9—50 所示。

［第九步］添加的成员都享有 ec－admin 组的读取和运行、修改等权限，也就是说使用

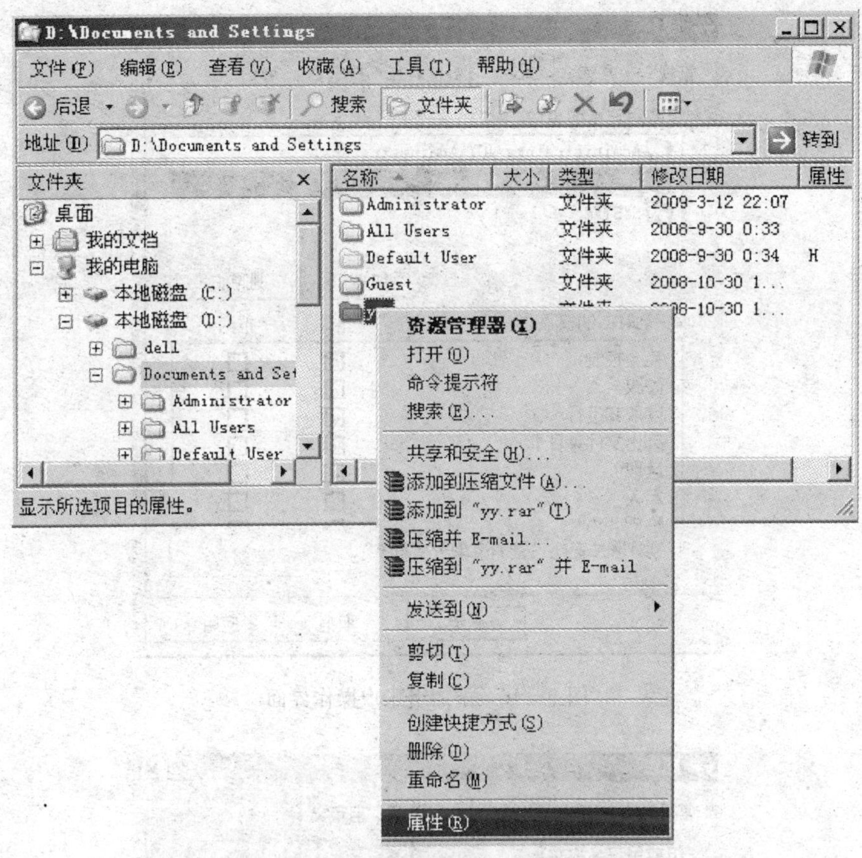

图 9—44　选择需要设置访问权限的文件夹

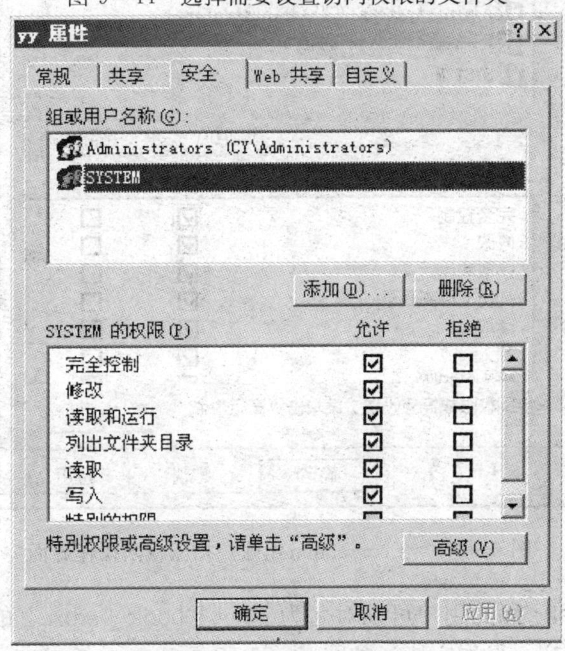

图 9—45　文件属性设置窗口

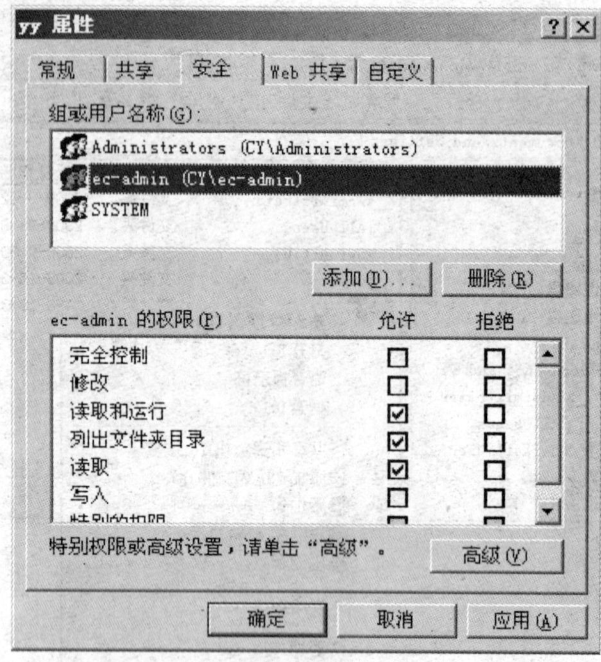

图 9—46　添加组账户操作界面

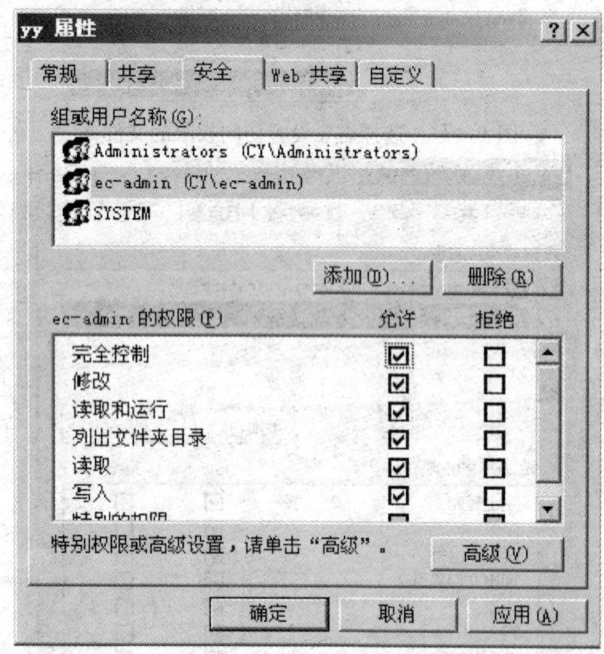

图 9—47　给 ec—admin 组账户指派权限操作界面

列表中用户账户姓名和密码的用户可以对名为“net _ book _ store”的文件夹进行访问、修改等操作，单击“确定”，操作完毕，如图 9—51 所示。

图 9—48　组账户的属性命令

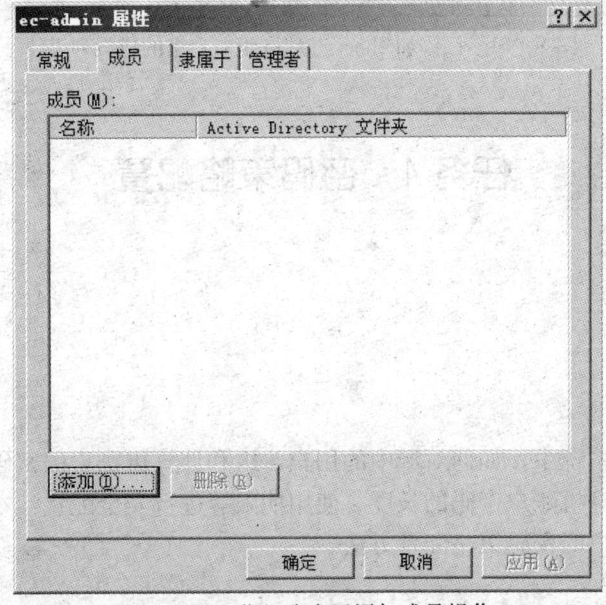

图 9—49　往组账户里添加成员操作

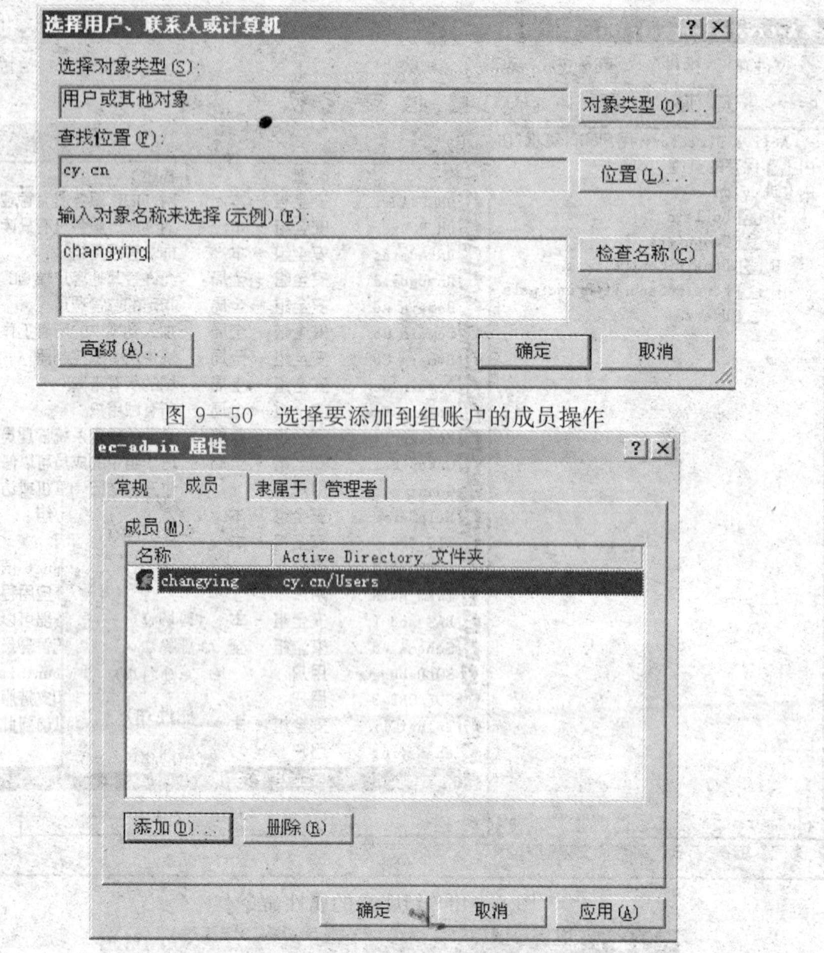

图 9—50　选择要添加到组账户的成员操作

图 9—51　已添加到 ec—admin 组账户里的成员列表

任务 4　密码策略配置

任务引入

在电子商务网络系统中，如何对域中的用户、组和计算机账户的密码进行管理？应怎样对域中用户、组和计算机账户密码的长度、使用期限等进行安全配置？本任务要求掌握域中用户、组和计算机账户的密码策略配置方法。

任务分析

用户、组和计算机账户的密码策略配置操作在 Windows Server 2003 网络操作系统的"组策略编辑器"里进行，网路管理员在策略名称列表中选择某项策略，在策略配置窗口中勾选策略选项或输入策略数据就可以完成密码策略配置工作。

相关知识

密码策略配置是指为用户设置最小的密码长度和密码保持有效的最大时间长度。是 Windows Server 2000 和 Windows Server 2003 网络操作系统管理的组策略中重要的组成部分，是网络安全配置的核心。

密码策略要求密码必须符合以下最低要求：不包含全部或部分的用户账户名；长度至少为 6 个字符，可以是英文大写字母（从 A～Z），英文小写字母（从 a～z），10 个基本数字（从 0～9），非字母字符（例如，%，!，#，◎）。

密码长度最小值可以设置为 1 到 14 个字符之间的某个值，或者通过将字符数设置为 0，可设置不需要的密码。

密码最长使用期限有几种设置。可将密码的过期天数设置为 1～999，或者将天数设置为 0，从而指定密码永不过期。如果密码的最长使用期限在 1～999，那么密码最短使用期限必须小于密码的最长使用期限。如果密码的最长使用期限设置为 0，则密码最短使用期限可以是 1～998 天之间的任何值，默认值为 42 天。

密码最短使用期限有几种设置。可将密码的过期天数设置为 1～998，或者将天数设置为 0，允许立即更改密码。密码最短使用期限必须小于密码的最长使用期限，除非密码最长使用期限设置为 0（表明密码永不过期）。如果密码的最长使用期限设置为 0，则密码最短使用期限可以是 0～998 天之间的任何值。

然而，使密码每隔 30～90 天过期一次是一种安全最佳操作习惯。通过这种方式，攻击者只有可能在有限的时间内破解用户密码并访问您的资源。

任务实施

[第一步] 打开"Active Directory 用户和计算机"控制窗口，如图 9—52 所示。

[第二步] 在域控制器上单击鼠标右键，在弹出的菜单中选择"属性"命令，如图 9—53 所示。

[第三步] 在打开的对话框中选择"组策略"选项卡，选择 Default Domain Controllers Policy组策略对象链接，然后单击"编辑"按钮，打开域组策略控制台窗口，如图 9—54 所示。

[第四步] 按"计算机配置"→"Windows 设置"→"安全设置"→"账户策略"→"密码策略"的顺序展开，在右边窗口即列出可以配置的密码策略选项，利用这些选项就可以全面地为用户配置相应密码策略，如图 9—55 所示。

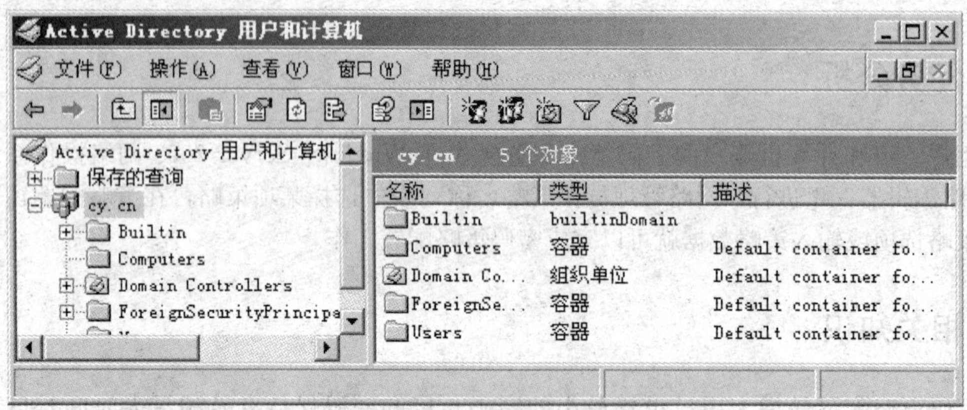

图 9—52 “Active Directory 用户和计算机”控制窗口

图 9—53 域控制器的右键菜单

［第五步］双击“密码必须符合复杂性要求”选项，启用该策略，单击“确定”，如图 9—56 所示。

［第六步］设置“密码长度最小值”密码策略，双击“密码长度最小值”，该安全设置确定用户账户的密码可以包含的最少字符个数，本任务设置密码最少为 8 个字符，如图 9—57 所示。

［第七步］设置密码最长使用期限。双击“密码最长存留期”，填写期限，单击“确定”，如图 9—58 所示。

［第八步］设置密码最短使用期限，该安全策略设置确定用户可以更改密码之前必须使用该密码的时间，配置对话框如图 9—59 所示。双击“密码最长存留期”，填写期限，单击“确定”。密码最短使用期限必须小于密码最长使用期限，除非密码最长使用期限设置为 0

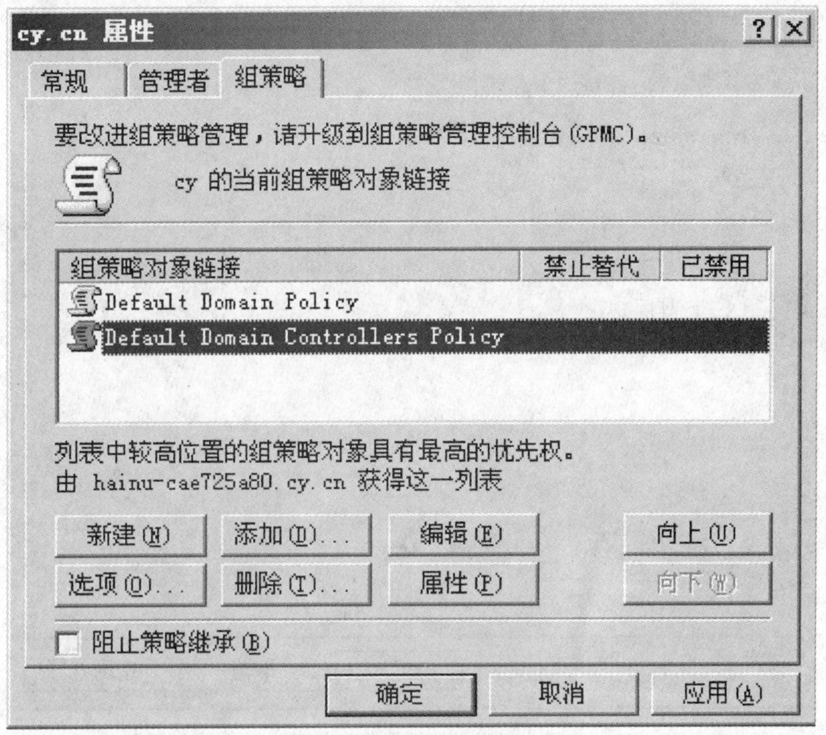

图 9—54　组策略控制窗口

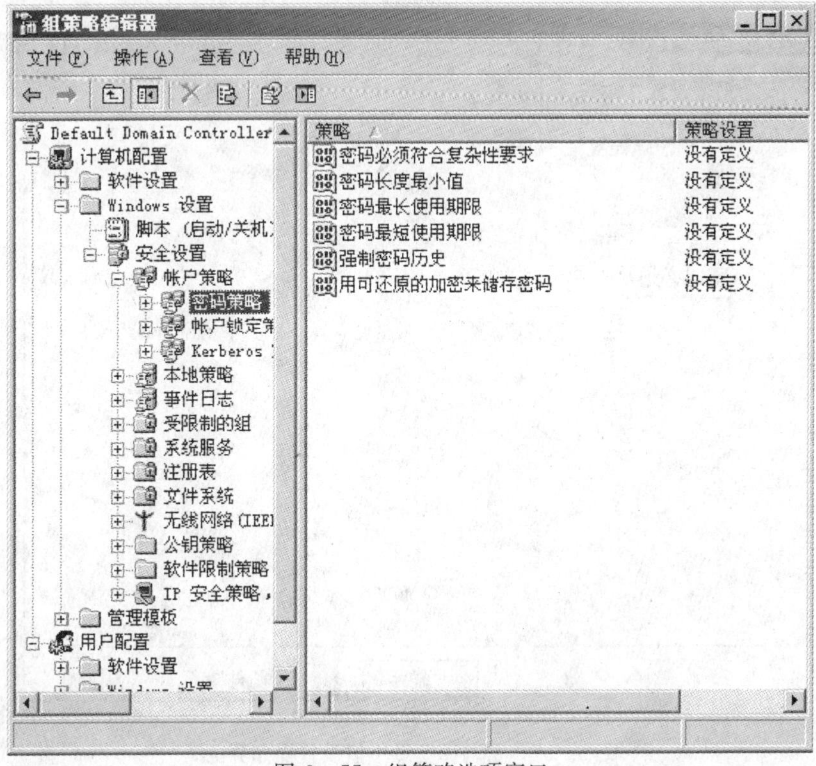

图 9—55　组策略选项窗口

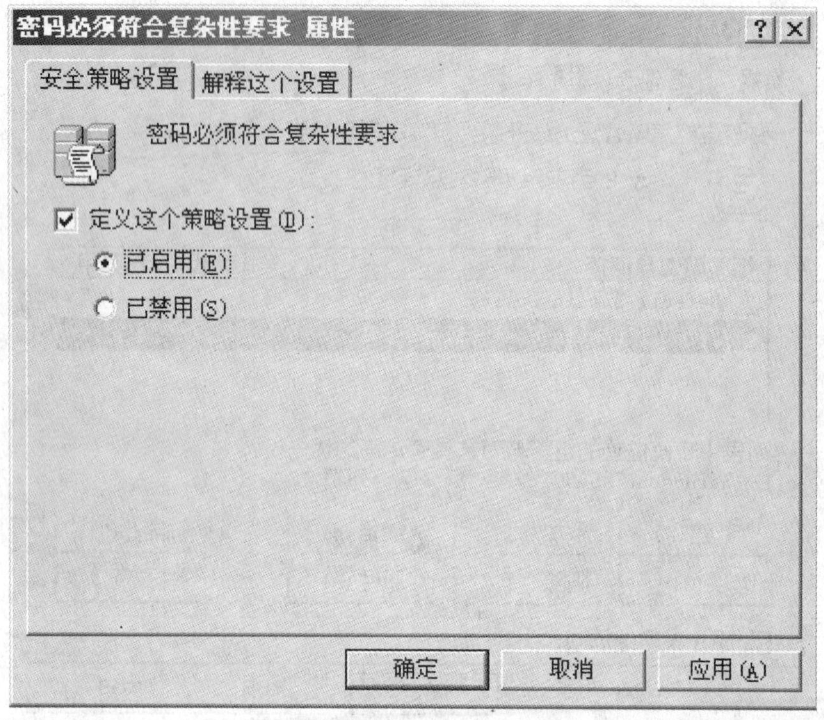

图 9—56 启用“密码必须符合复杂性要求”策略对话框

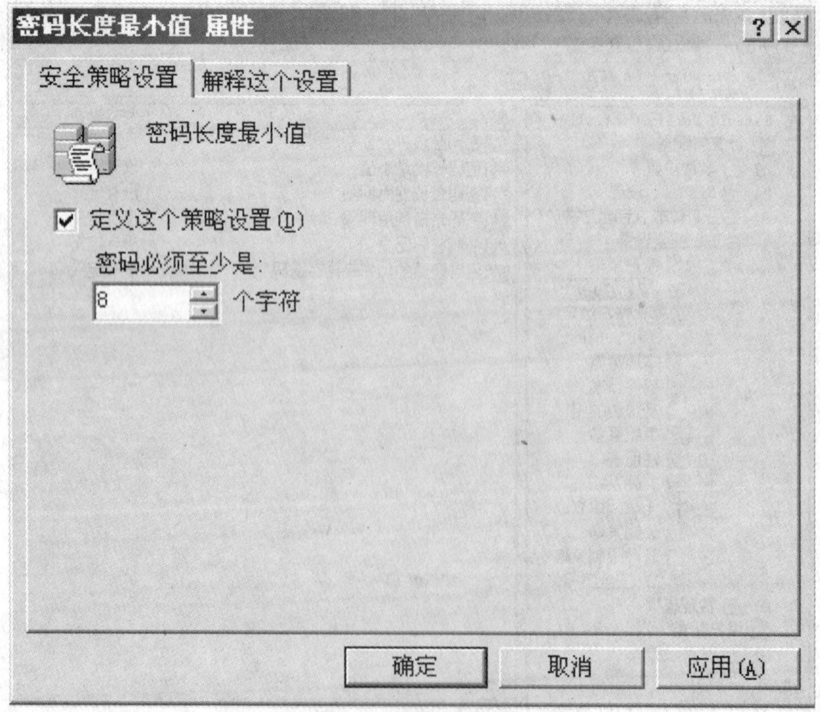

图 9—57 密码长度最小值设置操作界面

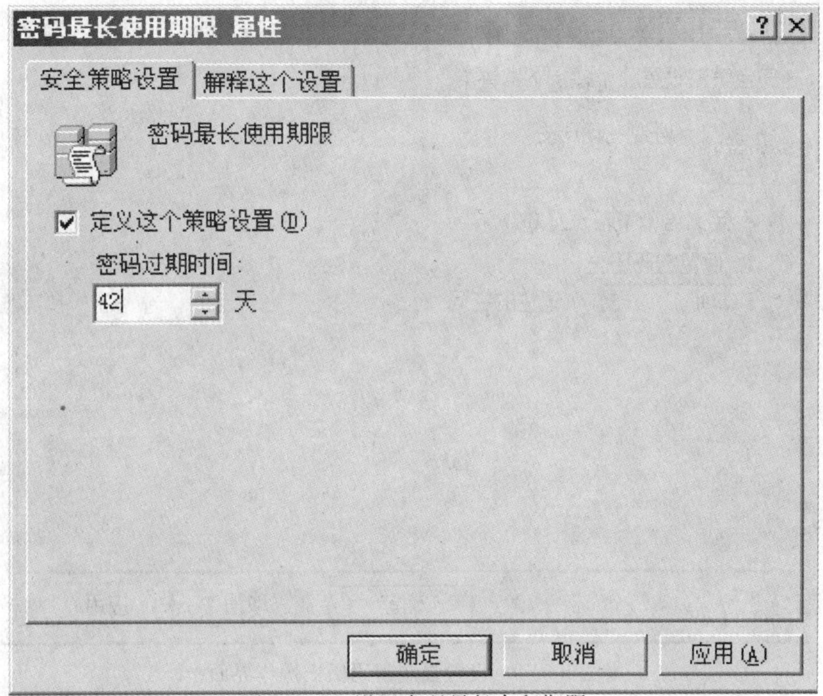

图 9—58　设置密码最长存留期限

(表明密码永不过期)。

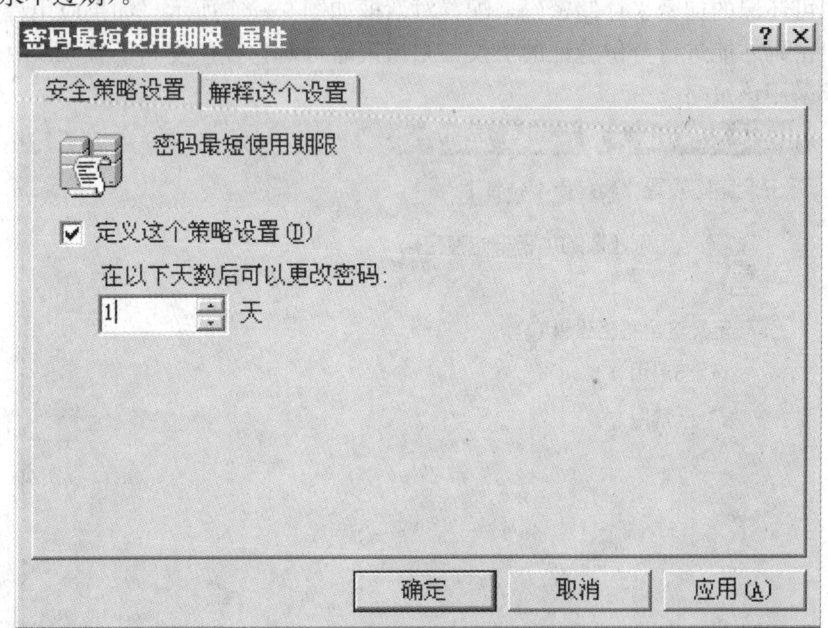

图 9—59　设置密码最短存留期限

［第九步］强制密码历史。在重新使用旧密码之前，该安全设置确定与某个用户账户相关的唯一新密码数量，配置对话框如图 9—60 所示。该策略通过确保旧密码不能继续使用，从而使管理员能够增强安全性。

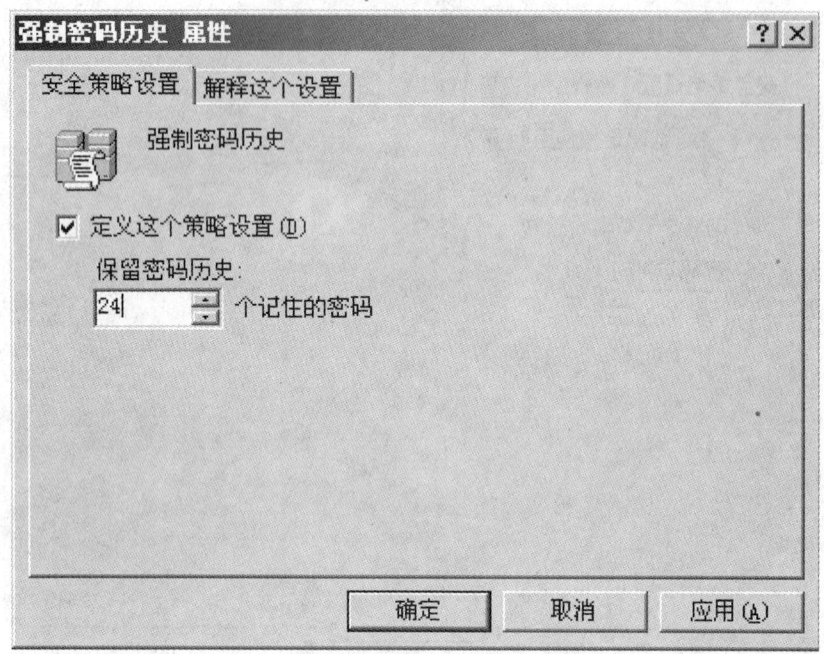

图 9—60　设置强制密码历史操作界面

［第十步］为域中所有用户使用可还原的加密来存储密码。该策略选项设置确定操作系统是否使用可还原的加密来存储密码，配置对话框如图 9—61 所示。如果应用程序使用了要求知道用户密码才能进行身份验证的协议，则该策略可对它提供支持。在 IIS 中使用摘要式验证时要求采用该策略。

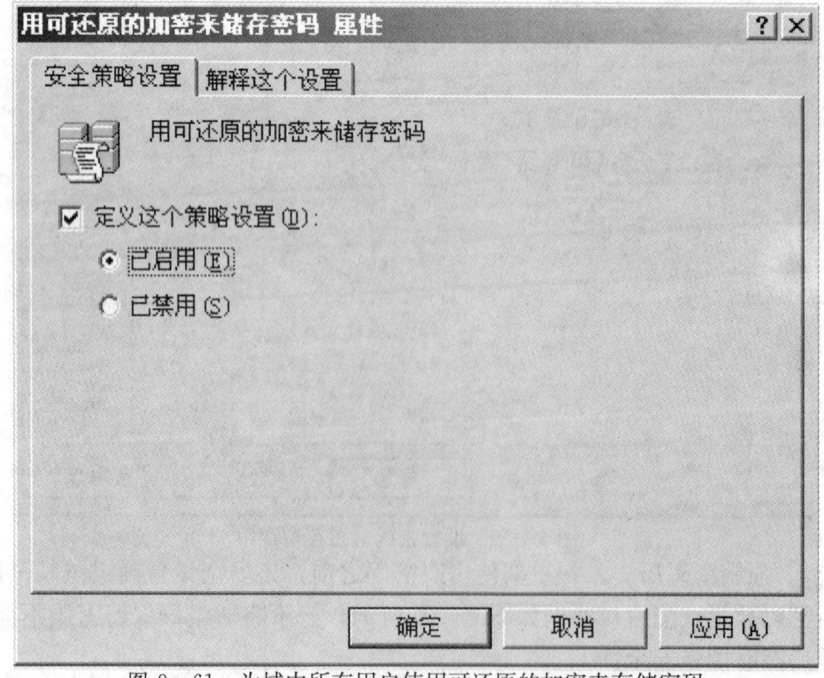

图 9—61　为域中所有用户使用可还原的加密来存储密码

任务5　数据备份与恢复

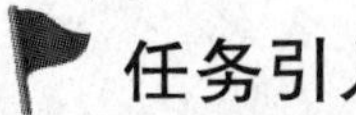

任务引入

如果系统或计算机的硬盘发生故障，那么保存在硬盘上的数据会受到损失甚至消失。如何保护存储服务器的数据？本任务通过 Windows Server 2002 系统的备份工具介绍保护数据免受意外损失的方法。

任务分析

服务器数据包括保存在服务器上的数据库文件、财务和销售数据，以及网络用户存放在服务器上的工作文件等。服务器上的数据是服务器的核心，也是整个企业网络最重要的部分，在一定程度上可以说是企业的生存与发展的关键。正因如此，保护好服务器数据的安全就成了电子商务企业网络管理员的一项最重要的职责。

在服务器数据保护方面，可用的措施很多，如病毒防护、数据加密、网络隔离、网络认证等，但数据保护的最后一道防线就是数据的备份与恢复。其他措施做的再好，如果没有完善的数据备份和恢复系统，也可能使企业网络系统面临灭顶之灾，因为服务器再好都有可能出现故障的时候，也可能存在因人为误操作而造成的文件丢失。本任务首先启动备份工具，然后利用向导进行数据备份和还原，最后进行备份作业计划的配置。

相关知识

一、备份工具

如果电子商务系统的硬件或存储媒体（如磁盘）发生故障，Windows 2000、Windows XP 和 Windows Server 2003 系统的“备份”工具可以帮助保护数据免受意外的损失。例如，可以使用“备份”工具中的创建硬盘中的数据副本，然后将数据存储到其他存储设备。

备份存储媒体包括逻辑驱动器（如硬盘）、独立的存储设备（如可移动磁盘）、磁盘库或磁带库。

“备份”工具还可以创建数据的卷影副本，以创建硬盘驱动器内容的确切副本。

二、备份工具的主要作用

以 Windows Server 2003 系统为例，备份工具的作用有：

在硬盘上存档选择的文件和文件夹；将存档选择的文件和文件夹还原到硬盘或其他任何可以访问的磁盘上；使用“自动系统故障恢复”可以保存和还原从完全系统故障中恢复所需的所有系统文件和配置设置；复制所有远程存储数据和所有存储在已装入的驱动器的数据；为所在计算机的系统状态制作副本；创建日志、记录所备份的文件以及备份的时间；备份计算机在此计算机或网络发生故障时启动系统所需的系统分区、启动分区和文件；计划经常定期备份以保持存档数据是最新的。

三、备份工具所支持的备份类型

Windows 2000、Windows XP 和 Windows Server 2003 系统的“备份”工具支持以下 5 种方法备份计算机或电子商务网站网络上的数据。

1. 副本备份

副本备份可以复制所有选定的文件，但不将这些文件标记为已经备份。

2. 每日备份

每日备份用于复制每日备份的当天改过的所有选定文件。

3. 差异备份

差异备份用于复制自上次正常或增量备份以来所创建或更改的文件。

4. 增量备份

增量备份仅仅备份自上次正常或增量备份以来所创建或更改的文件。

5. 正常备份

正常备份用于复制所有选定的文件，并且在备份后标记每个文件。

四、数据备份与恢复所需用户权限

具有特定权限和用户权限才能执行备份、还原文件和文件夹的操作。本地组中的管理员或 Backup Operator 组成员可以备份本地计算机上本地组适用的所有文件和文件夹；域控制器上的管理员或备份操作员可以备份本地、域中或具有双向信任关系的域中所有计算机上的所有文件和文件夹。

如果不是管理员或备份操作员，又想备份，那么必须是要备份的文件和文件夹的所有者，或者必须针对所要备份的文件和文件夹具有一个或多个权限，如读取、读取和执行、修改或完全控制。

任务实施

一、数据备份的基本选项设置

[第一步] 按照顺序选择“开始”→“程序”→“附件”→“系统工具”→“备份”打开备份工具主界面，如图 9—62 所示。

[第二步] 在备份工具主菜单上选择“工具”→“选项…”命令，如图 9—63 所示。

[第三步] 在“选项”对话框中选择“备份类型”选项卡，设置备份类型，如图 9—64 所示。

[第四步] 在“选项”对话框中选择“常规”选项卡，在其中可以设置许多选项，一般

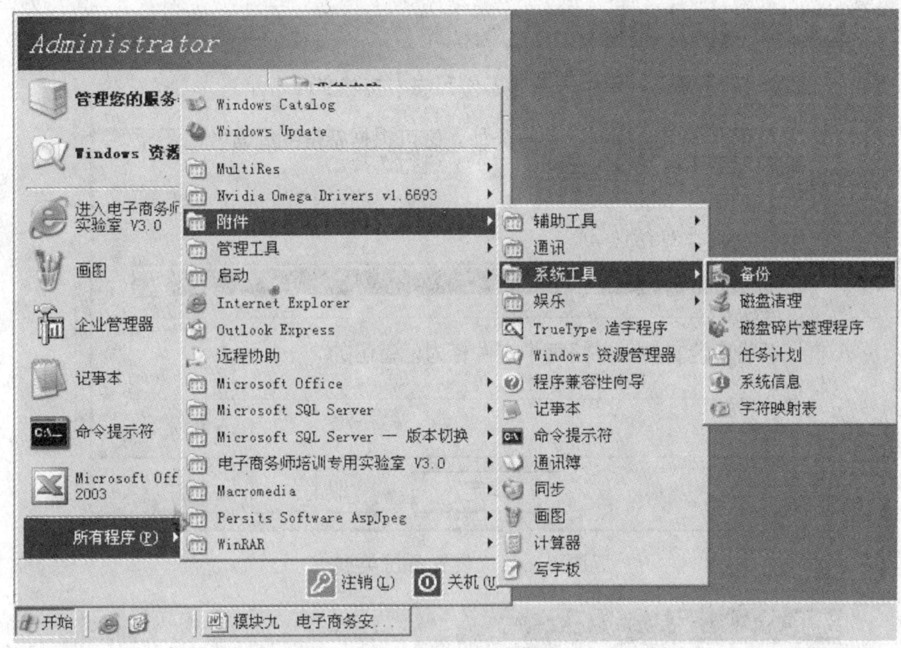

图 9—62　启用备份工具

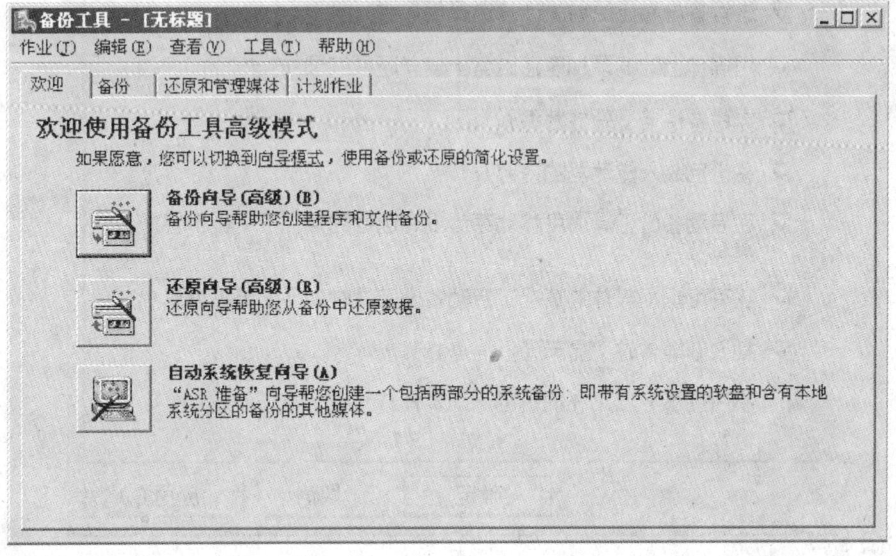

图 9—63　备份工具主界面

按系统默认即可。在系统默认选项中没有“完成备份后，验证数据”选项，它可以确定在数据备份完成后对所备份的数据进行验证，以确保备份数据的完整性。但如果选中了这一复选框，则需要花较长时间进行验证，如图 9—65 所示。

［第五步］“选项”对话框中选择“备份日志”选项卡，在这里可以选择日志记录的详细程度。如果选择“详细数据”单选按钮，则记录所有备份信息，其中包括所备份的文件和文

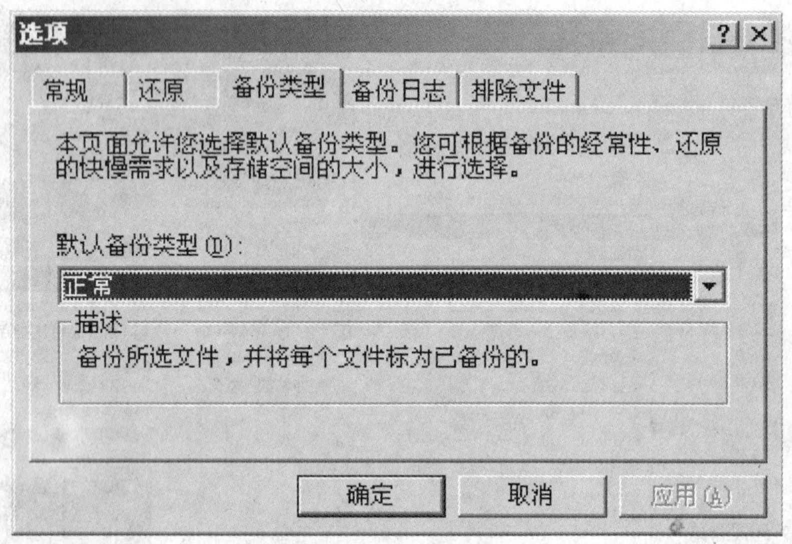

图 9—64　设置备份类型

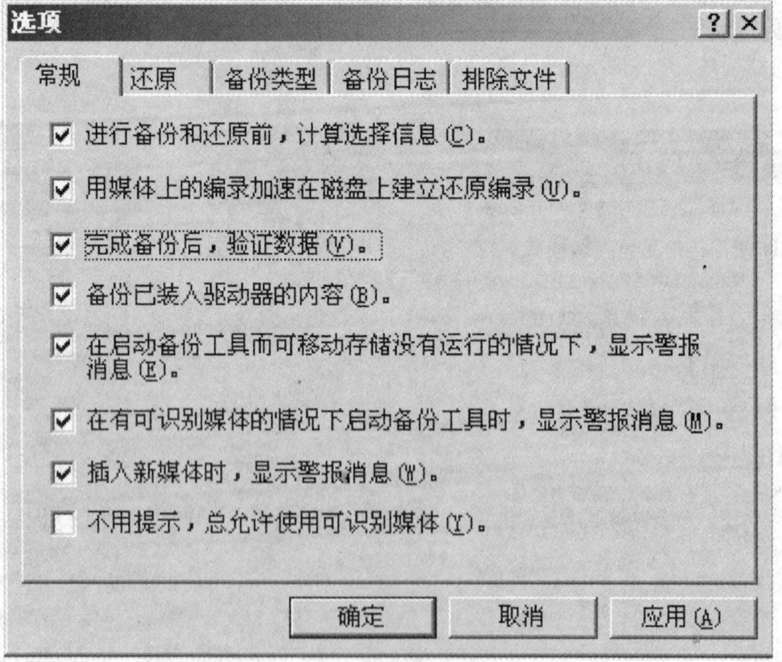

图 9—65　“常规”选项卡

件夹名称、备份开始和结束时间、所有备份设备等。这类日志最详细，但需要占用较大的磁盘空间；如果选择“摘要”单选按钮，则只记录主要操作；如果选择“无”单选按钮，则不记录备份日志。建议选择“详细数据”，如图 9—66 所示。

[第六步]“选项”对话框中选择“排除文件”选项卡，在这个选项卡中可以排除一些不能备份的文件和文件夹，单击“添加”按钮，如图 9—67 所示。

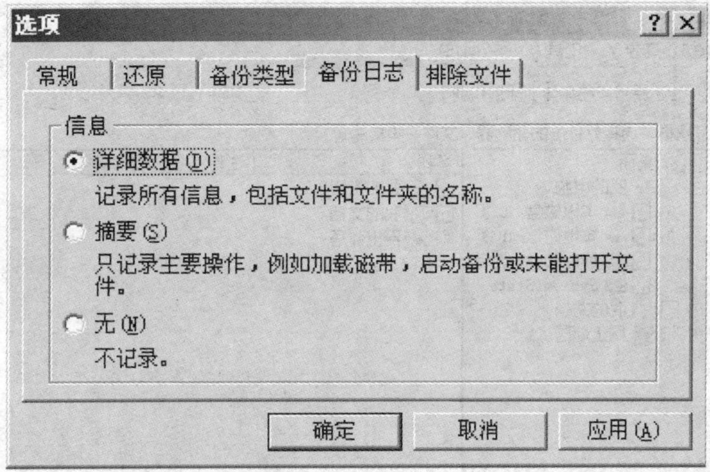

图 9—66 “备份日志”选项卡

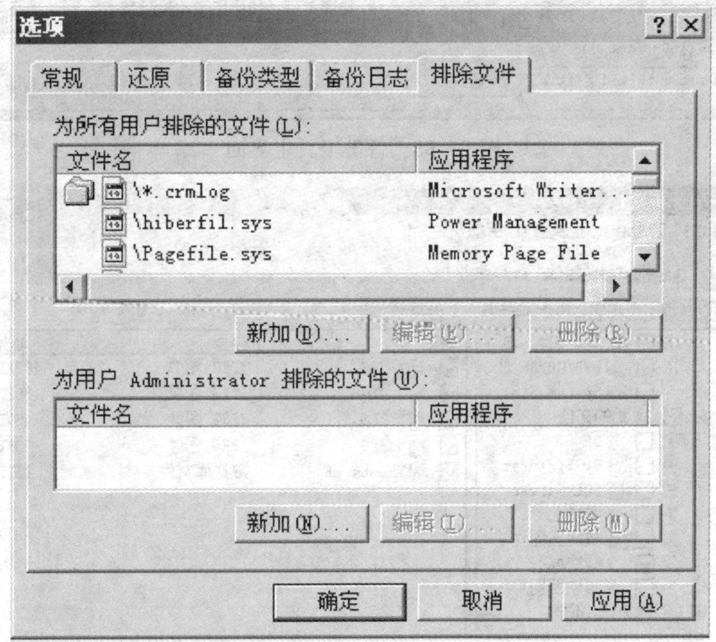

图 9—67 “排除文件”选项卡

二、手动备份数据

可以利用备份向导进行备份，也可以直接在备份选项卡界面通过手工操作进行。

[第一步] 在备份工具主界面选择“备份”选项卡，在如图 9—68 所示的界面中选择要备份的数据文件，如果要备份整个系统则只需要选择所有磁盘分区即可。

[第二步] 在“备份媒体或文件名”文本框中输入备份数据保存的磁盘路径和文件名，或通过“浏览”按钮，在打开的对话框中选择路径。设置好后单击“开始备份”按钮，如图 9—69 所示。

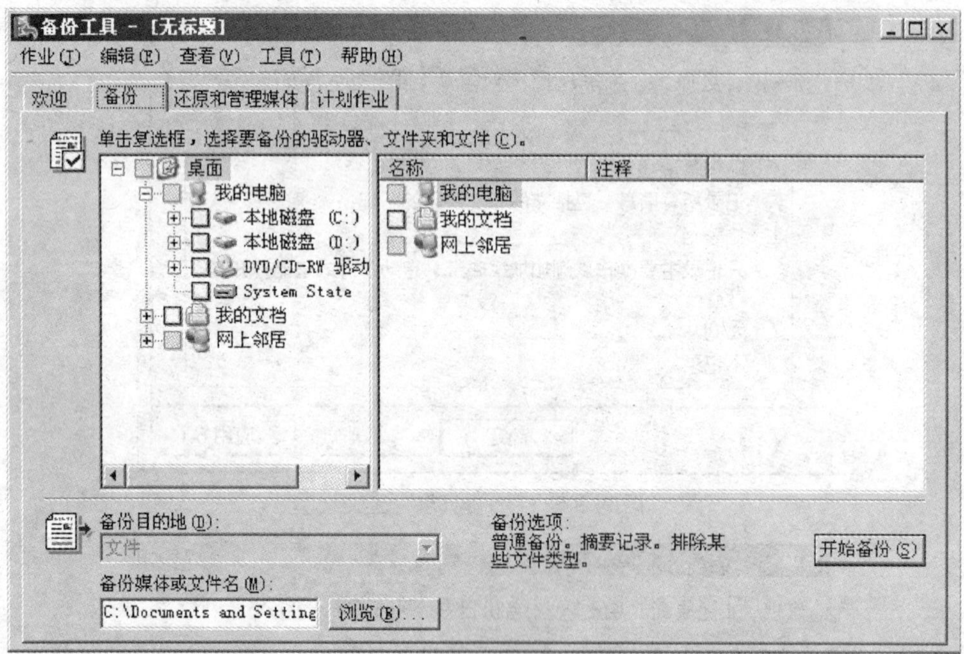

图 9—68 备份工具主界面

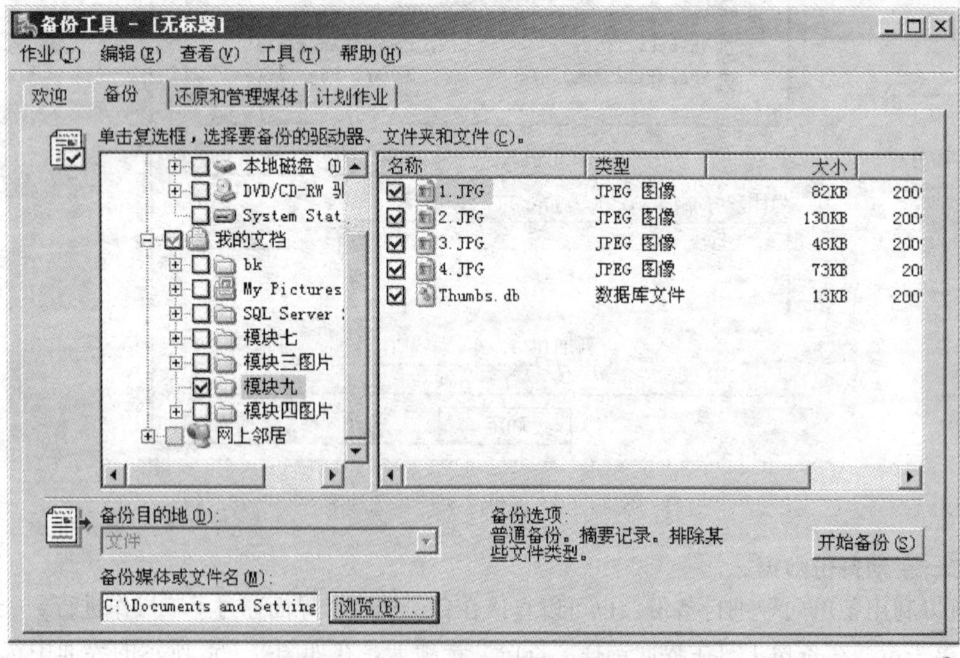

图 9—69 备份媒体文件名和路径

[第三步] 在出现的“备份作业信息”对话框中设置备份文件的描述、备份时数据的覆盖方式等。选择好后，单击“开始备份”按钮即可开始备份，如图 9—70 所示。

[第四步] 备份进度的显示，如图 9—71 所示。

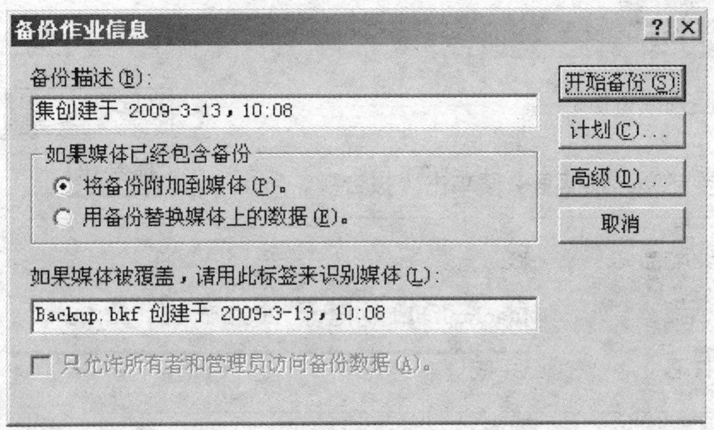

图 9—70　在正式开始备份前显示的“备份作业信息”对话框

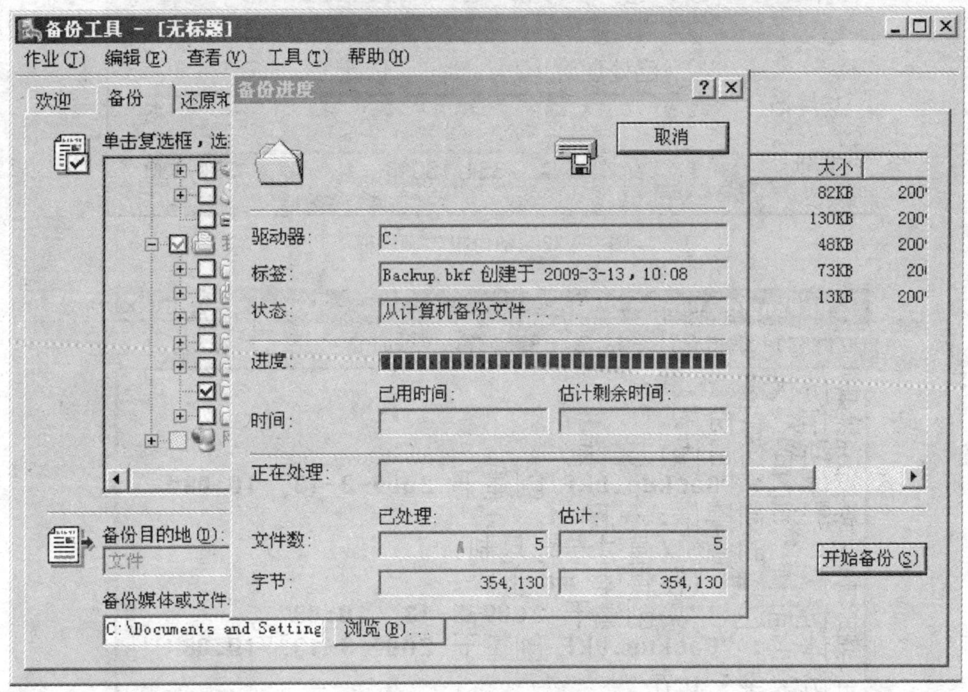

图 9—71　正在备份数据的界面

[第五步] 备份完成后显示备份报告，该报告显示的是摘要信息，例如所备份的文件数、容量和利用时间等。如果要查看更加详细的报告，则单击“报告”按钮，如图 9—72 所示。

[第六步] 备份的详细报告以记事本的格式显示。这里记录的信息更加详细，如图9—73所示。

三、以向导方式还原数据

[第一步] 在“欢迎”选项卡中单击“还原向导”按钮，如图 9—74 所示。

[第二步] 在对话框中单击“下一步”，如图 9—75 所示。

备份进度

已完成备份。

关闭(C)

要参阅详细信息，请单击“报告”。

报告(R)...

驱动器：C:

标签：Backup.bkf 创建于 2009-3-13，10:08

状态：完成

时间：已用时间：　估计剩余时间：

	已处理：	估计：
文件数：	5	5
字节：	354,130	354,130

图 9—72　备份报告显示框

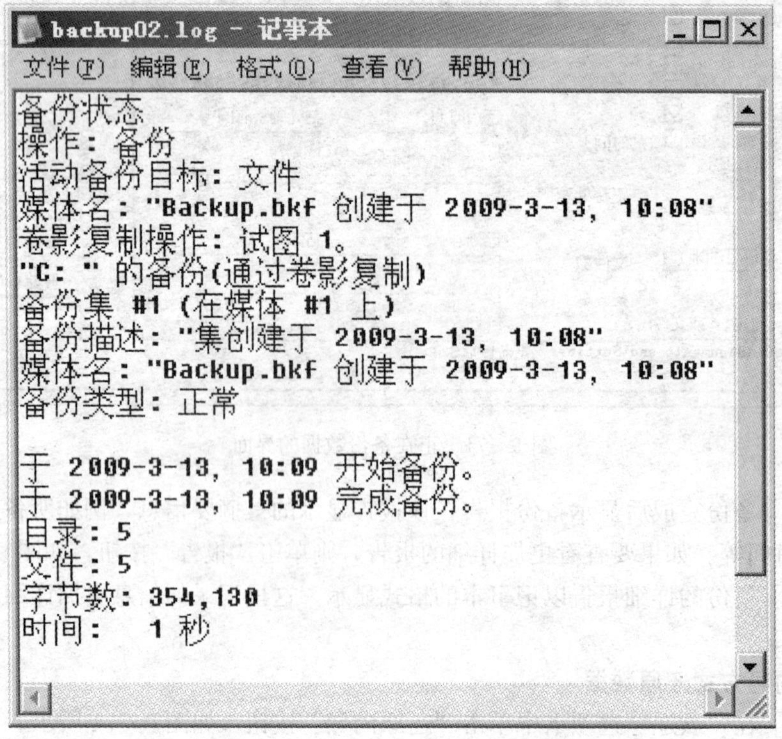

备份状态
操作：备份
活动备份目标：文件
媒体名："Backup.bkf 创建于 2009-3-13, 10:08"
卷影复制操作：试图 1。
"C:" 的备份(通过卷影复制)
备份集 #1 (在媒体 #1 上)
备份描述："集创建于 2009-3-13, 10:08"
媒体名："Backup.bkf 创建于 2009-3-13, 10:08"
备份类型：正常

于 2009-3-13, 10:09 开始备份。
于 2009-3-13, 10:09 完成备份。
目录：5
文件：5
字节数：354,130
时间：　1 秒

图 9—73　以记事本的格式显示的报告详细信息

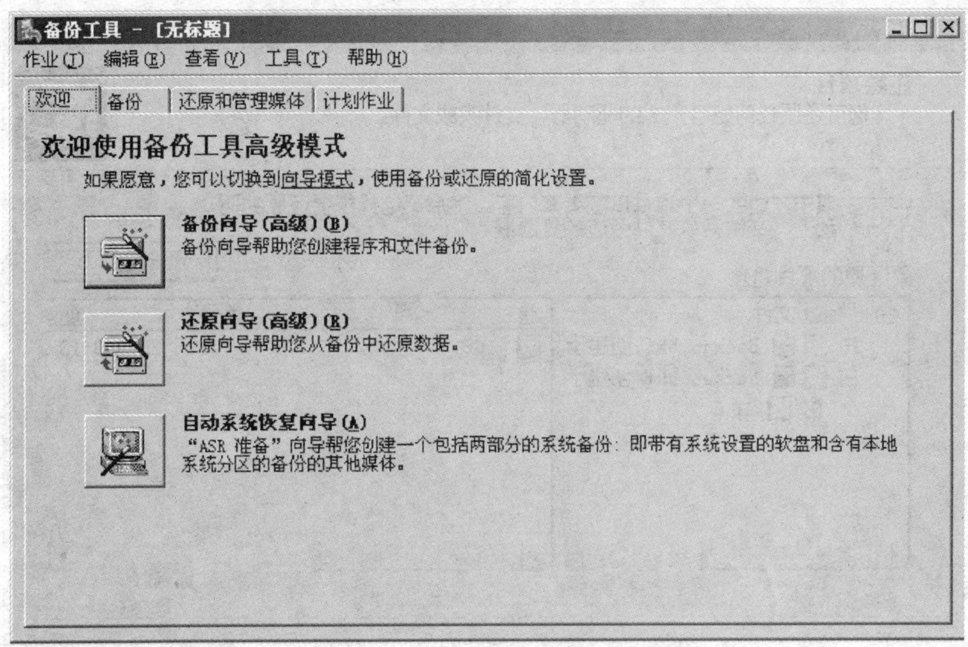

图 9—74 “还原向导”操作界面

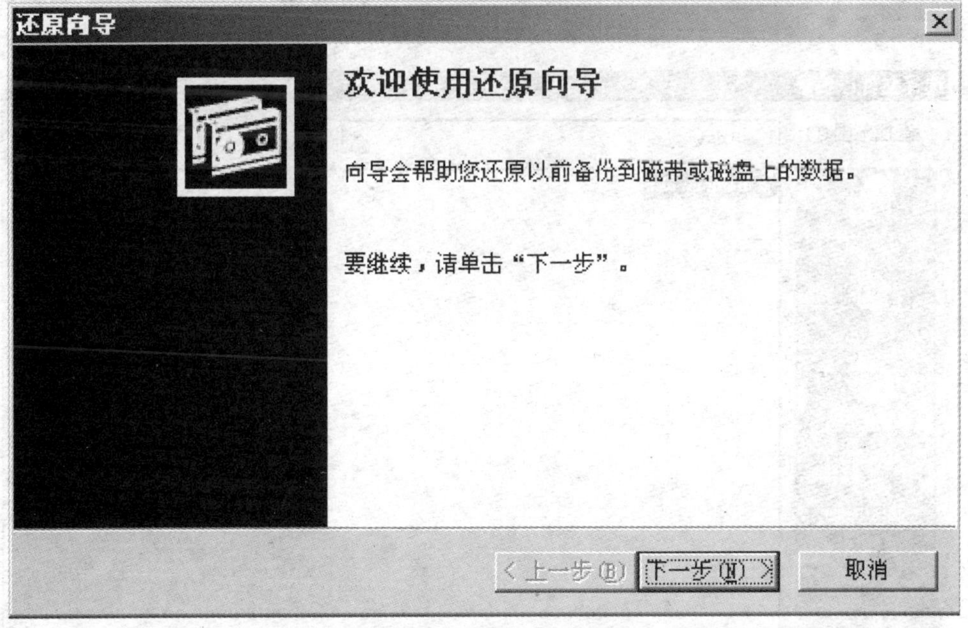

图 9—75 开始使用还原向导操作界面

[第三步] 在对话框中选择恢复所需的备份文件，也就是说进行恢复操作前必须先准备好相应的备份文件，否则恢复将无法进行。本任务中单击“导入文件”按钮选择备份文件，如图 9—76 所示。

[第四步] 选择备份文件，单击“打开”，如图 9—77 所示。

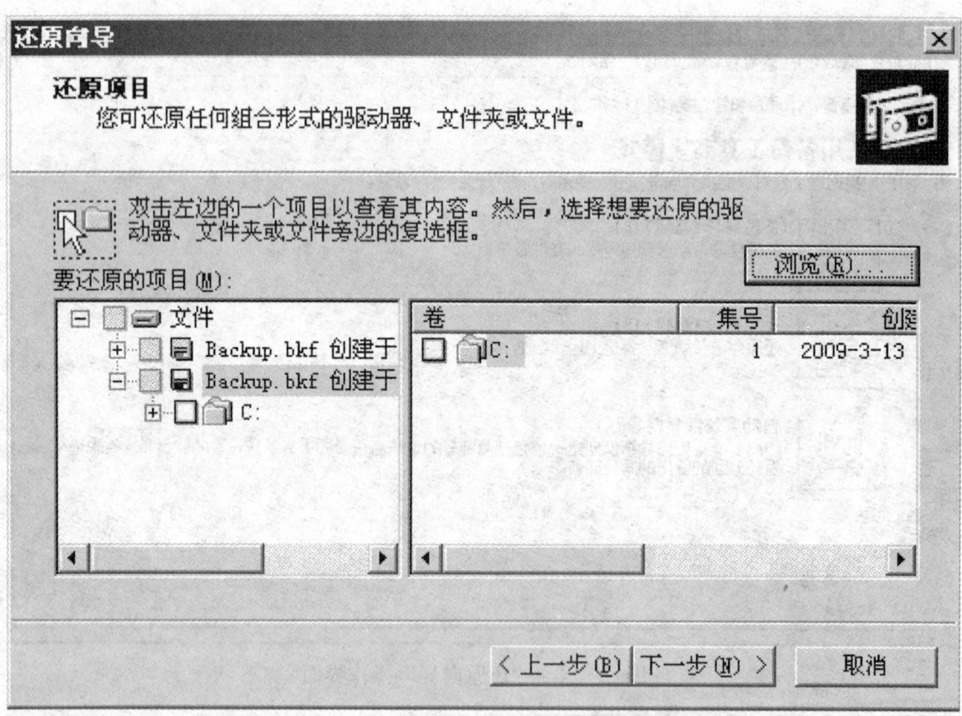

图 9—76　选择还原项目对话框

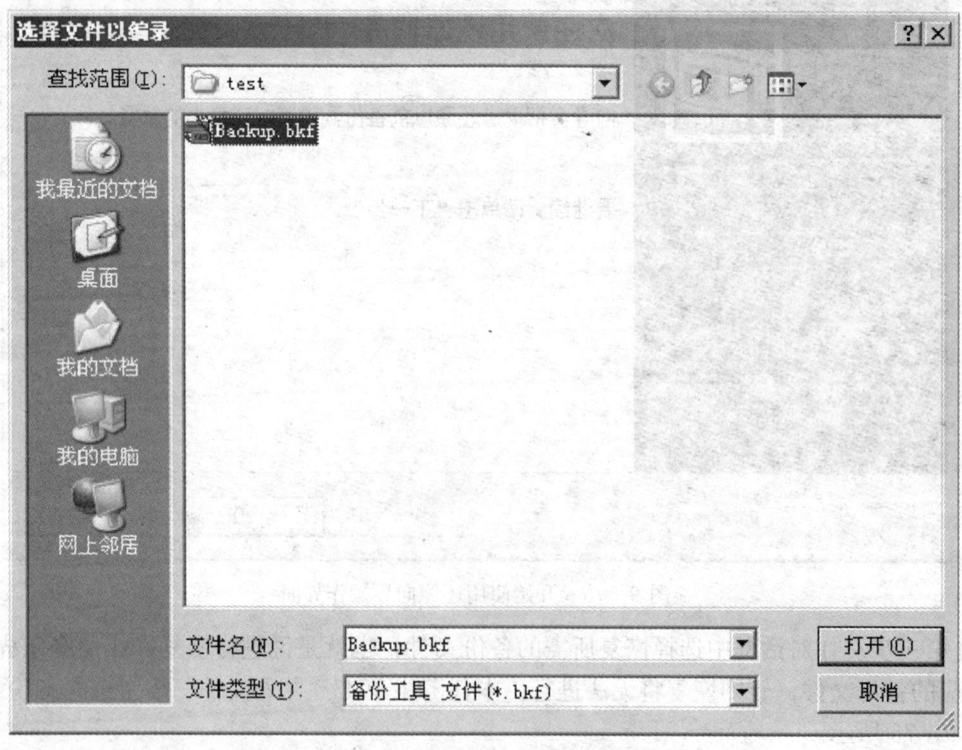

图 9—77　选择备份文件名对话框

［第五步］选择还原项目，单击“下一步”，如图 9—78 所示。

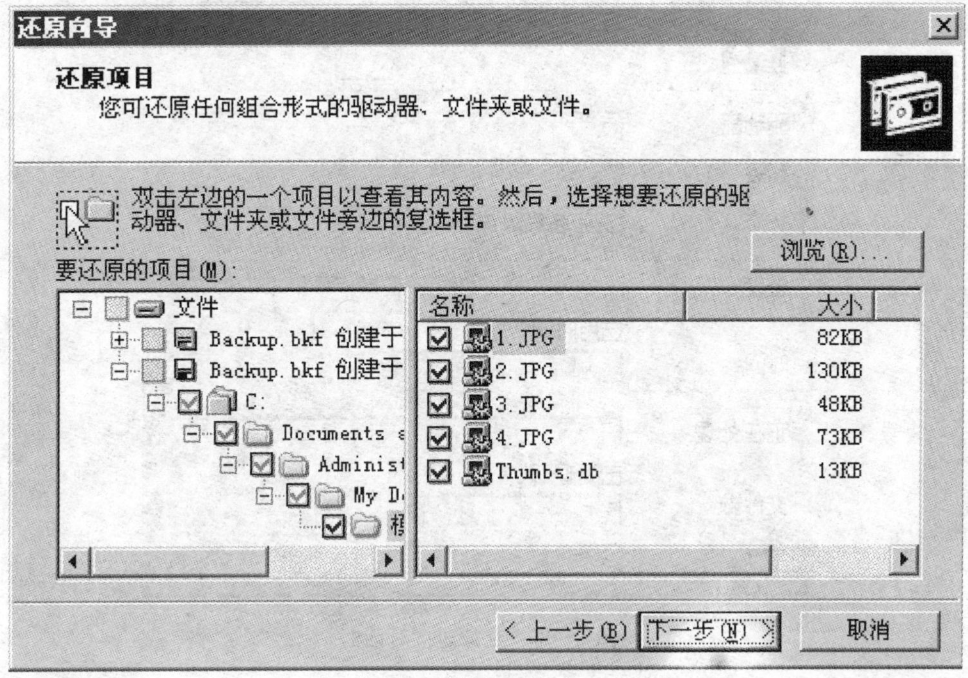

图 9—78　选择还原项目

［第六步］完成还原向导对话框，单击“完成”，如图 9—79 所示。

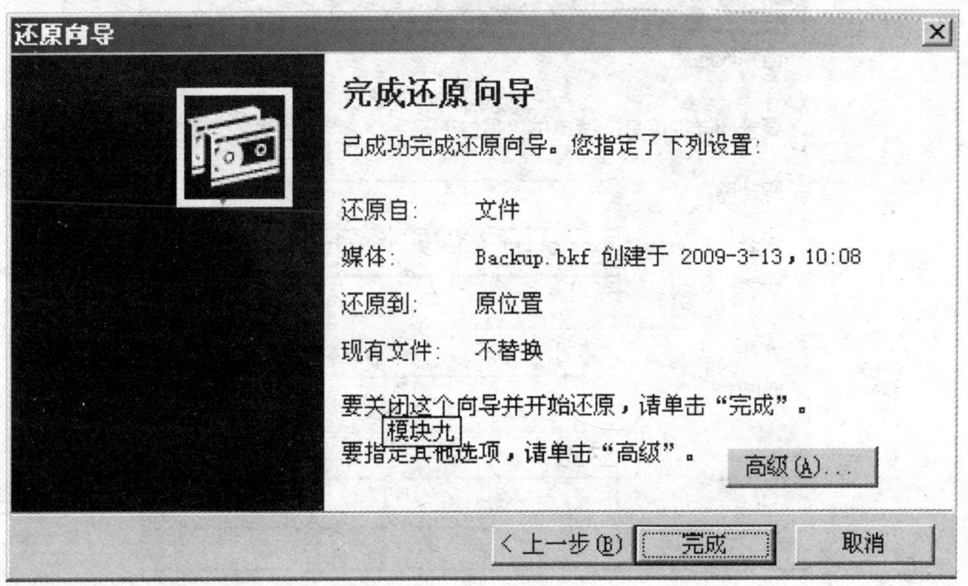

图 9—79　完成还原向导对话框

［第七步］显示还原进度对话框，如图 9—80 所示。

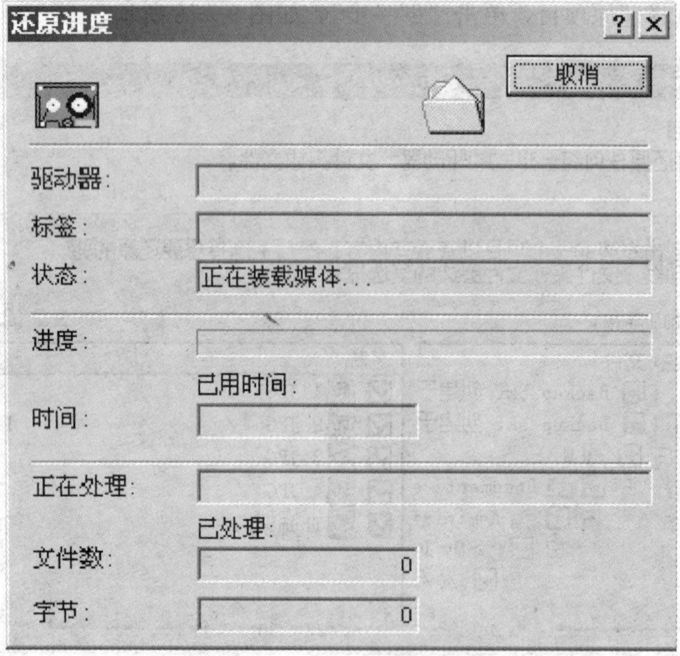

图 9—80　还原进度对话框

［第八步］已完成还原对话框，显示摘要信息，单击“报告”可以查看还原报告详细信息，如图 9—81 所示。

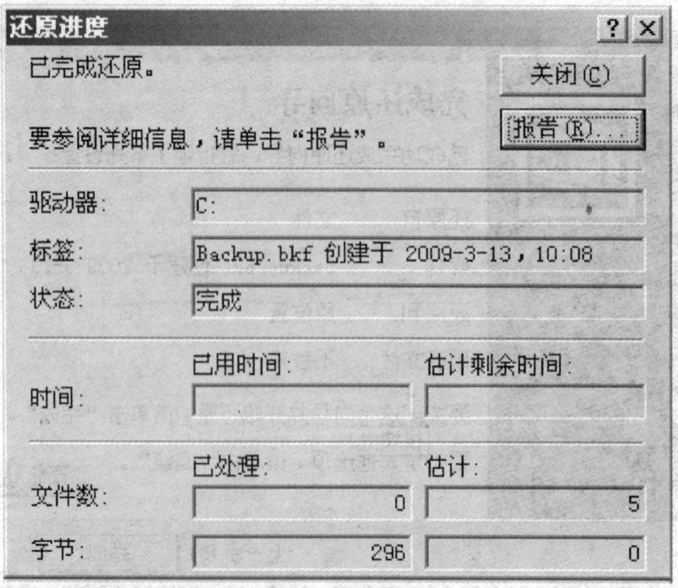

图 9—81　完成还原的摘要信息

［第九步］以记事本格式显示的还原报告详细信息，如图 9—82 所示。

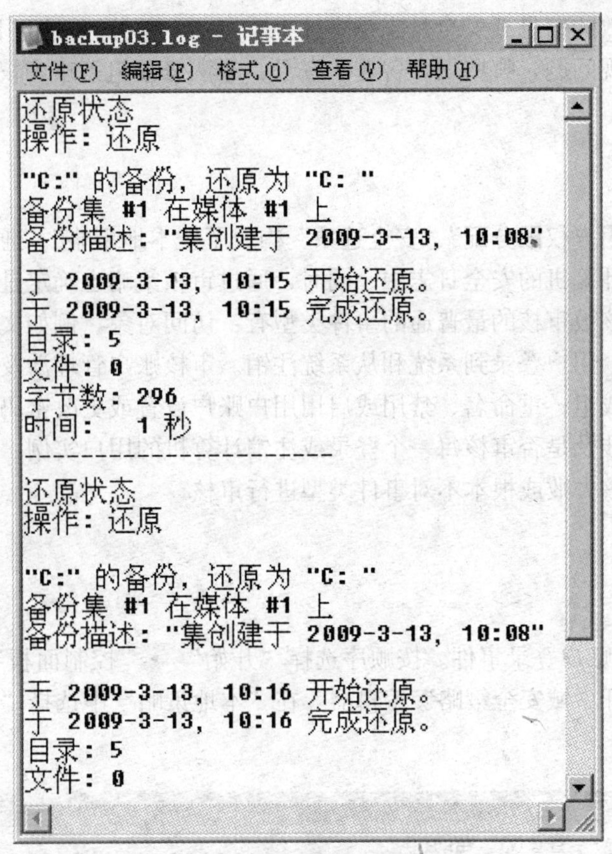

图 9—82　还原报告详细信息

任务 6　审核策略配置

任务引入

当电子商务网络系统出现违反安全的事件时，该如何找到并确认问题的根源？本任务要求掌握 Windows Server 2003 网络操作系统中进行“审核策略”配置的方法。

任务分析

通过审核策略可确定是否将安全事件记录到计算机的安全日志中，同时也确定是否记录登录成功或登录失败的信息（安全日志是事件查看器的一部分）。通过日志事件中的事件 ID 即可知道哪部分出现问题，哪些用户曾非法登录、非法修改组策略和权限。

相关知识

“审核策略”“用户权限分配”“安全选项”构成了“本地策略”。通过审核策略可确定是否安全事件记录到计算机的安全日志中。同时，通过审核策略也确定是否记录登录成功或登录失败的信息。应该被审核的最普通的事件类型有：访问对象，例如文件和文件夹；用户账户和组账户的管理；用户登录到系统和从系统注销。审核账户管理涉及以下操作：创建、更改或删除用户账户或组；重命名、禁用或启用用户账户设置或更改密码。

审核登录事件涉及是否审核每一个登录或注销计算机的用户实例。审核登录事件定义为是否审核成功、审核失败或根本不对事件类型进行审核。

任务实施

［第一步］审核账户登录事件。按顺序选择“开始”→“控制面板”→“管理工具”→“域安全策略”，打开“域安全策略”编辑器，在“本地策略”中选择“审核策略”选项，如图 9—83 所示。

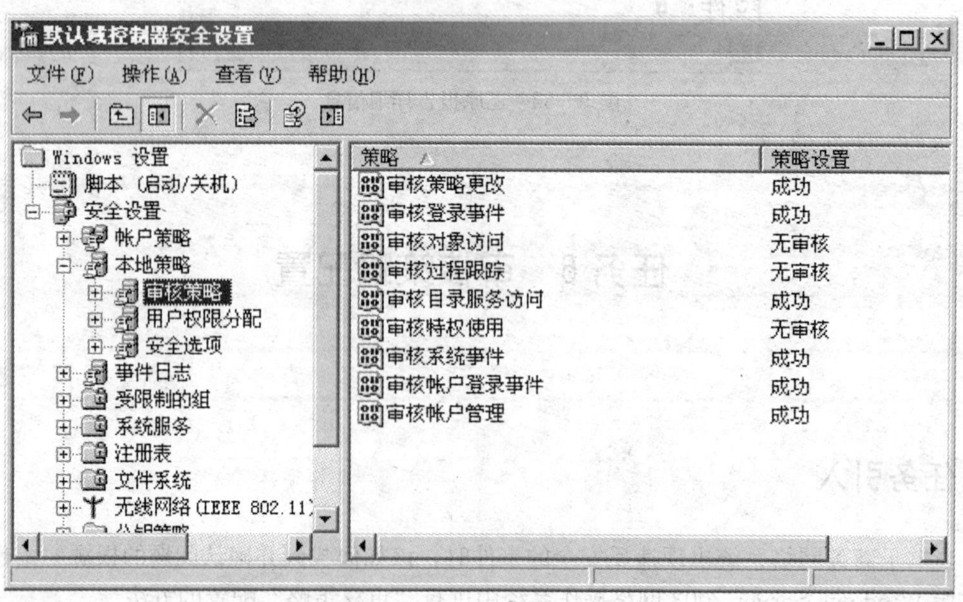

图 9—83　域安全策略中的“审核策略”选项窗口

［第二步］审核账户登录事件。双击“审核策略”选项窗口中的“审核账户登录事件”策略，出现审核账户登录事件策略设置对话框，勾选“定义这些策略设置”复选框，勾选“成功”，单击“确定”，如图 9—84 所示。启动了账户登录事件的成功审核，将为域控制器

所验证的每位用户记录一个条目，主要的用户账户登录事件如图 9—85 所示。

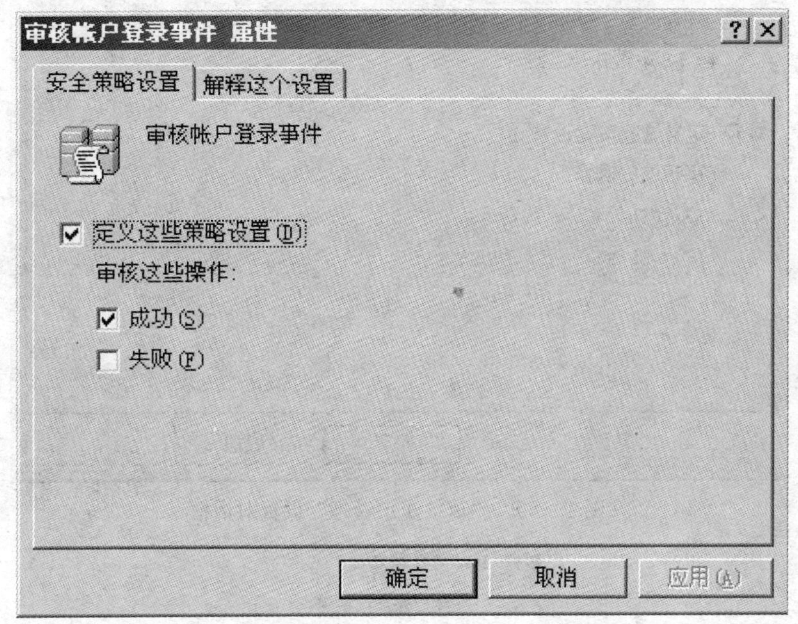

图 9—84　“审核账户登录事件”设置对话框

事件 ID	事件描述
672	已成功颁发和验证身份验证服务（AS）票证。
673	授权票证服务（TGS）票证已授权。TGS 是由 Kerberos v5 票证授权服务（TGS）颁发的票证，允许用户对域中的特
674	安全主体已更新 AS 票证或 TGS 票证。
675	预身份验证失败。用户键入错误的密码时，密钥发行中心（KDC）生成此事件。
676	身份验证票证请求失败。在 Windows XP Professional 或 Windows Server 家族的成员中不生成此事件。
677	TGS 票证未被授权。在 Windows XP Professional 或 Windows Server 家族的成员中不生成此事件。
678	帐户已成功映射到域帐户。
681	登录失败。尝试进行域帐户登录。在 Windows XP Professional 或 Windows Server 家族的成员中不生成此事件。
682	用户已重新连接至已断开的终端服务器会话。
683	用户未注销就断开终端服务器会话。

图 9—85　账户登录事件

［第三步］审核账户管理。在“审核策略”选项窗口，双击“审核账户管理”，在出现的对话框中勾选“定义这些策略设置”复选框，再勾选“成功”复选框，单击“确定”，如图 9—86 所示。

通过这里的事件审核，可以发现许多非法用户的创建和用户的非法更改隶属组、用户密码、重命名等操作，账户管理事件如图 9—87 所示。

［第四步］审核登录事件。在“审核策略”选项窗口，双击“审核登录事件”，在出现的对话框中勾选“定义这些策略设置”复选框，再勾选“成功”复选框，单击“确定”，如图 9—88 所示。

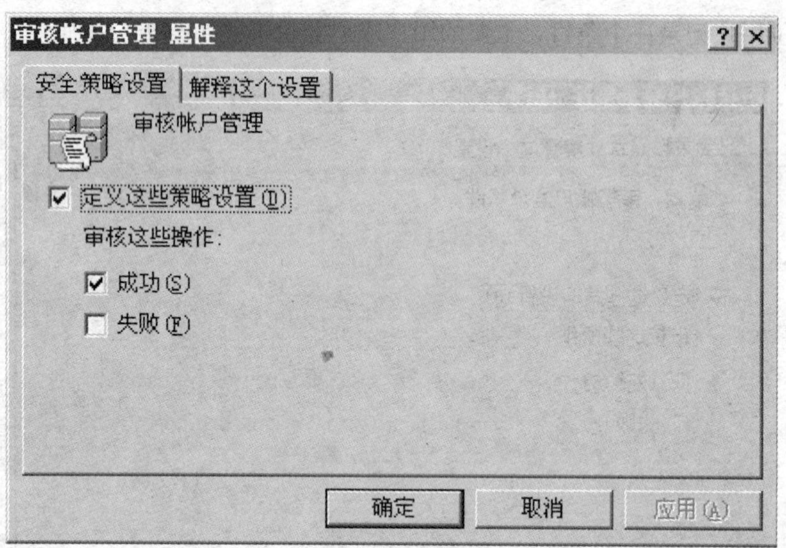

图 9—86 “审核账户管理”设置对话框

事件 ID	事件描述
624	用户帐户已创建。
627	用户密码已更改。
628	用户密码已设置。
630	用户帐户已删除。
631	全局组已创建。
632	成员已添加至全局组。
633	成员已从全局组删除。
634	全局组已删除。
635	已新建本地组。
636	成员已添加至本地组。
637	成员已从本地组删除。
638	本地组已删除。
639	本地组帐户已更改。
641	全局组帐户已更改。
642	用户帐户已更改。
643	域策略已修改。
644	用户帐户被自动锁定。
645	计算机帐户已创建。
646	计算机帐户已更改。

图 9—87 账户管理事件

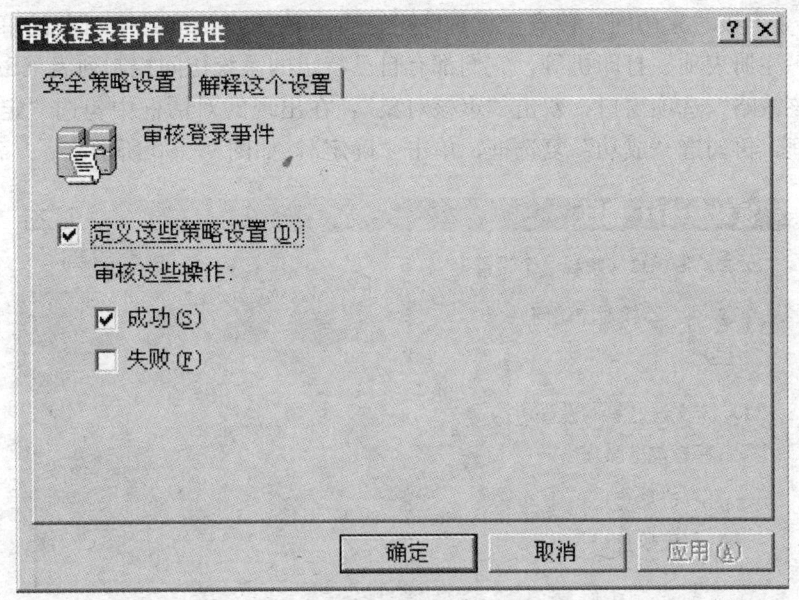

图 9—88　“审核登录事件”设置对话框

在域控制器上将生成域账户活动的账户登录事件，并在本地计算机上生成本地账户活动的账户登录事件。如果同时启用账户登录和账户审核策略类别，那么使用域账户登录时将生成登录或注销工作站、服务器的事件，而且将在域控制器上生成一个账户登录事件。此外，在用户登录而检索登录脚本和策略时，使用域账户的成员服务器或工作站的交互式登录在域控制器上生成登录事件。登录事件如图 9—89 所示。

事件 ID	审核登录事件
528	用户成功登录到计算机。
529	登录失败。试图使用未知的用户名或已知用户名但错误密码进行登录。
530	登录失败。试图在允许的时间外登录。
531	登录失败。试图使用禁用的帐户登录。
532	登录失败。试图使用已过期的帐户登录。
533	登录失败。不允许登录到指定计算机的用户试图登录。
534	登录失败。用户试图使用不允许的密码类型登录。
535	登录失败。指定帐户的密码已过期。
536	登录失败。Net Logon 服务没有启动。
537	登录失败。由于其他原因登录尝试失败。 **注意**：在某些情况下，登录失败的原因可能是未知的。
538	用户的注销过程已完成。
539	登录失败。试图登录时，该帐户已锁定。
540	用户成功登录到网络。
541	本地计算机与列出的对等客户端身份（已建立安全关联）之间的主要模式 Internet 密钥交换 (IKE) 身份验证已完成，或者快速模式已建立了数据频道。
542	数据频道已终止。
543	主要模式已终止。 **注意**：如果安全关联的时间限制（默认为 8 小时）过期、策略更改或对等终止，则会发生此情况。
544	由于对等客户端没有提供有效的证书或者签名无效，造成主要模式身份验证失败。
545	由于 Kerberos 失败或者密码无效，造成主要模式身份验证失败。

图 9—89　登录事件

［第五步］审核对象访问。该安全设置确定是否审核用户访问某个对象的事件，例如文件、文件夹、注册表项、打印机等，它们都有自己特定的系统访问控制列表（SACL)。

在“审核策略”选项窗口，双击“审核对象”，在出现的对话框中勾选“定义这些策略设置”复选框，再勾选“成功”复选框，单击“确定”，如图 9—90 所示。

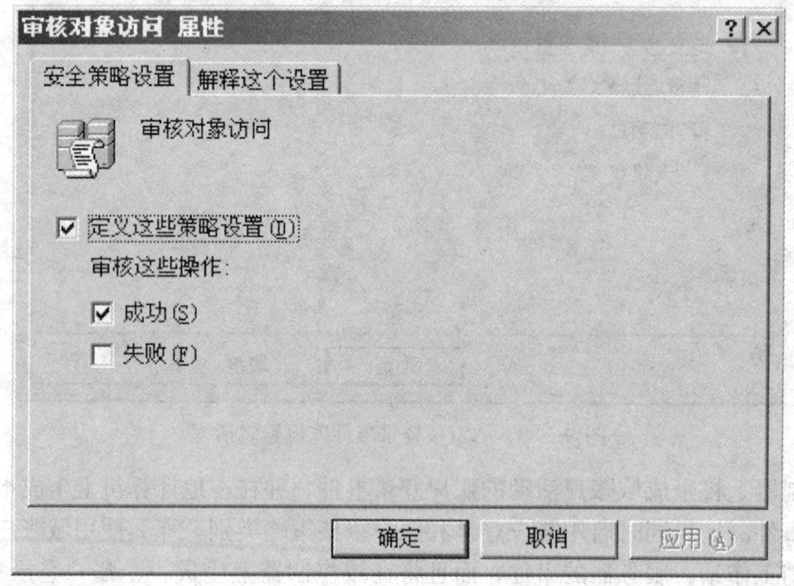

图 9—90　“审核对象访问”设置对话框

对象访问事件如图 9—91 所示。

事件 ID	事件描述
560	访问权限已授予现有的对象。
562	指向对象的句柄已关闭。
563	试图打开一个对象并打算将其删除。 **注意**：当在 Createfile() 中指定了 FILE_DELETE_ON_CLOSE 标记时，此事件可以用
564	受保护对象已删除。
565	访问权限已授予现有的对象类型。
567	使用了与句柄关联的权限。 **注意**：创建句柄时，已授予其具体权限，如读取、写入等。使用句柄时，最多为每个使用
568	试图创建与正在审核的文件的硬链接。
569	授权管理器中的资源管理器试图创建客户端上下文。
570	客户端试图访问对象。 **注意**：在此对象上发生的每个尝试操作都将生成一个事件。

图 9—91　对象访问事件

思考与练习

1. 数字证书采用公钥体制，即利用一对互相匹配的密钥进行（ ）。

A. 加密

B. 加密、解密

C. 解密

D. 安全认证

2. 数字证书的作用是证明证书中列出的用户合法拥有证书中列出的：（ ）。

A. 私人密钥

B. 加密密钥

C. 解密密钥

D. 公开密钥

3. 效率最高、最保险的杀毒方式是（ ）。

A. 手工杀毒

B. 自动杀毒

C. 杀毒软件

D. 磁盘格式化

4. 防火墙是一种计算机硬件和软件的结合，使互联网与内部网之间建立起一个（ ），从而保护内部网免受非法用户的侵入。

A. 安全等级保护制度

B. 安全信息系统

C. 安全网关

D. 安全保护

5. 用来对两个或多个网络之间的互相访问实行强制性管理的安全系统是（ ）。

A. 隔离系统

B. 防火墙

C. 屏蔽系统

D. 安全网关系统

6. 以下哪一个可以用来保证计算机能在良好的环境里持续工作？（ ）

A. 环境安全

B. 实体安全

C. 运行安全

D. 信息安全

7. 数字签名为保证其不可更改性，双方约定使用（ ）。

A. HASH 算法

B. RSA 算法

C. CAP 算法

D. ACR 算法

8. 在公开密钥密码体制中，加密密钥即（　　）。

A. 解密密钥

B. 私密密钥

C. 公开密钥

D. 私有密钥

9. 下列关于防火墙的说法正确的是（　　）。

A. 防火墙的安全性能是根据系统安全的要求而设置的

B. 防火墙的安全性能是一致的，一般没有级别之分

C. 防火墙不能把内部网络隔离为可信任网络

D. 一个防火墙只能用来对两个网络之间的互相访问实行强制性管理的安全系统